# 감정의 인문학적 해부학

- 멜랑콜리, 질투/시기, 불안, 혐오/분노

**최문규**
연세대학교 독어독문학과를 졸업하고 독일 빌레펠트대학교에서 석사학위, 박사학위를 취득했다. 연세대학교 언어연구교육원장, 연세대학교 문과대학장을 역임하고 1994년 이후 현재까지 연세대학교 독어독문학과 교수로 재직 중이다. 독일 낭만주의를 포함하여 독일 비평이론, 아방가르드 미학, 모더니즘과 포스트모더니즘 미학과 문예학, 비판이론, 미학이론, 기억에 관한 문화 이론 등에 관한 강의와 연구를 수행 중이다.

감정의 인문학적 해부학
– 멜랑콜리, 질투/시기, 불안, 혐오/분노

2017년 12월 10일 초판 인쇄
2017년 12월 15일 초판 발행

지은이 | 최문규
펴낸이 | 이찬규
펴낸곳 | 북코리아
등록번호 | 제03-01240호
주소 | 13209 경기도 성남시 중원구 사기막골로 45번길 14
우림2차 A동 1007호
전화 | 02-704-7840
팩스 | 02-704-7848
이메일 | sunhaksa@korea.com
홈페이지 | www.북코리아.kr
ISBN | 978-89-6324-581-2(93100)

값 27,000원


* 이 저서는 2015~2016학년도 연세대학교 미래선도연구사업 지원에 의하여 작성된 것임(2015-22-0052, 2016-22-0041).

최문규 지음

# 감정의 인문학적 해부학

**멜랑콜리,**
**질투/시기,**
**불안, 혐오/분노**

북코리아

# 차례

# I

# 들어가는 말

# 1

역사, 문화, 공동체적 삶을 이끌어가는 중요한 인간학적 심급으로는 정신, 이성, 사유 같은 '차가운' 능력뿐만 아니라 매우 복합적이고 예민한 감정(Gefühl, Emotion)을 들 수 있다. 물론 18세기 담론을 보면 이성 자체는 차가운 이성과 따뜻한 이성으로 구분되기도 했지만, 사실 후자의 경우 이성보다는 거의 감정에 가깝다고 할 수 있다. 감정이 얼마나 중요한지는 일상에서의 소통과 행동을 관찰해보면 알 수 있다. 일상에서 사람들은 이성적 사유의 교환보다는 자신의 감정에 의존하는 경우가 많고, 나아가 다른 이들과 소위 '감정의 연대'를 통해 사회적 관계를 형성해나가고 있음을 쉽게 감지할 수 있다. 즉 인간은 한편으로 냉철하고 합리적인 사유를 통해 공동체적 문화를 구성한다고 하지만, 실은 언어와 사유 이전의 '근원적인 감정'을 토대로 타자에게 동화되거나 거부반응을 내보이면서 공동체적 삶을 영위하고 있다. 감정과 사회의 관계에 대해서는 과거 사회학자들이 다양하게 연구한 바 있다. 시각의 미묘한 차이에도 불구하고 그들은 감정과 제도(또는 공동체, 정체성 등) 간의 긴밀한 관계에 대해서는 공통적인 의견을 내보였다. 가령 베버(M. Weber)는 집중적·지속적·강요적·구성적 감정을 '열정'으로 정의하면서 어떤 목표를 실현해낼 수 있도록 개인에도 도움을 줄 수 있기에 열정을 "합리성의 산파(Hebamme der Rationaliät)"로 규정한 바 있다. 짐멜(G. Simmel)이 제도의 발생과 지탱을 모두 감정에 근거한다고 보았다면, 역으로 뒤르켐(E. Durkeim)은 강력하고 긍정적인 감정의 발생 원인을 제도에서 찾았다.[1] 또한 미국의 사회학자 찰스 호튼 쿨리(Charles Horton Cooley), 피트림 소로킨(Pitrim A. Sorokin), 탤컷 파슨스(Talcott Parsons)는 정체성, 문화 유형, 도덕의 형성과 유지 등에서 감정이 매우 중요한 역할을 수행한다고 강조한 바 있다.

그러나 역사적으로 감정은 언제나 부정적으로 평가되어왔으며 극단적인 경우 '비이성적', '반도덕적', '병적', '퇴폐적'으로 치부되곤 했다. 그것은 감정을 중시한 예술 사조, 가령 독일 문학의 경우 질풍노도, 낭만주의, 유미주의 같은 예술적 경향이 부정적으로 평가되었다는 점을 통해 간접적으로 입증된다. 물론 감정을 긍정적인 것으로 옹호한 철학자나 문인들이 없지는 않았다. 예를 들면 슐라이어마허는 신적 존재인 무한자에게 다가가는 종교에서 이성적 사유보다는 "직관과 감정"을 중시했으며, 니체는 두 가지 예술충동을 논하는 가운데 합리적 사유의 아폴로적 예술충동보다는 '도취'의 디오니소스적 예술충동을 더욱 중시했다. 그러나 서구 문화의 주도적 흐름인 합리론에 반기를 들면서 감정을 역설한 이들의 시각은 대체로 부정적으로 낙인찍히고 말았다.

## 2

오늘날에는 감정에 대한 이해와 분석이 점차 변화되고 있는 상황이다. 이성중심주의, 이성의 도구화, 이성의 경직성 등을 비판한 포

---

1 Jürgen Gerhards, Soziologie der Emotionen: Fragestellungen, Systematik und Perspektiven, München 1988, pp. 24-52.

스트모더니즘적 사유의 영향으로 감정, 감성 등이 새롭게 고찰되고 있다. 감정이 점점 팽배해지는 현대 사회를 두고서 사회학자들과 철학자들도 '분노사회', '시기사회', '불안사회' 등 다양한 명칭을 도입하고 있다. 구체적인 예로 문화학 분야의 저명한 잡지인 〈쿠르스부흐(Kursbuch)〉는 2001년에 "시기사회(Neidgesellschaft)"라는 주제로 통일 후 독일의 상황을 집중적으로 다룬 바 있다.[2] 동독 사람들은 자신들보다 경제적으로 훨씬 나은 삶을 살고 있는 서독 사람들의 형편에 '시기'를 느끼고 있었고, 서독 사람들은 자신이 소유한 많은 것을 빼앗기고 싶지 않다는 마음에서 '질투'를 품고 있었다. 동전의 양면과도 같은 시기/질투는 단순한 개개인의 문제가 아니라 사회적·집단적 문제로 부각되었으며, 이를 극복하지 않는다면 진정한 통일을 이룰 수 없는 심각성이 인식되었다. 이 밖에도 '사악한 시선'으로 해석된 시기는 예술 창작의 근원으로 긍정적으로 고찰되기도 하며, 혹은 사회 발전은 '시기의 경제학', '시기사회'의 측면과 매우 밀접한 관련을 맺고 있다는 식으로 분석되기도 한다. 프랑스의 진화생물학자이자 정신과 의사인 프랑수아 를로르(François Lelord)의 언급처럼 질투/시기는 민주주의를 더욱 발전시키는 동인으로 작용할 수 있다.

이처럼 감정이 중시되는 사회적 상황이 도래해 있음은 분명하다. 정치경제학적 상황에 대한 냉철하고 이성적인 분석이 지난 19~20세기 동안 다양한 학문 분야에서 줄기차게 제시되었지만, 탁월한 분석에도 불구하고 사회는 별반 나아지지 않았다. 더욱이 기술적 매체의 급진적 혁신으로 인해 사회가 발전하면 할수록 인간

---

2 cf. Karl Markus Michel u. a. (Hrsg.), Die Neidgesellschaft(= Kursbuch. Heft 143), Berlin 2001.

사이의 소외는 더욱 심화되고, 상호 감정의 골 또한 더욱 깊어가고 있는 상황이다. 말하자면 사회는 음영의 역설적 분위기를 더욱 심각하게 간직하고 있다. 즉 한편으로 인터넷과 스마트폰 등 각종 매체를 통해 쉴 새 없이 정보와 연락을 주고받는 밝고 분주한 분위기가 확산되고 있지만, 다른 한편으로 '혼밥', '혼술' 등의 언어 사용에서 알 수 있듯이 고독한 개인—물론 개개인들은 스마트폰을 절친으로 두고 있기에 결코 외롭지 않고 오히려 편안하다고 말하고 있는데—의 모습은 더욱 만연하고 있다. 그런 상황에서 개개인들의 감정은 멜랑콜리, 불안, 질투, 분노, 혐오 등 다양한 양상을 띠고 있다. 고대의 체액병리학적 시각에 따르면, 체액의 비정상적인 상태—즉, 타고난 체질—에 의해 특정 감정이 강해지고 다양한 심리적·정신적 질병으로 발전한다고 하지만, 현대의 사회학적·심리학적 시각—부르디외(P. Bourdieu)의 시각—에 의하면 감정은 일종의 사회구조적으로 내면화된 현상으로 인식되기도 한다. 개인의 기이한 행동과 범죄행위는 감정을 이겨내지 못한 개인의 '분노조절장애'의 결과로 비판되고 있지만, 어쩌면 그런 감정을 사회적 질병처럼 양산하고 있는 사회구조적 환경에서 그 원인을 찾을 필요가 있다.

## 3

감정은 결코 합리적으로 쉽게 이해될 수 없는 매우 복잡한 심급이다. 특히 감정은 언어, 행동, 몸짓 등으로 표현되지 않을 경우 '알 수 없는 어떤 덩어리'처럼 여겨지며, 그런 점에서 감정은 전통적으로 이성에 대립하는 것, 즉 비이성적인 것으로 간주되어왔다. 예나 지금이나 문인, 화가, 음악가 등 예술가들은 그 감정의 덩어리가 얼마나 중요한지를 표현하고자 노력해왔는데, 문학에서 가장 오래된 대표적인 예로는 호머의 《일리아스》를 들 수 있다. 이 고전적 대서사시의 첫 문장은 바로 "분노를 노래하소서, 시의 여신이여"라는 문장으로 시작되는데, 이는 아킬레우스의 분노가 작품 전개의 단초가 되었다는 언술을 넘어서 다양한 감정 가운데 분노의 감정이 가장 근원적인 것임을 말해주는 언술이기도 하다.

2015년에 개봉된 컴퓨터 애니메이션 영화 〈인사이드 아웃〉(영: Inside Out, 독: Alles steht Kopf)은 주인공 소녀 라일리가 자신의 일상적 삶에서 다섯 가지 기본 감정에 통제당하는 모습을 보여주고 있다. 그 다섯 가지 감정은 기쁨(영: Joy, 독: Freude), 슬픔(영: Sadness, 독: Kummer), 소심(영: Fear, 독: Angst), 버럭(영: Anger, 독: Wut), 까칠(영: Disgust, 독: Ekel)이며, 각각의 감정 색은 노란색, 파란색, 보라색, 빨간색, 녹색으로 그려진다. 가장 핵심적인 컨트롤 감정인 기쁨이 나머지 네 가지 부정적인 감정을 잘 조절하고자 노력하는 내용을 담고 있다. 이 애니메이션 영화에서 제시된 슬픔, 소심, 버럭, 까칠은 이 책에서 다루고 있는 "멜랑콜리, 불안, 질투/시기, 혐오/분노"와 상당 부분 연관을 맺고 있다(솔직히 말하면, 이 연구서를 거의 마치는 시점에 〈인사이드 아웃〉 애니메이션에 대해 알게 되었음을 밝힌다). 기쁨을 제외할 경우 〈인사이드 아웃〉과 본 연구서가 다루고 있는 감정들은 사실 심리학에서도 기본 감정으로 분류되고 있다. 심리학에서 감정은 크게 근원적·일차적 감정과 부차적·이차적 감정으로 분류되는데, 전자에는 주로 타고난 감정으로서 기쁨/행복, 비애, 불안, 공포, 분노, 혐오, 놀라움 등이 속하며, 후자에는 근원적 감정이 서로 뒤섞인, 문화적으로 덧칠된 감정으로서 자만, 감사, 동정, 시기 같은 감정이 속한다.[3] 혹은 사회학의 경우, 상호영향을 생산하는 감정을 '일차적 감정'으로, 상호영향에 대한 결과로서의 감정을 '이차적 감정'으로 구분하기도 한다.[4]

## 4

"멜랑콜리, 불안, 질투/시기, 혐오/분노"라는 네 가지(혹은 다섯 또는 여섯 가지) 감정을 다루는 본 연구서의 제목은 "감정의 인문학적 해부학"이고, 그 대상은 문학과 회화에서 형상화된 네 가지 감정을 인문학적으로 읽어내는 데 초점을 두고 있다. 예술의 장르는 문학, 회화, 음악, 무용, 연극, 영화 등 다채롭지만, 그 가운데 문학과 회화는 서로 매우 깊은 관계를 맺어왔다. 가령 "시는 한 폭의 그림과도 같다(ut pictura poesis = ein Gedicht ist wie ein Gemälde)"라는 호라츠의 시각에서는 일찍이 문학과 회화가 마치 자매관계를 맺는 듯 긴밀한 특성을 지닌 장르로 천명된 바 있다.

그러나 호라츠 전통에 대항하여 18세기 계몽주의 시대의 독일 극작가이자 예술이론가인 레싱(Gotthold Ephraim Lessing, 1729~1781)은 1766년 『라오콘: 회화와 문학의 경계에 관하여』라는 책을 발간하면서 그림과 언어, 즉 회화와 문학의 차이를 밝힌 바

---

3 cf. Paul Ekman, Gefühle lesen. Wie Sie Emotionen erkennen und richtig interpretieren, Heidelberg 2010. Maria von Salisch (Hrsg.), Gesichtsausdruck und Gefühl: 20 Jahre Forschung von Paul Ekman, Paderborn 1988.

4 cf. Georg Simmel, Die Religion, Frankfurt 1922, p. 51.

있다. 두 장르는 예술적 현상, 즉 부재하는 대상을 현재적인 것처럼 보여준다는 의미에서 '모방적 미적 현상'이라는 공통점을 갖고 있지만, 상호 차이점도 분명히 지닌다. 우선 작품과 관찰자의 관계에서 볼 때, 회화의 경우 관찰자는 한순간에 전체적인 것(즉, 통일성과 연관성)을 파악해낼 수 있지만 문학의 경우 순차적인 독서 과정을 끝낸 후에야 비로소 전체적인 것을 포착할 수 있다는 것이다. 또한 작품 생산 과정의 경우 화가는 "공간 속에서" 형상과 색—이것은 본래 대상을 가능한 한 유사하게 내보인다는 점에서 '자연적 기호'라고 할 수 있다—을 '나란히(nebeneinander)' 나열해놓는다면, 작가는 "시간 속에서" 발화된 톤으로서의 언어적 낱말—이것은 실제 대상의 유사성과는 전혀 관계없는 자의적 기호라고 할 수 있다—을 '겹쳐서(aufeinander)' 정렬한다는 것이다. 따라서 회화는 각각 존재하는 대상을 묘사하고, 문학은 일련의 행위를 모방하는 데 중점을 둔다. 물론 회화도 행위를 모방할 수 있는데, 이 경우 그것은 단지 육체를 통해 암시적으로만 가능하다. 또한 문학도 특정 대상을 묘사할 수 있지만, 이 경우에는 단지 행위를 통해 암시적으로만 가능하다. 이 밖에 추한 것의 묘사에서도 회화와 문학은 차이를 보인다. 문학의 경우 언어적 형상화가 추한 것이 불러일으키는 부정적 감성을 '간접적으로' 완화시킨다면, 회화의 경우 추한 것의 묘사는 혐오감과 역겨움 같은 부정적 감성을 '직접적으로' 불러일으킬 수 있다. 요컨대, 문학보다는 회화가 추한 것의 묘사에서 한층 더 강렬한 감정을 불러일으키는 장르로 간주되고 있다.[5]

이상과 같이 레싱이 언급한 문학과 회화의 차이점은 "멜랑콜

5 G. E. Lessing, Laokoon, hrsg. v. F. Vollhardt, Stuttgart 2012, pp. 113-129 (Kap. XV-XVII).

리, 불안, 질투/시기, 혐오/분노"를 중심으로 문학과 회화를 분석하려는 본 작업에 적지 않게 반영되어 있다. 아무래도 문학작품의 경우 전체 줄거리(또는 행위)와 관련된 분석이 제시될 것이며, 그림의 경우 그림 자체에서 한순간 파악될 수 있는 대상 자체의 분석에 집중할 수밖에 없을 것이다. 물론 가끔 정반대로 시도한 경우도 있지만, 전체적으로는 레싱의 시각을 받아들이는 식으로 분석되었다.

"멜랑콜리, 불안, 질투/시기, 혐오/분노"라는 네 가지 감정의 문학적·회화적 형상화는 장르적 차이점과는 관계없이 미학적 차원에서 '더 이상 아름답지 않은 예술(die nicht mehr schöne Kunst)', 즉 '추한 예술'에 속한다. 현대 예술의 주요 흐름을 형성하는 이러한 특징을 이해하기 위해서는 소위 "추의 미학"이 전제되어야 한다. 1795~97년에 집필한 『그리스 문학론』이라는 저술에서 낭만주의자 프리드리히 슐레겔(F. Schlegel)은 후에 로젠크란츠의 미학을 선취하는 관점에서 "모든 예술에서는 추한 것의 서술이 가능하다"라는 입장을 취했다. 슐레겔에 따르면, 현대 예술은 고대 예술이 추구한 아름다운 것의 형상화 방향을 더 이상 취하지 않고 자신만의 독특한 예술적 경향, 즉 추한 것으로서의 "흥미로운 것"을 제시하는 경향을 띤다고 한다. 슐레겔은 현대의 "흥미로운, 특색 있는, 철학적인 예술"의 전형으로 다름 아닌 셰익스피어의 작품을 예로 들고 있으며, 다음과 같은 추의 미학적 관점에서 서술한 셰익스피어 작품에 대한 분석은 19세기 이후 지금까지 모든 현대 예술에 적용될 수 있을 정도로 매우 의미심장하다.

> 드물지 않게 그(셰익스피어: 역주)에게는 해결될 수 없는 혼란으로 가득하며, 전체의 결과는 영원한 불화일 뿐이다. 순진한

> 유년기 혹은 즐거운 청소년기를 맞이한 밝은 인물들 가운데서도 삶의 완전한 무목적성에 대한 쓰라린 기억, 즉 현존재의 완전한 공허에 대한 기억이 우리의 마음을 아프게 한다. 모든 것이 불쾌하고 쓰라리고 격앙되고 혐오스럽고 맥빠지고 소름끼친다. 서술의 목적이 그런 것을 필요로 하듯, 그와 같은 것에서 벗어난 서술은 없다. 드물지 않게 그는 자신의 대상을 갈기갈기 뜯어내며 마치 해부용 칼로 도덕적인 썩은 고기의 혐오스러운 부패 속을 후벼 판다.[6]

"도덕적인 썩은 고기의 혐오스러운 부패 속을 후벼 판다"는 서술(형상화)은 바로 멜랑콜리, 질투/시기, 불안, 혐오/분노 같은 '흥미로운 것'을 담아낸 예술을 말하며, 이는 바로 추의 미학에 속하는 예술작품에 다름 아니다. 또한 슐레겔은 현대 예술이 각기 '미학적 에너지'와 '철학적 내용'을 강화하는 두 가지 방향으로 전개될 것을 예상하는데, 특히 미학적 에너지를 강화하는 방향에서는 "외설적인 것(das Pikante)", "기발한 것(das Frappante)", "불쾌한 것(das Choquante)" 같은 세 가지 하부 유형이 형성될 것임을 예언한다. 여기서 "불쾌한 것"은 다시금 세 가지 하부 유형을 갖게 되는데, 그것은 "모험적인 것(das Abenteuerliche)", "혐오스러운 것(das Ekelhafte)", "끔찍한 것(das Gräßliche)"이다. 슐레겔 스스로는 미학적 에너지가 극단적으로 전개되는 현상에 대해 경계하고 있지만, 전체적으로 현대 예술이 '추의 미학'으로 전개될 것이라는 그의 분석적 시각은 향후 19~20세기 현대 예술의 방향을 정확히 꿰뚫고 있었

6 F. Schlegel, Über das Studium der griechischen Poesie, in: KA I, pp. 250-251.

다. 어쨌든 멜랑콜리, 질투/시기, 불안, 혐오/분노를 형상화한 예술은 넓은 의미에서 자극적이고 불쾌할 수 있는 추한 예술과 깊은 관련을 맺는다.[7]

다시 말하자면, 추의 미학으로 분류되는 예술은 '더 이상 아름답지 않은 예술'이라는 특징을 지닌 현대 예술, 즉 내용적·형식적 차원에서 전통적인 아름다운 예술과 결별하는 예술이다. 현대 예술은 실존의 전율, 암흑, 부조리, 불협화음 등을 담아내고 있기에 형식상으로나 내용상으로 전혀 아름답지 않으며 밝지도 않다. '더 이상 아름답지 않은 예술', 가령 뒤샹과 달리 같은 초현실주의적 예술작품을 아름다운 예술로 분류하는 것은 적절치 않으며, 미학적으로는 '장엄함(혹은 숭고함)'의 예술로 분류되는 것이 타당하다. 멜랑콜리, 불안, 질투/시기, 혐오/분노 등을 그린 추한 예술, 과감히 예술에서 아름다움과 인본주의를 제거한 자연주의적 예술, '반예술', '반형식' 등을 내세운 아방가르드 예술이 바로 넓은 의미에서 장엄함으로서의 추의 미학에 속한다. 아름다운 대상뿐만 아니라 기존의 아름다운 형식마저 파괴한 작품들은 '혐오스럽게' 여겨지지만, 이때 역설적인 점은 혐오스러움을 야기하는 예술이 곧 신선한 충격으로서 예술의 발전을 이끌어나가는 힘으로 작용했다는 것이다. 혐오스럽고 추한 대상과 형식이 예술적 현상으로 제시될 때, 그리고 부정과 거부의 심리적 반응을 야기할지라도 그러한 예술적 현상은 오로지 '예술의 자율성'이라는 맥락 내에서만 인식되어야 한다. 즉 현대 문학과 예술은 자신의 자율성을 강력하게 구축하는 가운데 추한 것, 역겨운 것, 전율스러운 것 등을 형상화하

7 Friedrich Schlegel, Über das Studium der griechischen Poesie, in: KA 1, pp. 310-315.

고 있다.

## 5

이 연구서는 멜랑콜리, 질투/시기, 불안, 혐오/분노와 관련된 소위 '추한' 문학작품과 회화작품을 분석하고자 했다. 한 가지 아쉬운 점은 과거의 예술작품들을 분석 대상으로 취하고 있기에 대체로 '지나간 것'으로 여겨질 수 있다는 것이다. 이는 흔히 '현재 시점'의 사회적 맥락과 그 의미를 강조하는 이들에게는 한계로 비칠 수 있는 측면인데, 이러한 연구 시각을 바탕으로 향후 더 폭넓은 차원에서 현재적 작품 분석이 가능해질 것으로 기대해본다.

어쨌든 모든 연구는 완성된 목적지에 도달하기보다는 언제나 불완전한 도상에 놓여 있을 뿐이라고 위로하면서 그 모든 아쉬움을 달래보고자 한다. 이 연구를 위해 아낌없이 지원해준 연세대학교와 서슴없이 출판을 도맡아준 '북코리아'에도 감사의 인사를 전한다.

신촌 연구실에서

최문규

# II

# 상실과 소망으로서의 멜랑콜리

# 1 멜랑콜리의 부정성

정신의 지적 활동 및 사유 능력과 비교할 때, 감정은 언제나 부정적으로 평가되거나 극단적인 경우 '비이성적', '반도덕적', '병적', '퇴폐적'인 것으로 치부되곤 한다. 그 비판적 담론은 종종 '사회적 통제에서 벗어난 개인의 무절제한 감정이 극단화될 경우 병적이고 치명적인 결과를 낳는다'는 식으로 귀착되는데, 특히 우울, 무기력 같은 병든 마음의 멜랑콜리한 현상을 형상화한 질풍노도, 낭만주의, 유미주의 같은 예술적 경향을 들 수 있다. 아름다운 인간성 회복을 추구하는 과거 인본주의적 예술사, 그리고 낙관적 사회 발전을 이념적 목표로 삼는 사회사적(혹은 사회주의적) 예술사는 멜랑콜리한 작품에 대해 주로 허무주의, 비관주의, 현실도피 같은 식의 부정적 평가를 내려왔는데, 그러한 평가에는 이성과 멜랑콜리(우울, 고독, 광기 등), 빛과 어둠 같은 이분법적 도식이 작동하고 있음은 두말할 나위가 없다. 이러한 이분법이 가장 잘 적용될 수 있는 대표적인 작품은 아마도 뷔히너의 「당통의 죽음」일지도 모른다. 왜냐하면 프랑스 혁명 중 소위 '9월 대학살'로 인한 심리적 고통에 사로잡힌 나머지 결국 현실도피, 향락, 죽음, 삶의 허무 등을 예찬하는 당통을 통해, 그리고 이와 달리 9월 대학살 및 단두대 정치는 민중 해방을 위한 필연적인 과정임을 강조하면서 지속적으로 현실 개혁의 당위성을 설파하는 로베스피에르를 통해 뷔히너의 「당통의 죽음」은 허무적이고 멜랑콜리한 인간과 이성적이고 도덕적인 인간 간의 상호 극단적인 대립을 제시하고 있기 때문이다.[1]

철학에서는 비이성, 종교에서는 죄악, 의학에서는 병으로 여겨지는 멜랑콜리, 그리고 멜랑콜리한 인물을 형상화한 예술작품은 어떻게 분석하면 좋을까? 의학적으로는 분명히 병일 수 있지만 예술작품에서 허구적으로 형상화된 멜랑콜리커들도 과연 병적인 기인, 평화의 교란자, 비현실적인 아웃사이더, 광기의 소유자와 동일시되어 부정적으로만 평가되어야 하는 것일까? 아니면 멜랑콜리를 부정적으로 서술하고 있는 예술사 및 문학사의 언술이 정반대로 억압적인 현실 사회를 옹호하는 담론 기제로 작용하고 있는 것은 아닐까? 사실 병든 마음, 암울한 세계, 삶의 허무 등으로 채색

---

1 국내 연극 무대에서도 자주 공연되는 뷔히너의 「당통의 죽음」에서 주인공 당통의 모습은 흔히 멜랑콜리커의 전형으로 해석되곤 한다. 그러나 자세히 살펴보면 혁명가로 그려진 로베스피에르도 멜랑콜리커로 비치는데, 그 점은 당통에게 자신의 내면을 들킨 로베스피에르가 던지는 그 유명한 독백 장면에서 찾을 수 있다. “모두가 내 곁을 떠나는구나 / 세상이 온통 황량하게 텅 비었군 / 이제 나 혼자로구나”(『뷔히너 문학전집』, 임호일 역, 한마당, 1997, 99쪽). 두 인물이 비록 혁명이 남긴 허무한 마음에 젖어 있었더라도 그들은 엄밀한 의미에서 멜랑콜리커는 아니다. 오히려 두 인물의 대립을 통해 현실과 이상 간의 괴리 혹은 분열을 드러내고자 했던 작가 뷔히너가 사실은 멜랑콜리커로 분석될 수 있으며, 이 점은 뷔히너 연구에서도 제시된 바 있다(Peter von Becker, Die Trauerarbeit im Schönen, in: Georg Büchners Dantons Tod, hrsg. v. P. v. Becker, Frankfurt a. M. 1985, pp. 75-90).

된 멜랑콜리를 단순히 부정적인 심성이나 비정상적인 정신 상태로만 파악하는 시각이야말로 어쩌면 크나큰 오해 또는 오류일 수 있다. 그것은 멜랑콜리의 이면을 세밀히 들여다볼 경우, 잘못 진행되고 있는 시대적 상황에 대한 비판과 전복의 가능성을 읽어낼 수 있기 때문이다. 멜랑콜리를 현실도피주의(Eskapismus)로 간주하는 시각이 여전히 주도적 경향이지만, 그런 경향에 대항하여 현실전복적이고 파격적인 의미를 들춰냄으로써 일종의 "비판적 멜랑콜리(Melancholie der Kritik)"를 읽어내려는 시각도 제시되고 있다. 이미 오래전에 『멜랑콜리와 사회』(1969)라는 저서를 통해 멜랑콜리를 집중적으로 연구한 바 있는 독일의 사회학자 볼프 레페니스(W. Lepenies)는 최근의 현대사회와 관련하여 멜랑콜리(혹은 멜랑콜리커)가 금지된 유토피아적 상태를 진단하면서도 아이러니컬하게 멜랑콜리는 결코 사라질 수 없으며 언제나 멜랑콜리에 대한 적극적인 이해가 요구된다고 역설하고 있다.

> 생업 노동이 축소되면 바로 멜랑콜리한 기질이 대중적으로 퍼져나갈 위험이 나타나는데, 특히 개인적 체념과 다수 인간에 대한 무관심이라는 심각한 결과를 가져오기도 한다. 자신의 멜랑콜리한 경향을 컨트롤하는 것, 이는 모든 개개인에게 전대미문의 도전을 뜻한다. 즉 인간은 이제 참여를 발견하고 긴장감을 촉진시켜야 하며, 그런 긴장을 극복하는 것이 고전적 생업노동의 보충으로 작용할 수 있다. 엘리트 기질로만 명시된 멜랑콜리의 특성은 이제 완전히 상실된 상태다. 멜랑콜리는 소위 민주화되어 있는 상태다. (……)
>
> '내가 이렇게 슬픈 것이 무슨 영문인지 나는 모르겠네'라

> 는 것이 멜랑콜리의 인식 멜로디다. 하인리히 하이네의 시 「로렐라이」는 민속 노래가 되었다. 즉, 누구나 이미 근거 없는 슬픔을 한 번쯤은 느낀다. 모든 해명의 시도에도 불구하고 우울에는 해명 불가능한 꿰뚫어볼 수 없는 점이 있으며, 그런 점으로 인해 모든 개개인은 우울을 고통스러움과 동시에 매력적인 것으로 여긴다. 그 점은 미래에도 전혀 변하지 않을 것이다.[2]

사실 멜랑콜리와 사회의 관계는 양면적이다. 한편으로 멜랑콜리를 제거하고 낙관론만 주장하는 사회는 기만적인 전체주의적 국가의 성향을 띨 수 있으며, 다른 한편 멜랑콜리를 무조건 긍정시할 경우 병든 현상이 만연한 사회가 도래할 수도 있다. 그렇다면 현재는 어떠한가? 현대사회에서는 멜랑콜리가 특히 심화될 위험이 도사리고 있는데, 무엇보다 생업과 관련된 일자리가 점차 축소되는 사회적 상황이 심화되기 때문이다. 이런 심각한 사회 현상과 함께 멜랑콜리도 다르게 인식되어야 한다. 즉, 전통적인 의미에서 엘리트(천재)의 멜랑콜리가 아니라 다수 개개인이 모두 가질 수밖에 없는 소위 '민주화된 기질로서의 멜랑콜리'가 도래하고 있다.

이상과 같은 상황과 관련하여 다시 한 번 강조될 수 있는 점은 병든 영혼, 암울한 세계, 삶의 허무 등으로 채색된 멜랑콜리를 단순히 부정적인 심성이나 비정상적인 정신 상태로만 파악하는 시각은 한계를 갖는다는 것이다. 멜랑콜리의 이면에는 잘못 진행되는 사회적 상황을 비판적으로 바라보고 나아가서는 그런 상황을 전

---

2 W. Lepenies, Europa - Der melancholische Kontinent, Vortrag Salzburg(24. Aug. 2011), aus: http:// www.w-k.sbg.ac.at/fileadmin/Media/arts_and_festival_culture/lepenies_wolf_melancholie_110824.pdf

복하고 싶은 욕망이 숨어 있으며, 그런 점에서 멜랑콜리(혹은 멜랑콜리커)를 예술적으로 형상화한 작품들은 병적인 부정적 현상으로 간주할 것이 아니라 사회철학적·문화학적·미학적 차원에서 꼼꼼히 살펴볼 필요가 있다. 이를 위해 여기서는 문학과 회화에서 멜랑콜리가 어떻게 예술적으로 형상되었는지를 살펴보고자 하는데, 회화의 경우 근대 르네상스 이후부터 현대까지의 다양한 사례를, 문학의 경우 주로 독일 문학작품 가운데서 18세기 근대 이후의 문학적 사례를 다룰 것이다.

## 2 멜랑콜리의 어원과 수용

멜랑콜리의 근원적 의미는 주로 세 가지 학문 영역, 즉 체액병리학(Humoralpathologie), 체질론(Temperamentenlehre), 천문학(Astrologie)의 상호 연관성 내에서 밝혀져왔다. 우선 최초로 인간의 병리와 생리를 체액병리학적으로 설명해낸 이는 다름 아닌 히포크라테스(Hippokrates, B. C. 460~359/377)다. 그에 의하면 인체는 공기, 물, 불, 흙이라는 네 가지 근본 원소에 상응하는 네 가지 체액(혈액, 점액, 황담즙, 흑담즙)으로 구성된다. 이 네 가지 체액의 조화로운 상태는 곧 건강한 상태를 뜻하는 '에우크라지에(eukrasie)'로 불리며, 조화가 깨졌을 때 병적 상태인 '디스크라지에(dyskrasie)'가 나타난다. 가령 흑담즙(schwarze Galle)이 과도할 때는 멜랑콜리 같은 병적 현상이 발생하며, 황담즙이 과도하게 생산될 때 질투/시기 같은 병적 현상이 나타난다. 물론 히포크라테스는 멜랑콜리를 병이라기보다는 정신적으로 뛰어난 사람의 기질로 간주하기도 했는데, 무엇보다 철학자, 문인, 시인 등이 과묵하고 혼자 있는 고독한 멜랑

콜리한 상태를 즐기면서 창조적 작업을 수행한다고 보았다.[3]

체액병리학 영역에서 히포크라테스의 학설을 본격적으로 발전시킨 사람은 '갈렌(Galen, B. C. 129~199)'이라고 불린 익명의 의사다. 동물과 인간 육체의 기능을 다채롭게 연구한 갈렌은 '갈레니즘'이라는 의학 체계를 만들어냄으로써 '히포크라티즘'과 함께 고대 의학의 양대 산맥을 이룬다. 그에 의하면, 인간에게는 네 가지 체액, 즉 ① sanguis: 혈액(원소: 공기, 따뜻하고 축축함), ② phlegma: 점액(원소: 물, 차갑고 축축함), ③ chole: 황담즙(원소: 불, 따뜻하고 건조함), ④ melanie chole: 흑담즙(원소: 흙, 차갑고 건조함)이 발견된다는 것이다. 이상적인 인간의 경우 네 가지 체액이 조화로운 상태를 이루지만, 네 가지 중에서 특정한 우세 성분에 따라 서로 다른 인간 유형이 나타난다. 여기서 체액병리학과 기질론이 서로 결합하게 된다. 예를 들면 혈액질의 다혈질인 사람(Sanguiniker), 점액질의 냉담한 사람(Phlegmatiker), 황담즙질의 성마른 사람(Choleriker), 흑담즙질의 멜랑콜리한 사람(Melancholiker) 등이다. 그리스어 melancholia가 '검은(melas)'과 '담즙(cholê)'이라는 두 어휘의 복합어를 나타내는 것도 그러한 체액병리학적 배경 때문이다.[4] 이와 같은 인간의 네 가지 체질과 유형은 고대 이후의 신화론, 철학, 체액론, 천문학 등 다양한 시각과 결합되면서 발전되어왔는데, 정리하면 다음과 같다.

---

3 http://www.antike-heilkunde.de/AntikeHeilkunde/Aerzte/Hippokrates/Hippokrates.php

4 체액병리학에 관해서는 다음을 참조할 것(http://de.wikipedia.orG/wiki/Humoralpathologie).

| 체질 | 원소 | 온도 | 행성 | 계절 | 하데스의 네 개의 강 | 하루의 시간 | 동물 | 체액과 기질 |
|---|---|---|---|---|---|---|---|---|
| 다혈질 sanguine | 공기 | 따뜻하고 촉촉함 | Jupiter (목성) | 봄 | 아케론 | 새벽 (아침) | 인간 | 혈액 → 쾌활, 달콤함 |
| 담즙질 choleric | 불 | 따뜻하고 건조함 | Mars (화성) | 여름 | 플레게톤 | 낮 | 사자 | 누런 담즙 → 통렬, 신경질 |
| 우울질 melan-cholic | 흙 | 차갑고 건조함 | Saturn (토성) | 가을 | 스틱스 | 저녁 (황혼) | 나귀/소 | 검은 담즙 → 비애 |
| 점액질 phleg-matic | 물 | 차갑고 촉촉함 | Venus (금성) | 겨울 | 코기투스 | 밤 | 돼지 | 점액 → 무관심 |

현대 심리학에서는 멜랑콜리가 매우 중요한 정신적 현상으로 간주되는데, 가령 풍토심리학(Geopsychologie)의 창시자 헬파흐(W. Hellpach)가 20세기 초에 제시한 멜랑콜리에 대한 정의는 오늘날에도 유효할 수 있는 병적 현상을 상세하게 서술하고 있다.

> 그것(멜랑콜리)은 슬픈 생각에 몰두하는 경향을 띠며, 대체로 천천히 발생한다. 잠을 제대로 자지 못하고, 기분 나쁜 꿈을 꾸게 되며, 식욕이 떨어지고, 일에 대한 즐거움이 시들해진다. 그런 사람은 자아의 우울을 느낀 나머지 그러한 우울을 떨쳐버릴 힘조차 갖지 못한다. 걱정, 죄책감, 추적 망상 같은 생각들이 나타난다. 연약함, 과묵함, 절망감은 멜랑콜리커의 특징이다. 때때로 불안 증세와 발작 증세가 나타나기도 한다. 그렇지만 주변 환경에 대한 인식은 대체로 우울하지 않다. 실제의 불

행이나 상상적 불행, 그리고 (신, 명예심, 사랑 등에 관한) 고정 관념이 멜랑콜리의 원인이며, 혹은 소화나 혈액 운동에서의 육체적 장애가 그 원인이기도 하다. 요컨대, 멜랑콜리는 첫 번째 퇴화단계의 정신이상을 말한다. 멜랑콜리는 주로 전환기의 여성들에게 종종 나타난다. 고통이 절정에 도달하고 나면 점차적으로 회복되거나 혹은 지속적인 정신박약증이 나타난다.[5]

멜랑콜리와 관련하여 오늘날의 신경정신에서도 유효하게 여겨질 수 있는 서술이 아닐 수 없으며, 멜랑콜리를 소재로 한 예술 작품에서도 위와 같은 증세나 현상은 자주 관찰된다. 멜랑콜리는 체액병리학, 심리학 이외에도 인간학, 역사철학 같은 영역에서도 매우 중요한 의미를 지니는데, 그 대표적인 예를 헤겔에게서 찾을 수 있다. 역사철학적 진행에 인간학적 사유의 3단계 방식을 적용했듯이 헤겔은 멜랑콜리를 고찰하는 데 있어서도 '유아-성년-노인'이라는 3단계 논법을 사용한다. 그에 의하면 유아에서 성년으로 넘어가는 전환기의 젊은이는 특히 '우울(Hypochondrie)'이라는 자기주관적인 심리 현상에 젖을 수 있다고 한다. 이미 어린아이 단계에서는 벗어났지만 아직 성년이 되지 못한 젊은이는 보편적인 내용을 지닌 이상(理想)—이것은 자기주관적인 색채를 띤 이상인데—에 집착하여 극단적으로 기존 세계를 변혁하고 새로운 세계를 구축하려고 한다. "그래서 청년은 세계를 변형하거나 적어도 자신에게 와해된 것으로 보이는 세계를 다시금 일으켜 세우는 권한

5 Willy Hellpach, Die Grenzwissenschaft der Psychologie, Leipzig 1902, pp. 384-385.

의 위임과 소명을 받았다는 망상에 사로잡히게 된다."[6] 젊은이는 이처럼 자기주관적인 이상에만 사로잡혀서 처음에는 사회 현실과 타협하지 않지만, 시간이 지나면서 자신의 이상을 고집하기보다는 구체적인 삶의 다양한 일과 타인을 위한 일에 전념하게 된다는 것이다. 그런데 바로 그 지점, 즉 자신의 주관적 이상이 현실에서 실현될 수 없다는 인식과 감정이 과도해질 때 젊은이는 멜랑콜리에 젖게 된다고 한다. 특히 약한 기질의 소유자에게는 이상의 좌절, 현실에 대한 적대감이 더욱 증폭되고 그 결과 '우울'이라는 병이 발전하게 된다는 것이다.

> 막 시작된 개별적인 일에 대한 몰두는 인간에게 매우 고통스러울 수 있으며, 자기이상의 직접적 실현이 불가능하다는 점이 그를 우울하게 만들 수 있다. 많은 사람에게 우울은 눈에 띄지 않을지라도 누구나 그 우울을 쉽게 피해가진 못한다. 인간이 뒤늦게 그와 같은 우울에 젖을수록 그 증세는 더욱 심각해진다. 약한 기질의 사람에게는 우울이 한평생 진행될 수 있다. 이러한 병적인 기분 속에서 인간은 자신의 주관성을 포기하려 하지 않으며, 현실에 대한 적대감을 극복할 수 없게 되고, 결국 상대적인 무능력 상태에 빠진다. 즉, 현실적 무능력으로 쉽게 발전하는 무능력 말이다.[7]

그러나 이와 같은 분석에도 불구하고 궁극적으로 헤겔은 젊은이의 낙관적인 발전 가능성을 염두에 두고 있었다. 왜냐하면 일

---

6 G. W. F. Hegel, Werke in zwanzig Bänden, Frankfurt a.M. 1970, Bd. 10, p. 83.

7 Ibid., pp. 83-84.

반적으로 젊은이는 자기이상을 포기하고 현실—헤겔식 표현대로 하자면 "이성적인 것이 현실적이고, 현실적인 것이 이성적이다"라는 맥락에서의 현실—에 적응해나가려는 전환을 통해 점차 현실적인(즉, '이성적이고 이상적인') 인간이 되기 때문이다. 요컨대, 현실 적응, 현실 안주 같은 길을 택하는 인간 말이다. 위 대목에서 알 수 있듯이 이상이 좌절되어 일종의 "상대적인 무능력"에 빠지는 경우가 있음에도 불구하고 대부분의 인간은 현실에 적응함으로써 그러한 병적인 상태를 극복할 것이라는 것이 헤겔의 논지다. 흥미로운 점은 자기주관적인 이상의 과도함으로 인해 우울에 젖게 되는 젊은이에 대한 묘사는 낭만주의에 대한 그의 비판적 시각과 정확히 부합한다. 왜냐하면 그의 시각에서는 낭만주의 문학이야말로 멜랑콜리 같은 병적 현상을 가장 적극적으로 형상화한 부정적인 문학이었기 때문이다. 결국 우울에서 벗어날 수 있는 대안을 현실 적응에서 찾으려는 헤겔의 심리적·사회적·철학적 시각은 자기주관적인 낭만주의 문학에 '현실과의 연관성'이 결여되어 있다고 비판했던 자신의 보수적인 문학적 시각과 정확히 일치한다.

멜랑콜리가 병적 현상으로 배척될수록 그에 대한 예술적 형상화 및 학문적 분석은 매우 활발히 진행되어왔다. 또한 체액병리학적·인간학적 맥락과 결합된 기질론에서 멜랑콜리는 일종의 정신적 질병으로서 부정적으로 분류되었지만, 철학이나 문학의 경우 멜랑콜리의 수용은 정반대로 표출된다. 우선 철학과 문학의 경우 멜랑콜리는 정신적 질병이 아니라 예술을 위한 필수 요인으로 받아들여졌는데, 그 대표적인 예로 키케로를 들 수 있다. 그는 아리스토텔레스를 인용하면서 "뛰어난 지성인은 멜랑콜리커이며, 그래서 나는 정신적으로 약간 느린 것에 대해 결코 슬퍼하지 않는다"[8] 고 언급한 바 있다. 고대에서 현재까지 지속된 멜랑콜리와 예술 간의 밀접한 관계에 대해서는 2006년 독일에서 '멜랑콜리'를 주제로 개최된 전시회의 다음과 같은 간결한 설명이 도움을 준다.

> "철학, 정치, 시문학, 조형예술 등에서 뛰어났던 탁월한 남자들은 어떤 연유에서 멜랑콜리커인 것일까?"라고 기원전 3세기에 한 그리스 철학자가 물었다. 아리스토텔레스의 제자로서 논문을 남긴 세네카는 자신이 이념사에 가장 커다란 영향을 끼친 명제를 남겼음을 알지 못했다. 스토아학파였던 세네카는 "광기가 섞이지 않으면 위대한 정신이란 존재하지 않는다"라고 쓰면서 자신의 생각을 펼쳐나갔으며, 르네상스의 지성인들은 그 생각을 뒤집어서 강조하려 했다. 예술사가인 에르빈 파노프스키(Erwin Panofsky)는 다음과 같이 요약한 바 있다. "모든 위대한 사람들이 멜랑콜리커였다는 아리스토텔레스의 의견을 바탕으로 다음과 같이 주장할 수 있는데, 즉 모든 멜랑콜리커는 위대한 사람들이었다고 말이다."[9]

멜랑콜리는 예술에서뿐만 아니라 지성인의 정신적 활동 요소로서 긍정적으로 인식되었다. 플라톤은 『파이드로스』에서 신적인

---

8 Th. Metzinger, ...omnes ingeniosos melancholicos esp. Interkulturalität und Melancholie: Die Transparenz der Trauer, in: Große Gefühle, hrsg. v. ZDF-nachtstudio, Frankfurt a.M. 2000, p. 139에서 재인용.

9 AUSSTELLUNG, Schwarze Galle, große Kunst, "Genie und Wahnsinn" in der Berliner Nationalgalerie.

영감을 받은 광기와 병적인 광기를 구분하는데, 정치·문학·철학 같은 분야에서는 일종의 창조적 생산을 가능하게 하는 "신적인 영감을 받은 광기"의 상태가 요구되고, 이러한 상태와 멜랑콜리가 결합될 수 있다고 본다.[10] 위대하고 영웅적인 멜랑콜리커에게서 엿보이는 "신적인 영감을 받은 광기"의 창조적 열정은 열정의 지나친 과도함(잘못된 광적인 상태)도 아니고 열정의 완전한 결핍(우울증)도 아닌 일종의 중간적인 상태로서 중용의 원칙을 유지한다고 할 수 있다.

기질론과 연관된 멜랑콜리와 예술 간의 관계에 대한 예로는 괴테(Goethe)가 1812~15년 사이에 쓴 시의 한 구절을 들 수 있는데, 거기에는 "무지개처럼 부드럽게 시는 / 어두운 토양에서만 얻어진다: / 멜랑콜리 요소는 / 시적 재능에 아늑함을 준다"11고 서술되어 있다. 괴테는 "멜랑콜리와 문학은 '창조'라는 점에서 상호 친화적인데, 즉 어두운 토양에서 생성하는 멜랑콜리가 없다면 문학적 재능은 결코 발현될 수 없다"고 말한다. 자연철학자 셸링(Schelling) 또

---

10 Platon, Phaidros, in: Werke in 8 Bänden, hrsg. v. Gunther Eigler, Bd. 5, Darmstadt 1990, 265a.

11 J. W. v. Goethe, Sämtliche Werke. Briefe, Tagebücher und Gespräche in 40 Bänden, hrsg. v. Friedmar Apel u.a. I. Abt., Bd. 2: Gedichte 1800~1832. hrsg. von Karl Eibl. Frankfurt a. M. 1988, p. 395("Zart Gedicht, wie Regenbogen, / Wird nur auf dunkeln Grund gezogen: / Darum behagt dem Dichtergenie / Das Element der Melancholie"). 이 시의 구절은 흥미롭게도 『빌헬름 마이스터의 수업시대』의 7권 첫 장에서 빌헬름이 무지개를 보며 말하는 대목에서 반복하고 있다. "이윽고 잿빛 대지 위에 장려한 무지개가 섰다. 빌헬름은 그 무지개를 향해 말을 몰고 가면서 우울한 심정으로 그것을 바라보았다. '아!' 하고 그는 스스로에게 말했다. '우리 인생에서 가장 아름다운 빛깔들은 대체 이렇게 어두운 대지 위에서만 나타나야 하는 것일까?'"(『빌헬름 마이스터의 수업시대』 2, 안삼환 역, 민음사, 1996, 599쪽).

한 멜랑콜리를 자연의 가장 심오한 특성으로 간주한 바 있는데, 셸링 철학에서 예술과 자연은 불가분의 관계를 맺는다. "자연의 가장 심오한 것은 우울이고, 그것은 잃어버린 자산에 대해 슬퍼하며, 모든 삶에는 파괴할 수 없는 멜랑콜리가 연결되어 있다. 그것은 삶이 자신과는 무관한 어떤 것을 자신 속에 지니고 있기 때문이다."12 이 밖에 쇼펜하우어도 예리한 지성과 멜랑콜리를 통해 비루한 자신의 상황을 인식할 수 있다고 강조한 바 있다.

이처럼 철학, 예술 등에서 멜랑콜리가 긍정적으로 옹호되었음에도 불구하고 역사적으로 멜랑콜리에 대한 부정적인 사유가 주된 흐름을 형성하며, 무엇보다 계몽주의와 이후 근대의 사회학적·심리적학 사유가 멜랑콜리를 거세하는 데 주도적 역할을 수행한다. 계몽주의가 멜랑콜리를 어떻게 비판했는지, 그리고 그 비판적 담론이 과거적인 것만이 아니라 오늘날에도 여전히 반복적으로 재생산되고 있음을 밝혀주는 매우 중요한 작업으로는 한스-유르겐 쉥스(H.-J. Schings)의 『멜랑콜리와 계몽주의』를 들 수 있다. 특히 17~18세기까지의 철학적·종교적·문학적 담론을 분석한 이 연구서에서 쉥스는 멜랑콜리가 당시 행복과 이성 이념에 위반되는 광신주의(Fanatismus)와 거의 동일시되었음을 보여주고 있다. 예를 들면 슬픈 감정인 멜랑콜리가 대중적으로 만연할 경우 그것은 사회적 행복을 해치는 위험한 병일 뿐만 아니라 광란, 비이성적 절망 등을 낳는다는 것이며, 이러한 인식이 곧 멜랑콜리에 대한 계몽주의적 비판의 핵심을 이룬다.[13] 또한 계몽주의적 비판이 정

12 W. Lepenies, Melancholie und Gesellschaft, Frankfurt a.M. 1969, p. 109에서 재인용.

13 Hans-Jürgen Schings, Melancholie und Aufklärung, Stuttgart 1977. 이 책의

치적·종교적 관점과 연결될 경우, 멜랑콜리는 신성한 종교적 감정을 타락시킬 뿐만 아니라 사회와 통치 행정을 극도의 혼란 속에 빠뜨릴 위험한 질병으로 간주되곤 했다. 가령 슈틴스트라(J. Stinstra, 1708~1790)라는 신학자는 광신주의로서의 멜랑콜리를 비난하면서 계몽주의의 종교적 덕성(Tugend)은 "우울한 마음의 먹구름이 우리의 정신을 덮지 못하도록 보호해줄 수 있으며, 또한 전율의 빛으로 우리를 불안케 하고, 우리를 공포와 불안 속에 집어넣는 기회를 광신주의에 내주지 않게 된다"[14]고 역설한다. 덕성에 기초한 쾌활하고도 건강한 도덕주의적 삶이야말로 멜랑콜리한 광신주의에 대항할 수 있는 확실한 보루로 제시되었다.

멜랑콜리의 어원, 그리고 그에 대한 긍정적·부정적 수용 과정에 대한 이상과 같은 간략한 정리를 토대로 이제 멜랑콜리가 구체적으로 예술작품에서 어떻게 형상화되었는지를 살펴보기로 하자. 분석 대상으로서의 예술작품은 다양할 수 있지만, 여기서는 회화 및 문학 작품의 몇몇을 우선적으로 다뤄보기로 하자.

---

핵심적인 부분은 다음 책에 발췌되어 수록되어 있다(Melancholie, hrsg. v. L. Walter, Stuttgart 1999, pp. 114-121).

14 Ibid., p. 120.

# 3 멜랑콜리와 회화

## 1 사투르누스와 멜랑콜리

멜랑콜리의 어원과 체액론 등에서 살펴본 것처럼 멜랑콜리(커)의 감성적 특성은 차갑고 메마르며 네 가지 물질의 구성 원소 중 '흙'에 기반을 두고 있는데, 기후로는 '가을', 행성으로는 '토성(Saturn)'과 관계한다. 태양계 행성들 가운데 여섯 번째 행성인 토성이 어째서 멜랑콜리뿐만 아니라 '부(富)와 농업(혹은 수확)의 신'을 뜻하는 사투르누스(영어로는 '새턴')라는 이름을 갖게 되었는지는 명확하지 않다. 토성은 신화에서 농업과 부를 관장하는 긍정적인 의미와 연결되어 있지만, 중세 시대의 천문학에서는 정반대로 불행이라는 부정적인 의미를 지니는데 그 불행은 주로 병, 멜랑콜리, 근심, 고된 노동 등에 기인한다. 또한 토성은 태양으로부터 가장 멀리 떨어져 있어 차갑고 건조하며 그 결과 삶에 위협적인 특성을 지닌 것으로 해석되기도 하지만, 이와는 정반대로 태양으로부터 멀리 있는 고독한 상태는 곧 태양으로부터 해방된 자유로운 상태를 뜻할 수도 있다. 이처럼 신화, 천문학, 기질론 등에서 엿볼 수 있는 토성의 양면성은 결국 멜랑콜리의 양면성과도 상통한다고 볼 수 있다.

로마 신화에서의 사투르누스는 그리스 신화에서 시간의 신 '크로노스(Kronos)'에 해당한다. 크로노스는 하늘의 신 우라노스(Uranos)와 대지의 신 가이아(Gaia) 사이에서 태어난 아들이며, 거인족의 수장으로서 어머니 가이아의 부추김에 넘어가 아버지를 거세한다. 그러나 그도 자신의 자식들에 의해 거세될 것이라고 예언되자 자신의 자식들(헤스티아, 데메테르, 헤라, 하데스, 포세이돈, 제우스)을 살해하지만, 다행히 막내 제우스는 어머니의 도움으로 크레타 섬으로 도피한다. 예언대로 제우스는 결국 아버지 크로노스를 살해하고 누이들(자유, 평등, 우애)을 해방시킨다.

로마 신화에서도 그 내용은 거의 비슷하다. 사투르누스는 농업의 신으로서 '황금시대'를 뜻한다. 헤시오도스(Hesiod)의 로마 신화에 따르면, 하늘의 신 켈루스와 대지의 여신 텔루스 사이에서 태어난 아들인 사투르누스는 아버지를 거세하고 권력을 차지했다. 그러나 결국 자식들에 의해 자신도 거세될 것이라는 신의 예언이 있자 사투르누스는 갓 태어난 자신의 모든 자식을 차례로 죽인다. 그러나 여섯 번째 아들인 주피터(Jupiter)만은 여신 옵스(Ops)가 보호해준 덕택으로 살아남았다. 아들 주피터는 아버지 사투르누스를 거세하려 하지만, 다행히 여신 옵스에 의해 생명을 건진 사투르누스는 시작과 끝의 신 야누스(Janus)가 지배하는 '라티움'이라는 곳으로 도망간다. 자신을 받아준 야누스에게 감사하는 마음에서 사투르누스는 라티움 주민에게 농업 기술을 선사한다.

사투르누스와 관련해서는 항상 자신의 아이를 집어삼킨다는 일화가 전승되어왔다. 가령 사투르누스 신화는 프랑스 혁명 당시에도 자주 비유적으로 언급된 바 있는데, 자코뱅당 내의 지롱드파인 피에르 베르니오(Pierre V. Vergniaud)는 로베스피에르 중심의 혁명주의자들이 온건한 동지들마저 처형하는 상황을 개탄하면서 "혁명은 새턴과 같아 자신의 아이를 집어삼킨다"라고 발언했고, 이러한 명언은 세계적인 희곡 작품을 남긴 게오르크 뷔히너의 「당통의 죽음」에서 인용되고 있다. 새로운 시대를 열어야 하는 당위성을 지닌 혁명이 뜻대로 진행되지 않고 점차 암울해지고 결국 자신의 동료를 제거하거나 살해하는 비극을 초래할 때마다 사투르누스 신화가 언급되었다. '자신의 아이를 집어삼키는 사투르누스'의 이미지를 그리스 신화에서의 크로노스에 적용하면 '크로노스가 자신의 아이를 집어삼킨다'가 되는데, 이는 어쩌면 '시간은 자신의 아이를 집어삼킨다'라는 말로 읽힐 수 있다. 기존의 것을 과거의(쓸모없는) 것으로 만들어버리는 시간의 속성 말이다.

정리해보면, 크로노스, 사투르누스, 토성 등은 모두 양면성을 지닌다. 그것은 아버지(지배자)의 힘을 거세하는 승리자임과 동시에 자신도 거세당하는 패배자이며, 태양계로부터 멀리 떨어져 있기에 고독하지만 동시에 자주적이고 해방적이며, 농업을 관장하기 때문에 가난과 부유함의 양면성에 책임을 갖고 있다. 가령 사투르누스가 손에 들고 있는 '낫'은 농업과 연관된 도구일 수도 있지만 동시에 불행, 죽음 등을 나타내기도 한다. 모두 양면적인 의미를 지니는 것이다. 사투르누스는 이 밖에도 향후 다양한 양면성을 갖게 되는데, 가령 범죄자와 예술가, 광인과 천재, 비겁한 사람과 영웅, 노예와 왕, 과거와 현재 같은 양면성이다. 이 모든 양면성은 토성과 멜랑콜리의 기질에 그대로 적용된다. 클리반스키, 파노프스키, 작슬의 연구서에서는 그 양면성이 다음과 같이 기술되고 있다. "멜랑콜리처럼 토성(새턴)은 양면성의 정신을 대표하는데, 즉 그 하나는 느림과 어리석음을, 다른 하나는 지적 영리함과 명상이라는 이 두 가지를 마음(정신)에 부여하고 있다."[15] 마찬가지로 다음과 같은 설명도 멜랑콜리와 사투르누스 간의 연관성에 대한 깊은 맥락을 정리해주고 있다.

거세 모티프는 예기치 않게 멜랑콜리와의 연관에서도 나타난다. 15세기 초반에 만들어진 어느 은점묘화에서는 아이를 먹어치우는 새턴의 거세가 그려져 있다. 멜랑콜리는 새턴과 특별한 관계를 맺고 있는데, 여기서 새턴은 멜랑콜리커의 불행한 특성과 운명에 책임을 진다. 고대 이탈리아 신화에서 농업의 신 새턴에 해당하는 그리스 신화의 크로노스는 대립을 내포한 신이다. 크로노스는 외부를 향해서도 이중적인 모습을 보일 뿐만 아니라 자기 자신의 개인적인 운명을 향해서도 이중적인 모습을 보인다. 그는 농업의 자비로운 신, 황금시대의 지배자, 축복받은 섬의 영주, 농경문화와 도시 건설의 발명자일 뿐만 아니라 왕위를 잃은 고독한 신으로서 세계 끝에 축출되어 거주하고 있고, 죄수로 묶여 있는 자로서 지옥 속에 살고 있으며, 나중에는 죽음과 죽은 자들의 신으로 존재한다. 그는 모든 신과 인간의 아버지이지만 동시에 아이를 먹어치우는 자, 즉 모든 것을 집어삼키는 자다. 크로노스 신화는 거인족의 이야기에 속한다. 거인족의 역할은 패배한 자들의 역할이기도 하다. 이 패배

15 R. Klibansky/E. Panofsky/F. Saxl, Saturn and Melancholy. Studies in the History of Natural Philosophy, Religion, and Art, Nendeln/Liechtenstein 1979, p. 159.

한 자들은 늙은 남성 세대의 모습, 선조의 모습을 나타내는데, 이러한 특성은 후세에게서 다시 귀환한다.[16]

이처럼 토성, 멜랑콜리와 연관된 사투르누스가 자신의 아이를 죽이는 신화적 소재를 회화적으로 표현해낸 두 명의 위대한 화가가 있다. 그 하나는 네덜란드 출신의 세계적 화가 페터 파울 루벤스(Peter Paul Rubens, 1614~1657)의 「사투르누스」(혹은 「사투르누스가 자신의 자식을 집어삼킨다」)라는 그림이다. 루벤스의 그림은 비교적 신화에 충실히 근거하고 있는 듯하다. 한 손에 지팡이를 들고 다른 손으로 아이를 안고 그 가슴을 뜯어 먹고 있는 이가 사투르누스이고, 아이는 아들 포세이돈일 가능성이 높다. 이 그림은 1635~38년 사이에 완성된 것으로 알려져 있다. 사투르누스는 토성과 관련이 있는데, 그림에서도 양자의 관계가 발견되고 있다. 즉 그림 맨 위에 있는 세 개의 빛나는 별이 바로 토성을 암시한다고 볼 수 있는데, 이는 "토성의 고리는 세 개의 계로 이뤄져 있다"고 말한 갈릴레오의 설명—물론 이것은 오늘날 과학적으로 잘못된 설명으로 밝혀졌지만—을 루벤스가 그대로 받아들여서 사투르누스 위에 세 개의 별을 그려놓은 것으로 추측된다.

루벤스의 그림은 관찰자의 관점에 따라 극단으로 나뉠 수 있다. 흔한 해석은 '야만적이고 적나라하고 증오스러운 분위기를 자아낸다'는 식의 일반적이고 부정적인 관점인데, 특히 긴 머리칼의 비교적 나이 많은 늙은이가 허리를 굽히면서 자신의 이빨로 어린 아이의 가슴을 뜯고 있는 형상은 끔찍한 전율을 불러일으킨다. 이

16 Edgar J. Forster, Unmännliche Männlichkeit. Melancholie-Geschlecht-Verausgabung, Wien-Köln-Weimar, 1998, pp. 260-261.

루벤스, 「사투르누스가 자신의 자식을 집어삼킨다」(1636)

와 정반대의 해석은 '죽이려는 노인과 죽음을 맞이하는 어린아이의 관계가 그렇게 잔인하게 보이지 않고 양자의 기이하고도 고상한 결속관계를 느낄 수도 있다'고 한다. 이 경우 전율의 미학과는 거리가 먼 관점이기도 하다. 이처럼 두 가지 상반된 느낌을 자아내고 있음에도 불구하고 루벤스의 의도는 순수하게 신화적 소재를 형상화하는 데 초점을 두고 있는 듯하다. 17세기 초 루벤스가 사투르누스의 형상화를 통해 과연 지배자(거세하는 이)와 패배자(거세당하는 이)의 동일성, 혹은 프랑스 혁명 이후의 근대사회와 관련된 의미의 해석(가령 전쟁, 국가 등)을 비판적으로 암시하고자 했는지는 분명하지 않다. 그와 같은 의미론적 해석은 200년이 지난 후에 고야가 제시한 그림에서 가능하다.

1878년 파리의 전시회에 걸린 고야(Francisco José de Goya, 1746~1828)의 작품 「사투르누스」도 우선 신화적 소재를 형상화한 것처럼 보인다. 그러나 그림은 단순한 소재 차원을 넘어서 파격적인 형태와 색의 사용 등을 통해 당시 관람자에게 경악과 전율을 안겨주었는데, 그림을 감상한 많은 사람들은 미친 사람의 그림이라며 혹평했다고 한다.

「사투르누스」는 고야가 청각을 상실한 병든 상태에서 마드리드를 떠나 근교 농가에서 지내던 시기에 완성되었는데, 그 농가의 벽에 그려진 일명 14개의 "검은 그림들(Pinturas Negras)"이라고 불리는 연작 중 하나로서 1820~23년 사이에 완성된 것으로 추정된다. 원래 무제였지만, 흔히 비평가들 사이에서 「사투르누스가 자신의 자식을 집어삼킨다」라는 제목으로 불린다. 그림은 거의 '전율의 미학' 차원에서 읽힌다. 검은색의 배경 속에 한 백발의 남자가 스스로도 놀란 듯 동공이 드러날 정도로 크게 눈을 뜬 채, 마치 광기의 상태에서 양손으로 작은 아이의 몸을 붙들고 먹어치우는 순간이 그려져 있다. 이미 반쯤은 먹어치운 듯이 보이고, 아이를 먹은 새턴은 앉아 있는지 서 있는지 불명확한 자세이며, 마찬가지로 그의 양손과 다리 등의 표현도 기괴하고 불명확하다. 손의 경우 오른손은 왼손보다 굵고 기이한 모양새다. 그리고 입에서 흘러나오는 붉은색의 피와 그 피가 흘러내린 하얀색의 몸덩이가 서로 대조적인데, 전체적으로 매우 모호하면서도 충격적이다. 눈과 입은 스스로도 무엇인가에 놀란 채 경악스러울 정도로 크게 열려 있으며, 아직도 허기가 채워지지 않은 듯한 인상까지 불러일으킨다. 그는 도대체 무엇에 놀라고 있는 것일까? 새턴에 의해 살해되는 작은 몸덩이—사실 실제 어린아이의 몸이라고 할 수 없을 정도로 인형처럼 매우 작게 묘사되어 있는 몸뚱이인데—에서는 그 어떤 저항의 몸짓도 읽어낼 수 없다. 다만 남은 하반신의 경우 엉덩이와 다리 근육은 상당히 균형이 잡혀 있는 동시에 거의 수축되어 있는데, 이미 집어삼켜진 상반신의 상태, 더욱이 괴물의 양 주먹에 의해 척추 부분이 꽉 붙잡혀 있는 상태 등을 미뤄보면 그 어떤 저항의 몸짓도 기대할 수 없는 상황이다.

고야, 「사투르누스가 자신의 자식을 집어삼킨다」(1820~23)

이처럼 기괴한 고야의 그림은 분명히 전율, 경악, 공포를 담고 있는데, 도대체 무엇에 대한 전율, 경악, 공포일까? 신화적 소재에서처럼 인육 살해 범죄를 저지르는 어느 광인의 모습은 현대적 맥락에서 무엇을 뜻하는 것일까? 바로크 비극에 대한 연구에서 벤야민이 이론적으로 제시한 바 있듯이 알레고리는 형상과 의미의 불일치라는 특성을 지니는데, 이러한 점을 염두에 두고 보면 사투르누스와 아이는 알레고리컬한 형상으로 여겨지며 이 형상의 의미는 전통적인 사투르누스 신화와는 다른 맥락에서 파악되어야 할 듯싶다. 신화적 소재의 형상화가 지시하는 의미에 대해서는 다음과 같은 해석이 적절한 단초를 제공한다.

> 유럽인이 읽어내는 방향은 왼쪽에서 오른쪽으로 진행한다. 우리는 새턴의 열린 입속으로 빠져들어가게 되는데, 관찰자임에도 불구하고 사건의 한가운데에 놓이게 된다. 즉, 우리도 집어삼켜지고 있다. 요컨대, 인간을 집어삼키는 악마는 바로 전쟁이다. 자신을 집어삼키는 행위, 도피 불가능한 상태, 폭력, 잔인성에서 피할 수 없는 상태는 바로 전쟁이다. 전쟁에서 인간은 인간을 향해 싸우게 된다. 즉, 고야가 묘사한 인물인 새턴은 전쟁을 구체화시켜놓은 것이다. 고야의 그림 「거인(El coloso)」보다 더욱 강렬하게 전쟁이 낳는 폭력과 살해 범죄가 서술되어 있다. 전쟁에 반대하는 고야의 인상적인 그림이다.[17]

나폴레옹 전쟁을 겪은 고야는 이처럼 '전쟁'이라는 개념을 '새

17 http://www.onlinekunst.de/frieden/goya_saturn.html

턴'이라는 고대 신화의 알레고리컬한 인물로 형상화하고 있으며, 그런 새턴(전쟁)에 의해 인간이 무기력하게 살해되는 상황을 암시하고 있다. 자식들로부터 거세의 위협을 느껴 자식을 먹어치웠다는 신화이지만, 고야는 자신의 독특한 상상력을 발휘하여 매우 뛰어난 방식으로 전쟁의 끔찍한 상황과 시대적 의미를 제시하고 있다. 신화의 단순한 재구성이 아니라 새로운 형상과 의미를 창조해내는 미학적 방식이며, 이러한 고야의 '전율의 미학'이 불러일으키는 예술적 분위기에 대해서는 다음과 같이 정리할 수 있다.

> 거의 모든 작품에 공통적인 점은 짓누르는 분위기다. 푹 파인 동공과 함께 주름진 표정에서나 몸의 자세에서도 고통, 파국, 전쟁이 반영되어 있다. 고야는 '새턴은 자신의 아이를 집어삼킨다'는 식으로 설명된 그림 외에도 몽둥이로 싸우는 「결투」라는 그림과 함께 지속적으로 폭력적인 주제를 변형시켜냈다.[18]

과거에서 가져온 신화적 소재는 과거에 머무르는 것이 아니라 현대적인 맥락에서 새롭게 해석되기 위해 차용되고 있다. 신화적 소재를 충실하게 형상화하고 신화적 의미를 재현하려는 측면에서는 루벤스의 그림이 앞설 수 있을지 모르지만, 강렬한 색채, 모호성, 전율 등이 뒤섞임으로써 고야의 그림은 단순한 신화적 소재의 형상화를 넘어 새로운 예술적 형상화와 의미를 지향하고 있다.

---

18 http://www.farbimpulse.de/Goyas-schwarze-Gemaelde.goya.0.html

「기사, 죽음 그리고 악마」, 「집에 있는 신성한 히에로니무스」와 더불어 「멜랑콜리아 I」(1514)은 알브레히트 뒤러(1471~1528)의 작품세계를 대표하는 세 개의 동판화 중 하나다. 1514년에 제작된 동판화로서 상당히 다채로운 수수께끼 같은 형상을 제시하고 있으며, 알레고리컬하고도 상징적인 의미를 찾아내야 하는 도상학에서는 매우 훌륭한 고전적인 사례로 손꼽힌다. 이 작품의 의미에 대해서는 다음과 같이 언급된 바 있다. "다음과 같은 점은 사실이다. 즉 뒤러는 멜랑콜리 서술에 상징적 품위를 부여한 알프스 북쪽 지방 출신의 첫 번째 예술가로 손꼽히며, 그는 추상적인 개념과 구체적인 이미지 간의 일치를 매우 강력하게 확실할 정도로 제시하고 있다."[19]

그러나 추상적인 개념과 구체적인 이미지(대상, 형상)가 매우 명확하게 일치한다는 것은 전문가의 시각에 해당할 뿐 사실 일반인에게는 그 양자의 일치와 의미 찾기 작업이 전혀 쉽지 않다. 약간 오른쪽에 앉아 있는 멜랑콜리한 인물에서부터 어린아이, 박쥐, 집, 사다리 등뿐만 아니라 널브러져 있는 여러 가지 다양한 대상이 멜랑콜리와 연관성 있는 명확한 사물로 제시되어 있다기보다는 마치 모호한 수수께끼처럼 흩어져 있기 때문이다. 전체적으로 차가운 사물들이 무질서하게 흩어져 있는 「멜랑콜리아 I」의 공간적 분위기를 두고서 20세기 초 스위스 출신의 예술사가 하인리히 뵐프린(Heinrich Wölfflin)은 뒤러의 작품에 대해 "산만함(격식의 방종

19 R. Klibansky/E. Panofsky/F. Saxl, Saturn and Melancholy, p. 306.

함. das Dissolute)"이라는 회화적 개념을 끌어들여 "정신적 상태의 산만함은 구성의 산만함 속에 투영되어 있다"[20]고 간결하게 언급한 바 있다. 뵐프린의 회화적 개념은 언어적 기표들이 시작과 끝도 없이 지속적으로 서로 관계를 맺는 무한한 운동성을 강조하는 데리다의 "산종(Dissemination)" 개념을 상기시킨다.

뒤러, 「멜랑콜리아 I」(1514)

전체 구도와 다양한 대상의 의미는 매우 복잡하고 다채롭다.[21]

---

20 Wölfflin, Heinrich. Die Kunst Albrecht Dürers. München 1926, p. 219.

21 이하 개개 사물의 해석에 대해서는 다음의 자료를 참조했음(http://www.unterricht.kunstbrowser.de/theorie/ interpretation/03c19899200b03c07/duer-

우선 가장 눈에 띄는 대상은 동판화 정면에서 약간 오른쪽에 위치한, 생각에 잠겨 있는 듯한 인물이다. 그는 왼손으로 턱을 괸 채 책 같은 것에 팔꿈치를 얹어놓은 오른손에 컴퍼스를 쥐고 어떤 작업을 하고 있다. 전체적인 모습에서 보면 성찰하는 인물이다. 그런데 이 멜랑콜리한 인물이 남성인지 여성인지 매우 애매하며, 어쨌든 정체성이 불분명한 중성적 존재처럼 여겨질 뿐이다. 이 인물은 등에 천사의 날개가 달린 긴 옷을 입고 있는데, 이러한 옷은 당시 유행했다고 한다. 어떤 대상을 쳐다보는 것인지, 아니면 눈을 뜬 채 사색하는 상태인지 오른쪽 눈으로 어딘가를 흘겨보고 있다. 머리에 왕관처럼 쓰고 있는 꽃이 무엇인지 알 수 없기 때문에 꽃말이나 그 의미 등을 전혀 추측할 수 없다. 혹자는 멜랑콜리를 치유해주는 꽃이라고 추정하기도 하지만 확실한 근거는 없다.

인물의 오른편에는 어린아이가 맷돌 위에 앉아 있다. 작품 전체 구도 내에서 아이의 위치는 황금분할의 십자선에 놓여 있다. 맷돌은 흔히 '삶의 바퀴'로 이해되곤 한다. 비록 팔로 턱을 괴고 있지는 않지만, 아이도 여러모로 중성적 인물과 비슷한 자세를 취하고 있다. 아이는 필기장에 무엇인가를 그리고 있지만, 다른 한 손으로 그것을 가리고 있는 모습이다. 아이의 눈은 빛이 없기에 약간 무섭게 보인다. 아이를 멜랑콜리의 핵심으로 파악한 호프만(R. Hoffmann)의 세밀한 관찰에 의하면, 동공, 홍채, 눈꺼풀 등이 없는 어린아이의 눈은 마치 "공허하고, 생기 없는, 시선이 없는(leer, leb- und blicklos)" 듯이 보이며 거의 "눈이 먼 듯한 혹은 거의 죽은 듯한" 느낌을 준다.[22] 정중앙의 멜랑콜리한 사색적인 인물과는 달리 아이는

---

ermelencolia.html)

22 Vgl. Rainer Hoffmann, Im Zwielicht: Zu Albrecht Dürers Meisterstich Melen-

적극적으로 무엇인가를 그리고 있다는 역동적인 점에서 멜랑콜리의 수동적인 의미보다는 능동적인 의미를 읽을 수 있다. 그러나 호프만은 이에 대해서도 비판적인데, 그것은 정중앙의 중성적인 인물뿐만 아니라 아이의 '죽어 있는 듯한' 눈에서는 모두 수동적이고 비활동적인 멜랑콜리한 공통점이 읽히기 때문이라는 것이다.

이 밖에 매우 흥미로운 점은 그림 전체로 보면 왼쪽 상단에 "멜랑콜리아 I"이라는 글귀를 들고서 날아오르는 박쥐, 어린아이, 오른쪽 인물이 하나의 사선을 형성한다는 것이다. 크기상으로는 매우 작은 박쥐에서 어린아이를 거쳐 거대하고 성숙한 인물로 이어지는 그런 사선인 셈이다. 이러한 구도와 사선을 역으로 읽으면 정반대의 의미가 생성된다. 즉 총명한 듯한 인물은 점차 멜랑콜리하게 변모해갈 수 있는 초기 단계를 뜻하고, 어린아이는 성찰을 결핍한 미숙한 상태로서 남에게 뭔가를 숨기고 있는 듯한 중간 단계의 멜랑콜리를 뜻하며, 그리고 맨 마지막 단계에는 바로 완전한 멜랑콜리를 뜻하는 박쥐로 이어진다(박쥐의 의미에 대해서는 아래에서 밝히겠다).

어린아이 옆에는 커다란 사다리가 놓여 있다. 그 사다리는 옆에 있는 거대한 구조물의 상층부를 향해 놓여 있는데, 이 사다리는 흔히 지상에서 하늘로 가는 매개 역할을 지닌 형상으로 해석된다. 혹은 기독교 맥락에서는 창세기 28장에서 야곱이 꿈에서 본 사다리, 즉 천사들이 지상과 하늘 사이를 오르내리는 사다리로 해석되며, '순종'에서 '지혜'로의 도약을 가능하게 하는 소위 '덕성'의 사다리로 해석되기도 한다. 또한 발판이 일곱 개인 사다리는 르네

---

colia I, Köln 2014.

상스 시대 인문학의 근본인 자유칠과(自由七科, seven liberal arts: 문법학, 수사학, 논리학, 수학, 기하학, 천문학, 음악)를 연상시킨다고 한다.

사다리는 거대한 구조물의 모퉁이에 비스듬히 놓여 있는데, 그 구조물의 외양은 탑의 끝부분 같은 혹은 어떤 굵은 건물 기둥의 끝부분인 듯하다. 창문이 없는 특이한 구조물의 벽에는 천칭, 모래시계, 해시계, 교회 종, 마방진이 있다. 균형을 이루고 있는 천칭은 '법의 균형' 같은 현대적인 의미보다는 멜랑콜리와 관련해볼 때 아무런 결정을 내리지 못한 채 심사숙고하는 상태를 뜻한다. 마찬가지로 모래시계도 그 안에 모래가 정확히 절반 정도만 떨어진 상태를 유지하고 있는데, 이는 과거와 미래 사이에 놓여 있는 현재를 뜻하는 것처럼 보인다. 해시계의 경우, 8개의 숫자만 가진 시계로서 시침은 IV(4)를 가리키고 있는데, IV(4)는 죽음과 허무의 시간을 뜻한다. 교회 종의 한쪽 끝에는 기다란 끈이 달려 있는데, 그 끈의 끝은 그림 바깥으로 향하고 있다. 누가 끈을 쥐고 있는지 알 수 없는데, 아마도 삶의 시간은 삶의 바깥에 위치한 운명의 여신이 쥐고 있다는 점을 암시하는 것일까?

교회 종 밑에 있는 마방진은 가장 많이 해석되는 소도구로서 다양한 의미를 지닌다. 마방진은 가로, 세로, 대각선 등으로 계산해도 항상 34가 나오는 정사각형 형태다. 보통 마방진과 행성들은 다음과 같은 관계를 맺고 있는데, 즉 3방진은 토성, 4방진은 목성, 5방진은 화성, 6방진은 태양, 7방진은 금성, 8방진은 수성, 9방진은 달을 뜻한다. 멜랑콜리를 주제로 하는 그림이라면 3방진(토성)을 제시해야 했을 텐데, 여기서는 4방진이 제시되어 있다. 그렇다면 뒤러의 작품에서는 4방진(목성)과 생각에 젖은 멜랑콜리한 인물 간의 관계에 초점을 두어야 할 것 같다. 4방진은 본래 '휴식'이라는 의미를 갖고 있으므로 결국 생각에 젖은 멜랑콜리한 인물(토성)의 머리 위에 4방진이 놓여 있다는 것은 곧 멜랑콜리가 지나가고 휴식이 찾아온다는 점을 암시한다. 이미 언급한 바 있듯이 신화에서 아버지 새턴(토성)은 아들 주피터(목성)에 의해 거세당하는데, 뒤러의 그림도 그와 같은 신화적 배경, 즉 목성에 의해 제압된 토성, 휴식에 의해 제압된 멜랑콜리를 가리키는 셈이다.

마방진 안의 네 개의 수를 합하면 가로, 세로, 대각선 모두 34가 되는데, 이는 작품 제작 당시 뒤러의 나이가 43세여서 이를 거꾸로 뒤집은 것이다. 마방진의 숫자 배열 중에서 특징적인 점은 맨 밑에 나열된 숫자, 즉 '4-15-14-1'이다. 이 네 개의 숫자 가운데 '15-14', 즉 1514년은 동판화가 제작된 연도를 가리키며 동시에 뒤러의 어머니가 사망한 연도를 나타낸다. 작품의 탄생과 모친의 죽음을 동시에 기리는 숫자의 마방진을 만들어냈다는 점에서 뒤러의 뛰어난 재치를 읽어낼 수 있다.

이미 언급한 바 있지만, 신화적 배경으로 거슬러 올라가면 멜랑콜리와 깊은 연관성이 있는 사투르누스는 농업을 관장하며 또한 도시를 건설하는 신이기도 하다. 그런 배경 때문에 멜랑콜리한 인물의 주변에는 건축(건설)과 관련된 많은 소도구를 볼 수 있다. 특히 수공업과 관련된 다양한 공구와 도구들이 널려 있는데, 맷돌, 처마복공(돌림띠), 선반공이 사용하는 돌, 대패, 톱, 못, 틀자, 수평기, 집게 등 다채롭다. 선반공이 사용하는 돌과 개 사이에는 펜을 담는 잉크병이 있다. 그 위에는 커다란 사방 육면체가 있는데, 육면체는 주로 기하학의 정확한 구성과 수학의 계산을 뜻한다. 육면체 앞에는 망치, 그 뒤에는 석탄이 끓고 있는 작은 통, 그 위에 주물 도가니가 보인다. 이와 같은 다양한 물건은 선반공, 방과 문 등에 장식물을 달아주는 목공, 벽·천장·지붕 등을 만드는 목수, 석공, 건축사 등 다양한 업종의 사람들과 관련된 도구들이다. 측정하고 무엇인가를 만드는 능력은 주로 새턴의 능력에 속하는데, 결국 모두 멜랑콜리한 기질과 능력을 지닌 이들과 관련된 물건들인 셈이다. 컴퍼스를 들고서 생각에 젖은 인물의 모습은 우선적으로 기술자로 파악될 수 있지만, 사실 예술의 어원에 '기술(téchne)'이라는 뜻이 담겨 있듯이 기술자나 예술가와 동일한 이들이다.

동물로는 개와 박쥐가 나온다. 개는 멜랑콜리한 문인과 학자를 그려낼 때 항상 수반되는 동물이다. 이 작품에서 개는 웅크린 자세로 눈을 감고서 잠을 자고 있다. 본래 개는 영리한 동물이지만, 여기서 잠자고 있는 개의 모습은 영리한 성찰보다는 꿈같은 상상력에 취해 있는 멜랑콜리커의 모습을 간접적으로 표현하고 있다. 박쥐는 중세와 근대까지도 부정적으로 여겨진 동물이다(가령 고야의 「이성의 잠이 괴물을 낳는다」에서도 박쥐 무리가 잠들어 있는 자의 주변에 모여 있다). 시기/질투, 나태/태만을 표현할 때도 박쥐가 자주 사용된다. 그런 부정적인 박쥐와 '멜랑콜리'라는 글자 간의 관계는 어떤 의미를 암시하는 것일까? 그런데 우선적으로 애매한 점은 박쥐가 '멜랑콜리'라는 글자가 적힌 문구를 들고 있는 것인지 아니면 박쥐의 펼쳐진 날개 안쪽에 '멜랑콜리'라는 글자가 새겨져 있는 것인지 불분명하다는 것이다. 어쨌든 전통적인 관념에 따르면 박쥐와 멜랑콜리는 서로 밀접하고 모두 일차적으로 부정적인 의미를 지닌다. 여기에 강력한 빛을 발하는 혜성마저 부정적인 분위기를 증폭하고 있다. 박쥐가 떠오르고 있는 곳은 탁 트인 바닷가 해변이고 도시의 일부분만 엿볼 수 있는 한적한 공간이다. 어쩌면 전혀 낭만적이라고 할 수 없는 곳이다. 그런 곳에서 혜성이 강한 빛을 발하고 있고(물론 혜성이 아니라 새턴, 즉 토성의 출현으로 간주하는 이들도 있다), 박쥐가 날아들고 있다. 혜성이든 토성이든 중세의 경우 혹성이 강한 빛을 발할 경우—일식 현상도 마찬가지인데— 사람들에게 종말론적 두려움을 불러일으켰다고 하며, 뒤러가 살았던 시대에는 그와 같은 종말론이 자주 거론되었다. 마치 멜랑콜리를 널리 알리려는 듯한 박쥐의 비행, 그리고 강력한 혜성의 빛, 그런데 흥미롭게도 그런 두 형상 위에 무지개—물론 무지개가 아니라 아치형의 달빛으로 해석하는 이도 있다—가 펼쳐져 있다. 흔히 무지개는 대홍수 이후 신과 인간의 결속을 나타내는 상징으로 해석되어왔는데, 어쨌든 그와 같은 긍정적인 의미의 무지개가 펼쳐지는 가운데 멜랑콜리를 나타내는 글귀와 더불어 박쥐가 날아오르고 있다. 1500년대 천문학에서 혜성과 무지개는 확실하게 규명할 수 없는 수수께끼 같은 현상으로 여겨졌으며, 그 두 현상은 파괴와 평화, 벌과 은총, 몰락과 구원, 끝과 시작을 나타내는 상징적 기호로 사용되었다.

전체적으로 보면 뒤러는 멜랑콜리를 새롭게 해석한 예술가로 여겨진다. 그것은 무지개가 펼쳐진 가운데 박쥐가 날고 있는 상황이 전혀 부정적이지 않다는 점에서도 추론될 수 있다. 이미 언급했듯이 '박쥐-어린아이-멜랑콜리한 인물' 간의 사선이 형성되고 있는데, 그 사선을 오른쪽에서 왼쪽 방향으로 읽을 경우 수동적인 의미에서 능동적인 의미로의 전환을 뜻한다. 즉 앉은 자세로 생각하는 멜랑콜리한 인물은 수동적이지만, 무엇인가를 열심히 적고(그리고) 있는 어린아이를 거치면서 글귀를 쥐고 날아오르는 박쥐의 모습을 통해 매우 활동적이고 능동적인 의미를 얻게 된다. 요컨대, 멜랑콜리가 수동적인 의미에서 점차 능동적인 의미로 발전하는 과정을 말해준다. 물론 멜랑콜리한 인물과 어린아이가 정말 교묘하게 계산되어 박쥐와 연결되어 있다고 확신할 수는 없는데, 그것은 중간에 놓인 사다리가 그 사선을 방해하고 있기 때문에 더욱 그렇다. 어쨌든 「멜랑콜리 I」이라는 동판화 제목과 박쥐가 들고 있는 '멜랑콜리'라는 단어를 감안한다면 박쥐가 그림 전체를 대변하고 있고, 그런 점에서 박쥐는 긍정적인 의미를 향하고 있다고 할 수 있다.

뒤러의 「멜랑콜리아 I」에 담겨 있는 다양한 알레고리컬한 소도구들(즉, 기호들)과 그 의미는 예술사가들에 의해 다채롭게 해석되어왔지만, 사실 아직도 완전히 명확하게 해독되지 않은 상태다. 그 의미의 불확정성은 특히 제목의 숫자에서 엿볼 수 있다. 'I'이라는 로마숫자는 흔히 II, III 같은 숫자의 나열을 뜻하지만, 파노프스키(Erwin Panofsky)에 의하면 「멜랑콜리아 I」이라는 제목에서의 'I'은 그런 나열을 나타내는 숫자라기보다는 "가치들 가운데 가장 이상적인 순위"를 뜻한다고 한다. 이는 파노프스키의 해석일 뿐 뒤러가 「멜랑콜리아 II」, 「멜랑콜리아 III」 같은 식의 연작을 기획했는지는 사실 알 수 없는 일이다. 이 밖에도 멜랑콜리한 인물이 여성인지 남성인지도 불분명하고, 마찬가지로 그 인물이 과학자(수공업자, 건축가)인지 예술가인지도 불투명하다. 초창기에 중성적 인물은 일반적으로 과학 및 기술에 종사하는 멜랑콜리한 인물로 해석되었지만, 후에 파노프스키는 그 인물을 다름 아닌 예술가에 대한 알레고리로 파악했다. 즉, 우울하고 비생산적인 멜랑콜리가 아니라 예술가의 천부적인 창조성과 관련된 알레고리 말이다. 그의 해석에 의하면, 동판화는 사투르누스와 멜랑콜리, 사색과 절망, 예술과 과학(기하학, 수학) 간의 긴밀한 연관성을 강조하고 있으며 이러한 특징은 모두 "상상하고, 구성하고, 사유하는" 자의 멜랑콜리, 즉 "예술가의 멜랑콜리(Künstlermelancholie)"를 나타낸다.[23] 이러한 새로운 해석은 동시대의 많은 철학자와 문인에게 영향을 끼친 바 있다. 그와 같은 해석이 참신했던 까닭은 유럽의 문화적 전통에서 사악하고 방탕한 인간과 절망을 뜻하던 박쥐가 사투르누스와의 연관 속에서 어두운 밤을 지나 떠오르는 사색과 글쓰기 같은 의미로 해석되었기 때문이다.[24] 마르실리오 피치노(Marsilio Ficino, 1433~1499)는 르네상스시기에 이미 알레고리에 대한 전통적인 부정적 관념을 깨고 신플라톤주의적으로 알레고리를 새롭게 해석한 바 있는데, 뒤러는 그 점을 잘 알고 있었던 것으로 추정된다.[25] 뒤러

---

23 Panofsky/Saxl, Dürers "Melancolia I". Eine quellen- und typengeschichtliche Untersuchung, Leipzig/Berlin 1923. 여기서는 다음을 참조했음(Panofsky, Die Kulmination des Kupferstiches: Albrecht Dürers "Melancolia I"(Auszug), in: Melancholie, hrsg. L. Walter, a.a.O., pp. 86-106).

24 가령 고야의 유명한 판화집 「광상」의 43번 「이성의 잠(꿈)이 괴물을 낳는다」(El sueño de la razón produce monstruos/Der Schlaf der Vernunft gebiert Ungeheuer)는 잠들어(혹은 꿈꾸고) 있는 화가 주변에 박쥐 떼가 몰려든 형상을 보여주고 있다. 잠과 꿈이라는 두 가지 의미를 지닌 'sueño'를 어떻게 번역하는가에 따라 고야의 그림은 다르게 해석된다. '이성의 잠'으로 번역될 경우 이성이 정지하면 합리성을 파괴하는 어두운 괴물(박쥐 떼)이 나타난다고 해석되는데, 이와 달리 '이성의 꿈'으로 번역될 경우 이성 자체가 괴물을 낳는 꿈을 꾼다는 해석이 가능하다. 후자의 경우 자기 자신을 절대화하는 이성이 곧 사악함의 주체가 되는 셈이다. 이러한 두 가지 해석에도 불구하고 어쨌든 박쥐 자체는 전율, 사악함, 괴물 등과 연관된 형상이며, 그러한 박쥐에 대한 부정적 시각은 18~19세기에도 지속했다. 만약 파노프스키의 해석처럼 뒤러(1471~1528)의 박쥐가 긍정적인 의미를 가질 경우 이는 유럽의 문화적 전통을 전복하는 매우 각별한 시도로 간주된다.

25 Johann Konrad Eberlein, Albrecht Dürer, Hamburg 2003, p. 119.

의 동판화에 대한 파노프스키의 새로운 해석은 후에 바로크와 멜랑콜리의 긴밀한 관계를 조명했던 발터 벤야민에게도 상당한 영향을 끼쳤다.[26]

## 3 멜랑콜리의 역동성

루카스 크라나흐(Lucas Cranach, 1472~1553)는 르네상스 시대의 독일 화가이자 그래픽 예술가다. 일흔일곱 살까지 살면서 5천 점이 넘는 작품을 남겼다고 전해지는 그는 다작을 추구한 예술가였던 셈이다.

뒤러의 멜랑콜리 동판화가 1514년에 제작되었다면, 크라나흐는 1528년부터 1532년까지 멜랑콜리를 주제로 세 차례 비슷한 작품을 남겼다. 그는 멜랑콜리의 회화적 알레고리의 기호화 과정에서 뒤러에게서 몇 가지 영향을 받은 것으로 추정된다. 멜랑콜리를 주제로 한 크라나흐의 작품에서 우선 눈에 띄는 것은 뒤러의 그림에서처럼 날개 달린 옷을 입은 여인이다. 여기서는 중성적인 인물이 아니라 분명히 여성이며, 중앙이 아닌 오른쪽 측면에 위치한 그녀는 어딘가를 주시하는 가운데 칼로 나무를 다듬고 있다. 그녀는 멜랑콜리와 어떤 관련을 맺고 있는 것일까? 뒤러의 멜랑콜리한 중성적 인물과 다르다는 점뿐만 아니라 크라나흐의 멜랑콜리한 여인은 사색에 젖어 있는 것이 아니라 작은 칼로 기다란 막대기를 다듬고 있다.

---

26 W. Benjamin, Gesammelte Schriften, Bd I, Frankfurt am Main 1974, pp. 327-332.

루카스 크라나흐, 「멜랑콜리」(1532)

그것의 목적은 알 수 없지만 두 가지로 추측된다. 왼편의 두 어린아이가 공을 굴리기 위해 막대기를 사용하고 있는 것으로 보아 아마도 그와 유사한 용도의 막대기를 깎고 있는 것으로 짐작할 수 있으며, 또는 아이들의 막대기보다는 상당히 더 길기 때문에 완전히 다른 용도의 도구(가령 활)를 만들고 있다고 추측할 수 있다.

멜랑콜리는 주로 사색적이고 성찰적인 특성을 뜻하는데, 따라서 멜랑콜리한 인물은 주로 아무것도 행하지 않는 수동적인 모습을 띠기 마련이다. 그러나 크라나흐의 작품에서 멜랑콜리한 여인은 나무로 무엇인가를 만들고 있다는 점에서 약간 활동적이다. 이는 크라나흐가 마르틴 루터로부터 영향을 받아 인간의 활동적인 면모를 중시한 르네상스 시대의 사상적 배경 속에 놓여 있음을 말해준다. 물론 여인의 모습이 완전히 활동적인 것은 결코 아니다. 왜냐하면 그녀의 눈은 방향을 잃은 듯이 보이며 여전히 사색적인 여운을 간직하고 있기 때문이다. 또한 관능적이고 약간 찢어진 눈, 어깨와 가슴 등이 노출된 옷, 무엇인가를 깎고 있는 행위, 아이들에 대해 완전히 무관심한 모습 등 전체적으로 여성은 부정적으로 묘사되고 있는 듯하다.

아이들은 멜랑콜리한 여인과 완전히 다른 모습을 보인다. 위에서 언급한 바 있듯이, 뒤러의 경우 정중앙의 멜랑콜리한 인물과 옆에서 맷돌 위에 앉아 무엇인가를 그리는 아이는 서로 대조적이면서도 공통적이다. 이와 달리 크라나흐의 경우 아이들은 여인과는 완전히 다른 구체적인 행동을 취하고 있는데, 즉 왼쪽 두 명의 아이는 막대기로 거대한 원형의 돌을 굴리고 있고 다른 한 아이는 굴렁쇠로 그 돌을 받으려는 듯한 자세다. 크라나흐는 뒤러의 동판화를 의식한 것일까? 어쩌면 활동적인 아이들의 모습을 통해 성찰, 상상, 꿈에 젖어 있는 수동적인 멜랑콜리커를 비판하고 있다고 추측될 수 있다.

뒤러와의 또 다른 차이점은 개의 모습에서도 나타난다. 뒤러의 경우 수척한 개는 눈을 감은 채 늘어진 상태로 있으며, 그런 개의 모습은 멜랑콜리가 간혹 빠지게 되는 우울한 상태, 광기, 상상과의 근접성을 나타낸다. 그러나 크라나흐의 경우 개는 완전히 깨어 있다. 개는 커다란 창문턱처럼 보이는 곳에 걸터앉아 놀이를 즐기는 아이들의 행동을 지켜보면서 살짝 짖어대는 듯한 모습이다. 그 공간 안쪽 밑에는 두 마리의 새도 있다.

내부 공간이 비교적 한가롭고 정겨운 모습을 담고 있다면, 창문 너머 외부 공간에는 완전히 정반대의 다양한 풍경이 제시되어 있다. 언덕 위에 있는 작은 성 아래 숲속에서는 일군의 군대가 서로 싸우고 있으며, 그 위 왼쪽에는 어두운 구름을 몰고서 사악한 이들이 다가오고 있다. 빨간색 옷을 입은 이와 그를 추종하는 이들이 다양한 동물(산양, 돼지 등)을 타고 내려오고 있다. 여기서도 멜랑콜리와의 연관성이 존재하는 것일까? 가령 빨간색 옷을 입은 사람을 멜랑콜리와 관련 있는 사투르누스라고 생각해본다면 이는 지나친 해석일까?

크라나흐와 뒤러는 멜랑콜리에 대한 철학적·시대사적 관점에서 상당한 차이를 보이고 있다. 크라나흐는 르네상스로 접어든 시기에 멜랑콜리에 대해 부정적이던 중세 시대의 관점을 여전히 간직하고 있는 것으로 보인다. 여인의 모습, 일군의 무리(하늘에서 구름을 타고 내려오는 불길한 기운) 등을 통해 멜랑콜리의 부정적 뉘앙스가 암시되고 있다. 크라나흐는 뒤러에 의존하여 여러 소도구적 대상을 끌어들이고 있지만, 그 대상을 부정적인 의미에서 형상화함으로써 예술가의 창조적 사색이라는 맥락에서 멜랑콜리를 새롭고 긍정적으로 해석하려 했던 뒤러와 거리를 두고 있다. 뒤러와의 거리 두기는 그림의 정반대 크기에서도 찾을 수 있다. 즉 뒤러의 경우 세로가 가로보다 긴 형태를 취하고 있지만, 크라나흐는 역으로 가로가 세로보다 긴 형태를 취하고 있다. 소재상이든 형식상이든 크라나흐는 뒤러의 멜랑콜리에 대해 아이러니컬한 비판을 가한 것으로 볼 수 있는데, 이는 지나친 해석일까?

## 4 삶의 쾌락과 멜랑콜리

르네상스 시기의 독일 화가 마티아스 게룽(Matthias Gerung, 1500~1570)의 대표작인 「삶의 정원에서의 멜랑콜리」는 뒤러의 「멜랑콜리아 I」(1514)이 제작된 이후 44년이 지난 1558년에 완성된 것으로 추정된다. 이 작품에는 두 가지가 결합되어 있다. 즉 한편으로 글자 그대로 일상적인 삶의 다채로운 단면이 마치 몽타주처럼 모여 있는 '삶의 정원'이고, 다른 한편으로 그런 정원 속에서의 '멜랑콜리'다. '멜랑콜리'라는 제목이 붙어 있다는 점에서 분명히 뒤러의 영향을 받았음을 부인할 수 없지만, '삶의 정원'이라는 표현에서 알 수 있듯이 대단히 다채로운 일상의 풍경을 담고 있는 일종의 서사적 회화처럼 보인다. 그런 점에서 게룽의 작품은 히에로니무스 보슈(Hieronymus Bosch)의 유명한 「쾌락의 정원」으로부터도 많은 영향을 받은 듯하다.

마티아스 게룽, 「삶의 정원에서의 멜랑콜리」(1558)

우선 그림에서 엿볼 수 있는 다채로운 삶의 단면들을 살펴보자. 상단에서 하단 방향으로 읽어나가면 검은 하늘, 한 줄기 햇빛, 구름 속의 세 개의 성좌(달의 신, 태양의 신, 전쟁의 신), 해안가, 성, 무지개, 군대 출정, 사슴 사냥, 몇 개의 성과 집의 건축, 꿩과 오리 사냥, 동물 방목, 경주대회, 여성들의 달리기 시합, 교회, 처형, 묘지, 낚시, 얼음판에서의 썰매 타기와 돼지를 죽이는 장면, 농경과 추수, 환락가, 볼링 경기, 식탁 모습, 광산의 한 장면, 음악에 맞춰 춤을 추는 곰, 마차에서 여러 아낙에게 빵을 나눠주는 자선 모습, 놀이 탁자, 활쏘기, 칼싸움과 격투기, 환락가와 목욕하는 여인들, 기사들의 싸움, 전쟁 음악 연주, 광대들의 곡예, 제비뽑기, 춤추는 연인들, 숲속에서 소변보는 여인과 토하는 남자, 마치 어두운 굴속에 갇혀 있는 듯한 기하학자(우주학자) 등의 모습이 엿보인다. 그림 속에는 간단한 텍스트도 있다. 가령 하단에서 제비뽑기 놀이를 하는 장면에는 관복을 입은 사람이 서 있는데, 그 사람 위에는 “바보들아 조심해라, 그레타 렌들이 13은화를 잃었다”라는 글귀가 적혀 있다. 그림 속에 짧은 텍스트가 어우러짐으로써 문자와 그림 간의 상호 텍스트성도 엿볼 수 있다. 그 기괴함과 파격성이 매우 뛰어나며, 중세적 상상력 혹은 근대의 초현실주의적 상상력이라 해도 전혀 지나치지 않을 듯싶다.

이 모든 다채로운 일상의 단면들은 상호 연관성 없이 제시됨으로써 마치 삶 자체가 하나의 축제 같은 인상을 불러일으킨다. 이 모든 다채로운 현상이 도대체 멜랑콜리와 어떤 연관성을 맺고 있는지 일단 질문을 던지게 된다. 왜 그림 제목이 ‘멜랑콜리’이고 정중앙에 ‘멜랑콜리’라고 적혀 있는 글귀 밑에 풍만한 여인이 자리 잡고 있는 것일까? 물론 전체 그림의 의미는 쉽게 파악된다. 즉 우리의 일상적 삶은 매 순간 매우 다채롭고 흥미로운 단면들로 가득 차 있지만, 그러한 일상적 삶은 매우 부질없는 멜랑콜리한, 일종의 허무에 지나지 않는다는 것이다.

그림의 한가운데에는 날개 달린 옷을 입은 풍만한 몸집의 여성이 앉아 있으며, 그녀의 머리 위에는 '멜랑콜리'라는 띠가 놓여 있다. 뒤러의 냉정하고 차가운 모습의 중성적 인물과는 차이가 있지만, 그녀는 팔을 턱에 괴고 생각하는 모습을 취함으로써 멜랑콜리의 전통적인 모습을 그대로 답습하고 있다. 뒤러의 경우 중성적인 인물이 한 손으로 턱을 괴고 다른 손에 컴퍼스를 쥐고 있지만, 게룽의 경우 멜랑콜리한 여인은 단지 턱을 괸 채 한가롭고 나태한 모습을 취하고 있다. 오히려 정중앙의 멜랑콜리한 여인과 관련 있는 맨 하단에 있는 기하학자(혹은 우주학자)가 컴퍼스를 쥐고 있다. 그는 컴퍼스로 산과 물이 담긴 원형 모형의 큰 구슬(일종의 지구본)을 측정하고 있다. 뒤러의 경우 멜랑콜리한 중성적인 인물이 과학적 인식 추구의 성찰적인 모습과 그 주변의 다채로운 도구들(과학과 기술과 연관된 소도구들)과 연관되어 있다면, 게룽의 경우 멜랑콜리 글자 밑에 풍만한 여인이 있고 멜랑콜리커가 하는 일을 기하학자가 수행하고 있다. 여인과 기하학자는 서로 다르면서도 멜랑콜리의 동일한 맥락을 구성하고 있는 셈이다.

풍만한 여인과 기하학자는 정확히 어떤 의미로 서로 관계를 맺는 것일까? 또한 두 인물은 그림 전체의 다채로운 일상과 어떤 관계를 맺고 있는 것일까? 사실 정확히 알 수 없다. 물론 게룽의 「삶의 정원에서의 멜랑콜리」를 해석하는 이들 가운데 혹자는 기하학자가 다름 아닌 새턴(즉, 토성적 인간)과 연관성을 갖고 있다는 의견을 제시한 바 있다. 즉 기하학자는 세계를 창조하는 동시에 농업을 관장하는 신으로서 새턴의 모습을 상기시켜준다는 것인데, 이 점에 대해서는 다음과 같은 설명을 덧붙일 수 있다. "게룽이 우주학자의 모습으로 그와 같은 생각을 만들어낸 것은 결코 우연이 아니며, 어쨌든 이 경우 새턴은 현세적 차원과 신적인 차원을 결합시키는 인물을 나타낸다. 신에 의해 창조된 세계는 멜랑콜리하고 토성인 기질을 지닌 인간에 의해 탐구되고 있다."[27]

게룽의 작품은 후기 르네상스에서 바로크로 전환하는 시기에 완성되었다. 전통적으로 멜랑콜리는 우울증, 광기와 연관되어 부정적으로 그려졌지만, 뒤러와 게룽은 그런 단순한 부정적 시각을 뛰어넘고 있다. 뒤러의 경우 멜랑콜리는 근대의 창조적인 예술가와 관련된 의미로 해석될 수 있으며, 게룽의 경우 풍만한 여인을 통해 의인화된 멜랑콜리는 바로크의 양면성을 떠올리게 한다. 즉 "지금 살고 있는 현재 이 순간에 충실하라"는 낙관적 의미에서의 카르페 디엠(carpe diem)과 '죽음을 기억하라'라는 허무적 의미에서의 메멘토 모리(memento mori)의 양면성 말이다. 또한 삶의 밝고 다양한 쾌락적 단면들을 취하면서 누구나 허무를 마주할 수밖에 없는 실존적 상황 말이다.

삶, 쾌락, 멜랑콜리, 허무가 직접적으로 서로 연관성을 맺는 바로크 시기가 아닐지라도 이미 르네상스 중기에 바로크적 전조가 도래하고 있음을 추측할 수 있다. 삶과 인간 행위의 이면에는 궁극적으로 멜랑콜리와 허무가 자리하고 있다는 관점은 다른 학문적 업적을 통해 뒷받침되는데, 몇십 년 후에 발표된 로버트 버턴의 대표작 「우울증의 해부」(1621)에서는 그와 같은 쾌락, 나태, 고독, 멜랑

27 Anja F. Eichler, Mathis Gerung (um 1500~1570). Die Gemälde, 1993, p. 129.

콜리 간의 연관성이 상세히 분석되고 있었다.

물론 멜랑콜리와 허무만 중시되는 것은 아니다. 그림 상단을 보면 구름이 잔뜩 낀 상태에서 중앙 쪽에 한 줄기 빛이 내려오고 있으며, 그 옆의 구름 속에서는 화살을 들고 있는 달의 여신 루나(Luna)와 마차를 몰고 있는 전쟁의 신 마르스(Mars)가 보이고, 그 사이에는 어린 천사가 마르스 쪽을 향해 얼굴을 돌리고 있다. 이는 허무적 삶과 멜랑콜리가 지배할지라도 궁극적으로는 희망을 기대해도 좋다는 점을 암시하는 것처럼 읽히기도 한다.

## 5 낭만적 멜랑콜리와 자아의 이중성

프리드리히, 「안개 바다 위의 방랑자」(1818)

프리드리히, 「바닷가의 수도승」(1808~1810)

두 그림 모두 카스파 다비드 프리드리히(Caspar David Friedrich, 1774~1840)의 작품으로, 낭만주의와 관련하여 자주 인용되는 작품이다. 처음 작품은 주로 「안개 바다 위의 방랑자」로 번역되어 있으며, 다음 작품은 「바닷가의 수도승」 이라고 번역된다. 후자의 경우 독일에서는 "바닷가 해변에서의 방랑자(Wanderer am Gestade des Meeres)"라고 불리기도 한다.

「안개 바다 위의 방랑자」는 한 남자가 산 정상에 올라 산 밑 혹은 산 저 멀리를 바라보고 있는 장면이다. 약간 곱슬머리인 남자는 산을 전문적으로 찾아다니는 산악인은 아닌 듯이 보인다. 그가 무릎까지 내려오는 멋진 프록코트를 입고 있으며, 추측건대 안쪽에는 하얀 블라우스를 입고 있을 것만 같기 때문이다. 이는 흔히 산에 오르는 이의 복장이 아니며, 우연히 어쩌면 일요일에 정장 차림으로 산책 삼아 산에 올라온 이의 모습과도 같다. 그는 또한 지팡이를 짚고서 몸을 약간 왼쪽으로 비튼 상태로 저 멀리 있는 산을 바라보고 있는 듯하다. 따라서 여러 가지 점을 고려하여 '방랑자'라는 번역어 대신 「안개 바다 위의 산책자」가 더욱 적절할 듯싶다. 그러나 미술비평가들의 역사적인 검증에 의하면, 방랑자가 걸친 긴 외투는 1810년 전후에 사냥꾼들이 즐겨 입었던 유니폼 같다고 하며, 혹자는 방랑자를 당시 나폴레옹에게 저항하여 해방전쟁에서 전사한 이로 간주하기도 한다.

프리드리히의 그림에서 가장 충격적인 점은 표정을 볼 수 있는 정면의 모습이 아니라 남자의 뒷모습을 제시하고 있다는 것이다. 프리드리히 이전이나 이후에도 사실 뒷모습을 보여주는 작품은 매우 드물며, 특히 그림 정중앙 산꼭대기에 올라와 있는 익명의 한 남자의 뒷모습을 보여주는 방식은 더더욱 그렇다. 뒷모습이 지닌 회화적·철학적 의미에 대해서는 연구자들마다 다양한 의견을 제시해왔지만, 한 가지 분명한 점은 그의 뒷모습이 관찰자인 우리를 풍경 속으로 끌어들이는 효과를 지닌다는 것이다.

그렇다면 그림 속의 방랑자(물론 관찰자인 우리도 마찬가지로)는 산 정상에서 어떤 표정을 짓고 있을까? 아니, 산 정상에서 그는 어떤 마음을 지니고 있을까? 정상에 오를 경우 누구나 자신감으로 가득 찬, 희망에 부푼, 경건하고 즐거운 마음을 갖게 되고 밝고 상기된 표정을 짓기 마련이다. 그리고 그림의 남자처럼 저 멀리 있는 산도 바라볼 것이다. 그러나 이와는 정반대로 산 정상의 남자는 산 아래를 슬쩍 내려다보면서 자기 밑에 놓여 있는 깊은 심연 때문에 순간적으로 공포와 전율에 사로잡힌 나머지 현기증 나는, 겁먹은 어두운 표정을 지을 수도 있다. 표정을 감춘 그의 뒷모습은 이러한 두 가지 가능성에 대해 그 어떤 확실한 답도 주지 않는다.

프리드리히는 "화가는 자신이 앞에서 본 것을 그려야 할 뿐 자기 내부에서 본 것을 그리는 것이 아니다"라고 말했다고 한다. 산 정상에 서 있는 남자가 만약 화가 프리드리히 자신이라고 할 경우 그리고 동시에 관찰자(즉, 우리)와 동일시된다면, 그와 우리는 오로지 앞에 놓여 있는 자연 풍경만을 보고 있을 것이다. 즉, 자기 내면에서의 감동 혹은 전율 같은 감정을 드러내서는 안 될 것이다.

그러나 프리드리히가 화가의 임무를 자연 그 자체를 있는 그대로, 눈으로 본 그대로 형상화하는 것이라고 주장했을지라도 그 자연의 형상화는 사실 화가(혹은 관찰자인 우리) 자신의 내면과 불가분의 관계를 맺는다. 그 점은 자연에 대한 세부적인 관찰에서 나온다. 우선 자연 풍경은 크게 세 부분으로 나뉜다. 첫 번째 자연은 그가 서 있는 암벽 부분이며, 두 번째 자연은 그의 앞에 놓인 안개 바다로 뒤덮여 있는 심연 속의 자연이며, 세 번째 자연은 저 멀리 놓인 거대한 산과 하늘로 표현된 자연이다. 이처럼 세 가지로 나뉘는 자연을 보여주는 「안개 바다 위의 방랑자」는 철저히 낭만주의에서 자연과 자아의 관계를 함축하고 있다. 즉 암벽 위에 서 있는 남자는 자연을 정복한 자아의 모습이며, 이 자아는 다시금 두 가지 자연과 대면하게 된다. 한편으로 자신 밑에 드리워진 안개 낀 심연 속의 자연(즉, 공포와 전율을 야기하는 자연)이며, 다른 한편으로 여전히 저 멀리 놓여 있는 자연(즉 욕망, 소망, 동경 등의 자연)이다. 안개 바다로 덮인 자연과 저 멀리 놓여 있는 자연은 단순한 자연 그대로의 모습이라기보다는 죽음과 삶, 절망과 낙관, 나락과 성취, 유한과 무한, 허무와 희망 등 흔히 언급되는 존재의 이중적 감정과 관계하고 있다.

낭만주의는 아름다운 자연과 어두운 자연을 통해 존재의 이중적 감정을 인식하고 그 점을 적극 형상화한 예술사조다. 물론 존재의 한 측면, 즉 사유하는 자아를 강조한 데카르트 이후 칸트, 피히테 등이 각기 선험적 자아, 절대적 자아 등으로 명명한 바 있는

투명한 의식을 지닌 자아의 단호한 모습은 계몽주의에서부터 고전주의, 낭만주의를 거쳐 사실주의 등으로 발전하는 서구 근대를 이끄는 주체의 전형적인 모습이다. 뒷모습이기는 하지만 산 정상 위에 서 있는 남자는 분명히 저 멀리 있는 산을 바라보면서 확고한 자아의식을 바탕으로 자연을 정복하고 미래의 역사, 그 역사의 낙관적 발전을 꿈꾸는 그런 근대적 주체를 반영할 수 있다.

그러나 그런 절대적 자아의 근대적 형상으로만 남자의 뒷모습을 해석하는 것은 한계를 지닌다. 그것은 남자가 분명히 자기 앞에 놓인 어두운 심연을 바라보면서 존재의 불안, 절망, 허무 등을 충분히 느낄 수 있기 때문이다. 홀로 서 있는 외로운 분위기뿐만 아니라 순간 저 깊은 나락으로 빠져들 수도 있는 전율과 불안이 엄습해올 수 있다. 밝고 희망 찬 산 정상에 선 남자가 순간적으로 멜랑콜리에 젖을 수 있는데, 그 점은 프리드리히의 전기적 사실과 관련된 다음과 같은 짧은 설명을 통해서도 입증될 수 있다.

> 그(카스파 다비드 프리드리히—역주)가 자신의 내면의 눈으로 화폭에 투영해놓은 것은 종종 멜랑콜리하다. 자연풍경의 상징성으로서 그는 죽음과 나폴레옹에 의한 독일인의 억압을 다루기도 하며, 좀 더 보편적으로 말하자면 인류의 고통을 다루기도 한다. 그는 자연에 대한 무력감, 그리고 그가 찾고자 했지만 두려워했던 고독을 주제로 다뤘다. 한 친구에게 프리드리히는 다음과 같이 언급한 바 있다고 한다. "언젠가 저는 일주일 내내 암석과 전나무로 가득한 우테발더 그룬트(작센 스위스 근처의 협곡—역주)에서 지냈는데, 당시 일주일 내내 저는 살아있는 사람을 한 번도 본 적이 없었습니다. 저도 모르게 음산한 우울

이 마음속으로 파고들어왔습니다.[28]

음산한 우울, 공포, 불안 등에 젖은 마음은 멜랑콜리의 특징이다. 사실 「안개 바다 위의 방랑자」는 멜랑콜리를 명확하게 드러내지 않고 있으며, 더욱이 표정을 전혀 알 수 없는 뒷모습만 보여주고 있기에 멜랑콜리와 전혀 관계가 없는 작품처럼 여겨진다. 그러나 산 정상에 홀로 서 있는 뒷모습, 감춰진 표정, 그리고 심연 속의 자연 등이 간접적으로 멜랑콜리한 상태를 암시하고 있다. 이와 관련해서는 괴테의 『젊은 베르테르의 슬픔』에서 다음과 같은 대목이 매우 암시적이다. 자살 직전에 베르테르는 비가 쏟아지는 어두운 저녁, 계곡가로 달려가 높은 바위에 올라 아래를 내려다보면서 다음과 같은 감정에 사로잡히게 된다.

> 바위 위에 서서 아래를 내려다보니 줄기차게 흐르는 홍수가 달빛 속에 맴돌면서 밭이고, 목장이고, 생울타리고 할 것 없이 모두 뒤덮어버려서 그 넓은 골짜기는 이리저리 몰아치는 폭풍 속에 온통 거세게 물결치는 바다가 되어 있었다! 이윽고 숨었던 달이 다시 검은 구름 위로 솟아오르자, 내 눈앞에서 물결은 소름끼치도록 장엄하게 달빛을 반사하고 소리 내며 흘러내려갔다. 그 순간 나는 몸부림쳤다. 이어서 동경심 같은 것이 나를 엄습했다. 아아, 나는 그때 두 팔을 활짝 벌리고 심연을 향해 우뚝 서서 깊이 숨을 내쉬었다. 아래로! 저 아래로! 나의 괴로움

28 Britta Probol, Der Poet der Landschaftsmalerei, aus: http://www.ndr.de/kultur/geschichte/koepfe/Hoffnungsloser- Romantiker-Caspar-David-Friedrich,cd-friedrich100.html

과 슬픔이 노도처럼 휩쓸려 내려가는 그 기쁨에 잠겨 나는 넋을 잃고 말았다.[29]

나중에 자세히 해석하겠지만, 어두운 자연과 자아 해체(자아 상실, 자기파괴로서의 죽음) 간의 관계를 암시하는 장면이다. 그러한 해석이 가능한 까닭은 「안개 바다 위의 방랑자」보다 훨씬 이전에 발표된 「바닷가의 수도승」 혹은 그 이후에 발표된 「바닷가 월출(Mondaufgang am Meer)」(1822)에서 프리드리히는 멜랑콜리한 주체의 해체적 분위기를 적극 형상화하고 있기 때문이다. 저 멀리서 달이 뜨고 있고 바닷가 암벽 위에 앉아 있는 세 명의 여인이 먼 곳을 바라보고 있는 저녁 풍경을 담은 「바닷가 월출」은 흔히 애수, 비애, 우울, 고통, 슬픔 같은 멜랑콜리한 감정을 형상화한 작품으로 유명하다. 이러한 멜랑콜리와 관련된 작품과 더불어 「바닷가의 수도승」은 자연의 모습을 더욱더 어둡게 채색하고 있다. 바다, 구름, 물 등을 통해 거대한 자연이 압도적으로 표현되어 있으며, 그 거대한 자연 속에서 인간의 형체는 전혀 알아볼 수 없을 정도로 완전히 함몰되어 있는데, 정확히 말하면 기껏해야 사람은 고작 하나의 작은 점처럼 보일 정도다. 비록 뒷모습이지만 한 개인의 전체 모습을 명확히 보여주는 「안개 바다 위의 방랑자」와는 달리 「바닷가의 수도승」에서는 개인의 자취가 서서히 사라지고 있는 듯하다. 작품은 바닷가에 서 있는 수도승을 담고 있다고 하지만 얼굴, 몸동작 등을 도저히 알아볼 수 없는 한 개인은 단지 하나의 작은 덩어리처럼 존재할 뿐이다. 바닷가, 하늘, 물 등으로 표현된 거대한 자연은

---

29 괴테, 『젊은 베르테르의 슬픔』, 박찬기 역, 민음사, 1999년, 170쪽.

그러한 작은 존재의 흔적조차 지우려는 듯 무시무시한 힘을 분출하고 있다.

낭만주의에서 어두운 자연은 곧 무의식 세계를 가리키며, 회화에서는 프리드리히가, 문학에서는 티크(L. Tieck)와 호프만(E. T. A. Hoffmann)이 그와 같은 자연과 무의식 간의 밀접한 관계를 매우 잘 형상화한 작가들이다. 어쩌면 「바닷가의 수도승」은 무의식의 발현, 그로 인한 멜랑콜리한 감정에 시달린 자가 맞이하게 될 주체의 해체, 죽음 등을 암시하고 있는 것 같다.

## 6 멜랑콜리와 상상적 투영

뭉크, 「멜랑콜리」(1894~96)

표현주의를 대표하는 뭉크(Edvard Munch, 1863~1944)는 세계적인 작품 「절규」, 「불안」 같은 작품 외에도 1891년부터 1896년까지

'멜랑콜리'라는 제목으로 총 다섯 개의 그림을 그렸다. 모두 비슷한 내용으로, 약간의 변형만을 취하고 있는 가운데 앞에 인용한 그림은 최종 작품이다.

그림의 내용은 크게 세 가지 층위로 분석해볼 수 있다. 그 하나는 전체적인 자연풍경이고, 다른 하나는 중앙에서 저 멀리 그림 왼쪽 상단부에 있는 세 사람의 모습이며, 마지막 층위는 그림 전면에 있는, 뒤러 이후 자주 엿볼 수 있는 턱을 괴고 생각에 잠겨 있는 멜랑콜리커의 전형적인 모습이다.

우선 첫 번째 전체적인 자연풍경은 세밀한 묘사보다는 생각하는 이의 주변 풍경, 가령 바닷가 해변, 해변의 돌, 바닷물, 저 멀리 뒤편에 있는 나무들의 군락, 구름 등 모두 굵직하고 묵직하고 단순하게 그려져 있다. 특히 굴곡진 해변과 우중충한 색채 등으로 표현된 자연풍경이 전체 분위기를 가라앉히는 영향을 내뿜으면서 멜랑콜리한 정서와 분위기를 대변하고 있다.

두 번째 층위는 물 위에 나무로 만든 선착장 다리 위를 걷고 있는 세 사람의 모습인데, 이들은 누구일까? 아마도 한 쌍의 연인과 노를 어깨에 메고서 그들을 뒤따라가는 어부처럼 보인다. 하얀색 옷을 입은 여인과 한 남자가 갈색의 나무배를 타고 바다로 나갈 모양이다.

세 번째 층위는 그림 전면에 있는 생각에 잠긴 남자의 모습이다. 그는 무엇에 대해 깊이 생각하고 있는 것일까? 삶의 어떤 심각한 문제가 그를 괴롭히고 있는 것일까? 아니면 혹시 그는 배 타러 나가는 저 연인들과 삼각관계를 형성하고 있는 것은 아닐까? 비록 연인들을 쳐다보고 있지 않지만 그는 아마도 자신을 따돌리고 은밀히 즐거운 시간을 보내려는 그들에 대해 질투 혹은 시기를 품고 있을 것만 같다. 사실 질투와 멜랑콜리는 서로 밀접한 연관성을 형성하는데, 뭉크 자신도 이를 입증해주고 있다. 1894~95년 사이에 작성된 메모에서 뭉크는 "질투—길게 늘어져 있는 황량한 해변가"라고 적어놓았는데, 이러한 메모는 그림이 생산된 시기와 관련된다. 요컨대, 메모를 고려한다면 전면의 남자는 분명히 질투에 젖어 있으며 동시에 멜랑콜리에 잠긴 모습을 내보이고 있다.

이 그림은 대체로 작가전기적인 배경에서 해석되는데, 즉 뭉크가 알고 있던 세 사람(Oda Krohg, Christian Krohg, Jappe Nilssen)의 삼각관계를 그린 것이라고 분석된다. 배를 타기 위해 가는 두 사람은 오다 크로그(Oda Krohg)와 크리스티안 크로그(Christian Krohg)이며, 전면에 사유하는 포즈를 취하고 있는 멜랑콜리한 이는 자페 닐센(Jappe Nilssen)이라고 한다. 그러나 이는 사적인 배경일 뿐 그림 자체는 멜랑콜리와 질투 같은 감정을 독특하고 독자적인 방식으로 표현해내고 있다.

해변의 일부, 생각에 잠긴 이의 얼굴, 조각배 등이 짙은 황갈색으로 표현되어 있는 것은 멜랑콜리의 담즙과 연관되어 있다. 검은색의 백사장, 생각에 잠긴 이의 상체 등이 모두 검게 그려져 있는데, 이는 멜랑콜리, 죽음, 슬픔 등의 상호연관성을 구축하고 있다. 해변의 굴곡은 어디서나 볼 수 있는 완만한 굴곡을 그려낸 것 같지만, 미메시스적 사유에서 벗어나 분석하면 그것은 왜곡과 변형 등으로 형성된 내면세계, 고독, 멜랑콜리 등과 연관되어 있다.

위에서 언급한 것처럼 배를 타고 바다로 나가기 위해 나무 선착장 다리 위를 걷고 있는 연인들과 생각에 잠긴 이의 관계는 일종의 삼각관계를 맺고 있는 듯이 보인다. 물론 이러한 해석은 명확하지 않다. 생각에 젖어 있는 이가 저 멀리 있는 연인들에 대해 질투의 감정을 갖고 있을 수도 있지만, 완전히 다른 관점에서 보면 다리 위의 연인들은 남자의 소망을 담은 상상적인 세계의 단면일 수도 있다. 즉 연인과 함께 있는 자는 바로 전면의 남자를 대신하는 인물이며, 따라서 배를 타고 어디론가 떠나는 장면은 전면의 남자가 자신의 마음속에 간직한 소망의 대리 형상 또는 상상적 투사(Projektion)일 수 있다.

그러나 현실에서 자아는 그런 과감한 행동을 취하지 못한 채 혼자 있을 수밖에 없으며, 그렇기 때문에 전면의 모습처럼 고독한 멜랑콜리에 젖어 있다. 현실의 자기 모습과 상상의 자기 모습 사이의 괴리와 심연은 바로 해변의 기다란 굴곡진 공간을 통해 표출되고 있다. 이는 곧 예술(허구, 꿈)과 현실 간의 차이를 우회적으로 드러내고 있는지도 모른다. 즉 전면의 멜랑콜리한 자아는 비교적 현실적인 자로서 우리 독자에게 자신의 모습을 드러내고 있는 반면에, 저 멀리 배를 타고 가는 이들은 비현실적이고 몽환적인 이미지를 띠고 있는 바, 즉 꿈과 소망을 담은 예술세계를 가리킨다. 다음과 같은 분석이 그 점을 뒷받침해주고 있다.

> 다리 위의 세 사람은 다른 세계에 속해 있는 바, 밝고 약속된 색상으로 등장하는 그들은 사랑의 섬을 향해 출발하려는 고전적 토포스를 상징하고 있다. 고독한 나 홀로의 개인이 뒤에 남겨져 있는데, 다른 이들이 누리는 삶의 행복이 그에게는 거부되어 있다. 그 대신 그는 내면세계와 외부세계 간의 갈등을 창조적인 과정으로 전환시키고 있다.[30]

---

30 https://de.wikipedia.org/wiki/Melancholie_(Munch)

생각에 잠긴 우울한 멜랑콜리의 형상은 현대로 접어들면서 전통적인 표현 방식과 점차 멀어지고 또한 우울한 자기 자신에 대해 탐사하는 경향도 내비치는데, 그 대표적인 예로는 바로 초현실주의를 대표하는 살바로드 달리(Salvador Dalí, 1904~1989)의 「이사벨 스타일러-타스 부인의 초상화. 멜랑콜리」(1945)를 들 수 있다.

달리는 제2차 세계대전 중이던 1940년대에 미국에 머물러 있었고 일종의 '주문예술', 즉 초상화를 그려달라는 부유층의 주문을 받아 생계를 이어가는 방식으로 예술적 활동을 전개했는데, 1945년에 생산된 위 그림은 당시 베벌리 힐스에 살던 이사벨 스타일러-타스(Isabel Styler-Tas)의 초상화라고 한다. 그녀는 네덜란드 암스테르담 출신의 부유한 보석상 루이 타스(Louis Tas)의 딸이다.

살바도르 달리, 「이사벨 스타일러-타스 부인의 초상화. 멜랑콜리」(1945)

달리의 「멜랑콜리」는 르네상스 시대 화가인 피엘로 델라 프란체스카의 「페데리코 다 몬테펠트로 공작 부부의 초상화」(1465~1466)의 그림과 자주 비교된다. 프란체스카의 경우 부부의 서로 다른 모습, 즉 죽은 모습(핏기 없는 부인의 모습)과 살아있는 모습(짙은 황갈색 피부를 가진 남편의 모습)이 서로 대비를 이룬다면, 달리의 경우 한 사람의 동일한 두 가지 이미지가 제시되고 있다. 프란체스카의 경우 두 부부가 실제로 살았던 지역 풍경을 배경으로 삼고 있지만, 달리의 경우 타스 부인의 얼굴 주위와 뒤편에는 한적하고 삭막한 배경이 제시되고 있다. 마치 그 배경은 죽음을 암시하는 듯하다. 삭막한 풍경에서는 산, 나무, 작은 섬, 작은 돛단배, 강(호수, 바다?) 등을 볼 수 있으며, 또한 대륙과 돛단배가 정박해 있는 작은 섬 사이에는 물이 흐르고 있고 그 위에 아치형 다리가 볼록 솟아 있다. 그리고 대지 위에는 끝이 반달 모양인 세 개의 높은 장대가 세워져 있다. 이와 같은 삭막한 풍경은 「기억의 지속」 같은 달리의 대표작에서도 자주 엿볼 수 있는 전형적인 배경이다.

달리의 「멜랑콜리」는 동일한 여인의 두 가지 상반된 모습을 그려내고 있다. 오른쪽 형상은 구체적이고 현실적인데, 즉 붉은 색상의 드레스를 입고 털모자를 쓴 여인은 매우 우아한 자태이지만 전체적으로 매우 차갑다. 엄격하고 거만한 이미지의 표정, 다가갈 수 없는 듯한 대리석상 같은 냉정한 자세, 가슴에 달려 있는 브로치에 기이하게도 작은 나무가 자라나 있고, 자세히 보면 그 나무 밑에는 메두사의 얼굴이 새겨져 있다. 고대 신화에 의하면, 메두사의 형상을 보는 이들은 모두 마법에 걸려 돌로 변하는데, 즉 이내 화석화되는 죽음을 맞이한다. 상대방에게 죽음을 야기하는 이미지가 왼쪽 형상에 투영되어 있는 것일까? 왼쪽 형상은 내면 전체가 삭막한 잿빛의 화강암 산으로 이뤄져 있고, 메두사의 머리카락이 흔히 뱀으로 그려지듯 그 화강암 산 옆에는 뱀 모양의 기다란 길이 머리끝을 향해 놓여 있다. 그러나 머리 위까지 올라가기에는 너무나 가파른 길이다.

왼쪽 형상과 오른쪽 형상은 각기 '내면'과 '외면'이라는 두 가지 이미지로 구분되지만, 두 이미지는 사실 냉정함, 거만함, 삭막함, 멜랑콜리, 죽음 같은 공통된 의미를 지니고 있다. 한편으로 달리는 이사벨 스타일러-타스를 극히 개인적인 차원에서 그려내고 있지만, 다른 한편으로는 특정한 개인의 이미지를 고정하기보다는 오히려 보편적인 차원에서 신화의 내용과 이미지를 차용하는 방식을 통해 '멜랑콜리와 죽음의 상관관계'를 그려내고 있다. 특히 그림의 정중앙에 하늘 높이 솟아 있는 반달 모양의 끝을 가진 기다란 세 개의 장대—이러한 장대는 지팡이와 마찬가지로 달리의 그림에 자주 등장하는데, 대표적으로는 「구운 베이컨과 부드러운 자화상」(1941)의 경우 여러 개의 작은 지팡이가 눈, 코, 입, 턱 등에 꽂혀 있다—가 한 여인의 두 이미지 사이에 배치됨으로써 마치 삶과 죽음을 나누는 경계선처럼 작용하고 있는 듯하다. 즉, 죽은 형상과 살아있는 형상 사이에 놓인 장대 말이다.[31]

---

31 그런데 이 장대는 흥미롭게도 한국의 민간 신앙에서 볼 수 있는 솟대와 매우 비슷하다. 우리의 경우 솟대는 풍년을 바라는 뜻에서 장대 끝에 볍씨를 넣은 주머니를 매달기도 하며, 장대 끝에 나무를 깎아 만든 새를 달아놓은 솟대가 마을의 장승 옆에 놓여 있기도 하다.

# 4 멜랑콜리와 문학

멜랑콜리의 어원과 수용 과정, 그리고 멜랑콜리에 대한 다양한 이론 등을 살펴보면 멜랑콜리는 슬픔, 우울(Hypochondrie), 고독(Einsamkeit), 무기력/나태(Acedia, Ennui) 같은 심리적 현상을 수반하며, 특히 무엇보다 “대상을 상실한 자아의 감정 상태”로 정의될 수 있다. 심리학자들이 주로 언급하고 있듯이, 멜랑콜리한 이는 한때 자신의 대상을 소유했지만 지금은 상실한 상태다. 나중에 지젝의 분석에서 언급하겠지만, 그것은 처음부터 결핍되어 있던 기만적인 대상일 수 있는데 그럴 경우 멜랑콜리한 감정은 일종의 스펙터클한 제스처로 간주될 수 있다.

18세기에 본격적으로 진행된 근대로의 전환과 함께 멜랑콜리를 심미적 현상으로 서술한 다양한 문학작품에서 주인공들은 도대체 어떤 대상을 상실/결핍했기에 그러한 멜랑콜리에 시달리는 모습을 내보이는 것일까? 프로이트는 애도와 멜랑콜리의 공통점으로 ‘타자’의 상실을 거론하면서 “타자는 사랑했던 특정 개인을 지칭할 뿐만 아니라 희망(Hoffnung), 이상(Ideal), 이념(Idee) 같은 추상적인 개념도 해당한다"고 밝힌 바 있다. 물론 문학에서는 알레고리 같은 방식을 통해 추상적 개념이 구체적인 형상(개인, 사물 등)을 통해 표현되기 때문에 타자는 개념과 형상을 모두 지칭한다. 어쨌든 여기서는 프로이트 이후의 멜랑콜리 분석을 염두에 두면서 근대적 문학작품에서 문학적으로 허구화된 멜랑콜리한 인물들이 무엇을 상실/결핍하고 있었는지 추적해볼 것이며, 이를 위해 멜랑콜리를 형상화한 대표적인 예로 버턴, 루소, 괴테, 보들레르, 벤야민의 텍스트를 살펴보기로 한다.

## 1 멜랑콜리의 사회적 의미

로버트 버턴(Robert Burton, 1577~1640)의 「우울증의 해부」(The Anatomy of Melancholy, "멜랑콜리의 해부학"이라고 번역할 수도 있음)는 1621년에 발표되었다. 근대 이전에 출간된 이론서일지라도 그 내용적 차원에서는 멜랑콜리의 근대적 징후를 매우 상세하게 밝혀준 일종의 연구서다. 버턴은 우선 멜랑콜리를 도시적 삶의 병으로 파악한다. "도시는 병든 육체와도 같다. (……) 순화를 통해 그 병든 육체가 회복될지라도 결국 멜랑콜리만은 남는다"[32]고 언급함으로써 멜랑콜리의 지속성이 분석되고 있는데, 즉 병든 육체

32 R. Burton, Anatomy of melancholy, London 1621. 이 저서 가운데 중요한 부분은 독일어로 번역되어 다음에 실려 있다(Melancholie oder vom Glück, unglücklich zu sein, hrsg. v. P. Sillem, München 1977, pp. 67-106). 여기서는 한국어 번역본을 취하며, 이하 인용 쪽수는 본문에 기입한다(로버트 버턴, 『우울증의 해부』, 이창국 역, 태학사, 2004년).

와도 같은 도시(혹은 도시적 삶)에서 설혹 많은 점이 치유될지라도 멜랑콜리 같은 감정은 치유되지 않은 채 남게 된다는 것이다. 버턴은 도시, 사회적 삶, 멜랑콜리 간의 밀접한 관계를 파악한 최초의 학자인 셈이다. 엘리자베스 1세(1533~1603)의 화려한 번성기에도 불구하고 그는 소위 '영국병'으로 만연된 멜랑콜리를 육체와 정신의 분열, 국가와 멜랑콜리, 귀족과 멜랑콜리, 학자문화와 멜랑콜리, 유토피아와 멜랑콜리 등 다양한 차원에서 분석해내고 있다. 버턴은 멜랑콜리를 마치 신이 내린 벌처럼 극복하기 어려운 병으로 간주함에도 불구하고 멜랑콜리의 치유 가능성의 길을 제시하는 낙관적인 관점을 취하기도 한다. 어쨌든 그의 분석 시각은 화려한 외양의 도시적 발전 이면에 멜랑콜리가 종양, 파편, 폐허처럼 자리하고 있다는 19세기의 사회적·미학적 인식을 선취하는 것과도 같다. 그런 점에서 대단히 혁신적이며 근대의 멜랑콜리 현상을 이해하기 위해서는 반드시 짚어볼 필요가 있는 책이다.

역사, 철학, 의학, 신학 등 다양하고 해박한 지식을 담고 있는 「우울증의 해부」는 글자 그대로 우울증을 해부한 고전적 명저로 간주된다. 1621년에 '데모크리투스 주니어(Demokritus Junior)'라는 익명의 이름으로 발표된 책의 서문에 제시되어 있듯이, 그는 스스로 우울증을 경험했지만 글을 쓰면서 우울증을 바로 퇴치했다고 밝힌다. 흔히 말하듯, 글쓰기가 적어도 버턴 자신에게는 치유의 기능으로 작용한 셈이다. 버턴은 역사적으로 철학자, 신학자 등의 다양한 책과 언술 등을 인용하면서 자신의 논지를 전개하고 있는데, 동시에 스스로 동시대의 사회적 환경을 냉철하게 분석하는 가운데 뛰어난 아이러니컬한 시각을 내보인다. 가령 다음과 같은 16세기 초엽 대학의 실상 분석은 단순히 지나간 역사적 현상의 진단이라기보다는 기초학문이 처해 있는 21세기 오늘날의 상황에도 그대로 적용할 수 있을 정도로 매우 미래선취적인 예리한 혜안을 보여주고 있다.

> 대학에서 문학이나 수학 또는 철학 같은 순수학문을 공부한다는 것이 얼마나 손해이고, 다른 사람들의 존경도 받지 못하고 후원자도 얻기 힘들며 어리석은 일인지를 일찌감치 알아차린 약삭빠른 학생들 가운데는 예술이나 역사, 철학이나 언어학 같은 순수학문들을 그저 식탁에서 식사하는 자리에 알맞은 유쾌한 장난감이나 이야기를 재미있게 꾸미는 장식품 정도로 옆으로 밀어놓고, 그 대신 법률, 의학 그리고 신학 같은 현실적이고도 수지맞는 학문을 공부하여 먼저 충분히 돈을 벌고 나중에 원하는 공부를 하겠다는 사람들도 있다. (……) 요즈음 대학이라는 것은 그 질이 매우 낮다. 좋은 학생이 없기 때문이다. 공부를 하고 나서도 좋은 보수나 대접을 받지 못하니 제대로 된 철학자, 수학자, 고전학자가 있을 리 없다. 그저 너나 나나 하겠다고 나서는 것이 신학인데, 이것은 졸업 후 부유한 마을에 위치한 커다란 교회의 목사 자리가 탐나서 하는 짓이지 정작 신학 공부와는 거리가 멀다. 요사이 부모들은 자식들의 적성이나 능력은 아랑곳하지 않고 그저 법률이나 신학을 공부시킨다. 진정한 학문의 탐구는 속세의 이익 앞에 아무런 힘을 쓰지 못한다. 많은 사람의 눈에 먼저 띄는 것은 번쩍이는 황금이지 그리스어나 라틴어로 쓰인 고리타분한 종이뭉치가 아니다. 이처럼 돈을 아는 사람들이, 돈을 가진 사람들이 나라를 차지하여 다스리고 있는 왕 앞에서 이런 말, 저런 말로 왕의 귀를

즐겁게 하고 있다(143~144쪽).

문학, 철학, 수학, 물리학 같은 순수학문(Liberal Arts)이 대학에서 제대로 보호받지 못하고 있는 사회적 상황, 그로 인해 기초학문이 단지 식탁에서만 주고받는 이야깃거리로만 전락한 상황, 이와 달리 돈벌이와 연관된 실용적인 학문(법률, 의학, 신학)만을 추구하는 세태, 나아가 권세(왕)와 시세(대중)에 아첨하여 출세하려거나 돈을 벌려고 하는 일종의 곡학아세(曲學阿世)의 학자들만이 팽배해 있는 상황, 이런 다양한 상황에 대한 비판적 서술은 21세기 현 상황을 정확하게 분석해낸 것으로 간주할 수 있을 정도다.

어쨌든 책의 핵심은 우울증(멜랑콜리)의 해부에 있다. 우울증의 원인은 다각적일 수 있지만, 버턴은 그 원인을 무엇보다 천성적으로 인간에게 내재해 있는 자기파괴적 기질에서 찾는다. 신이 부여한 다양한 긍정적인 기질보다는 자기 자신을 파괴하려는 반이성적인 기질이 곧 우울증의 근원이 된다는 것인데, 이는 버턴의 시각이 기본적으로 성악설에 기초하고 있음을 말해주고 있다. 어쨌든 우울증 같은 병적 증세는 좋은 기질을 잘못 사용한 결과이며, 따라서 그 모든 책임은 모두 인간 자신에게 있다.

이처럼 인간은 천성이 악하다. 우리 인간에게 가장 크고 무서운 적은 바로 우리 인간 자신이다. 우리는 신이 우리에게 내려준 모든 선하고 좋은 것들—건강, 재산, 힘, 지능, 재주, 기억력 등—을 잘못 사용함으로써 우리 스스로를 파괴시킬 방도만 찾기에 여념이 없다. 우리의 비극은 모두 우리 스스로의 책임이다. 우리는 우리 스스로를 무너뜨리기 위해 단단히 무장한

> 다. 우리는 우리에게 커다란 이익과 도움을 주기로 되어 있는 이성, 판단력, 기술 등을 반대로 우리를 죽이는 데 사용한다(98쪽).

신구 논쟁의 맥락에서 보면, 버턴은 인간의 이성을 강조함으로써 중세로부터 탈출한 근대적 시각을 옹호하고 있지만, 여전히 종교의 결정론적 시각에서 벗어나지 못하고 있다. 우울증 같은 감정에 근거하는 병은 일종의 반종교적·반이성적인 상태라고 할 수 있는데, 이를 뒤집어서 말한다면 신에 대한 믿음 혹은 "이성의 지배" 하에 있다면 결코 우울증에 걸릴 수 없지만 이성을 포기한 순간 불치병의 일종인 우울증에 걸린다고 강조한다.

> 이와 같이 우리 인간은 이성의 지배를 받고, 우리의 과도한 욕망을 제어하고, 신의 말씀에 따라 행동하는 한 살아있는 성자다. 반면에 우리가 정욕이나 분노, 야망과 오만에 굴복하여 그들의 지시에 따라 행동할 때 우리는 모두 짐승의 수준으로 타락하는 것이며, 신의 분노를 일으켜 우리가 저지르는 죄악에 대한 신의 공평하고 정의로운 처벌로써 모든 종류의 불치병은 물론, 내가 앞으로 이 글에서 집중적으로 언급하고자 하는 우울증을 우리 인간에게 가져온다(99쪽).

이렇게 버턴은 감정 상태에 굴복당한 병으로서의 우울증을 비판하고 있는데, 즉 우울증은 이성을 포기한 결과로서 신이 내린 일종의 질병으로 여겨진다. 물론 처음에는 우울증을 악한 질병이라기보다는 모든 사람이 갖게 되는 일반적인 질병처럼 언급하기도 하지만, 궁극적으로 버턴은 비이성적인 병적 상태로서의 우울증을 다음과 같이 비판하고 나선다.

> 마음 상태로서의 우울증이란 사람이 슬픔, 병, 필요, 괴로움, 두려움, 격렬한 사랑, 심적 동요, 근심과 걱정, 번민, 불만, 사색 등에 빠지게 되었을 때 고통과 번민을 유발하거나 가슴을 답답하게 만들고, 머리를 무겁고 흐리멍덩하게 만드는 일시적인 증상으로서, 이것이 한 번 찾아오면 그 사람은 삶의 즐거움과 활력, 기쁨 같은 것을 상실하게 되고, 그 대신 이유 없이 화를 내거나 삐치고 다른 사람을 싫어하게 된다(101쪽).

우울증에 대한 버턴의 분석에서 특이한 점은 우울증을 예술가와 철학자 같은 특별한 사람들이 앓는 병으로 간주했던 고대적 시각과는 달리 근대적인 의미에서 소위 군중, 특히 도시 속에서 살아가는 모든 사람에게 찾아오는 심각한 병으로 해석한다는 것이다. 어쩌면 존재 자체가 우울증을 수반할 수밖에 없다고 보는 시각처럼 버턴은 "존재하는 모든 사람은 우울증의 위험에서 벗어나지 못한다"고 말한다.

> 그리고 이 증상으로부터 완전하게 해방된 자유로운 사람은 없다. 성자도, 현자도, 행복한 사람도, 참을성이 많은 사람도, 관대하고 너그러운 사람도 때때로 원하지 않아도 찾아오는 이 손님의 방문을 거절할 수 없다(102쪽).

우울증은 모든 근대인에게 찾아오는 보편적인 병이다. 그러나 더욱 실질적인 차원에서 심각한 병으로 심화될 경우 그 원인은 다양하다. 우선 우울한 상태가 일시적이 아니라 지속적이고 고질적인 습관으로 확장될 경우를 들 수 있다. 또한 그러한 우울증이 더욱 강력하게 작용하는 경우 그 원인은 전통적인 인간의 체액론에서 근거를 찾을 수 있는데, 즉 담즙이 검게 변할 때 나타나는 병으로 주로 노인들과 마녀 같은 이들이 우울증 환자로 전환한다는 것이다. 이 지점에서는 버턴의 분석에도 체액병리학, 체질론 등과 결합된 소위 중세의 마녀사냥 같은 시각이 그 흔적을 남기고 있다.

> 이와 같은 자연적인 질병은 노인들 가운데서도 늙은 여자들에게서 더 드러나는데, 이 가운데서도 특히 가난하고 홀로 사는 여자, 주위에 어떤 사랑이나 존경 또는 돌봄이 전혀 없는 여자, 구걸하는 여자, 소위 '마녀'라고 불리는 늙은 여자들에게 심하다. 그들이 말하는 이상한 상상력은 바로 이 우울증을 일으키는 검은 체액과 밀접한 관계가 있다는 것이 많은 의사들의 공통된 주장이다(113쪽).

> 마녀란 단지 이런저런 이유로 머리가 이상해진 사람들일 뿐이며, 일종의 우울증 환자일 뿐이다(113쪽).

이 밖에도 버턴은 우울증을 앓았던 부모에게서 유전적으로 내려오는 질병으로 간주하기도 하며, 또한 고대뿐만 아니라 근대 이후 많은 연구가들이 자주 강조했던 고독, 권태, 게으름 등도 우울증의 원인이 될 수 있다고 밝힌다.

나라에도 오랫동안 적이 없거나 전쟁이 없으면 내란이 일어나 자기들끼리 치고받고 죽이는 사태가 벌어지듯이, 우리의 몸도 너무 할 일이 없어 게으른 상태로 내버려두면 근심과 걱정, 슬픔, 이유 없는 두려움, 초조함, 불만, 그리고 의심 등이 떼를 지어 몰려와 우리의 마음을 괴롭히고 신체를 쇠약하게 만든다. 이런 것들은 우리의 심신을 고문하고 우리의 내장을 갉아먹는다(119쪽).

여기서 버턴은 우울증을 앓을 위험에 가장 잘 노출된 이들로 귀족계층을 꼽고 있는데, 그것은 그들이 무엇보다 게으름에 젖어 있기 때문이라는 것이다. 다른 말로 표현하자면, 노동에 대한 열정이 결여되어 있기 때문이다. 우울증에 대한 비판의 이면에는 종교적 시각, 즉 16~17세기 영국에서 태동한 노동을 중시하는 청교도적·개신교적 종교관이 자리하고 있다.

게으름은 귀족의 필연적인 부속물이다. 흔히 귀족들은 일하는 것을 하나의 불명예로 여긴다. 그들은 하고많은 날들을 각종 스포츠, 놀이, 오락으로 보내기 때문에 어떤 직업이나 노동에 수반하는 고민이나 고통 또는 수고에 따른 보람 같은 것은 전혀 모른다. (……) 그들은 일을 한다는 것이 어떤 것인지 전혀 모른다. 이런 연유로 그들의 몸속에는 악성 체액, 바람, 찌꺼기들로 가득 차게 되며, 마음 또한 불안하고 둔하고 무거워진다. 그리고 걱정, 근심, 질투심, 질병에 걸리지 않을까 하는 두려움, 발작, 경련, 졸도, 시도 때도 없이 터져 나오는 울음 등이 이들을 엄습한다(120쪽).

게으름과 인접해 있는 정서적 감정은 바로 고독이며, 여기서 버턴은 고독을 자발적 고독과 타의적(강제적) 고독으로 나눈다. 이러한 버턴의 구분을 다음에 분석할 루소와 괴테의 글에 나타난 고독한 현상에 적용해본다면, 『고독한 산책자의 몽상』에서 루소가 타의적 고독을 취하고 있다면 『젊은 베르테르의 슬픔』에서 베르테르는 자발적 고독을 취한다고 볼 수 있다. 우울증, 고독, 게으름의 상관관계는 다음과 같이 계속 언급되고 있다.

> 이 게으름과 매우 가까운 친척이면서 우울증을 일으키는 공통된 원인을 이루고 있는 것 중에 과도한 고독이라는 것이 있다. 이것은 우울증의 원인임과 동시에 증상이기도 하다. 고독에는 자기 스스로 택하여 즐기는 고독, 본인의 의사와는 관계없이 외부로부터 가해지는 강제적인 고독의 두 가지가 있다고 하겠다(121쪽).

게으름과 고독이 가져오는 또 다른 위험으로는 환상과 망상 등을 들 수 있는데, 버튼은 그와 같은 우울증이 심화되면 결국 자살 행위가 야기될 수 있다고 진단한다. 어쩌면 이러한 현상은 괴테의 『젊은 베르테르의 슬픔』에서 베르테르의 심리적 상태와 정확히 일치한다고 볼 수 있다.

> 이들은 분노와 실망, 억울함과 절망 속에서 이 세상을, 친구들을, 동지들을, 인간 전체를, 심지어 신에 대해서도 자주 습관적으로 불만과 실망, 원망을 하면서 살기를 원하지도 않고, 죽지도 못하면서 얼마 동안 시간을 보낸다. 마침내 이런 더럽고 추

> 하고 괴로운 나날을 보내면서 이런 비참한 생활에서 자기를 구원해줄 어떤 위안이나 위로, 수단이나 방법을 발견하지 못했을 때, 이 사람은 죽음을 택함으로써 이 모든 고통에서 벗어나기로 결정하여 실행에 옮긴다(151~152쪽).

물론 버턴이 고독을 무조건 부정하는 것은 결코 아니다. 그는 창조적인 작업을 하는 시인, 철학자, 신학자들, 사상가들 같은 이들의 경우 게으름, 고독, 명상 등이 일정 정도 긍정적인 역할을 할 수 있음을 인정한다.

> 소크라테스나 기타 위에서 언급한 대철학자들, 학자, 예술가, 시인들의 게으름은 이처럼 보통 평범한 사람들의 속이 텅 빈 공허한 고독에 수반하는 게으름과는 그 종류가 완전히 다른 것이다(127쪽).

버턴의 분석에서는 우울이 반복적·관습적 우울과 창조적·엘리트적 우울로 나뉘고 있음을 알 수 있다. 중세의 경우 우울은 일방적으로 비판되고 부정되어왔기에 긍정적·부정적 차원에서 우울을 구분하는 버턴의 시각은 중세에서 벗어나 비교적 근대적 시각에 가깝다고 볼 수 있다. 가령 우울과 관련하여 버턴이 제시하는 게으름, 귀족, 고독 같은 모든 부차적 연상들은 후에 보들레르, 벤야민 등의 작품과 분석에서 엿볼 수 있으며, 또한 문학작품에서 허구적 인물이 취하는 고독은 일상에서 단순히 게으름뱅이들이 취하는, 버턴이 비판하고 있는 '공허한 고독'과는 질적으로 다른 의미를 지닌다. 특히 보들레르의 작품에서는 귀족, 우울, 고독, 게으름

(권태)은 서로 분리될 수 없는 기표적 연관성을 형성하고 있으며, 그 의미도 대도시와 자본주의에 대한 비판적 맥락에서 살펴볼 수 있을 것이다.

버턴은 멜랑콜리의 가장 심각한 병인 우울증을 인간이 경험할 수 있는 고통 중 가장 힘든 병으로 간주한다. 그것은 마치 인간에게 불을 가져다줌으로써 신들의 분노를 얻어 결국 벌을 받게 된 프로메테우스의 고통과도 같다.

> 다시 한 번 강조하지만, 중증의 우울증 환자야말로 인간이 겪을 수 있는 고통과 고뇌, 번뇌의 정상이요, 정수요, 핵심이요, 결말이요, 종점이다. 이런 상태의 우울증에 비하면 이 세상에 존재하는 다른 모든 질병은 벼룩에 물려 고생하는 것에 지나지 않는다(153쪽).

사람들은 가장 고통스럽고 힘든 병에서 벗어나기 위해 종종 자살을 택하게 되는데, 이 지점에서 버턴은 전통적으로 자살을 옹호하는 철학자들(소크라테스, 플라톤, 에피쿠로스학파, 냉소주의 철학자, 금욕주의 철학자 등)의 시각을 비판한다. 즉, "자살을 이해할 수는 있어도 결코 바람직한 탈출구가 될 수는 없다"고 역설한다. 이는 그의 기독교적 입장을 알 수 있는 명확한 대목이며 또한 나중에 분석하게 될 『젊은 베르테르의 슬픔』에서 베르테르가 택한 자살 행동을 배척하는 시각일 수 있다.

> 그러나 자살을 옹호하고 합리화하고 미화하는 이 모든 이론과 주장, 관행과 관습들은 잘못된 것이며 거짓이자 야만적인 태도

이며, 생명을 경시하는 불경스런 금욕주의 철학자들의 모순이며 역설이며 억지이며 사악한 사례들이다. 철학자들이 자살을 부추기는 취지로 한 말들은 아무런 소용이나 가치가 없다. 그런 사람들은 불경한 사람들이었으며, 혐오스럽고 잔인하기 이를 데 없고 무지하고 무식한 사람들이었다. 시작부터 잘못된 길로 들어선 사람들이었다. (……) 다른 사람의 몸에 칼을 꽂는 사람은 그 사람의 몸만 죽일 수 있다. 그러나 자기 스스로 자기 몸에 칼을 꽂는 사람은 자기 몸뿐만 아니라 자기의 영혼도 죽이는 것이다(160쪽).

이상과 같은 버턴의 멜랑콜리에 대한 분석과 관련하여 두 가지 점이 언급될 수 있는데, 그 점은 버턴의 책 제목에서 추론될 수 있는 것이기도 하다. 그 하나는 「멜랑콜리의 해부학」이 멜랑콜리를 단순한 병보다는 존재와 관련된 보편적 현상으로 인식하고 있다는 것이다. 요컨대 멜랑콜리는 16~17세기에만 국한되는 것이 아니라 모든 역사적인 시대를 가로질러 적용될 수 있는 '보편적 메타포(Univeralmetapher)'로 작용하고 있다. 다른 하나는 "해부학"이라는 개념에서 읽을 수 있다. 원래 해부학이란 물질적 대상으로서의 육체에만 사용하는 의학적 개념이지만, 버턴은 그 개념을 인간의 '내면성(Innerlichkeit)' 영역에 적용하고 있다. 내면적 현상으로서의 멜랑콜리는 문학적·철학적·종교적으로 다양하게 제시된 형상화(이미지)와 긴밀한 관계를 맺으며, 그런 점에서 멜랑콜리의 형상화를 학문적으로 분석한다는 의미에서 "해부학"은 일종의 메타포로 기능하고 있는 셈이다.[33] 이 밖에도 해부학은 단순한 분석을 넘어서 멜랑콜리를 치유할 수 있는 자신의 '글쓰기' 작업으로도 이해될 수 있는데, 요컨대 멜랑콜리에 대한 해부하기(글쓰기) 작업을 통해 자신의 병을 극복할 수 있다는 믿음이 내포되어 있는 셈이다. 멜랑콜리는 모든 사람, 즉 "유한자의 특징"일 수 있다. 세계와 삶 속에서 우리는 일정 정도 멜랑콜리한 병적 상태에 노출될 수밖에 없으며, 특히 근대인은 글쓰기를 통해 그런 병에서 벗어날 수 있다. 후에 괴테는 연인에 대한 사랑이 좌절된 나머지 극도의 절망과 우울로 자살을 택하는 베르테르라는 허구적인 인물을 객관적으로 대상화하는 소설적 글쓰기를 통해, 그리고 버턴은 우울증을 분석하는 심리학적·사회학적 글쓰기를 통해 병과 위기를 극복했다고 볼 수 있는데, 두 가지 모두 '치유로서의 글쓰기'에 대한 범례를 제시한 것이다.

## 2 멜랑콜리와 고독한 자연

루소는 『에밀』(1762)을 발표한 후 주변 환경의 탄압에 대항하기 위해 반론 차원에서 『고독한 산책자의 몽상』(1776~77)을 집필한다. 『고독한 산책자의 몽상』은 보편과 특수, 도덕과 의무 등에 대한 정당성을 묻는 사회철학적 담론 특성에서 벗어나 사적인 심경 고백을 읊은 에세이적 특성을 띠며, '고독한', '몽상' 같은 제목의 어휘가 암시하듯 멜랑콜리한 현상을 근대적 차원에서 형상화한 글로

33 Federica La Manna, Die anatomische Metapher in den Wochenschriften des 18. Jahrhunderts, in: Tropen und Metaphern im Diskurs der Geisteswissenschaften des 18. Jahrhunderts, hrsg. v. Elena Agazzi, Hamburg 2011, p. 200.

간주된다. 루소의 글은 이중적 특성을 지닌다. 즉 '루소'라는 내레이터(narrator, 서술적 자아)를 동원하여 자신의 개인적 삶을 투영하는 자전적 진정성의 특성을 띠지만, 동시에 개인 '루소'를 넘어서 흔히 권력투쟁이 작동하는 사회적 삶 속에서 근대적 개인이 겪게 되는 고독과 고립을 허구적으로(즉, 탈진정성 차원에서) 그려내고 있다. 이러한 글의 이중적 특성은 『고독한 산책자의 몽상』에서도 언급되어 있는데, 한 대목에서 서술적 자아 '루소'—이 '루소'조차 실제적 루소와 허구적 루소 사이에 놓여 있는 일종의 이중적이고 다의적인 경계인이라고 할 수 있는데—는 스스로 "허구와 현실의 분리점을 명시할 수 없다"[34]고 밝히고 있다.

자신을 '루소'로 명명하는 서술적 자아는 고독한 인간의 마음에 유일한 위로를 가져다주는 것이 다름 아닌 은신처에서의 명상, 자연 연구, 우주의 정관 등이라고 고백한다. 우선 첫 번째 산책에서 "내 주위의 모든 것이 나에게는 낯설다. (……) 나는 현재 거주하고 있는 세계로부터 낯선 어느 별로 옮겨져 있다"(643~643쪽)라는 언술을 통해 일반적인 사회인과 자신을 구분하고 있으며, 또한 "무아" 혹은 "나라는 존재는 무와 같다"라는 언술을 통해서도 자신의 고독하고 허무한 심리적 양태를 부각시키고 있다. 두 번째 산책에서 '루소'는 고독한 산책 도중에 몽상에 젖는데, 이때 달려오는 개와 부딪히는 돌발적인 사건을 통해 그 서술적 자아는 순간적으로 "자아 망각" 혹은 "황홀감"을 경험한다. 그런데 이 고독한 '루소'의 자기 자신에 대한 언술은 사실 모순적이다. 왜냐하면 그는 자기만

34 Jean-Jacques Rousseau, Träumereien eines einsamen Spaziergängers, in: Schriften in zwei Bänden, München/Wien 1978, Bd. II, p. 701(이하 쪽수는 본문에 기입).

의 고유한 자아를 추구함과 동시에 자아 망각 같은 상태도 경험하고 있기 때문이다. 예를 들면 세 번째 산책과 일곱 번째 산책의 경우 한편으로 자기를 위한 철학, 나의 탐구, 나만의 능력을 강조하는 차원에서 "자기 혼자서", "자기 마음"에 드는 것, "자신이 마음 내키는 것", "자기에게 남아 있는 힘" 등이 역설되는데, 다른 한편으로 다섯 번째 산책과 일곱 번째 산책에서는 자아의식이 부재하는 "상태(Zustand)"가 강조되거나 자신을 망각하는 "꿈"이 긍정적으로 서술되고 있다(698~701쪽). 현실을 지배하는 세력으로부터 벗어나 기꺼이 아웃사이더로서 자연과 우주 속에서만 거주하려는 이가 때로는 자아 애착에, 때로는 자아 망각에 심취하는 모순적인 모습은 후에 자아의 정립과 해체라는 존재론적 모순을 이론화하고 형상화한 독일 낭만주의의 경향을 선취하고 있다.

그런데 서술적 자아 '루소'는 도대체 왜 고독과 몽상에 젖는 것일까? 표면적으로는 자신을 탄압한 주변 세계로부터 도피하는 행동에 기인하지만, 사실 그 서술적 자아는 근본적으로 무엇인가를 상실했기 때문이다. 그가 상실한 것은 다름 아닌 역사가 끊임없이 진보해나간다는 계몽적 이념으로서의 '근대성' 이념이며, 그 이념은 동시에 이성, 사회적 행복, 정의, 도덕, 학문 등 다양한 개념과도 연관되어 있다. 문명과 사회적 억압 등의 상태에서 벗어나 "자연으로 돌아가라(Retour à la nature)"는 구호는 곧 근대성 이념의 완전한 상실을 내포하고 있으며, 그러한 상실은 다시금 사회적·객관적 시간이 사라진 상태를 통해 간접적으로 묘사되고 있다.

> (……) 과거를 돌이켜보거나 미래를 선취할 필요가 없는 그런 상태, 시간이 영혼에 아무런 의미도 없는 상태, 그러한 지속의

느낌도 없이 그리고 순차적인 진행의 흔적도 없이 언제나 현재적인 것만이 지속하는 상태, 그 어떤 소유나 쾌락, 기쁨이나 고통, 원망이나 공포도 없이 오직 우리의 현존 감정에만 제한되어 있는 상태, 그런 감정만이 현재를 채울 수 있는 상태가 있다고 가정한다면, 요컨대 그런 상태가 있을 경우 그런 상태에 처해 있는 사람이야말로 진실로 자신을 행복한 사람이라고 부를 수 있을 것이다(699쪽).

여기서 과거-현재-미래의 역사철학적·시간적 틀을 바탕으로 지속적으로 발전하는 근대의 이념이 상실되어 있으며, 마찬가지로 감정의 다양한 인간학적인 범주도 상실되어 있음을 엿볼 수 있다. 이러한 상실을 메꿔주는 유일한 행복의 상태는 과거나 미래와 연결되지 않는 오로지 “언제나 현재적인 것만이 지속하는 상태”, 즉 자아가 행복을 신비롭게 경험하는 극단적인 순간으로서의 현재 시간, 요컨대 ‘지금 시간(Jetztzeit)’ 상태다. 보러(K. H. Bohrer)는 ‘루소’가 언급한 상상적으로 꿈꾸는 듯한 상태와 관련하여 “사회적 자아의 자기보존 범주가 해체된 미학적 상태의 징후”라고 파악하고 있지만,[35] 어쨌든 우리의 맥락에서 중요한 점은 끊임없이 지속적으로 발전하는 역사적인 시간—즉, 근대성의 이념—이 강조되는 사회적 환경 속에서 ‘루소’는 그 이념적 대상을 완전히 상실한 상태의 언술을 보여주고 있다는 것이다.

그런데 프로이트의 구분을 적용하자면, 근대성 이념을 상실한 서술적 자아 ‘루소’는 멜랑콜리의 단계에 있는 것이 아니라 사실은

---

35 K. H. Bohrer, Der romantische Brief, München/Wien 1987, pp. 24-41.

애도의 단계에 있다. 그것은 '루소'가 역사의 발전에 대한 믿음을 상실한 후 완전히 자포자기의 상태에 빠져 있기보다는 오히려 무시간적인 상태, "현재적인 것만이 지속하는 상태", 그리고 이와 부합하는 "자연"이라는 새로운 대상을 찾아냈기 때문이다. 역사의 발전 및 그 이념이 상실되고 그 자리에 들어선 새로운 대상으로서의 자연에 대한 도취는 마지막 열 번째 산책에서 잘 드러나 있다.

> 이 시기에 나에게는 내 마음의 양식이 되어준 솟구치는 부드러운 감정과 더불어 고독과 명상을 즐기는 정신적인 경향이 생겼다. 세상의 소란스러움과 잡음은 내 마음의 감정을 압박하고 구속하지만, 안정되고 평화로운 자연은 그것을 샘같이 솟아오르게 하고 새같이 하늘 높이 날게 한다(759쪽).

『고독한 산책자의 몽상』의 서술적 자아로서의 '루소'는 역사의 낙관적 발전이라는 근대성 이념을 상실하는 가운데 절망과 우울에 젖기보다는 자연이라는 새로운 대상을 찾아냄으로써 더 이상 멜랑콜리에 머물지 않고 프로이트 식의 애도(Trauer)의 감정을 갖게 된다. 그런 점에서 '루소'는 여전히 '반계몽주의적 계몽주의자'로 남는다.

## 3 초기 시민사회와 멜랑콜리

루소의 『고독한 산책자의 몽상』의 경우 사회적으로 고립된 이가 처음에는 멜랑콜리에 젖어 있다가 곧 평온하고 아늑한 자연의 경험을 통해 고립과 우울을 극복하게 된다면, 괴테의 『젊은 베르테르의 슬픔』(1774)의 경우 주인공은 이중 상실을 경험하는 가운데 아무런 대안을 찾지 못한 나머지 자기파멸에 이르고 만다.[36] 즉, 멜랑콜리는 소설에서 언급된 바 있듯이 "죽음에 이르는 병"에 다름 아니다. 더욱 정확히 말하자면, 『젊은 베르테르의 슬픔』의 경우 주인공은 일차적으로 도시적 삶에서 무엇인가를 상실한 다음 시골로 도피한 후 아주 잠시 동안 자연과 교감하는 행복한 시간—즉, 도시에서의 상실을 상쇄해주는 '애도의 감정'—을 갖게 되지만, 자연과 교감하는 새로운 삶 속에서 또 한 번의 상실을 경험한다. 그 상실의 대상은 다름 아닌 로테인데, 베르테르는 로테와의 사랑의 결실을 맺을 수 없는 한계로 인해 일종의 두 번째 상실을 겪게 되고 심각한 멜랑콜리에 젖게 된다. 이차적 상실 단계에서는 자연조차 더 이상 보상적·대안적 심급기관으로 작용하지 못하며, 상실한 대상(즉, 연인 로테)의 그림자가 베르테르의 삶에 짙게 드리우게 되어 결국 자살이라는 길을 택하게 된다. 그 과정을 자세히 살펴보기로 하자.

우선 소설의 서두는 도시에서 상당히 괴로운 일을 겪은 후 베르테르가 과감하게 탈출한 듯한 저 유명한 표현으로 시작된다. "홀로 떠나온 것이 나는 얼마나 기쁜지 모른다!"[37] 그런데 5월 17일 자

---

36 괴테의 모든 작품에서 멜랑콜리는 매우 중요한 형상화를 차지하며 그 의미 또한 다양하다. 이에 대한 상세한 연구는 다음을 참조할 것(Thorsten Valk, Melancholie im Werk Goethes. Genese-Symptomatik-Thrapie, Tübingen 2002).

37 괴테, 『젊은 베르테르의 슬픔』, 박찬기 역, 민음사, 1999년, 11쪽. 원본으로는 다음을 참조했음(J. W. v. Goethe, Die Leiden des jungen Werther, in: Hamburger Ausgabe in 14 Bänden, München 1981).

편지가 흥미롭다. 거기에는 "아아, 내 청춘 시절의 그 여자 친구가 끝내 세상을 떠났다니!"[38]라고 언급되어 있는데, 이는 베르테르가 사랑하는 대상의 상실을 이미 한 번 경험했음을 직감하게 한다. 어린 시절의 사랑하는 여인의 죽음에 대한 묘사는 자살 직전 로테에게 남긴 편지에서도 반복되고 있다. "내겐 여자 친구가 한 사람 있었습니다. 의지할 데 없었던 어린 시절에 나에게는 이 세상 그 무엇에도 비길 수 없는 그런 소중한 사람이었습니다. 그 사람이 죽어서 나는 유해를 따라 묘지까지 갔습니다."[39] 그런 상실의 슬픔은 그에게 커다란 아픔을 가져다준 것처럼 보이며, 그로 인해 5월 13일 자 편지에서 그는 "내 마음을 병든 어린애처럼 다루고 있다"[40]고 자신의 우울한 마음을 달래고 있다. 그러나 그가 거주하는 마을의 소박한 삶과 주변 자연(그리고 로테와의 만남)은 그런 슬픈 상태를 극복하도록 도와주는 치유의 힘으로 작용한다. 즉, 소설 전반부에서 자연은 베르테르에게 자신의 애정 어린 대상의 상실을 극복하게 하는 '애도의 감정'을 불어넣으면서 새로운 삶을 살아가도록 한다. "그것은 그렇고, 나는 이곳에서 잘 있다. 여기 이 천국 같은 고장에서 고독은 내 마음에 매우 귀중한 진정제가 되어준다. (……) 도시 자체는 불쾌하지만 교외는 이루 말로 표현할 수 없이 아름다운 자연으로 둘러싸여 있다."[41] 이와 비슷한 표현은 편지 초반부의 여러 대목에서 발견되는데, 가령 "그럴 때 나는 쏟아져 내려가는 계곡물 옆의 우거진 풀 속에 누워서 대지에 바싹 얼굴을 갖다 댄

---

38 같은 책, 19쪽.
39 같은 책, 198쪽.
40 같은 책, 16쪽.
41 같은 책, 13쪽.

다. 그러면 온갖 풀들이 새삼 신기하게 눈에 띈단 말야"[42] 혹은 "무한히 풍부하고, 위대한 예술가를 창조하는 것은 오로지 자연뿐이다"[43]라고 베르테르는 밝힌다.

베르테르가 도시적 삶에서 겪은 상실의 슬픔을 극복하도록 해주는 새로운 대상으로 자연을 발견하는 정황과 모습은 루소의 『고독한 산책자의 몽상』과도 거의 비슷하다. 그와 같은 자연과의 만남을 한층 더 증폭해주는 것은 새로운 연인 로테와의 만남인데, 즉 로테와의 만남은 그에게 자연 속의 기쁨과 환희를 배가시켜주는 것으로 서술된다. 즉, 아름다운 자연과 사랑스런 로테는 베르테르에게 동일한 대상인 셈이다. 가령 "나를 에워싼 세계와 하늘은 마치 그리운 애인의 그림자처럼 완전히 내 영혼 속에 고이 쉬는 것이다"[44]라는 식의 언술은 그러한 점을 간접적으로 입증해준다. 자연과 연인을 동일한 것으로 간주하는 언술은 레싱의 『에밀리아 갈로티』의 마지막 장면에서도 엿볼 수 있는데, 에밀리아의 희생을 유도하는 듯한 아버지 오도아르도가 밝힌 "자연은 여성을 자신의 뛰어난 걸작으로 만들고 싶어 했지"[45]라는 식의 언술이 그 점을 입증해준다. 계몽주의적·고전주의적 남성 작가가 만들어낸 '자연과 여인의 등가성'에 대한 사유와 이념은 베르테르의 심리 상태에 그대로 표출되고 있다.

자연과의 교감 맥락에서 베르테르는 처음에는 밝은 마음과 영혼을 내보인다. 베르테르는 7월 1일 자 편지에서 로테, 슈미트, 프

42 같은 책, 14쪽.

43 같은 책, 24쪽.

44 같은 책, 14쪽.

45 G. E. Lessing, Emilia Galotti, Stuttgart 1984, p. 76.

리데리케 등과 대화하는 가운데 우울하고 기분 나쁜 상태를 게으름과 동일시하는 가운데 우울한 기분이란 "자기가 보잘것없는 인간이라는 사실에 대한 내심의 불쾌감, 자기불만이라고 할 수 있고, 어리석은 허영심의 사주를 받은 질투심이 항상 결부되어 있는 것 아니겠습니까?"[46]라고 말하면서 일종의 정신적 병으로 간주하고 있다. 그러나 베르테르는 바로 그렇게 비판되었던 우울증의 증세를 스스로 지니게 된다. 그러한 우울한 감정과 기분은 무엇보다 이미 정혼한 로테를 향한 이뤄질 수 없는 사랑의 마음이 강렬해짐으로써 발생하게 되는데, 이는 서서히 다시 찾아오는 또 한 번의 상실 불안의 감정이기도 하다. 그 불안한 감정은 다양한 대목에서 예견되거나 표출된다. 가령 이미 7월 1일 자 편지 모두에서 "내 불행한 마음은 불쌍하게 병상에서 여위어가는 다른 많은 사람의 마음보다 더 괴로워하고 있는 만큼"[47]이라고 언급되며, 또한 권태, 불행, 죽음 등이 거론되는 8월 22일 자 편지도 베르테르의 멜랑콜리한 상태를 입증해준다. 특히 베르테르는 알베르트와의 대화가 담겨 있는 8월 12일 자 편지에서 버턴이 분석한 우을증과 관계된 다양한 증세, 즉 이성적 사회를 극단적으로 거부하거나 내면성, 이성, 자살, 인간의 한계, 죽음에 이르는 병, 정열 등을 적극 옹호하고 나선다.

사랑하는 대상의 상실로 인한 멜랑콜리한 상태와 부합하는 것은 자연의 변화다. 도시에서 벗어나 작은 마을의 자연에서 행복과 평온을 되찾았던 베르테르는 로테를 만나면서 그 행복을 지속하고 싶었지만, 출장 갔던 알베르트가 다시 돌아오면서 점차 그 행

46 『젊은 베르테르의 슬픔』, 56쪽.

47 같은 책, 51쪽.

복의 지속성이 불가능하다는 것을 알게 된다. 이때부터 자연 또한 더 이상 아름답게 여겨지지 않는다. 그의 내적 자아는 대상 상실(이뤄질 수 없는 사랑)로 인해 서서히 초라해지며 결국 자기파괴적인 상태와 행동으로 발전하게 된다. 그런 내면 상태와 동일시되는 것이 곧 파괴적인 자연이다. "내 마음을 허물어뜨리는 것은 대자연 속에 숨겨져 있는 그 침식의 힘, 그것이다. 바로 그 힘이 만들어낸 것은 그 사람의 이웃과 그 사람 자신을 파괴하고 만다. (……) 나의 눈에 보이는 것은 오직 영원히 집어삼키고, 영원히 되새김질하는 괴물뿐이네."[48] 마치 상실한 대상의 어두운 그림자를 대변하듯, 자연은 더 이상 아름다운 형상을 드리우지 못하고 파괴적이고 어두운 형상을 띤다. 이러한 파괴적인 자연은 일종의 은유적 형상, 즉 베르테르의 내면을 대변하는 형상처럼 여겨지는 동시에 실제로 인간의 자기보존을 위협하는 어두운 힘으로 다가온다. 베르테르는 자살 시점이 가까이 다가올수록 자기 자신을 압도하고 파괴하는 힘을 지닌 자연을 인식하게 되는데, 그 점은 1772년 12월 12일 자 편지의 다음과 같은 대목에서 절정에 달한다.

> 바위 위에 서서 아래를 내려다보니 줄기차게 흐르는 홍수가 달빛 속에 맴돌면서 밭이고, 목장이고, 생울타리고 할 것 없이 모두 뒤덮어버려서 그 넓은 골짜기는 이리저리 몰아치는 폭풍 속에 온통 거세게 물결치는 바다가 되어 있었다! 이윽고 숨었던 달이 다시 검은 구름 위로 솟아오르자, 내 눈앞에서 물결은 소름끼치도록 장엄하게 달빛을 반사하고 소리 내며 흘러내려갔

48 같은 책, 88쪽.

> 다. 그 순간 나는 몸부림쳤다. 이어서 동경심 같은 것이 나를 엄습했다. 아아, 나는 그때 두 팔을 활짝 벌리고 심연을 향해 우뚝 서서 깊이 숨을 내쉬었다. 아래로! 저 아래로! 나의 괴로움과 슬픔이 노도처럼 휩쓸려 내려가는 그 기쁨에 잠겨 나는 넋을 잃고 말았다.[49]

마치 앞서 분석했던 카스파 다비드 프리드리히의 두 개의 그림 「안개 바다 위의 방랑자」, 「바닷가의 수도승」을 떠올리게 하는 대목이다. 존재를 위협하는 어둡고 무시무시한 자연과 불안, 절망, 멜랑콜리 등이 엄습해오는 극단적인 심리적 상태가 심미적·언어적 형상을 통해 표현된 대목이다.

어두운 자연과 관련하여 또 한 가지 더욱 흥미로운 점은 베르테르가 자살로 치닫는 상황에서의 자연 묘사는 동시대의 철학자 칸트가 언급한 "장엄함(Das Erhabene)"의 상황과도 비슷하다는 것이다. 베르테르는 가령 위 인용문처럼 어둡고 무시무시한 자연의 광경 속에서 "소름끼치도록 장엄하게", "나의 괴로움과 슬픔이 노도처럼 휩쓸려 내려가는 그 기쁨에 잠긴다"고 한다. 여기까지는 칸트가 장엄함의 특징으로 언급한 쾌와 불쾌가 공존하는 상태를 베르테르도 경험하는 것처럼 보인다. 그러나 이런 상태에서 그는 "나는 넋을 잃고 말았다"라고 말함으로써 일종의 자아의식의 상실을 암시하며, 이는 후에 자기 자신을 완전히 파괴하는 자살이라는 극단적인 행위를 암시한다. 요컨대 칸트와 괴테 간의 결정적인 차이점은 전자가 어두운 자연에 직면하면서도 스스로를 포기하지 않는

49 같은 책, 170쪽.

자기보존 이념의 우월성, 즉 자아의 도덕적(정신적) 장엄함을 궁극적으로 강조하고 있다면, 괴테의 경우 그 어두운 자연의 압도, 나아가 자살 같은 자기파괴적 결과 등을 한층 더 강조하고 있다는 것이다. 또한 이러한 점이 슬픔과 고독에 젖은 루소의 『고독한 산책자의 몽상』에서의 자아와도 결정적인 차이를 형성한다. 즉 루소는 아름다운 자연을 새로운 대상으로 찾아냄으로써 멜랑콜리와 자기파괴의 위험을 극복하는 차원에서 애도의 감정을 갖게 되지만, 괴테의 베르테르의 경우 자연은 더 이상 치유적 대안으로 작동하지 못한다. 혹은 다음에 언급할 지젝의 논리를 적용하자면, 베르테르의 경우 처음부터 역사나 자연 같은 근대성 이념이 결핍되어 있었고 단지 그러한 대상을 '마치 소유했다가 상실한 것처럼' 서술되고 있다는 것이다. 멜랑콜리의 스펙터클한 제스처가 도달하는 곳은 어두운 자연의 심미성에 부합하는 자기파괴(죽음)라는 이데올로기의 장엄한 대상이 작동하는 현장이다.

이 밖에도 아름다운 자연이 물러나고 어두운 자연이 압도하는 과정, 평온한 심리 상태에서 불안한 심리 상태로 전환하는 과정은 눈에 띄지 않는 다른 기호화 방식을 통해서도 암시되고 있다. 그것은 호메로스, 오시안 같은 작가 이름의 기호에 의한 일종의 환유법적 서술 방식을 말한다. 아직 로테를 만나기 전인 1771년 5월 13일, 5월 26일, 6월 21일 자 편지에서는 베르테르가 아름답고 이상적인 자연과 교감하는 가운데 항상 호메로스(예를 들면, "보리수나무 밑에서 호메로스를 읽는다" 등)가 언급된다. 그러나 로테를 만난 이후 그녀에 대한 사랑하는 마음과 열정이 끓어오를수록 오시안에 대한 언급이 더욱 구체적으로 명시된다. 가령 로테를 만난 직후인 1771년 7월 10일 자 편지에서는 누군가 "오시안이 마음에

드는지"라고 자신에게 물어보았다는 내용이 언급되고 있으며, 그리고 로테에 대한 주관적 열정이 절정에 달하는 시점에는 마침내 "오시안이 내 마음속에서 호메로스를 쫓아버렸네"(1772년 10월 10일)라고 언급됨과 동시에 자살을 감행하기 직전 로테 앞에서 자신이 번역한 「오시안의 노래」를 읽어준 내용이 밝혀진다. 물론 로테를 향한 베르테르의 주관적 감정(사랑, 멜랑콜리, 절망 등)이 싹트는 가운데서도 호메로스가 두 번 언급되기는 하는데, 이때 '호메로스'라는 기호는 주관적 감정을 억누르고 평화로운 마음을 되찾으라는 일종의 경고적 의미를 가진다. 가령 로테를 향한 열정이 드높아지는 시점인 1771년 8월 28일 자 편지의 경우, 생일선물로 알베르트와 로테로부터 두 권의 작은 호메로스 문고판을 받았다는 내용이 거론된다. 여기서 호메르스 문고판은 단순히 생일선물을 가리키기보다는 알베르트와 로테의 정혼관계가 더욱 확고한 시기에 로테를 향한 열정과 사랑을 포기하고 그 대신 평온함을 되찾으라는 경고에 다름 아니다. 또한 1772년 3월 15일 자 편지에서는 백작이 초대한 사교 모임에서 베르테르가 겪은 경험이 서술되어 있다. 그 모임에서 베르테르는 시민계급 출신이라는 부당한 취급을 받은 후 밖으로 뛰쳐나가 호메로스의 구절을 외치는데, 이는 사회적 위계질서와 선입견 등에 반발하는 질풍노도적 열정의 표출임과 동시에 평온한 상태를 향한 베르테르의 현실순응적 소망을 간접적으로 발화하고 있다. 이 밖에 로테에게 읽어준 번역된 「오시안의 노래」의 주된 내용도 죽음에 대한 예찬인 바, 이 또한 베르테르의 멜랑콜리한 병적 상태가 선택하게 될 자살(죽음)을 암시하고 있다.[50]

50 Peter Pütz, Werthers Leiden an der Literatur, in: William J. Lillyman(Hrsg.), Goethes' Narrative Fiction. The Irvine Goethe Symposium, Berlin 1983, pp. 55-68.

이처럼 매우 미묘하고 정교한 방식으로 작동하는 기호화 과정을 통해 아름다운 상태와 어두운 상태, 평온함과 멜랑콜리, 질서와 절망(그리고 죽음) 등의 대비가 매우 적절히 표현되고 있다.

## 4 멜랑콜리와 공격성

심미적 현상으로서의 멜랑콜리를 적극 형상화한 문학적 사례는 무엇보다도 보들레르의 작품(그리고 이를 새롭게 해석한 벤야민의 글)이다. 루소, 괴테가 형상화한 멜랑콜리와 보들레르, 벤야민이 형상화하고 이해한 멜랑콜리 사이에는 결정적인 차이점이 있는데, 그것은 도시(문명, 역사)에서 벗어난 자연 공간과 멜랑콜리의 관계가 아니라 도시 자체 내에서의 멜랑콜리라는 점이다. 사실 근대성, 멜랑콜리, 도시는 매우 밀접한 상호관계를 맺는다. '역사의 발전'이라는 이념을 함의하고 있는 근대성은 특히 도시, 기술 등의 발전을 통해 더욱 낙관적으로 가속화된다. 그러나 근대성과 마찬가지로 도시의 의미는 다양한 각도에서 복수성, 이중적 분열, 양가성으로 점철된다. 도시는 한편으로 전통적인 삶의 형태와 가치로부터 해방된 시민적 개인들이 자율적으로 움직이는 삶의 공간이라는 긍정적인 의미를 나타내지만, 다른 한편으로는 아이러니컬하게도 그 개인이 점차 탈개인화됨으로써 집단적·익명적 공간이라는 부정적 의미를 지닌다. 또한 한편으로 도시는 시민적 공공성, 건강성 등을 표방하는 공간이지만, 다른 한편으로는 잔인성, 무관심, 고립, 병, 범죄, 불안 등이 꿈틀거리는 공간이기도 하다. 경제적으로도 도시는 부유와 가난이 공존하는 공간이다. 아울러 도시는 자유로운 문화의 다양성을 보장하지만 동시에 소음, 분주함, 혼잡성을 띤다. 도시와 개인은 서로 일치하는 특성을 갖게 되는데, 가령 '자유'와 '분열'이라는 이중성을 띤 도시는 마찬가지로 이상과 현실 간의 분열에 시달리는 자유로운 개인의 모습과 흡사하다.

이와 같은 새로운 형태의 도시가 보들레르에게는 실제와 상상 간의 경계가 해체된 '상상적 실제' 혹은 '실제적 상상'의 공간처럼 비친다. 도시는 거주자들을 희생물로 취하는 몰록(Moloch)처럼 그려지는데, 이러한 몰렉과도 같은 도시 내에서 근대성 이념은 마치 '일상의 신화'(바르트)처럼 정당화되고 합리화된다. 그리스 로마의 신화적 서사시가 펼쳐지는 공간이 주로 하늘과 바다였다면, 근대성의 신화가 생산되는 공간은 바로 도시다. 그런데 근대성의 신화가 생산되는 도시로부터 소외되어 있는 존재이면서도 도시로부터 벗어날 수 없는 존재에 대한 멜랑콜리한 상상력이 문학에서 펼쳐지는데, 그것은 18세기와는 전혀 다른 멜랑콜리를 형상화하는 방식을 취한다. 그 멜랑콜리는 실존적인 진정성의 재현이라기보다는—도시처럼—실제와 상상 사이에서 부유하는 심미적 특성을 지닌다. 그와 같은 멜랑콜리는 특정 이념이나 대상을 상실한 슬픔을 내보이기보다는 뚜렷한 이유 없이, 뚜렷한 상실의 근거 없이 우울과 권태에 젖고 나아가 광기와 극단적인 패덕의 모습마저 드러낸다. 요컨대, 그 기괴하고도 사악한 유머러스함을 동반하는 멜랑콜리 현상과 관련해서는 프로이트의 정신분석학적 해석 방법도 한계를 갖게 되고, 그 대신 알레고리 같은 문학적 방식을 이해함으로써만 멜랑콜리의 의미를 찾아낼 수 있다.

매우 간단한 예로 보들레르의 대표적 작품인 『파리의 우울』에 나타난 멜랑콜리의 다양한 인상학적 양상을 살펴보자. 거기서 멜랑콜리는 늙은 여인, 광대, 예술가, 대중 등 다양한 매개적 인물을 통해 형상화되고 있다. 가령 「늙은 여인의 절망」에서 멜랑콜리한 여인은 "영원한 고독 속으로 물러나 구석에서 울고"[51] 있으며, 또한 고독한 몽상에 젖은 예술가도 루소의 『고독한 산책자의 몽상』 장면을 패러디하듯이 자신의 "위대한 몽상 속에서 자아(le moi)가 사라지는" 상태를 경험하기도 한다. 멜랑콜리에 젖은 이는 어떤 황홀한 상태에 젖을 때도 있지만, 그와 달리 자기비하적이고 자기파괴적인 모습도 보인다. 예를 들면 「어릿광대와 비너스」의 경우 "나는 사랑도 친구도 상실당한 가장 고독한 마지막 인간입니다. 그런 점에서 볼 때 나는 가장 형편없는 짐승만도 못한 겁니다. 그런데도 나는 불멸의 미를 이해하고 느낄 수 있게끔 되어먹은 것입니다"(79~80쪽)라고 서술되어 있다. 18세기의 모습과는 달리 도시에 기거하는 멜랑콜리커는 자기 자신에 대한 성찰을 전개하는 특이한 현상도 보여준다. 그는 자신의 멜랑콜리가 "책에서 부자연스러운 태도를 꾸미는 멜랑콜리"와는 완전히 다른 것이라고 분석하고 있으며(「야만스런 여인과 젠체하는 여인」), 또는 살인과 음란의 영혼이 자신의 "고독"에 기거하고 있음을 느낀다고 말한다. 그러나 책에서 꾸며진 멜랑콜리와는 완전히 다른 멜랑콜리라고 선언하고 있음에도 불구하고 그것 자체도 사실은 책에서 꾸며진 멜랑콜리를 지시하고 있는 셈이다. 도시적 멜랑콜리와 관련된 또 다른 중요한 특징은 그것이 대중과 예술가를 연결시켜주는 매개로 작용한다는 것이다. 「군중」에서는 "군중과 고독, 이 두 어휘는 풍요하고 적극적

---

51 Ch. Baudelaire, Die Tänzerin Fanfarlo und Der Spleen von Paris, Zürich 1977(본문에 쪽수 기입). 여기서는 다음의 국내 번역서를 참조했음(『파리의 우울』, 윤영애 역, 민음사, 1996).

인 시인에게는 서로 교환할 수 있는 동동한 어휘일 수 있다. 자신의 고독을 채울 줄 모르는 자는 역시 분주한 군중 속에서 홀로 존재할 줄 모른다"(91~92쪽)고 서술되어 있다. 군중(대중)과 함께하는 고독한 예술가는 도시를 거부하는 것이 아니라 도시 한가운데를 거니는 댄디 혹은 배회자(Flaneur)의 모습을 띠기도 하며, 혹은 자신을 "개"로 비하하기도 한다. "나는 흙투성이의 개를 찬양하는 걸. 집도 없는 개, 배회하는 개, 어릿광대인 개를 노래한다. 그들의 직감은 가난한 자, 보헤미안, 익살광대의 그것처럼 필요—이 놀라운 지성의 어머니, 이 진정한 지성의 수호신!—에 의해 훌륭한 자극을 받고 있다."(211쪽) 물론 개의 형상이 실제로 개를 가리키는 것이 아니라—중세의 그림 분석에서 알 수 있듯이—멜랑콜리의 중요한 구성요소임은 두말할 나위도 없다.

이와 같은 모습은 어쨌든 멜랑콜리의 무해한 외면을 구성한다. 그런데 이러한 현상과 완전히 다르게 멜랑콜리는 때로 충동적인 파괴나 광기적인 행동으로 인한 쾌락 같은 위험한 성향도 내보이는데, 그 점은 『파리의 우울』의 백미인 「불쾌한 유리장수」를 통해 구체화될 수 있다.[52] 그 이야기의 서두는 다음과 같다.

> 순전히 명상적이며 행동에는 전혀 적합지 않은 성품의 소유자들이 있는 법이다. 그러나 그들이 때로는 신비하고도 불가사의한 충동 하에 자신조차 가능하리라고 믿어지지 않을 정도로 재빨리 행동에 뛰어드는 수가 있다. (……) 모든 것을 다 안다고

52 필자는 이미 보들레르에 대한 분석을 시도한 바 있으며(최문규, 불협화음의 문학과 보들레르, 문학동네, 1998, 겨울호, 408-442쪽), 이 글에서는 「불쾌한 유리장수」에 대한 일부분의 분석을 약간 수정하여 재수록한다.

> 자처하는 의사나 도덕주의자도 어떻게 이 나태하고 관능적인 영혼에 그처럼 갑자기 광기에 가까운 에너지가 나타나는지 설명하지 못할 것이다.

화자는 권태, 공상, 충동에 사로잡혀 '위험한 행위'를 저지르는 "광기에 가까운 에너지"를 발산하는 친구들에 관해 언급하면서 그 자신도 그런 사악한 악마의 충동에 사로잡혀 저지른 일을 고백한다. 그 이야기의 대략적인 내용은 다음과 같다. "우울하고 슬프고 피곤한"—이는 멜랑콜리의 전형적인 증세인데, 나중에 밝혀지겠지만 이는 개인적인 상태보다 암울한 사회적 상태를 암시한다!—느낌에 젖어 있는 화자는 어느 날 아침 유리제품을 팔러 다니는 가난한 장사꾼의 소리를 듣고서 그를 위층의 자기 방으로 불러들인다. 그런데 화자는 "인생을 아름답게 보게 하는 색유리"를 팔지 않는다는 이유로 그 유리장수를 내쫓고는 다시 발코니로 나가서 아래층으로 내려온 그 가난한 유리장수를 향해 화분을 내던진다. 그로 인해 유리장수가 갖고 있던 모든 유리제품은 순식간에 깨지고 마는데, 그 순간에 대해 "그 깨지는 소리는 벼락을 당한 수정궁전이 폭발하는 소리를 만들었다"고 서술되어 있다. 이것이 멜랑콜리한 화자가 전하는 매우 단순한 이야기의 전부다.

이 텍스트와 관련하여 제기될 수 있는 질문은 '과연 갑작스런 충동에서 나온 멜랑콜리한 일인칭 화자의 행위가 일반적인 사회심리학적·정신분석학적 해석처럼 일종의 충동적 패덕성으로 간주되어야 할 것인가?'다. 아무 이유 없이 가난한 유리장수를 향해 화분을 던지는 화자의 위험한 행동은 정말 "악마와도 같은" 행동인 것일까? 만약 이 텍스트를 멜랑콜리커의 위험한 행동의 재현으로 이해하여 도덕적·심리학적 진단을 가하는 평자가 있다면, 그는 아마도 '보들레르 텍스트는 일반 독자에게 모방 행위를 부추길 수 있기에 매우 위험한 문학이다'라는 식으로 가혹하게 평할지도 모른다. 그러나 그와 같은 심리학적·도덕적 수용에 대해 텍스트 자체는 오히려 일침을 가하고 있다. 즉 텍스트의 화자는 멜랑콜리커의 광기어린 행동을 "의사"나 "도덕주의자"는 전혀 설명할 수 없을 것이라고 말하고 있는데, 이는 문학적 텍스트 내에 그려진 행위가 의학적·심리학적·도덕적 진단에 내맡겨질 수 없다는 점을 우회적으로 말해준다.

그렇다면 문학적 텍스트는 어떤 접근 방식을 통해 이해되어야 할까? 그것은 바로 '알레고리 읽기'라는 '문학적 독법'을 통해서만 가능하다. 알레고리는 형상과 의미의 불일치, 기표와 기의의 불일치에 그 토대를 둔다. 벤야민은 바로크 시대나 보들레르 문학과 관련하여 영상과 의미의 불일치를 특징으로 하는 알레고리 수법을 강조하면서 멜랑콜리의 문학적 의미를 새롭게 주장했는데, 그에 의하면 "알레고리커의 손에서 사물은 다른 어떤 것이 되며, 이를 통해 알레고리커는 어떤 다른 것에 대해 말한다."[53]

바로 「불쾌한 유리장수」도 알레고리컬한 텍스트다. 가난한 유리장수에게 이유 없이 피해를 입히는 내용이 외면적으로는 도덕적인 분노를 야기할 수도 있지만, 이야기는 사실 하나의 정치적·미학적 텍스트다. 다시 말하면, 단순히 일반인의 병적인 심리 상태로 환원될 수 없는, 문학적 상상력에서 만들어진 인위적인 텍스트

53 W. Benjamin, Ursprung des deutschen Trauerspiels, in: Gesammelte Schriften, hrsg. v. Rolf Tiedemann und Hermann Schweppenhäuser, Frankfurt a.M. 1972 ff, Bd. I, p. 359.

로서 급진적인 정치적 의미를 내포하고 있다. 이 알레고리컬한 텍스트가 가리키는 다른 의미는 유리장수가 갖고 있던 유리제품들의 "깨지는 소리"에서 찾을 수 있는데, 즉 그 소리는 마치 "벼락을 당한 수정궁전이 폭발하는 소리"로 비유되고 있다. 여기서 수정궁전에 대한 이해를 통해서만 알레고리컬한 텍스트 혹은 그 텍스트의 '사악한 아이러니'가 무엇을 가리키고 있는지 알 수 있게 된다. 그 수정궁전은 다름 아닌 "새로운 파리라는 소위 아름다운 세계의 훌륭한 건축물" 혹은 당시 "화려한 거리나 국제박람회에서 경탄을 불러일으켰던 소비의 성전"[54]에 다름 아니다. 따라서 멜랑콜리한 화자의 공격 대상은 가난한 유리장수가 짊어진 유리제품 자체가 아니라 거대한 자본과 현란한 소비사회이며, 이러한 자본과 소비사회를 급진적으로 거부하는 공격성(유리제품을 모두 깨뜨림)이 곧 보들레르 특유의 '전복의 미학'을 구성하는 핵심이다. 요컨대, 멜랑콜리에 젖은 화자의 공격성은 유리장수 개인에게 향해 있는 것이 아니라 근대성, 도시, 문명, 부르주아 계급 등을 극단적으로 거부하고 있는 것이다.

다른 한편으로 이 산문시는 보들레르 자신의 문학과 동시대의 일반적인 문학 경향 간의 차이를 암시해주기도 한다. 즉 이 산문시는 "파리를 미화하거나 혹은 자본가들에게 삶을 달콤하게 만들어주는 아름다운 미에 대한 저항"[55]을 담고 있으며, 이런 점에서 "삶을 아름답게! 삶을 아름답게!"라는 화자의 목소리는 삶의 심미화를 꾀하는 동시대의 일반적인 문학 경향(즉, 부르주아적 문학)을 조소하는 멜랑콜리커의 '비판적 아이러니'에 다름 아니다. 요컨대,

---

54 D. Oeler, Ein Höllensturz der Alten Welt, Frankfurt 1988, p. 296.

55 Ibid., p. 297.

보들레르 문학은 부르주아 문학의 언어와 문학관을 찬양하는 듯한 어조로 그 부르주아 계급에 맞서고 있는 멜랑콜리한 문학이다. 수정궁이 파괴되는 순간 강렬하고도 순간적인 파열음을 야기하는 파편 조각의 시청각적 이미지는 자본과 소비에 이끌려가는 산문적 현실을 파괴하고 싶은 욕망의 표현인 동시에 삶의 심미화를 거부하는 보들레르 텍스트의 전복적인 문학성을 가리키며, 이런 점에서 보들레르의 텍스트는 단순히 광기에 젖은 멜랑콜리커의 악마적 소행을 보여주는 것이 아니라 일종의 정치적·미학적 구성물인 셈이다.

## 5 바로크, 멜랑콜리, 대도시

도시와 멜랑콜리를 주제로 삼고 있는 보들레르 문학은 그동안 상당히 왜곡된 채 흔히 현실도피적이고 탐미주의적인 문학으로 평가되어왔지만, 다행히 발터 벤야민이 그러한 왜곡된 수용을 수정하면서 근대성 이념에 대한 비판적 맥락 차원에서 보들레르의 문학적 세계를 새롭게 읽어냈다. 보들레르 문학뿐만 아니라 바로크 문학을 재해석하는 가운데 벤야민이 꺼내든 것은 알레고리의 복권인데, 이를 위해 무엇보다 멜랑콜리에 대한 새로운 인식이 중요한 역할을 한다. 그는 자신의 연구서인 『독일 바로크 비극의 기원』에서 '바로크, 알레고리, 멜랑콜리'의 긴밀한 상관관계에 주목했다.

벤야민은 '바로크'라는 개념을 16~17세기라는 지나간 역사적 시대로만 파악한 것이 아니라 바로 역사의 무한한 발전을 꾀하는 근대성 이념에 대한 메타포로 인식했으며, 그 근대성 이념에 대한 비판적 멜랑콜리의 감정이 알레고리라는 문학적 방식을 통해 표출되고 있음을 직시했다. "애도의 이론은 마치 비극과는 대조적인 추로 제시되듯, 멜랑콜리커의 시선 하에 드러나는 세계, 그러한 세계의 서술에서만 전개될 수 있다."[56] 벤야민은 바로크 작가들과 관련하여 그들을 현실의 엄숙함 속에서도 우울과 삶의 허무를 발견해냈던, 그리고 현실을 변혁시키려 했던 멜랑콜리커들로 해석했다. 그들에게 삶과 역사는 전혀 낙관적인 발전을 걷는 것이 아니라 파국을 향하고 있었다. 신적 결정론(Determinismus)에서 벗어나 역사의 주인이 된 인간이지만, 점차 현존재와 삶에 대한 전율과 경직성이 앞서게 된다. 그런 상황에서 바로크 작가들은 재현과 상징적 승화의 서술 방식보다는 자연의 허무를 통해 역사의 허무를 읽어내는 우회적인 서술 방식으로서의 알레고리를 취하는데, 따라서 바로크의 알레고리컬한 예술에는 "적대적인 삶의 감정"이 녹아 있으며 바로 멜랑콜리한 콤플렉스와도 교차된다. 바로크 전후(즉, 르네상스 시기와 계몽주의 시기)의 역사관과 예술이 인간, 세계, 역사의 낙관적 발전을 추구하고 있다면, 바로크 예술에서는 '무상(無常)'이라는 토포스, 즉 허망함(Vanitas)이 핵심을 이룬다. 인간의 삶, 세속적인 아름다움, 사회적 가치를 모두 허망하게 파악하는 멜랑콜리한 관찰이 야기되며, 알레고리는 그러한 멜랑콜리한 관찰과 경험을 예술적으로 형상화하는 방식으로 읽힌다.

알레고리는 추상적 이념을 감각적으로 형상화하는 방식이다. 그런데 알레고리컬한 형상화 방식은 두 가지 특징을 갖고 있다. 그 하나는 알레고리가 형상(Bild)과 의미의 불일치, 기표와 기의의 불

56 W. Benjamin, Gesammelte Schriften, Bd. I, p. 318. 인용문에서 알 수 있듯이 사실 벤야민은 애도와 멜랑콜리를 명확히 구분하지 못했다.

일치에 기인한다는 것이다. 벤야민은 바로크 예술이나 보들레르 문학과 관련하여 바로 영상과 의미의 불일치를 통해 근대성 이념에 대한 비판적 시각을 도출할 수 있었다. 또 다른 하나는 알레고리에서 생산 주체로서의 작가(예술가)의 의식보다는 사물 형상과 그것을 읽어낼 수 있는 관찰자(독자)의 역할이 더욱 중시된다는 것이다. 벤야민은 바로크의 알레고리와 관련하여 "그(알레고리커-역주)의 손에서 사물은 다른 어떤 것이 되며, 이를 통해 그는 어떤 다른 것에 대해 말한다"[57]라고 언급하면서, 독자로서의 그 자신은 알레고리로서의 자연 형상에서 '다른 것', 즉 역사의 몰락을 읽어냈다. 마찬가지로 자본주의 사회 예찬, 감각적 관능과 충동을 자극하는 보들레르의 알레고리컬한 서술에서 독자로서의 벤야민은 그것이 지향하는 '다른 의미', 즉 물신 숭배 이데올로기를 비판하는 의미를 읽어냈다.

벤야민 또한 바로크를 예견하는 대표적인 예로서 뒤러의 「멜랑콜리아 I」을 분석하고 있다. 이 그림에서 읽을 수 있는 다양한 형상, 즉 "골똘히 생각하는 모습", 사투르누스와 크로노스("양극단의 신")의 이중적 의미, 신비한 정사각형의 돌, 천칭, 잠자는 개, 공, 각종 도구 같은 모든 알레고리컬한 형상물들은 나태 혹은 무기력(Acedia)이라는 외양을 띤다. 바로크 시대의 알레고리와 멜랑콜리는 근대성 이념의 사회적 현상인 자본주의 사회에 대한 비판과 밀접한 관련을 맺는다.[58] 가령 영주의 모습은 일종의 "멜랑콜리커에 대한 패러다임"으로 작용한다. "게다가 영주의 우유부단한 상태는 사투르누스의 나태에 다름 아니다. 사투르누스는 '무관심하게, 우

57 Ibid., p. 359.

58 Ibid., pp. 329-332.

유부단하게, 느리게' 만든다. 전제군주는 마음의 무기력으로 멸망하고 만다."[59] 그런 영주가 기거하고 있는 화려한 궁정은 곧 "슬픔의 공간으로 명명되는 지옥의 그림과 그리 다르지 않으며",[60] 그것의 특징은 "흩어짐(Zerstreuung)과 집중(Sammlung)"[61]이다. 여기서 영주, 궁정 등은 글자 그대로 바로크 시대에만 제한되어 있는 것이 아니라 근대적 삶의 공간인 도시에 대한 알레고리임을 간파할 수 있다. 영주와 궁정의 관계는 곧 멜랑콜리한 댄디와 도시적 소비 성전물인 아케이드의 관계로 재해석될 수 있는데, 다시 말하면 흩어짐과 집중의 궁전 안에서 방황하는 영주의 모습은 마찬가지로 흩어짐과 집중의 특징을 지닌 아케이드 내에서 산책하는 댄디의 모습과 서로 오버랩된다.

바로크 문학뿐만 아니라 보들레르 문학도 철저히 알레고리의 산물로서 파악된다. 가령 보들레르 문학의 경우 상품, 도시, 에로틱한 여인 같은 형상적 서술이 단순히 자본주의적 삶에 대한 탐닉을 예찬하는 것이 아니라 물질사회에 대한 비판, 예술의 의미, 좌절된 혁명의 슬픔 같은 다양한 의미를 향하고 있는 점과 연계된다. 그러한 보들레르 문학과 관련하여 벤야민은 다음과 같은 분석을 제시한다. "알레고리한 것으로 일그러진 상품 세계의 모습은 바로 상품 세계의 기만적 변용에 대항한다. 상품은 자신의 얼굴을 보려고 한다. 상품은 창녀에게서 자신의 인간화된 모습을 예찬한다."[62] 또한

---

59 Ibid., p. 333.

60 Ibid., p. 322.

61 Ibid., p. 364.

62 Ibid., p. 671.

도시에서 개최되는 “박람회는 상품 숭배를 위한 순례지”[63]와 같으며 그와 같은 박람회를 통해 유행이 조성되는데, 이때 “유행은 상품 숭배가 성스럽게 치르는 예식을 지시한다.”[64]

사실 보들레르의 알레고리컬한 서술을 자세히 들여다보면, 거기서도 죽음의 이미지는 매우 중요하다. 그것은 보들레르가 근대성의 특징으로 언급한 ‘유행’이 사실은 그 모든 척도를 죽음에 두고 있기 때문이다. 요컨대 새로운 것의 유행은 낡은 것을 사라지게(죽음) 만들지만 동시에 그 새로운 것 자체도 곧 낡은 것이 되고 마는, 즉 사라지게(죽음) 되는 운명을 갖는다. 이렇게 상품과 유행의 형상을 통해 표출된 죽음의 이미지는 곧 ‘파국’을 걷고 있는 역사의 모습을 가리킨다. 바로크 비극에서 팽배했지만 이후 계몽과 역사의 발전 이데올로기에 의해 점차 밀려났던 알레고리컬한 서술이 보들레르 문학을 통해 부활하는데, 다르게 말하면 바로크 문학에서 읽힌 죽음과 역사의 변증법적 관계가 보들레르 문학에도 반복된다. 단지 차이점이 있다면 “바로크 알레고리는 시체를 밖에서 본다. 보들레르는 그것을 안에서 보고 있다”[65]라는 식의 외면과 내면, 자연과 도시 간의 차이가 있을 뿐이다.

---

63 W. Benjamin, Gesammelte Schriften, Bd. V, p. 50.

64 Ibid., p. 51.

65 W. Benjamin, Gesammelte Schriften, Bd. I, p. 684.

# 5 멜랑콜리의 (탈)현대적 복귀

르네상스 이후의 다양한 회화 작품과 문학 작품에 나타난 멜랑콜리 분석에서 드러나고 있듯이 그 형상화 대상과 방식은 다채롭다. 회화의 경우 형상적 측면에서 멜랑콜리의 공통 특성이 지속하는 경향을 띠고 있다면, 문학의 경우 멜랑콜리 형상화 방식은 작가들마다 이채롭고 다양한 특징을 띤다. 17세기 버턴의 우울증 해석과 관련된 특성과 형상화가 멜랑콜리의 예술적·철학적·사회적 담론 형성에 중요한 배경을 형성하고 있다면, 20세기 초에 프로이트는 애도(Trauer)와 멜랑콜리 간의 차이점을 더욱 섬세하게 다듬어주고 있다. 1917년에 발표된 「애도와 멜랑콜리」[66]라는 글에서 프로이트는 양자의 공통점과 차이점을 규명하고 있는데, 우선 애도나 멜랑콜리 모두 애정 어린 타자의 상실을 통해 야기된 매우 고통스럽고 불쾌한 상태에 근거한다. 이러한 공통점에도 불구하고 양자 간에는 결정적인 차이점이 존재한다.

---

66 S. Freud, Trauer und Melancholie, in: Melancholie oder vom Glück, unglücklich zu sein, hrsg. v. P. Sillem, a.a.O., p. 165.

애도의 경우 세계가 초라하고 공허하고, 멜랑콜리의 경우 그 초라하고 공허한 것은 자아다.[67]

이 밖에도 애도는 세계 상실에 의한 공허한 감정 상태에서 궁극적으로 대상의 상실을 이내 인정하고 자신감을 잃지 않으면서 새로운 대상을 찾아 나서는데, 프로이트는 이를 "현실성 검사(Realitätsprüfung)"를 통해 대상 상실을 극복하려는 심리적 대처 행위라는 의미에서 "애도의 작동/노동(Trauerarbeit)"이라고 부른다.[68] 요컨대, 애도는 애정 어린 대상이 더 이상 존재하지 않음을 확인하고 그 우울한 상태를 극복하는 정상적 반응으로서, 헤겔식으로 말하자면 "개념적 지양"이 작동하는 상태다.

이와 달리 애정 어린 대상의 상실에서 자아의 자신감에 장애가 나타날 수 있는데, 즉 애정 어린 대상을 잃어버린 자아는 자기 자신을 비난하게 되고 궁극적으로는 자아빈곤 상태에 이르게 된다. 다르게 표현하면, 멜랑콜리의 경우 상실한 대상의 현존이 여전히 자아를 지배하고 있다. 이에 대해 프로이트는 "객체의 그림자가 자아에 드리운다"[69]라고 표현한다. 그로 인해 멜랑콜리커는 상실한 대상과 자기 자신을 동일시하는 나르시시즘에 젖는다. "멜랑콜리의 특징은 고통스럽고 기분 나쁜 상태, 외부세계에 대한 관심의 중지, 사랑하는 능력의 손실, 모든 실행의 장애 그리고 자신감의 경시이며, 이는 곧 자신에 대한 질책과 비난으로 귀착된다."[70] 결

---

67 Ibid., p. 165.

68 Ibid., p. 164.

69 Ibid., p. 169.

70 Ibid., p. 163.

국 "자신감의 장애" 또는 "자아의 빈곤"으로서의 멜랑콜리는 일종의 병리적 증상이 되고 만다.

애도와 멜랑콜리는 각기 타자와 어떠한 상실관계를 맺는가를 통해서도 구분된다. 애도는 가까운 사람의 치명적인 상실(예: 타자의 죽음)을 통해 야기되지만, 멜랑콜리는 그와 같은 타자의 치명적인 죽음보다는 타자와 멀어지는 이별이나 결별을 통해 야기된다. 프로이트에 의하면, 애도의 경우 자아는 상실한 대상을 명확하게 인식하지만, 이와 반대로 멜랑콜리의 경우 "그 대상에서 무엇이 상실되었는지 전혀 인식하지 못한다."[71] 특정 개인, 특정 이념 같은 대상에 성적으로 결합되어 있던 자아가 이별, 결별, 실망 등을 통해 그 애정 어린 대상과 멀어졌음에도 불구하고 대상에 대한 성적 충동은 새로운 대상을 찾지 못한 채 자아의 내면으로 향하게 되며, 그 결과 멜랑콜리한 자아는 이전의 대상과 자기 자신을 동일시하게 된다. 그리고 멜랑콜리한 자아는 분열에 시달리는데, 한편으로는 애정 어린 대상과 자신을 동일시하는 부분 자아가 존재하며, 다른 한편으로는 비판적이고 평가하는 자아가 존재하게 된다. 그러한 두 자아 간의 갈등, 일종의 '애증' 같은 감정이 소위 "멜랑콜리한 콤플렉스"를 형성하게 된다.

> 멜랑콜리에서는 하나의 대상을 두고서 사랑과 증오가 서로 싸우는 수많은 투쟁이 일어난다. (……) 멜랑콜리한 콤플렉스는 마치 '하나의 열린 상처(eine offene Wunde)'와도 같다.[72]

71 Ibid., p. 165.

72 Ibid., p. 173.

프로이트는 이처럼 애도와 멜랑콜리를 일종의 정상과 비정상의 상태로 분리하면서 멜랑콜리보다는 애도를 삶의 긍정적인 추동력으로 간주한다. 물론 이러한 프로이트의 시각은 다른 각도에서 볼 때 비판될 수 있다. 왜냐하면 현실원칙(Realitätsprinzip)에 순응하는 감정 상태로서의 애도가 강조될 경우, 그것은 곧 이성적인 현실의 인정과 옹호로 귀결되기 때문이다. 이와 달리 비록 멜랑콜리가 상실된 대상에 집착하는 듯한 병적인 상태일지라도 그 이면에는 억압적인 현실에 더 이상 순응하지 않으려는 비판적인 감정이 놓여 있다. 따라서 애도는 현실에 대한 불만족을 개념적으로 지양하는 자세(즉, 이성적 사유에 의한 현실 순응)를 취하는 것이라면, 멜랑콜리는 역으로 그런 "개념적 지양"에 저항하고 있는 것이다.

애도와 멜랑콜리를 구분했던 프로이트의 시각은 매우 흥미로운데, 이러한 구분은 '영화'라는 새로운 문화적 매체와 관련하여 서로 상이한 입장을 취했던 벤야민과 아도르노에게도 적용될 수 있다. 그들은 아우라를 지닌 전통적인 예술, 새로운 매체의 등장과 예술, 자본주의 간의 관계에 직면하여 각기 애도와 멜랑콜리를 경험한 이들로 간주될 수 있다. 아도르노는 가령 자본주의적 현실 속에서 전통적 예술의 위상이 사라졌음을 인식하는 가운데 여전히 전통적 예술을 고수하고 있는 바, 이는 대상(전통적 예술) 상실을 극복하지 못한 멜랑콜리한 미학자의 모습이라고 할 수 있다. 이와 달리 벤야민은 자본주의적 힘이 맹위를 떨치는 가운데 전통적 예술과 작별하고 새로운 매체인 영화를 적극 수용하면서 사회 개혁을 위한 새로운 대안으로 여겼는데, 그런 점에서 그는 애도적 미학자의 입장을 취한 것이다. 이 점은 형상과 개념 간의 대립을 끌어들여 벤야민이 자신과 아도르노와 차이점을 설명하는 듯한 짧은 대목을 통해 입증된다. "작별의 경우 개념이 중지하게 되고 결국 형상이 된다."[73] 이 대목은 전통적인 예술과 작별하는 벤야민의 애도의 입장, 즉 "개념이 형상으로 바뀌는" 새로운 영화 매체의 현실을 받아들이려는 입장으로 해석된다. 반면에 아도르노는 영화적 형상 세계에 저항하여 '부정변증법'이라는 개념적·철학적 사유를 고수했다. 물론 전통적 예술과 새로운 매체의 관계에 대한 아도르노와 벤야민 간의 차이를 확실하게 단언할 수는 없다. 특히 벤야민의 경우 사실 매우 복잡하고 때로는 모순적인 입장이 발견되기도 한다. 문학의 경우 그는 아우라의 상실을 진단하는 가운데 그 아우라에 여전히 집착하고 있었기에 어쩌면 아도르노보다 더욱 멜랑콜리한 미학자의 모습을 띠고 있고, 매체로서의 영화 장르와 관련해서는 멜랑콜리보다는 애도의 상태 하에서 그 새로운 대상을 적극 받아들였다.

심리학적 차원에서 멜랑콜리를 부정적으로 해석하고 있는 프로이트와 마찬가지로 사회학적 차원에서 멜랑콜리를 냉정하게 관찰하는 시각이 있다. 레페니스(W. Lepenis)는 『멜랑콜리와 사회』라는 저서에서 멜랑콜리를 18세기 시민사회에서 개인이 취하게 된 "현실도피주의(Eskapismus)"로 설명하고 있다. 멜랑콜리는 "행동의 장애"에 기인하며, 그러한 행동의 장애를 갖게 된 이들은 바로 18세기 이후 지식인을 중심으로 한 시민계급이라는 것이다. 레페니스는 이들 계급이 멜랑콜리에 젖을 수밖에 없었던 까닭에 대해 "세계의 현 상태의 원칙에서 고통을 받았기" 때문이라고 한다. 이들이 취한 방식과 과제는 오로지 "사유"에만 놓여 있었고, 그로 인해 그

73 W. Benjamin, Gesammelte Schriften, Bd. V, p. 47.

들은 더 이상 안(사유)에서 밖(행동)으로 나가지 못하는 나약함을 보였다고 한다. 소위 18~19세기 지식인들에게 "성찰의 위험은 다름 아닌 세계도피"였다.[74] 멜랑콜리에 대한 역사적인 분석은 매우 뛰어나지만, 레페니스의 시각은 흔히 접할 수 있는 사회사적 시각의 반복이기도 하다.

멜랑콜리를 부정적으로 파악했던 프로이트, 레페니스 등의 시각은 다음과 같은 점을 결정적으로 간과하고 있거나 오인하고 있다. 즉, 멜랑콜리커의 "사악한 시선"은 현실부적응 혹은 사유 속으로의 도피가 아니라 그 자체로 파격적이고 급진적인 현실 비판의 언술과 인식으로 남는다는 점이다. 프로이트와 레페니스에 대항하는 차원에서 뵈메(H. Böhme)는 『자연과 주체』라는 연구서에서 "멜랑콜리의 비판"과 "비판의 멜랑콜리"를 구분하면서 멜랑콜리에 대한 기존의 편협한 이해에 대해 수정할 것을 제안한다.

> 우리는 멜랑콜리커의 역사를 새롭게 읽어야 한다. 우리는 멜랑콜리커가 언제나 권력구조에서 하나의 균열이었음을 발견하게 된다. 멜랑콜리커는 여전히 오늘날 서구 자본주의에서나 동유럽의 국가사회주의에서 울려 퍼지는 프로파간다에 대해 불신한다. 그 프로파간다에 의하면, 기존 질서는 가장 좋은 질서는 아니지만 그나마 나은 질서라는 것이다. 규제된 행복과 금지된 멜랑콜리는 서로 부합한다. 멜랑콜리를 비판하는 이들은 대체로 질서의 수호자로서, 건전한 국가의 수호자로서, 작은 일상의 만족에 자족하는 평온한 정상성의 수호자로서 입증된다. 이

---

74 W. Lepenies, Melancholie und Gesellschaft, p. XXIV.

와 반대로 멜랑콜리커는 **사악한 시선**을 드러낸다. 그는 춤추는 여자의 아름다운 외양 뒤에서 종양과 고름을 발견하며, 또한 사회의 육체를 부패의 기념물로 만드는 역겨운 벌레와 비열한 인간을 발견해낸다. 그는 평화의 감성적 구조에서 이미 전쟁을 암시하는 긴장과 균열을 감지해낸다. 그는 시대를 극복하려는 의지 속에서 건설되는 것을 이미 미래의 폐허로서 본다. 물론 그것(멜랑콜리커의 시선 – 역주)은 '계속 진행하고 위로 나아가고 더 나은 것으로 간다'는 우리의 믿음을 방해한다. 우리는 우리의 힘을 강하게 죌 수 있기 위해 행복한 삶의 형상을 필요로 하며, 현재에 하나의 의미를 부여하기 위해 앞을 향하는 형상을 필요로 한다. 그런데 이와 반대로 우리는 멜랑콜리커를 듣게 된다. 현존재의 노래가 영원한 레퀴엠인 양 말이다. 멜랑콜리커는 봉기의 노래가 아니라 몰락한 사물, 먼지로 흩날려진 희망, 파괴된 문화에 관한 죽음의 미사곡을 듣는다. 이에 대해 우리는 저항해야 한다고 생각하는데, 바로 그런 생각 때문에 멜랑콜리는 차별되어왔고 현재도 차별되고 있다.[75]

보들레르 이후 멜랑콜리한 지성인은 개인주의적 성찰 또는 자신만의 사유와 고독 속에 갇혀 있었던 것이 아니라 "종양과 고름", "부패된 육체" 같은 몸의 담론을 통해 '평화로운 듯한' 현실 뒤에 도사리고 있는 역사의 "균열"과 "폐허"를 비판적으로 인식해냈다. 나아가 멜랑콜리한 예술가의 시선 자체는 사회를 비판하는 하나의

75 H. Böhme, Natur und Subjekt, Frankfurt a.M. 1988(이 책의 전문은 친절하게도 뵈메의 홈페이지에 실려 있으며 필자 또한 인터넷에 실린 그 글을 참조했다. www.culture.hu-berlin.de/HB/ volltexte/natur.html).

균열 그 자체로 작용하는데, 이때 그의 시적인 노래는 결코 아름다운 노래가 아니라 고통과 죽음의 노래와도 같다.

가장 최근에 (포스트)모던적 맥락에서 멜랑콜리를 새롭게 분석한 학자로는 슬라보예 지젝(S. Žižec)을 들 수 있다. 일련의 저서에서 멜랑콜리를 흥미롭게 다루고 있는 지젝은 프로이트에 대항하여 멜랑콜리를 이념적으로나 윤리적으로 복권시키는 시각(쉉, 뵈메 등)을 재비판하는 동시에 프로이트와 라캉의 시각을 수용하는 방식으로 멜랑콜리를 새롭게 정의하고 있다. 그에 의하면, 과거 멜랑콜리를 옹호한 이들이 범한 결정적인 오류는 '상실'과 '결핍'이라는 두 개념의 혼동에 있다는 것이다. 프로이트에 대한 옹호 또는 비판이든지 간에 멜랑콜리는 소유했던 대상의 상실에서 발생하는 것이 아니라 처음부터 그 대상을 결핍하고 있었다는 것이다. 결국 멜랑콜리는 "마치 결핍된 대상을 과거에 소유했지만 나중에 잃어버리고 만 것처럼"[76] 행하기 때문에 일종의 "기만"이라는 것이다. 지젝에 의하면, 대상은 결코 그 자체로서 존재하는 것이 아니라 "왜곡된 실재"로서만 존재할 뿐이다.

> 요컨대, 멜랑콜리는 대상이 처음부터 결핍되어 있다는 사실을 은폐하고 있다. 다시 말하면, 대상의 출현은 그 대상의 결핍과 함께한다는 사실, 그리고 그 대상은 공허/결핍을 긍정시하는 것에 다름 아니라는 사실을 은폐하고 있다. 대상은 결국 그 '자체로' 존재하지 않는 왜곡된 실재다.[77]

---

76 Slavoj Žižec, Das fragile Absolute, Berlin 2000, p. 140.

77 Ibid., p. 141.

멜랑콜리의 패러독스는 결핍이 상실처럼 기만되고 전이되는 과정을 통해 우리가 마치 대상을 소유한 것처럼 보인다는 데 있다. 지젝은 그러한 멜랑콜리의 패러독스로 인해 "기만적인 스펙터클"이 나타난다고 강조한다.

> "처음부터 잃어버린 대상, 우리가 결코 소유하지 않았던 대상을 소유할 유일한 가능성은 우리가 **아직** 소유하지 않은 대상을 마치 우리가 **이미** 잃어버렸던 것처럼 행동하는 데 있다. 따라서 슬픔의 일을 행하는 것에 저항하는 멜랑콜리커는 정반대의 형식을 취한다. 대상을 잃어버리기도 전에 그 대상에 대해 **지나치고 과도하게** 슬퍼하는 기만적인 스펙터클의 형식 말이다."[78]

지젝은 이처럼 멜랑콜리에 대한 기존 해석을 비판하면서 멜랑콜리의 기만적인 스펙터클을 통해 대상에 대한 욕망의 구조를 정확히 파악해낼 수 있다고 강조한다. 실제로는 잃어버린 대상이 부재함에도 불구하고 마치 잃어버린 것처럼 현존하는 대상, 이러한 부재와 현존의 패러독스와 관련하여 대상과 욕망의 대상 원인(오브제 프티 a)이라는 라캉의 구분을 수용한다. 그 욕망의 대상 원인은 "기만적인 스펙터클"이 그렇듯이 대체로 "특징들"로 다가오며, 그 특징들을 들여다봄으로써 욕망의 대상 원인이 밝혀질 수 있다고 한다.

현실 속의 일련의 대상은 공허(결핍)를 중심으로 구조화되어

---

78 Ibid., p. 143.

> 있다. (……) 따라서 현실의 견고한 조직을 지탱하기 위해 현실 요소들 중 하나가 핵심적인 공허로 옮겨지게 되고 그 공허를 채우게 된다. 이것이 곧 라캉의 대상 a다. 이 대상은 이데올로기의 숭고한 대상인 바, 즉 '사물의 존엄성으로 숭배된' 대상이며 동시에 왜곡된 대상이다.[79]

여기서 한 걸음 더 나아가면, 멜랑콜리에 내재되어 있는 대상 원인의 특징을 파악함으로써 이데올로기의 숭고한 대상도 짚어낼 수 있게 된다. 모든 철학이나 문학은 처음부터 실제의 대상을 결핍(갈망)한 상태에서 "이데올로기의 숭고한 대상"을 향해 있으며, 그 숭고한 대상은 모더니즘이든 포스트모더니즘이든 간에 언제나 도처에 깔려 있다. 지젝은 그런 철학적·정치사회적 상황을 비판적으로 암시해주고 있는 셈이다. 데카르트적 주체, 이상적 자연, 절대적 신, 완전한 이념 등은 처음부터 결핍되어 있던, 항상 숭고의 대상으로만 숭배(갈구)되었을 뿐 존재했다가 잃어버린 대상이 아니다. 그런 맥락에서 중요한 점은 멜랑콜리의 과장된(스펙터클한) 제스처에 몰입하는 것이 아니라 그 양상을 냉정하게 읽을 수 있는 해석자의 시선이다.

---

79 Ibid., p. 145.

# III

# 비교와 소유 욕망으로서의 질투/시기

# 1 비교의 감정

질투와 시기라는 두 감정은 '다른 이에 대해 샘을 내고 미워하는 마음'이라는 점에서 서로 가깝다. 다만 질투(Eifersucht)가 내가 소유하고 있는 것(애정의 대상, 소유물, 관계, 공감 등)을 상실할 수 있다는 불안의 감정(Verlustangst)에서 다른 이에 대해 샘을 내고 미워하는 것이라면, 시기(라틴어: Invidia, 독일어: Neid)는 근본적으로 다른 이가 소유하고 있는 것(애정의 대상, 물질적 복지, 상징적 권력 등)을 자신도 갖고 싶어 하는 욕망의 감정에서 다른 이에 대해 샘을 내고 미워하는 것이다. '소유하고 있는 것, 소유하고 싶은 것'으로서의 질투/시기의 대상은 자동차, 집, 돈 같은 경제적 물질뿐만 아니라 사랑 같은 정신적인 감정도 해당하며 나아가 명예, 권력 같은 사회적·상징적 자본 등도 해당한다. 그와 같은 다양한 대상과 관계하여 질투에서는 불안의 감정이, 시기에서는 욕망의 감정이 각기 지배적이라는 차이점이 있을 뿐이다.

멜랑콜리, 불안, 분노, 공포 같은 다양한 감정이 주로 생존과 관련된다면, 질투/시기는 생존과는 관계없는, 어쩌면 완전히 과도

하고 불필요한 감정일 수 있으며 그 때문에 다른 감정들보다 더 부정적이다. 그렇지만 다른 이들과 함께 공동체 내에 존재하는 순간부터 모든 개개인은 질투/시기의 인간적 감정을 떨쳐버릴 수 없게 된다. 나는 질투/시기의 주체이자 동시에 대상일 수 있다. 내가 소유한 어떤 것을 잃지 않으려는 마음에서 질투하며, 상대방이 갖고 있는 것까지 탐하는 마음에서 시기에 사로잡힌다. 물론 질투/시기는 서로 대척할 수도 있다. 나는 상대방의 것을 갖고 싶지만 상대방은 자신의 것을 잃지 않으려 하는데, 그럴 경우 나의 시기와 상대방의 질투는 서로 대척한다. 장난감을 놓고서 아이들이 서로 다툴 때 질투와 시기가 다툼의 원인이 되며, 부모의 사랑을 놓고서 자식들이 서로 미묘한 갈등을 보이는 일도 사실은 질투와 시기 때문에 발생한다. 자주 언급되는 프로이트의 오이디푸스 콤플렉스도 질투/시기가 작동하는 감정이라고 해도 과언은 아닐 것이다. 어린 시절 어머니의 사랑을 놓고서 아버지와 경쟁할 경우 어머니의 사랑을 소유하고 있다고 믿는 아이는 그 사랑을 놓지 않으려고 강한 질투를 보이거나, 혹은 아버지가 소유하고 있는 어머니(혹은 어머니의 사랑)를 쟁취하려고 아이는 아버지를 향해 강한 시기에 사로잡힐 수 있다.

감정은 개인적인 것인지만 사회적 결속과 차이를 야기하는 중요한 요소다. 이러한 인식을 토대로 20세기 초 사회학자 게오르크 짐멜(G. Simmel)은 감정을 일차적 감정과 이차적 감정으로 구분한 바 있다. 전자에는 "상이한 방식과 지속성을 지닌 상호영향"으로서 사랑, 믿음, 동경, 헌신 같은 근원적이고 기본적인 감정이 속하며, 후자에는 일차적 감정에서 파생되는 감정 혹은 사회적 관계의 심리적 결과(혹은 일차적 감정에 대한 반응 혹은 방어)로서 불안, 분노, 질투, 시기, 수치심, 감사 같은 감정이 속한다. 질투와 시기는 사랑이라는 일차적 감정이 충족되지 않을 때 파생되는 이차적 감정이다. 질투와 시기는 구분하기 매우 어렵지만, 그럼에도 불구하고 짐멜은 양자의 미묘한 차이를 다음과 같이 제시한 바 있다.

> 질투라고 명명된 상태의 특징은 주체가 소유에 대한 권리 요구를 갖고 있다고 믿는 것이며, 이와 반면에 시기는 권리가 아니라 그 거부된 것의 갈망 가능성에 대해 물어보는 것이다. (……) 시기하는 이의 감정은 소유 여부 자체를 맴돌며, 질투하는 이의 감정은 소유자를 맴돈다. 비록 우리 자신이 명성에 대한 권한을 추호도 요구할 수 없을지라도 우리는 누군가의 명성을 시기할 수 있다. 그러나 만약 우리가 누군가와 마찬가지로, 누군가보다 오히려 명성을 가져야 한다고 생각할 경우 우리는 그 누군가를 질투하게 된다. 이때 질투하는 이의 씁쓸함과 괴로움은 일종의 감정의 허구다. 즉, 그것이 터무니없고 부당할지라도 그 누군가가 자신에게서 명성을 빼앗아갔다는 감정의 허구 말이다.[1]

주체가 이미 획득한 대상을 관장하고 싶은 힘을 놓지 않으려고 한다는 점에서 질투는 객체(대상)에 대한 주체(소유자)의 권한과 관련된 감정이다. 이와 달리 시기는 소유 자체의 여부(대상 소유 자체의 욕망 가능성)와 관련된 감정이다. 그리고 위 인용문에는 제시되어 있지 않지만, 질투와 시기 사이에 있는 시샘(악감)은 결단

---

1 Georg Simmel, Soziologie. Untersuchungen über die Formen der Vergesellschaftung, Berlin 1908, pp. 210-211.

코 다른 이에게 대상을 허락하지 않으려는 마음에서 대상을 갈구한다. 짐멜은 명성을 예로 들면서 질투는 명성의 소유자(자기 자신 혹은 타인)와 관련된 감정으로, 시기는 명성 자체를 갖고 싶은 욕망과 관련된 감정으로 분석하고 있다. 특히 질투의 경우 현실적으로 소유 여부가 확실하지 않는 상황에서 다른 이가 자신에게서 소유물을 빼앗아갔다는 일종의 "감정의 허구(Fiktion des Gefühls)"에 근거한다는 짐멜의 해석은 특이하다. 그러나 앞서 언급한 것처럼 많은 학자들의 경우 질투는 자신이 소유한 것을 다른 이에게 빼앗길 수도 있다는 불안의 감정에 기초한다는 의견을 제시한다.

독일어 질투(Eifersucht)의 근원은 고대 독일어 'eiver(신랄한 것, 쓴 것)'와 'suht(질병, 유행병)'의 결합에서 찾을 수 있으며, 비교적 17세기 이후의 근대 독일어에서 결합된 형태가 사용된다. 시기(Neid)의 근원은 그리스어 'Phtonos'이고, 라틴어로는 'Invidia'다. 자신이 소유한 것에 대한 집착, 다른 이가 소유한 것에 대한 강한 시샘 때문에 생겨나는 감정으로서 질투/시기는 대부분 증오로 발전한다. 특히 질투는 자연적인 질투, 불신으로 가득한 질투, 병적인 질투 등 다양한 양상으로 발전한다. 배우자의 불륜에 의해 자신이 피해를 입고 있다고 생각하는 병적인 망상, 흔히 '오셀로 증후군(Othello syndrome)'이라고 부르는 '부정망상'의 원인도 근본적으로는 질투에 근거한다. 이와 같은 질투에 대해 프로이트는 다음과 같이 상실 불안, 자기애적 상처, 자기비판 등 복잡한 감정의 혼재로 정의한 바 있다.

> 본질적으로 질투의 경우 대상을 잃을지도 모른다는 생각과 슬픔으로 인한 고통, 자기애적 상처(그것을 다른 상처들로부터

구분할 수 있는 한), 그리고 성공한 라이벌에 대해 느끼는 적대 감정, 자기실패의 책임을 자신의 자아에게로 돌리려고 하는 약간의 자기비판이 혼재되어 있다.[2]

나중에 언급하겠지만, 현대 심리학에서는 질투/시기를 긍정적으로 고찰하려는 시도가 있다. 그러나 어쨌든 근본적으로 질투/시기는 철저히 부정되어왔으며, 그 원초적 장면은 흔히 성경의 카인과 아벨 이야기에서 찾는다. 카인은 땅의 소출을 거두어 신에게 제물을 바치고 아벨은 양떼를 키워서 첫 번째 새끼와 그 기름을 신에게 바친다. 이 두 사람의 제물 가운데 하느님은 카인의 제물보다는 아벨의 제물을 받아들인다. 그러자 카인의 반응과 행동은 다음과 같이 서술된다.

> 카인과 그의 제물은 굽어보지 않으셨다. 그래서 카인은 심히 분하여 안색이 변했다. / 주님께서 카인에게 말씀하셨다. "너는 어찌하여 화를 내고, 어찌하여 안색이 변하였느냐? / 네가 옳게 행동하면 얼굴을 들 수 있지 않느냐? 그러나 네가 옳게 행동하지 않으면, 죄악이 문 앞에 도사리고 앉아 너를 노리게 될 터인데, 너는 그 죄악을 잘 다스려야 하지 않겠느냐?" / 카인이 아우 아벨에게 "들에 나가자" 하고 말하였다. 그들이 들에 있을 때, 카인이 자기 아우 아벨에게 덤벼들어 그를 죽였다.[3]

---

2 프로이트, '질투, 편집증 그리고 동성애의 몇 가지 신경증적 메커니즘', 실린 곳: 프로이트, 『정신병리학의 문제들』(프로이트 전집 10), 열린책들, 2010, 173쪽.

3 창세기 4장 5~8절.

카인이 아벨에 대해 질투하고 시기하여 살해한 이유는 아벨이 갖고 있는 '양(기름)'이라는 제물 때문이 아니라 자신의 제물이 받아들여지지 않은 것, 즉 신의 사랑을 받지 못한 것 때문이다. 아벨에 대한 시기는 아벨과 그의 제물 때문이 아니라 제3의 것, 즉 선택받지 못한 자신의 상태, 신의 사랑을 소유하고 싶은 갈망 때문이다. 신은 그런 시기하는 마음을 다스릴 줄 아는 능력까지 카인에게 시험해보고 싶었는지 모르지만, 그런 신의 뜻을 알 수 없었던 카인은 뚜렷한 이유 없이 자신의 제물을 받아들이지 않은 신에 대한 원망—물론 이 원망은 곧 신에 대한 사랑의 갈망과도 동일시되는데—때문에, 동시에 신의 사랑을 차지한 아벨에 대한 시기로 인해 결국 동생을 살해하고 만다. 카인과 아벨의 예는 한편으로 신의 사랑을 놓고서 형제들(인간) 간의 시기에 대한 대표적인 예로 인용되지만, 다른 한편으로 고대 신화와는 완전히 다르게 신과 인간의 관계를 보여주는 예이기도 하다. 왜냐하면 고대 신화의 경우 신들의 권리에 대척하고 반항하는 인간의 오만과 불손(Hybris)에 대해 신들이 질투/시기를 내보이면서 인간에게 복수를 가하지만, 이와 달리 기독교의 경우 질투/시기의 주체는 신이 아니라 인간이다. 신의 선택 행위(아벨의 제물)에 의해 촉발된 마음, 즉 신의 사랑을 차지하지 못한 마음에서 아벨을 살해한 카인에게 신은 오히려 다른 이들에 의해 살해되는 것을 방지하기 위해 이마에 표식을 주어 삶을 살아가도록 만든다. 물론 이러한 표식 부여 자체가 어쩌면 자신에 대한 카인(인간)의 사랑을 잃을지도 모른다는 신의 질투에서 나온 하나의 예방책으로 여겨질 수도 있는데, 이는 또 다른 해석적 관점이다. 어쨌든 질투/시기에 젖는 인간과는 달리 이처럼 '질투/시기 없는' 기독교적 신의 모습은 이상적이며, 질투/시기 없는 상태는 이미 고대 철학에서도 하나의 이상(理想)으로 파악되곤 했다. 가령 플라톤은 『파이드로스』에서 "시기는 신적인 윤무(신적인 합창, 신적인 나라, 이상적인 나라)에서 추방되어 있다"[4]고 언급하면서 이상적인 공동체 내에 존재하지 말아야 할 감정으로 파악한 바 있다. 다만 '다른 사람의 장점을 인정하고 그런 장점을 본받으려는 마음' 정도로만 시기의 감정이 허용되었을 뿐이다.

성경의 예와 더불어 가장 자주 인용되는 예로는 동화 「백설공주」에서의 계모 여왕이다. 아름다운 왕비는 가장 아름다운 여인이 누구인지를 거울에게 묻는 가운데 "당신도 아름답지만 백설공주가 더 아름답다"라는 대답을 듣고 백설공주의 미모를 시기하게 된다. 그림 형제의 독일어 작품집에는 여왕의 반응에 대해 "그러자 여왕은 놀랐으며 시기로 인해 얼굴이 누렇고 푸르게 변했다(Da erschrak die Königin und ward gelb und grün vor Neid)"고 적혀 있다.[5] 질투/시기의 감정은 황담즙과 관련되는데, 그 감정은 주로 누런색의 표정을 통해 표현된다. 이처럼 흔히 백설공주는 시기의 대상으로, 여왕은 시기의 주체로 구분되는 가운데 권선징악의 구도에 따라 백설공주는 선으로, 여왕은 악으로 간주된다. 시기하는 마음에서 왕비는 백설공주를 살해하려 하지만 실패하고 결국 모든 악행이 발각되어 달군 쇠로 만든 신발을 신고 죽을 때까지 춤추는 벌을 받게 된다. 그렇게 시기는 근절되어야 할 악으로 형상화되어왔다.

질투/시기는 모두 '비교하는 마음'에서 나오며, 특히 시기가 더

---

4 Platon, Phaidros, 247a.

5 Jacob und Wilhelm Grimm, Kinder- und Hausmärchen, München 1977, p. 298.

욱 그렇다. 카인과 아벨, 백설공주와 여왕 등에서 엿볼 수 있듯이 시기는 신의 사랑, 아름다움 등을 놓고서 모두 비교하는 마음에서 발생하며, 더욱이 최근에는 의복, 신발, 가방 등의 소위 유명 상표 여부를 통해 비교하는 마음이 작동하기도 한다. 교육 현장의 경우, 비교에서 나온 시기의 마음을 없애기 위한 방책으로 가령 통일된 교복 도입을 주장하기도 하지만, 다시금 개인 간의 차이가 아닌 학교별 교복 차이에 의해 시기가 더욱 확산되기도 한다. 이러한 현상은 서구에서도 마찬가지인데, 가령 영국과 미국의 전통적 사립학교의 경우 특별한 제복 착용은 여전하다. 어쩌면 "시기에는 저절로 비교가 뒤따른다. 비교가 없는 곳에는 시기도 존재하지 않는다"[6]고 말한 16세기 영국의 경험론 철학자 베이컨(F. Bacon)의 시각은 비교와 시기가 얼마나 밀접한 관계를 맺고 있는지, 동시에 사회적 불평등의 근원인 비교와 시기를 제거하는 것이 얼마나 어려운지를 간접적으로 말해주기도 한다.

어쨌든 존재하는 한 비교할 수밖에 없는 상황이라면, 비교와 시기는 영원히 제거될 수 없을지도 모른다. 기원전 8세기 그리스 시인 헤시오도스(Hesiod)는 비교 행위로서의 시기는 동일 직업에서 찾을 수 있다고 보았는데, 즉 "도공은 다른 도공을, 대장장이는 다른 대장장이를 투덜대며 바라본다. 거지는 다른 거지를, 가인은 다른 가인을 시기하면서 멀어진다."[7] 후에 베이컨도 비슷한 의견을 피력한 바 있는데, 그에 의하면 시기는 주로 동일 계층에서의 상호 비교에서 싹튼다는 것이다. 가령 "왕은 다른 왕들에 의해서만 시기

---

6 F. Bacon, Über den Neid, in: Essays, 4. Aufl., Leipzig 1979, p. 34.

7 Hesiod: Erga 23-26, in: Werke und Tage, übersetzt und herausgegeben von Otto Schönberger, Stuttgart 2004.

된다."[8] 물론 시기는 동일 계층에서의 비교에만 머물지 않는다. 베이컨에 따르면, 하류층이 성공하여 상류층으로 성장할 때 기존 상류층은 성공한 하류층에 대해 시기하게 된다. 물론 이 경우 시기는 일종의 착시 현상에서 발생하는데, 가령 다른 이의 성공을 인정하기보다는 자신이 불행하게도 하류층과 같아졌다는 식으로 자신을 탓하는 착시에서 시기가 싹틀 수도 있다. 그런 맥락에서 칸트는 시기를 "자기 자신을 고문하는 불쾌한 열정, 그리고 다른 이들의 행복을 파괴하려는 열정의 가장 끔찍한 부도덕"이라고 설명하기도 하고, 또한 "우리의 복지 상태가 다른 이의 복지 상태에 의해 뒤처져 있음을 보는 불쾌감으로서 일종의 간접적이고 사악한 성향"이라고 정의한 바 있다.[9] "뒤처져 있음을 보는 불쾌감"으로서의 시기는 결국 자신의 열등감을 뜻하는데, 이것이 곧 자기고문의 불행과 타인의 행복 파괴를 야기하게 된다는 것이다. 시기에 대한 이러한 부정적 견해는 전통적인 철학적 도덕관과 연결되는데, 가령 플라톤에 따르면 폴리스에서 시기를 제거하는 것이야말로 국가지도자의 책무라고 하며 시기를 제거하면 곧 이상적인 사회를 실현한 것이라고 한다. 니체 또한 『도덕의 계보학』에서 인종차별주의 같은 사회적 배타 행위는 바로 "시기의 가장 사악한 형식"이라고 비판한 바 있다. 최근에는 수입, 재산 등의 불균형이 심화되고 그로 인해 경제적 평등에 대한 요구가 제기될 때, 이러한 요구를 평가절하하려는 이들은 그것을 "사회적 시기(Sozialneid)"라는 식으로 명명하고 있다. '사회적 시기'가 어느 정도 타당성 있는 개념인지에 대해

---

8 F. Bacon, Über den Neid, p. 34.

9 I. Kant, Die Metaphysik der Sitten, Frankfurt 1977, pp. 443-444(§ 36).

서는 좀 더 논의될 수 있지만,[10] 어쨌든 그러한 개념이 통용될 경우 그것은 곧 사회적 공동체 내에 경제적 불평등의 심화가 만연해 있음을 말해준다. 무엇인가 빼앗겼다는 혹은 무엇인가를 소유하겠다는 질투/시기가 만연할 경우 소위 불특정 다수에 대한 분노와 범죄 행위가 증가될 수 있는데, 이를 개인의 우발적인 사건으로 가볍게 바라볼 것이 아니라 사회적 평등과 정의의 실현이 더욱더 절실히 요구되는 상황에 대한 심각한 증후로 인식할 필요가 있다.[11]

개인적으로나 사회적으로 동서양 모두 질투/시기를 죄악으로 규정하고 있다는 공통점이 있다. 한국의 경우 유교사회는 ① 시부모를 잘 섬기지 못하는 것, ② 아들을 낳지 못하는 것, ③ 부정한 행위, ④ 질투, ⑤ 나병·간질 등의 유전병, ⑥ 말이 많은 것, ⑦ 남의 것을 훔치는 것을 소위 '칠거지악'으로 간주했다면, 서양의 경우 기독교는 시기, 탐식, 화(분노), 게으름, 탐욕, 정욕, 자만을 일곱 가지 죄악으로 여겼다. 동서양 모두 질투/시기는 근절되어야 할 악으

---

10 독일의 사회, 문화 관련 정평 있는 계간지 「쿠르스부흐(Kursbuch)」는 이미 오래전에 이 주제를 특집으로 다룬 바 있다(Die Neidgesellschaft, in: Kursbuch, Heft 143, Berlin 2001).

11 물론 이 점은 매우 논쟁적인 사항이다. 가령 프랑스, 독일 같은 유럽의 몇몇 나라의 경우 부유세(Reichensteuer), 일명 '시기세(Neidsteuer)' 도입 여부에 대한 여론조사에서 찬성표가 압도적이다. 그렇지만 과연 그 찬성표가 곧 사회적 공동체에 잠재되어 있는 '사회적 시기'의 표현인지 아니면 사회적 정의에 대한 요청인지는 명확히 구분하기 어렵다. 또한 사회적 정의가 요청되어 경제적 분배를 이상적으로 실현할지라도 과연 사회적 시기가 완전히 사라질 수 있을지도 애매하다. 최근에는 글로벌 경제 환경에 의해 국가 간의 빈부 차이가 심화되어 질투/시기의 문제가 개인 및 국내의 문제를 넘어서 국제적인 차원에서 파악될 수도 있다. 특히 신국가주의적 징후군, 즉 '우리 국가의 부가 다른 국가에 의해 빼앗기고 있다'는 식으로 자국민의 질투/시기를 조장하는 극우파의 시각은 향후 국제적 대립을 더욱 심화시킬 것이다.

로 간주되었는데, 물론 양 문화에서 질투/시기의 구체적인 구분은 그리 간단치 않다. 특히 서양의 일곱 가지 죄악의 경우, 여섯 가지 죄악은 그나마 생존에 필요한 격정적 감정들로 해석될 수도 있지만, 질투/시기의 경우 생존과 관련 없는 완전히 과도하고 불필요한 감정이라는 점에서 다른 감정들보다 더욱더 부정적으로 해석되어 왔다.

이처럼 시기는 동서양 모두 종교적·윤리철학적·심리학적 차원에서 다양하게 해석되어왔고, 또한 시기를 형상화하려는 예술적인 시도도 역사적으로 적지 않았다. 당연히 시기가 주로 사악한 죄악으로 간주되었다는 점에서 시기에 대한 부정적인 형상화의 예가 많다. 서양 회화의 경우 매우 다양한 특징이 발견된다. 가령 시기하는 이의 머리카락은 주로 '뱀'으로 그려졌고, 시기는 주로 황갈색·검은색 담즙과 연결되었으며, 시기는 작가들마다 "푸른색 눈동자의 괴물"(셰익스피어), "독성의 거북"(쇼펜하우어) 등으로 서술되기도 했다. 문학적·철학적 사례 이외에도 특히 회화에서 시기의 형상화에 대한 예는 다수 발견된다. 가령 1300년경에 그려진 것으로 추정되는 지오토 디 본도네(Giotto di Bondone)의 「시기」, 1534년 게오르크 펜츠(Georg Pencz)의 「인비디아(Invidia)」, 일곱 가지 죄악을 그려낸 피터 브뤼겔(Pieter Brueghel)의 그림 중 일곱 번째 죄악 「인비디아(Invidia)」(1558), 비슷한 시기에 야콥 요르다엔스(Jacob Jordaens)가 그린 「과학의 알레고리: 미네르바와 크로노스는 시기와 무지로부터 과학을 보호한다」, 1600년에 그려진 야콥 마탐(Jakob Matham)의 「인비디아(Invidia)」, 마지막으로 근대의 예로서 1933년 발표된 오토 딕스(Otto Dix)의 「일곱 가지 죄악」이라는 그림 등을 들 수 있다. 이러한 일련의 그림들의 공통점은 시기가 부정적으로 형상화되어 있다는 것인데, 특히 질투/시기는 대부분 여성(주로 나이든 여인)으로 의인화되어 있다. 더욱이 질투/시기로서의 여성적 형상화는 주로 뱀 같은 머리카락을 갖고 있거나 기다란 혀를 지닌 파충류 같은 얼굴 등으로 추하게 그려져 있다. 시기, 여성, 대중, 하위주체 등을 우회적으로 일치시킴으로써 도덕적·종교적 차원에서 부정·통제·금기의 대상으로 파악하려 했음은 분명하다. 이제 위에서 언급한 몇 가지 사례를 구체적으로 살펴보기로 하자.

# 2 질투/시기와 회화

## 1 '사악한 시선'으로서의 시기

우선 제일 먼저 이탈리아 플로렌스 출신의 화가이자 건축가인 지오토 디 본도네(Giotto di Bondone, 1226~1337)가 형상화한 「시기(Invidia)」를 간략하게 분석해보기로 하자. 1300년경에 그려진 것으로 추정되는 본도네의 「시기」에서는 두 가지 점이 눈에 띈다. 우선 전체 그림의 테두리와 인물의 옷 등이 모두 누런색으로 그려져 있다. 멜랑콜리가 검은 황담즙에 기인한다면, 시기 같은 음흉한 감정은 누런 황담즙에 기인한다는 체액론적 관점이 색에 반영되고 있는 셈이다. 시기와 누런색의 관계는 얼굴의 황달 증세를 통해서도 찾을 수 있다. 1782년에 발표된 실러(Schiller)의 2막으로 된 서정적 오페레타 「제멜레(Semele)」에서 주인공 제멜레는 얼굴에 나타난 시기의 색을 다음과 같이 읊어내고 있다. "베로에(제멜레의 유모-역주)! 머릿속에 숨어 있을 수 있는 역한 이들, / 또한 뺨은 누렇고 푸른데, 그것은 독살스런 시기가 받게 되는 명백한 벌이지(Beroe!

die garstigsten,/ Die je in einem Kopfe stecken können/ – Und noch dazu die Wangen gelb und grün,/ Des giftigen Neides sichtbarliche Strafe).” 죄악으로서의 시기에 따르는 벌은 의학적으로 누런색을 띤 황달증이라는 것이다.

지오토 디 본도네, 「시기」(1300)

또 다른 한 가지는 시기가 기다란 혀를 가진 중년 여성을 통해 의인화되고 있다는 점이다. 즉, 여인은 시기의 알레고리컬한 형상화다. 인간처럼 보이는 인물은 왜 기이하게도 뱀의 기다란 혀를 내밀고 있는 것일까? 시기는 아마도 언어적 행위와 관련된 것이라고 추측할 수 있는데, 즉 다른 이들이 소유한 것을 갈망하여 시기하는 언어적 행위 말이다. 그런데 좀 더 자세히 들여다보면, 그 기다란 혀의 끝이 향하고 있는 모습이 흥미롭다. 그 혀는 다름 아닌 자기 자신의 눈을 향해 있다. 자신의 입에서 나온 혀가 자신의 눈(혹은 시선)에 영향을 끼친다는 것인데, 이는 시기의 라틴어 "Invidia"의 의미에 정확히 부합한다. 왜냐하면 시기(Invidia)는 "In-vidia", 즉 '잘못된 시선(Un-Blick)', '비-시선'으로서 제대로 보지 못하는 비뚤어진 시선을 뜻하기 때문이다. 혀가 눈을 향한 나머지, 즉 비뚤어진 시선을 갖게 되어서인지 여인의 모습은 마치 암흑 속에서 방향과 길을 잃어 오른손으로 더듬는 듯한 행동을 취하고 있다.

위 그림은 요컨대 다음과 같은 두 가지 의미를 암시한다. 다른 이에 대한 시샘으로서의 시기는 한편으로 주로 인간의 혀와 관련된 언어적 행위를 통해 표현되고 '뱀의 혀로 말한다'라는 종교적·도덕적 표현에서처럼 부정적 의미를 갖게 되며, 다른 한편으로 '시기에 의해 눈이 멀다'라는 일반적인 표현처럼 자기상실과 자기파괴를 암시하고 있다. 이러한 점은 마찬가지로 다음에 분석할 게오르크 펜츠의 그림에서도 엿볼 수 있다. 어쨌든 자기파괴의 결과는 무엇인가? 소유욕에 눈이 먼 듯, 왼손에 주머니를 쥐고 있는 시기하는 여인은 결국 연옥(Fegefeuer)으로 떨어진다는 것이며, 그 점은 여인의 발밑에 타오르고 있는 불꽃 부분을 통해 암시되고 있다. 도덕적·종교적 해석에 의하면, 시기는 근본적으로 다른 이를 향한 잘못된 언어와 시선의 힘이며, 그 결과는 자신을 파괴하게 되고 후에 반드시 연옥에서 벌을 받게 된다는 것이다. 중세적 시각에 의하면, 괴테의 소설 『젊은 베르테르의 슬픔』에서 베르테르의 자살(즉 "죽음에 이르는 병")은 결국 질투/시기가 받을 수밖에 없는 벌인 것일까?

## 2 익살스런 시기의 시선

히에로니무스 보슈(Hieronymus Bosch, 1450~1516)는 중세 후기 및 근대 초기에 활동한 가장 신비롭고도 매력적인 작가로 손꼽힌다. 그의 대표적인 작품은 1503~1504년에 그려진 것으로 추정되는 「욕망의 정원」(혹은 '쾌락의 동산'이라고도 번역됨)이며, 이 작품은 16세기 초의 작품이라고 믿을 수 없을 정도로 뛰어난 상상력으로 그려진 현대적이고 초현실주의적 작품으로 간주된다. 이 작품과 더불어 스페인 마드리드의 프라도 박물관에 소장되어 있는 「일곱 가지 죄악과 네 가지 궁극적인 것들(Die Sieben Todsüden und Die vier letzten Dinge)」은 1480년에 제작된 탁자화(卓子畫)인데, 이 또한 보슈의 뛰어난 매력과 재치가 투영된 초기 작품이다.[12]

그림 전체는 가운데 커다란 원을 중심으로 네모난 테이블 모양의 귀퉁이에 네 개의 작은 원이 각각 자리하고 있는, 총 다섯 개의 원을 갖고 있다. 네모의 각 귀퉁이에 있는 네 개의 원에는 바로 "궁극적인 것"들이 담겨 있는데, 그 네 가지는 다름 아닌 '죽음'(왼쪽 상단), '지옥'(왼쪽 하단), '최후의 심판'(오른쪽 상단), '하늘나라'(오른쪽 하단)다.[13]

---

12 이 작품의 세부적인 형상은 다음의 자료에서 엿볼 수 있다(http://www.kunstdirekt.net/Symbole/ allegorie/ bosch/todsuenden/todsuenden.html). 아울러 상세한 해석은 마찬가지로 다음의 자료를 참조할 것(Erwin Pokorny, Die sogenannte Tischplatte mit den Sieben Todsünden und den vier letzten Dingen, in: https:// kunstgeschichte.univie.ac.at/fileadmin/user_upload/inst_kunstgeschichte/Texte/pokorny_Sieben_ Tods%C3%BCnden.pdf)

13 보슈 연구가들은 궁극적인 것을 담고 있는 네 개의 작은 원이 보슈의 본래 화풍과는 약간 다르다는 의견과 함께 혹시 다른 이가 네 개의 원과 그 내용을 추가로 그려 넣은 것이 아닌가 하는 의구심을 제시한 바 있다.

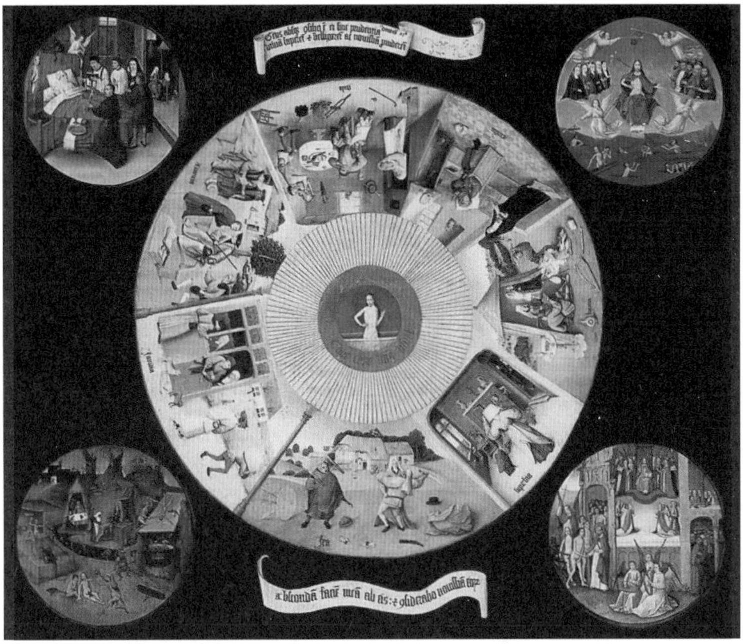

보슈, 「일곱 가지 죄악과 네 가지 궁극적인 것들」(1480)

왼쪽 상단의 '죽음' 원에서는 성직자들이 죽어가는 이의 침상 주변에 서 있고, 침상 위에는 천사와 악마가 그의 영혼을 가져가려고 몰래 숨어서 기다리고 있는 장면이 재치 있게 그려져 있다. 오른쪽 상단의 '최후의 심판' 원에서는 예수가 네 명의 천사와 함께 지상으로 내려와 심판을 하고 있으며, 땅에서는 무덤이 열리면서 죽은 이들이 솟아나고 있다. 오른쪽 하단의 '하늘나라' 원에서는 죽은 이들 가운데 축복받은 이들이 하늘나라 문 앞에서 성인 페트루스(Petrus)의 영접을 받고 있으며, 그 문 안쪽에는 예수와 천사가 그들을 기다리고 있다. 마지막 왼쪽 하단의 '지옥' 원에서는 악마가 지옥문 앞에서 많은 사람에게 벌을 가하고 있으며, 저 멀리 불꽃이 타오르고 있다.

그림은 전체적으로 바로크식의 엠블렘(Emblem) 형식을 취하고 있다. 가운데 커다란 원의 위와 아래에는 라틴어로 적힌 글귀가 나부끼고 있는데, 그 글귀들은 구약성서 「신명기」에 나오는 격언으로 보인다. 위에 있는 격언식의 말은 "gens absque consilio est et sine prudentia utinam saperent et intellegerent ac novissima providerent"인데, 루터의 번역에 의하면 "그들은 민중이기 때문입니다. 민중에게는 충언이 부족하고 통찰력도 없습니다. 오, 민중이 현명하면 좋을 텐데, 민중이 그런 것을 들으면 좋을 텐데. 자신이 어떤 종말을 맞이할지 민중이 알게 되면 좋을 텐데"라는 뜻이다. 아래에 있는 말은 "abscondam faciem meam ab eis et considerabo novissima eorum"이며, 마찬가지로 루터의 번역에 의하면 "나는 그들 앞에 내 얼굴을 숨긴 채 그들에게 결국 무슨 일이 일어나는지를 보고자 합니다(Ich will mein Antlitz vor ihnen verbergen, will sehen, was ihnen zuletzt widerfahren wird)"라는 뜻이다.

검은색 배경 속에서 이 작품의 정중앙에는 커다란 원이 자리하고 있으며, 그 원은 내부적으로 세 겹의 작은 원들로 나뉘어 있다. 가장 안쪽의 작은 원 안에는 상체에 아무것도 걸치지 않은 이가 있는데, 그는 예수 그리스도로 추정된다. 예수는 자신의 옆구리 상처에 오른손을 대고 있으며, 못에 박혔던 왼손 손바닥을 펼쳐서 들고 있다. 예수의 그림 밑에는 "Cave cave deus videt"라는 라틴어가 적혀 있는데, 이는 "조심해라, 조심해라, 신이 보고 있다(Hüte dich, hüte dich, Gott sieht)"라는 뜻이다. 거리를 두고서 그림 전체를 보면, 커다란 원 전체 자체가 하나의 커다란 눈동자처럼 보이며, 세 겹의 작은 원형 내부에 있는 예수가 자리하고 있는 작은 푸른색 원은 마치 눈동자의 동공처럼 느껴진다. 신의 눈, 말하자면 동공과도 같은 예수의 눈—그 주변은 바깥으로 빛을 발사하고 있는 듯하다—이 삶과 세계를 지켜보는 듯한 분위기를 형성하는데, 요컨대 일곱 가지 죄악을 저지르지 않도록 조심하라는 격언과 함께 커다란 눈과 그 안의 동공이 그려져 있는 셈이다.

제목이 지시하는 일곱 가지 죄악은 커다란 원 안에서 가장 바깥의 원 안에 그려져 있으며, 모두 일곱 가지 작은 그림들로 나뉘어 있다. 그림 자체 내의 인물들의 시각에서 보면 독서 방향이 오른쪽으로 움직이지만, 관찰자의 입장에서 보면 시계 반대 방향인 왼쪽으로 진행된다. 따라서 중앙에 있는 예수의 발밑에 있는 그림을 첫 번째 시작으로 보면 된다. 즉 정중앙 하단부에 있는 "Ira(분노)"라고 쓰여 있는 그림이 첫 번째 시작이며, 오른쪽 방향의 두 번째 그림부터 "superbia(거만)", "luxuria(쾌락)", "acedia(나태)", "gula(과식)", "avaritia(소유욕)", 그리고 맨 나중에 오는 것이 "invidia(시기)"다. 바깥의 네모 안에 있는 네 가지 궁극적인 것 안에 있는 인물들은 전혀 일그러지지 않은 모습이지만, 이와 달리 커다란 원 안에 있는 일곱 가지 죄악을 상징하는 모든 인물은 일그러진 표정을 하고 있다.

일곱 가지 그림이 표현하고 있는 내용을 간략하게 살펴보자. 정중앙 하단에 있는 "분노"에서는 두 남자가 싸우고 있다. 한 사람은 한 손에 칼을, 다른 손에 항아리를 들고 있으며, 다른 사람은 작은 의자를 머리 위에 쓰면서 방어하는 듯하다. 한 여성이 두 사람의 싸움을 말리기 위해 중재하려 한다. 두 남자 앞에는 뼈로 만든 신발 한 켤레가 놓여 있는데, 그것은 신발 소유자가 사악한 인간임

을 가리킨다.[14]

오른쪽 방향의 두 번째는 "거만"이다. 커다란 머리 장식용 스카프를 쓴 여성이 있으며, 그녀는 자신의 주변이나 관찰자에 대해 전혀 신경쓰지 않겠다는 듯 등을 돌리고 있다. 집 내부에 차려져 있는 성스러운 제단은 닫혀 있고, 그녀의 시선은 오로지 거울을 향해 있다. 흥미로운 점은 그 거울을 다름 아닌 제단 뒤에 몰래 숨어 있는 흉측한 악마가 앞으로 내밀고 있다는 점이다. 「백설공주」 동화에서도 여왕은 자신의 아름다움에 지나치게 거만해 있고 이를 확인하기 위해 거울을 애용한다. 거만, 거울, 악마가 하나의 의미망을 형성하고 있는 가운데 이 작은 그림도 그러한 전통적인 맥락과 기법을 따르고 있다.

세 번째는 "쾌락"이다. 커다란 천막 내부의 뒤쪽에는 한 쌍의 젊은 남녀가 있고, 천막 앞에는 한 남자가 여자에게 은밀한 성적인 거래를 취하는 듯한 행동을 내보인다. 천막 바깥 바로 앞에서는 수도승이 길고 커다란 주걱으로 어릿광대의 벗겨진 엉덩이를 때리고 있다. 하프는 천상을 뜻하는 악기인데, 그런 하프가 그림 정면에 완전히 내팽개쳐져 있다. 기독교적 도덕을 거부하는 쾌락을 나타내고 있다.

네 번째는 "나태"다. 나태는 신과 믿음에 대한 무관심으로 간주되고 있다. 한 성직자가 자신의 안락의자에 편하게 앉아 있고 성경책은 그의 옆에 닫힌 상태로 놓여 있는데, 이 모든 것은 곧 신에 대한 무관심, 즉 나태를 표현한다. 그를 향해 수녀가 묵주를 내밀면서 다가오고 있는데, 아마도 그에게 기도를 요청하는 듯이 보인

14 이에 대해서는 "혐오와 증오"를 다룬 장에서 자세히 분석했음.

다. 나태한 성직자가 그 요청을 받아들일지는 모호할 뿐이다.

다섯 번째는 "과식"이다. 사계절의 진행을 보면 가을에 거둔 곡식이 겨울을 지나면 바닥이 나고 아직 햇보리가 여물지 않은 5~6월이 1년 중 가장 배고픈 춘궁기인데, 보슈가 활동했던 15~16세기의 유럽에서도 기아는 항상 제일 큰 걱정거리였다. 그런 상황에서 과식은 저주이자 미래를 해치는 행위로 간주되었다. 집안이 온통 어질러진 상태에서 식탁에 앉아 먹고 마시는 장면을 엿볼 수 있는데, 특히 한 남자가 서서 술을 마시고 있고 역겨운 모습의 배불뚝이는 의자에 앉아 있다. 마찬가지로 뚱뚱하고 추한 아이가 자신에게도 음식을 달라며 조르고 있다.

여섯 번째는 "소유욕"으로, 두 장면으로 나뉜다. 추측건대 법정 장면인 것 같다. 판사 앞에 서 있는 한 남자가 자신의 돈주머니를 움켜쥐고 있는데, 아마도 자기 돈을 뺏기지 않으려는 듯하다. 그런 남자를 재판하는 판사도 자기 뒤에 있는 어떤 남자로부터 몰래 돈을 받고 있는데, 그렇게 매수당하는 자신의 행위에 대해 전혀 부끄러움이나 수치를 엿볼 수 없다.

마지막 일곱 번째 장면이 바로 "시기"다. 앞서 지오토 디 본도네의 작품에서도 언급한 바 있듯이 시기와 시선은 밀접한 관계를 맺는데, 보슈의 작품에서도 '사악한 시선'이 시기의 핵심을 이룬다. 초라하고 보잘것없는 작은 집의 낮은 문턱에 양팔을 걸치고 있는 한 쌍의 부부는 하인으로 하여금 커다란 짐을 실어가도록 하는 멋진 옷을 입은 부자를 향해 시기어린 시선을 보내고 있다. 옆으로 길게 늘어진 담벼락과 그 안의 하얀색 주택은 아마 그 부자의 소유인 것으로 추정된다.

그 부부의 시기와 마찬가지로 흥미롭게도 바로 밑에 있는 개

들 사이에서도 시기를 관찰할 수 있다(중세 시기의 그림에서 개, 전갈, 박쥐, 뱀은 모두 시기를 나타낸다). 우선 남편은 한 손으로 자기 아래에 있는 하얀 개에게 뼈다귀를 내밀면서 그 부자를 쳐다보고 있는데, 남편과 하얀 개는 입을 내민 뾰족한 얼굴 모양에서 서로 상당히 닮았다. 하얀 개와 짙은 색 누렁이는 다르면서도 같다. 하얀 개는 이미 두 개의 뼈다귀가 자기 앞에 놓여 있음에도 주인 손에 있는 뼈다귀를 탐욕스럽게 쳐다보고 있으며, 그런 하얀 개를 옆에 있는 누런 개가 시기어린 시선으로 쳐다보고 있다. 탐욕과 시기가 함께하는 장면으로, 개나 인간 모두 시기로부터 자유롭지 못한 모습을 보여주고 있다. 하얀 개나 누렁이 모두 땅바닥에 있는 두 개의 뼈다귀는 안중에도 없다. 시기는 본래 자신이 갖고 있는 것보다 다른 이가 소유하고 있는 것을 더욱 탐하는 마음인데, 보슈의 그림에서는 주인이나 개 모두 자신을 충족시킬 수 있는 상태임에도 불구하고 다른 것을 더욱더 갖고자 하는 '은밀하고도 사악한 시선'을 드러내고 있다. 다음과 같은 그림 해석은 그 점을 뒷받침해주고 있다.

> 시기하는 시선을 보여주는 유희적인 그림은 같은 종 사이, 같은 계층 사이의 인간 관계망을 엮고 있다. 서술된 인간 그 누구도 혼자 존재하지 않는다. 자신의 상대방과 관계되어 있지 않은 이는 존재하지 않는다. 그들 모두는 다른 쪽을 향해 있다. 남모르게 그들은 자신들이 욕망하는 것, 그러나 스스로는 소유하고 있지 않은 것에 시기의 시선을 던지고 있다. 서술된 동물도 그것에서 예외가 아니다.[15]

개와 주인의 모습 이외에도 그림에는 다른 내용을 엿볼 수 있다. 그림의 왼쪽에는 남자와 여인이 그려져 있다. 이들은 창문을 반쯤 가리는 커튼에 의해 서로 분리되어 있는데, 집 바깥에 있는 남자는 집 안의 여인에게 꽃을 건네면서 말을 하고 있는 듯하다. 이는 분명히 두 사람이 사랑을 공식적으로 나눌 수 없는 관계를 암시한다. 그런데 이들의 '은밀한 관계'는 도대체 시기와 무슨 상관이 있는 것일까? 안쪽에 있는 여인은 두건을 쓰고 있는 점으로 보아 이미 다른 사람과 결혼한 여성으로 추정된다. 바깥에 있는 남자는 그 유부녀를 사랑하고 있는 것으로 보인다. 그는 아마도 이 아름다운 부인을 둔 남편을 평소 시기하고 있었을 것으로 추측된다. 그림의 장면은 시기하는 마음에서 그 남자가 남편의 부재를 틈타 유부녀를 바깥에서 유혹하고 있는 순간을 담아낸 것으로 해석된다. 괴테의 『젊은 베르테르의 슬픔』에서 로테를 향한 베르테르의 마음처

15 Rolf Haubl, Neidisch sind immer nur die anderen. Über die Unfähigkeit, zufrieden zu sein, München 2003, p. 66.

럼 자신이 사랑하는 여인을 다른 이가 차지하고 있는 상황에서 그림 속의 남자는 시기하는 마음으로 여인을 유혹하고 있는 것으로 해석된다.

시기에 관한 그림을 보면, 시기가 십계명 가운데 '간음하지 말라', '네 이웃의 재물을 탐하지 말라' 등과 연관될 수 있음을 알 수 있다. 다른 그림과 마찬가지로 이 그림에서도 질투/시기와 관련된 소재와 주제 등이 명확하게 파악되지 않으며, 세심히 들여다보면 익살스러운 장면에 내재된 의미는 아마도 다채롭게 해석될 수 있을 것이다. 여기서 제시된 두 가지 장면과 의미는 결코 확실한 정답이 아니다. 다른 해석자들이 충분히 다른 각도에서 다른 의미를 끄집어낼 수 있음은 새삼 강조할 필요가 없을 듯싶다.

## 3 질투/시기의 초현실주의적 형상화

피터르 브뤼겔(Pieter Bruegel, der Ältere)은 1525년(혹은 1530년)에 태어나 1569년 브뤼셀에서 사망한 것으로 알려져 있다. 그는 「바벨탑」, 「농부의 결혼식」, 「사냥꾼의 귀향」 같은 그림을 통해 유명해졌다. 브뤼겔은 1557년에 「일곱 가지 죄악(Die sieben Laster)」을 동판화로 제작한 바 있으며, 아래 형상은 그 동판화 중에서 시기(Invidia)에 해당하는 부분이다.

브뤼겔은 히에로니무스 보슈로부터 상당한 영향을 받은 작가다. 특히 인물을 형상화하는 데 있어 인간과 동물, 인간과 식물, 인간과 무생물(일상의 대상들) 등을 서로 뒤섞어서 기이한 중간 형태로 표현해내는 양식은 보슈의 「욕망의 정원」을 연상시킨다. 사람이

피터르 브뤼겔, 「일곱 가지 죄악」(1557)

물고기 얼굴을 하거나 날개를 갖고 있는 모습, 사람 얼굴이 동물이나 새의 얼굴을 하고 있는 모습 등 표현 방식이 기이하고 매우 흥미롭다. 그런데 브뤼겔만이 보슈의 영향을 받은 것은 아니었다. 프랑스 중세 작가로 잘 알려진 프랑수아 라블레(1483~1553)의 대표적인 고전 『가르강튀아와 팡타그뤼엘』은 1534년부터 1564년에 걸쳐 5권으로 출간되었는데,[16] 라블레가 죽은 후 12년이 흐른 1565년 『팡타그뤼엘 I, II』가 120여 점의 목판화와 함께 발행된 바 있다.[17] 그 목판화를 그린 이는 프랑수아 데프레(Francois Desprez)라는 화가로 추정되며, 그 목판화에서도 동식물과 인간이 혼합된 기이한

16 프랑수아 라블레, 『가르강튀아 팡타그뤼엘』, 유석호 옮김, 문학과지성사, 2004년.

17 Gargantua und Pantagruel, Band I UND Band II. Mit den 120 Holzschnitten der “Songes Drolatiques de Pantagruel” von 1565.

형상이 다채롭게 제시되어 있다. 물론 라블레의 소설 『가르강튀아와 팡타그뤼엘』과 데프레의 목판화 간의 직접적인 연관성을 찾기는 쉽지 않다. 왜냐하면 데프레는 임의적으로 다양하고 기괴한, 그로테스크하고도 알레고리컬한 형상을 그렸기 때문이다. 수많은 예 가운데 아래와 같은 형상들이 대표적이다.

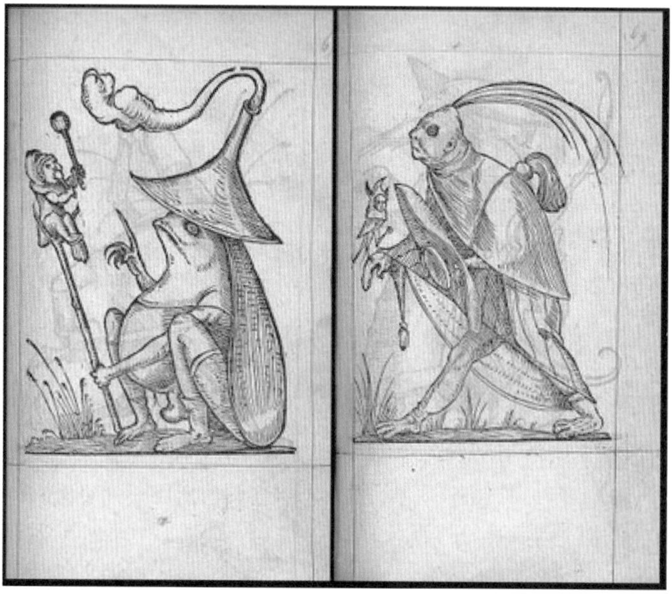

데프레가 보여준 형상은 어쩌면 브뤼겔이 보여준 다채로운 형상과 더욱 유사하다고 할 수 있지만, 그렇다고 해서 브뤼겔과 데프레 간의 직접적인 연관성은 발견되지 않으며 다만 두 작가 모두 보슈로부터 상당한 영향을 받았다고 추정될 뿐이다.[18]

18 Francois Rabelais, Gargantua und Pantagruel, mit Anmerkungen und einem Nachwort versehen von Ludwig Schrader; Textbearbeitung von Karl Pärnbacher; aus dem Französischen verdeutscht durch Gottlob Regis, Bertelsmann 1960.

다시 브뤼겔의 동판화를 분석해보자. 질투에 해당하는 위 형상에서 무엇보다 오른쪽 상단의 건물이 특이하다. 창과 문이 마치 눈과 입처럼 보임으로써 건물의 정면 전체는 마치 하나의 얼굴처럼 보인다. 또한 건물의 창문에서는 연기가 치솟고 있는 듯하며 기괴하게 생긴 인간이 약탈하고 있거나 혹은 앞으로 약탈할 듯한 형세를 띠고 있다. 사다리에서는 누군가를 업고 내려오고 있는 듯이 보인다. 또한 오른쪽 옆에 있는 둥근 모양의 거주지는 균열된 상태이고, 깨진 부분에서 누군가 화살을 쏘고 있으며, 지붕의 굴뚝 모양에서는 누군가 다리를 하늘로 향한 채 거꾸로 처박혀 있다. 어쨌든 세세하게 들여다보면 현대인에게는 그 의미가 명확하지 않은 수수께끼와도 같다.

브뤼겔은 주변 일상의 다양한 풍경 및 경험 묘사에서 다양한 의인화를 동원하고 있지만, 미덕과 악덕, 선행과 죄악 같은 이분법을 단순한 의인화 수법(가령 시기를 여성으로 그려내는 수법)으로 그려낸 전통적인 회화 방식과는 결별하고 있다. 선악을 초월한 듯한 초현실주의적 방식이기에 그 의미도 결코 쉽게 파악되지 않는다. 그런데 위의 동판화 정중앙 하단 부분에 제시된 '시기(Invidia)'라는 글자와 함께 있는 기이한 형상은 여전히 여성의 모습을 취하고 있지만, 몇몇 세부적인 점이 그 여성의 형상에 대한 이해를 방해한다. 시기를 의인화한 여성은 기괴한 모양의 나무 옆에서 무엇인가를 먹고 있는데, 그것은 아마도 심장인 듯싶다. 시기하는 여인이 자신의 심장을 먹고 있는 것, 이는 곧 자기파괴를 뜻할 수 있다. 이러한 형상은 이미 여러 작가가 다채롭게 표현한 바 있는데, 가령 다음에 분석할 게오르크 펜츠의 작품에서도 엿볼 수 있다. 기이한 여성 옆에 있는 공작새도 시기에 수반하는 동물이며, 마찬가지로 뼈다귀를 놓고서 싸우는 두 마리 개의 모습도—보슈의 작품에서도 비슷한 점을 확인한 바 있듯이—시기의 전형적인 회화적 특징에 속한다.

이 밖에도 오른쪽 하단부에서는 신발을 신기 위해 여러 사람이 줄을 서 있는데, 누군가 자신의 발에 맞지 않는 신발을 억지로 신으려 하고 있다. 맞지 않는 신발을 억지로 신으려는 행동, 이것도 시기어린 마음에서 나오는 행동임을 쉽게 알 수 있다. 신발은 흥미롭게도 왼쪽 하단부에서도 엿보인다. 바구니 안에 앉아 있는 누군가의 머리 위에 한쪽 신발이 놓여 있고, 바구니 바깥으로 막대기에 신발 한 짝이 매달려 있다. 그런데 각각의 신발을 자세히 보면 모두 왼쪽 신발이다. 오른쪽 신발은 어디에 있는 것일까? 넓은 의미에서 시기를 나타내는 형상적 기호들이지만, 각각의 형상은 명확히 파악할 수 없는 수수께끼처럼 다가올 뿐이다.

## 4 시기와 자기파괴

독일 뉘른베르크 출신의 게오르크 펜츠(Georg Pencz, 1500~1550)는 뒤러(Dürer)의 도제였으나 뒤러가 죽은 후 뉘른베르크를 대표하는 화가로 명성이 높았다. 아래 형상은 「질투」라는 동판화이며 작품 하단부에는 'INVIDIA. ME IPSAM TABEFACIO'라는 라틴어 문장이 적혀 있다. 이 문장은 '시기. 나는 나 자신을 파괴한다'라는 뜻이다. 왼쪽 상단에는 창문틀과 바깥이 보이고, 내부 공간에는 뒤러의 작품 속 인물이 그렇듯이 날개 달린 옷을 입은 한 여성이 서 있으며, 옆에서 개 한 마리가 그녀를 쳐다보고 있다. 그런

게오르크 펜츠, 「질투」(1539)

데 여성이 걸친 옷은 정상적인 모양이라기보다는 갈기갈기 찢겨 있는 듯이 보이며, 가장 특이한 점은 그녀가 심장 모양의 무엇인가를 먹고 있다는 것이다. 아래 또 다른 그림에서는 시기의 알레고리적 형상인 늙은 여성이 자기 손을 먹는 장면을 엿볼 수 있는데, 자기 심장이나 자신의 손 등 신체의 일부분을 먹는 모습은 이미 언급한 바 있듯이 '시기는 곧 자기파괴를 초래한다'는 점을 암시한다. 개는 질투/시기, 멜랑콜리 등에 항상 나오는 동물 형상이기도 하다.

다음의 작품도 펜츠의 「시기」(1534)라는 그림이다. 이 그림에서 시기는 늙고 허약한 여성으로 의인화되어 있고, 더욱이 반인반수의 인물로 그려져 있다. 뱀, 전갈 등이 발 주변에 있으며 상반신

의 경우 머리에는 뿔이, 몸통 주변에는 박쥐 날개가 달려 있다. 또한 축 늘어진 오른쪽 젖가슴에는 작은 벌레도 붙어 있다. 위에서 언급한 것처럼 그녀는 자신의 왼쪽 손을 먹고 있다. 이는 시기의 자기파괴적인 결과를 암시한다. 여기서는 흥미롭게도 그 원인을 추정할 수 있는데, 즉 다리를 감싸고 있는 뱀이 이미 다리를 물었고 그 뱀의 독이 혈관을 통해 퍼져 나갔기에 괴로운 나머지 늙은 여성은 자신의 손을 물어뜯고 있는 것으로 추정된다. 자기 자신을 뜯어먹는 자기육화(Zerfleischung)의 행위와 시기는 매우 밀접한 관계를 맺는다. 가령 초기 르네상스 시대의 법학자이자 시인인 세바스티안 브란트(Sebastian Brant, 1457~1521)는 1494년에 발표한 운문시 「바보의 배(Narrenschiff)」의 53장('시기와 증오에 관하여')에서 시기를 다음과 같이 그려내고 있다.

적대심과 시기는 많은 바보들을 만들어내는데,
나는 여기서 그 점에 대해 이야기하려고 한다.
시기는 다음과 같은 데서 연유한다. 즉
너는 내게 주어진 것을 시샘하며,
나의 것을 갖고 싶어 하며,
그렇기에 평소 나에게 호의적이지 않다.
시기는 결코 제대로 회복되지 않는
죽음의 상처다.

(……)

시기는 스스로 키를 잡아 암초에 부딪혀 배가 가라앉을 때만 웃는다.
시기는 자신을 갉아먹고 물어뜯는데,
평소 다른 어떤 것을 먹기보다는 오로지 자기 자신만을 먹어치운다,
에트나(Ätna)가 오로지 자신을 먹어치우듯.[19]

Feindschaft und Neid macht Narren viel,
Von denen ich hier reden will.
Der Neid den Ursprung daher nimmt:
Du mißgönnst das, was mir bestimmt,
Und hättest gerne selbst, was mein,
Oder magst sonst nicht hold mir sein.
Der Neid ist solche Todeswund,

19 Hans Sachs, Das Narrenschiff, Kap. 53, pp. 188-189.

Die nimmermehr wird recht gesund;

(……)

Neid lacht nur, wenn versinkt das Schiff,

Das er gesteuert selbst ans Riff;

Und nagt und beißt der Neid recht sehr,

Frißt er nur sich und sonst nichts mehr,

Wie Ätna sich verzehrt allein.[20]

남의 것을 탐하고 소유하고 싶어 하는 시샘, 시기, 증오의 결과는 모두 자기 자신을 몰락시킨다는 내용이다. 다시 펜츠의 그림으로 돌아가면, 뱀과 시기는 매우 밀접한 관계를 맺는다. 기오토의 그림에서도 여인과 그 여인의 입에서 나온 뱀의 혀, 그리고 그 혀가 자신의 눈을 향하고 있는 것처럼 여기서 늙은 여인은 눈을 감고 있는 것으로 보이는데, 아마도 독이 퍼져서 이미 눈이 멀어 있는 상태로 추정된다. 박쥐와 시기도 마찬가지다. 독일어권에는 “시기하는 자는 빛을 볼 수 없는 박쥐와도 같다(Der Neidische ist eine Fledermaus, die das Licht nicht sehen kann)”라는 속담이 있는데, 이런 속담 역시 시기, 박쥐, 빛을 보지 못함(눈이 멀어 있거나 멀게 됨)의 상관관계를 말해주고 있다. 여인의 오른발 밑에 있는 전갈도 치명적인 독을 지닌 동물로, 주로 시기를 나타내는 형상이다. 특이한 점은 전갈은 자신의 독에 대한 면역력이 없기 때문에 위험한 상황에 처할 경우 자신을 깨물고 죽는다고 한다. 그런 전갈이 시기와 밀접해 있다는 것은 곧 시기하는 이는 끝내 자기파괴, 자기몰락, 스

---

20 http://gutenberg.spiegel.de/buch/das-narrenschiff-2985/54

스로 죽음을 택한다는 것을 암시한다. 이러한 문화적 표현의 맥락을 보면, 나중에 분석하겠지만 괴테의 『젊은 베르테르의 슬픔』에서 베르테르가 왜 자살을 택하게 되었는지 쉽게 이해된다. 16세기 초 프랑스 출신의 판화가 자크 칼로(Jacques Callot, 1592~1635)의 「일곱 가지 죄악」 중 시기에 해당하는 아래의 형상도 게오르크 펜츠의 그것과 비슷하다.

## 5 과학과 시기

17세기 바로크 시기에는 영주와 귀족들이 자신의 지배력을 과시하기 위해 웅장하고 화려한 건축을 장려했지만, 동시대의 문학과 회화에서는 1618~1648년에 걸친 30년전쟁의 영향으로 인해 삶의 공허(Vanitas), '죽음을 생각하라(Memento Mori)' 같은 허무적 경향이 지배적이었다.

그런데 삶의 예찬과 허무 간의 대립 및 변증법적 통일성 같은 바로크 시기의 역사철학적 의미에 대한 성찰과는 무관하게, 바로크 시기의 또 다른 중요한 특징으로 다름 아닌 과학의 발전을 들 수 있다. 우리가 잘 알고 있는 근대 과학의 아버지들, 예를 들면 천동설에 대항하여 지동설을 주장한 코페르니쿠스, 지동설을 바탕으로 행성들이 태양을 중심으로 타원 궤도를 돈다는 법칙을 제시한 케플러, 마찬가지로 지동설의 입장에서 달과 목성 등을 관찰하고 역학 연구를 통해 근대 물리학 발전에 지대한 영향을 끼친 갈릴레오 갈릴레이, 그리고 운동의 세 법칙(관성, 힘과 속도의 비례, 작용과 반작용이 동등하다고 하는 세 가지 법칙), 광학이론, 미적분 등을 제시한 고전역학과 고전물리학의 대가 뉴턴 등이 모두 17세기 바로크 시기에 활동한 과학의 아버지들이었다.

벨기에 출신의 야콥 요르다엔스(Jacob Jordaens, 1593~1678)는 후기 르네상스 시기에 태어나 바로크 시기에 활동한 화가로서 네덜란드의 루벤스와 함께 바로크를 대표한다. 그의 그림들 중에는 「과학의 알레고리: 미네르바와 크로노스가 시기와 무지로부터 과학을 보호해준다(Allegorie der Wissenschaft: Minerva und Chronos schützen die Wissenschaft vor Neid und Unwissenhei)」(1617)라는 작품이 있다. 그는 중세부터 전승된 시기에 대한 기독교적 알레고리컬한 형상들(여성, 개, 박쥐, 전갈 등) 대신에 그리스/로마 시대로 거슬러 올라가 신화적 인물 형상(미네르바, 크로노스 등)을 차용하는 방식을 통해 시기와 과학 간의 관계를 그려내고 있다. 물론 언뜻 보면, 신화적 인물 형상과 현대적 인물이 뒤섞임으로써 약간 터무니없어 보이기도 하며 또한 인물과 내용이 확실하지 않기에 의미 파악이 쉽지 않다. 자세히 보면, 다양한 인물이 사실은 다른 이념과 의미를 가리키는 일종의 알레고리 수법으로 사용되고 있음을 알 수 있다. 요컨대, 형상화된 인물을 일종의 알레고리컬한 기호로서 읽고 그것의 의미를 파악해야 제목에 적합한 전체 의미를 끄집어낼 수 있다.

야콥 요르다엔스, 「과학의 알레고리」(1617)

그림의 한가운데에는 턱수염이 더부룩한 남자가 지구본을 살펴보고 있다. 이 남자는 과학을 의인화한 형상으로 간주된다. 유일하게 그 남자만 17세기 복장을 하고 있는데, 과학을 암시하는 그 인물은 동시대의 지도제작자로 유명했던 게라르트 메르카토어(Gerard Mercator)를 가리킨다고 추정된다. 물론 그림 속 인물은 동시대 특정인과는 관계없는 일반적인 천문학자를 나타낼 수도 있다. 어쨌든 그의 왼쪽 옆에는 가벼운 모피를 걸친 분홍빛 얼굴의 여성이 함께 지구본을 들여다보고 있으며, 그녀는 기하학(Geometrie)의 알레고리로 추측된다. 턱수염이 더부룩한 과학자 위에서는 한 여인이 나팔을 불고 있는데, 그녀는 나팔로 과학의 명성을 불어대는 여신 파마(Fama)를 가리킨다.

흔히 그리스 신화와 관련된 여러 신화적 형상들 가운데 몇몇은 신화적 복장을 하고 있다. 가령 그림의 오른쪽에는 투구, 갑옷, 방패로 무장한 아름다운 여인이 있는데, 그녀는 지식·기술·전쟁 등을 나타내는 미네르바(그리스 신화에서는 '아테네'로 불림) 여신을 암시한다. 여신 미네르바는 지구본을 살펴보는 과학자들을 누구로부터 혹은 무엇으로부터 보호해주고 있는데, 그것은 도대체 무엇일까? 과학자를 위협하는 대상은 다름 아닌 시기인데, 그 시기는 그림의 오른쪽 측면의 형상, 즉 뱀 모양의 머리카락을 지닌 남성으로 형상화되어 있다. 야콥 요르다엔스의 작품에서 특징적인 점은 시기가 더 이상 여성의 형상이 아니라 남성의 형상으로 표현되어 있다는 것이다. 뱀 모양의 머리카락을 가진 남성, 즉 시기의 위협으로부터 다름 아닌 미네르바가 과학자를 보호해주고 있다. 제목을 떠올리면, 시기뿐만 아니라 '무지'도 과학의 발전을 위협하는 대상이기도 한데, 그렇다면 미네르바에 의해 이미 무찔러져 쓰러져 있는 오른쪽 하단부의 한 남자가 그 무지를 표현해낸 형상이 아닌가 추측된다.

미네르바뿐만 아니라 크로노스도 과학을 보호해준다는데, 그는 어디에 있는 것일까? 왼쪽 하단부 두 어린 동자가 이끄는 마차에 앉아 있는 남자가 바로 시간의 신 크로노스다. 그는 머리에 꽃과 진귀한 보석으로 만든 왕관을 둘러쓰고 있으며, 풍요를 상징하는 진주와 보석이 가득 채워진 뿔을 쥐고 있다. 그리스 신화의 경우 포세이돈은 시간의 신 크로노스와 풍요의 여신 레아 사이에서 태어난 아들인데, 이 그림에서는 포세이돈과 크로노스가 동일시되고 있다. 왼쪽 상단 주변에 금화, 왕관 등과 관련된, 얼굴만 살짝 내보인 여인은 다름 아닌 행운의 여신 포르투나(Fortuna)로 추측된다.[21]

현대 심리학의 경우 약간의 경쟁심과 시기심은 과학, 운동 같은 분야에서 오히려 긍정적인 에너지로 작용할 수 있다는 의견이 제시되고 있지만, 16~17세기만 하더라도 시기는 무지와 함께 합리적 사유와 과학적 발전을 가로막는 지극히 해로운 요소로 인식되었고 이를 표현하기 위해 요르다엔스는 다양한 신화적·근대적 인물 형상을 차용하고 있다.

## 6 질투의 주체와 객체로서의 '나'

에드바르트 뭉크(Edvard Munch, 1863~1944)는 「절규」(혹은 '외침')라는 작품으로 잘 알려진 세계적인 표현주의 작가다. 인간의 주관적 감정을 표출해내는 예술사조로서의 표현주의적 맥락에서 뭉크는 불안, 사랑, 고독, 멜랑콜리, 죽음 등 다양한 주관적 감정을 회화적으로 그려낸 바 있다. 뭉크의 작품에서는 종말론적 세계와 존재가 처한 상황 속에서 개인이 겪는 주관적 감정뿐만 아니라 지극

21 이상의 해석은 다음을 참조했음(Jacob Jordaens, Allegorie der Wissenschaft: Minerva und Chronos schützen die Wissenschaft vor Neid und Unwissenheit, aus: https://www.lempertz.com/de/kataloge/lot/1029-1/1027- jacob-jordaens.html).

히 사적인 차원, 가령 남녀관계에서의 주관적 감정도 자주 등장하는데, 그 가운데 질투와 관련된 세 가지 작품이 있다. 첫 번째 「질투」 작품은 1895년에 완성된 유화이고, 1896년에 만들어진 「질투 II」는 석판화이며, 세 번째 작품은 다시 1913년에 그려진 유화다.

뭉크, 「질투」(1895)

뭉크, 「질투 II」(1896)

세 그림 모두 뭉크의 개인적인 배경에서 설명되곤 한다. 뭉크는 스웨덴 출신의 세계적인 극작가이자 소설가인 스트린드베리(August Strindberg, 1849~1912), 노르웨이 출신 여류 작가 다그니 유을(Dagny Juel, 1867~1901), 네덜란드에서 활동한 폴란드 작가 스타니슬라브 프르치비제우스카(Stanislaw Przybyszewska) 등과 친하게 지냈다. 서로 다른 영역에서 활동한 이들은 표현주의적 예술 양식에 대해 긴밀한 공감을 갖고 있었으며, 베를린에 있는 '검은 돼지새끼'라는 이름의 와인 선술집에서 만나 서로 교류했다. 다그니 유을은 많은 남성 사이에 인기가 많았던 팜므파탈(Famme Fatale) 같은 여인이었는데, 1893년 프르치비제우스카가 그녀와 결혼하게 되는 행운을 차지했다. 그러나 그 행운은 오래가지 못했다. 자유분방한 다그니 유을은 항상 세간의 입방아에 오르내렸고, 결국 두 사람은 1901년에 파경을 맞이하게 된다. 다그니 유을은 이혼하자마자 젊은 건축사를 만나지만, 그 젊은이 또한 질투심을 극복하지 못한 나머지 비극적 결말을 맞이한다. 이 글 마지막에서 분석할 뷔히너의 『보이체크』의 비극적 결말처럼 그는 유을을 살해하고 스스로 목숨을 끊는다. 감정을 다루는 예술가들이 자신의 감정을 조절하지 못하면서 벌어진 사건이었다.[22] 다그니 유을에 대해서는 뭉크 스스로도 다른 남성들과 마찬가지로 사랑의 감정을 품고 있었다고 하는데, 그 점은 「다르니 유을 프르치비제우스카의 초상화」라는 작품을 그린 점에서도 추측할 수 있다. 유을이 프르치비제우스카와 결혼했을 때 뭉크 또한 질투와 시기에서 완전히 벗어나지 못했

22 Rüdiger Bernhardt, Die verpasste Verführung. *Das Schwarze Ferkel*, Dagny Juel und Peter Hille, aus: HILLE-POST. Mitteilungen für die Freunde des Dichters, 49. Folge, 2016, pp. 27-42.

을 것으로 짐작된다. 이러한 전기적 배경을 염두에 두고 보면, 프르치비제우스카, 뭉크, 유을의 삼각관계에서 싹튼 질투와 시기의 감정이 위에 제시된 세 그림의 공통된 배경이라 해도 무방할 듯싶다.

1895년과 1896년의 두 작품은 유화, 석판화라는 차이점만 있을 뿐 동일한 내용이다. 우선 1895년의 첫 작품을 분석해보자. 일단 그림의 주제는 프르치비제우스카와 결혼한 유을에 대한 작가(뭉크)의 개인적 질투와 시기가 반영된 것은 아닌 듯싶다. 왜냐하면 뭉크의 지인들에 의하면 두 작품에서 전면을 향하고 있는 이는 사실 뭉크가 아니라 유을의 남편 프르치비제우스카의 외모라고 전해지기 때문이다. 따라서 뭉크는 프르치비제우스카, 유을, 다른 남자 간의 삼각관계를 배경으로 특히 자신과 결혼한 아내가 계속 다른 남성들과 교제하는 것에 못마땅해하고 질투심을 느낀 친구 프르치비제우스카의 마음을 그려낸 것으로 보인다. 질투심에 사로잡힌 정면의 남자 얼굴은 창백한 듯 하얀색으로 그려져 있으며, 독자를 향해 진지한 시선을 던지고 있다.

정면의 남자 뒤에서는 한 남성—이 남성을 스트린드베리로 간주하는 해석도 있다—이 붉은 긴 옷을 등 뒤에 걸친 듯한 전라의 여인에게 꽃을 건네주고 있다. 그런데 그녀의 손동작이 흥미롭다. 그녀는 꽃을 받기보다는 오른손으로 나무의 붉은 과일을 따고 있다. 전라의 상태로 과일을 따는 모습은 마치 에덴동산에서 선악과를 딴 이브를 연상시키는데, 죄악을 저지른 여성이 강조되고 있다.

질투와 가장 깊은 관련이 있는 대목은 누런색의 기다란 기둥 같은 곳에 붉은 꽃이 놓여 있는 그림의 왼쪽 하단부다. 질투/시기에 대한 전통적인 담즙의 색은 누런색이라고 분석한 바 있는데, 뭉크는 누런 기둥을 그려 넣음으로써 전통적인 맥락을 따르고 있다.

1896년의 작품 내용도 비슷하다. 다만 석판화이기에 그림 전체가 하얀색과 검정색으로 서로 상반되게 나뉘어 있다. 첫 번째 작품과 두 번째 작품에 등장하는 정면을 바라보는 남자는 수염이 더 부룩하고 눈은 어둡고 깊게 파여 있는데, 우울·고통·전율 등을 담고 있는 듯하다. 첫 번째 작품과 마찬가지로 남자는 정면을 주시하고 있고, 뒤에서 일어나는 일에 대해 마치 전혀 관심 없는 듯 보이지만 사실 전혀 그렇지 않다. 유화나 석판화 모두 전라의 여성과 옷을 입은 뒷모습의 남성을 보여주고 있으며, 여전히 여성은 남성에게 유혹적이다. 첫 번째 작품과는 달리 석판화의 경우 여성의 얼굴에 눈, 코, 입이 그려져 있다.

뭉크, 「질투」(1913)

초기의 두 작품과 달리 세기가 전환된 시기인 1913년에 그려진 「질투」는 마음의 감정을 붓으로 터치하듯 그려냄으로써 표현주의 양식에 부합하고 있다. 자신이 사랑한 유을이 1901년의 비극적 사건에 의해 오래전에 이미 세상을 떠났는데도 뭉크는 새로운 양식을 통해 다시금 질투를 형상화하고 있다. 세 번째 작품에서는 전라의 여인, 꽃을 건네는 남자 등 질투를 지시하거나 암시하는 다른 세부적인 모습과 행동을 거의 찾아볼 수 없다. 오로지 세 사람만 그려내고 있을 뿐 여타 대상(누런색 기둥, 동식물 등의 대상)은 존재하지 않는다. 다만 두 남자의 얼굴이 누런색으로 그려진 점만이 전통적인 질투의 형상화 수법과 관련되어 있고, 매우 일반적인 맥락에서 얼굴의 서로 다른 색을 통해 소위 삼각관계 구도와 세 사람의 감정 차이 등이 드러나고 있다. 왼쪽 남자는 강렬한 질투로 화가 난 듯 보이며, 오른쪽 남자는 겉으로 태연한 듯 미소를 띠고 있다. 두 남자 사이에 있는 하얀색 원피스의 여인은 양면적이다. 즉 한편 양손으로 머리카락을 뒤에서 만지면서 무심하고 소극적인 모습을 띠고 있지만, 다른 한편으로 홍조를 띤 얼굴은 유혹적인 면을 간직하고 있다. 뭉크의 경우 여성은 대부분 수수께끼 같은 특성을 지닌 인물로 그려지는데, 가령 여성의 아름다움이 과연 무죄인지 죄악인지는 매우 애매하다.[23]

이와 같이 세 차례에 걸친 질투의 형상화에서 뭉크는 한편으로 개인적이고 특별한 의미, 다른 한편으로 대중적이고 보편적 의미 사이에서 부유하는 방식을 취하고 있다. 세 그림 모두 두 명의 남자와 한 명의 여인을 등장시킴으로써 삼각관계라는 보편적인 틀을 고수하고 있지만, 개개 그림을 보면 콧수염, 얼굴 모양 등을 토대로 친구 프르치비제우스카, 만인의 여인이자 친구의 부인 유을,

23 이러한 해석은 다음을 참조(http://www.staedelmuseum.de/de/sammlung/eifersucht-1913)

그리고 여인을 유혹하는 익명의 남자(뭉크 자신 혹은 스트린드베리 등을 비롯한 여러 친구)로 해석될 수 있는 특수한 배경을 상기시키고 있다.

그러나 소설이든 회화이든 예술작품이란 '특수성에서 보편성을 지향하는' 특성을 갖는다. 비록 전면의 남자 묘사에 친구 프르치비제우스카와 닮은 모습이 상당히 담겨 있다고 할지라도 그 친구의 모습에는 유읍과 애정을 나누는 뭉크 자신을 비롯한 다른 남성의 모습이 투영되어 있을 수 있으며, 마찬가지로 뒷전에 있는 익명의 남자 모습에도 유읍을 탐하는 또 다른 남자(마찬가지로 뭉크나 다른 친구들)를 가리킬 수도 있다. 뭉크는 자신의 그림을 작가 개인사적인 배경과 맥락에만 묶어두기보다는 누구나 처할 수 있는 삼각관계라는 보편적인 틀, 그리고 누구나 지닌 질투/시기의 감정을 예술적으로 형상화하는 차원으로 확장하고자 했다.

## 7 파시즘과 시기

오토 딕스(Otto Dix, 1891~1969)는 나치 시대에 '내적 망명(innere Emigration)'을 취한 화가다. 내적 망명이란 외국으로 떠나지 못하고 독일 내에 머물면서 나치 정권에 비판적이던 지성인들을 나타내는 용어다. 나치가 정권을 쥐었을 때 딕스는 1933년 드레스덴에 있는 예술학교의 교수직에서 해고됨으로써 첫 번째 희생물이 되었다. 건강함과 아름다움을 예술적으로 그려내지 않았다는 이유로 나치는 오토 딕스를 비롯한 수많은 예술가의 작품을 "타락한 예술(entartete Kunst)"의 전형으로 단죄하고 탄압했다.

교수직에서 해고된 시기에 딕스는 「일곱 가지 죄악」이라는 그림을 발표한다. 언뜻 보기에는 기독교의 일곱 가지 죄악을 다양한 방식으로 형상화한 비정치적인 무해한 작품처럼 보인다. 화풍에서도 다양한 방식을 취하고 있는데, 독일 르네상스 이후의 여러 작가, 예를 들면 루카스 크라나흐(Lucas Cranach), 마티아스 그뤼네발트(Matthias Grünewald), 알브레히트 뒤러(Albrecht Dürer), 한스 발둥 그린엔(Hans Baldung Grien) 같은 중세 및 르네상스 시기의 독일 화가들에 상당히 의존하고 있다. 일곱 가지 죄악을 알레고리화한 그림의 전개 방향은 오른쪽에서 왼쪽 하단부 방향으로 진행하고 있는데, 전체적으로 마치 일군의 사악한 그룹이 사육제 행렬 속에 있는 것처럼 보인다.[24]

그런데 자세히 들여다보면, 이 작품은 은밀하게 나치 정권을 비판하고 있다. 가령 왼쪽 하단부에 있는 노파의 등에 앉아 있는 난쟁이 같은 소년의 콧수염은 히틀러를 가리킨다. 물론 히틀러를 상기시키는 콧수염은 나치 정권이 몰락한 1945년 이후에 추후 삽입된 것이었지만, 그것 이외에도 다른 여러 가지 비밀스럽고 내밀한 방식을 통해 나치를 비판하는 시대비판적인 의미가 암시되고 있다. 대표적인 예로는 정면에 보이는 죽음의 사자(使者)다. 비록 오른쪽 다리 부분이 보이지 않을지라도 전체 유니폼에 줄무늬로 새겨진 비틀어진 만(卍) 자 모양은 잘 알려진 나치 표식인 하켄크로이츠(Hakenkreuz)를 상기시킨다.

---

24 이 그림에 대한 해설은 다음의 자료를 참조할 것. Dietrich Schubert, OTTO DIX: 1933- "DIE SIEBEN TODSÜNDEN", in: Kiessler, Uwe (Hrsg.): Architektur im Museum 1977~2012. Festschrift Winfried Nerdinger, München 2012, pp. 232-245.

오토 딕스, 「일곱 가지 죄악」(1933)

개개 형상은 일곱 가지 개념을 의인화한 것이다. 우선 왼쪽 하단부에 있는 등이 굽은 노파는 한 손에 지팡이를, 다른 손에는 돈주머니를 쥐고 있는데, 이 마녀 같은 노파는 인색(Geiz) 혹은 소유욕(Habgier)을 나타낸다. 그 노파 위에 쪼그리고 앉아 있는 금발 소년의 행동이 기이하다. 소년은 자신의 얼굴 앞에 가면을 대고 있는데, 그 가면의 두 눈동자는 양쪽을 살펴보는 듯하다. 가죽신을 신고 각반을 두른 모습은 군인의 다리를 상기시킨다. 상체에 걸친 누런색 웃옷은 과도한 황갈색 담즙에 의한 질투/시기를 가리키는 듯하다. 노파와 가면 쓴 소년의 결합, 즉 인색(혹은 소유욕)과 시기—유태인에 대한 시기일 수 있는데—는 바로 독일 파시즘 세력을 암시한다.

그와 같은 노파 등에 앉아 있는 소년의 뒤에 기이한 무리가 뒤따르고 있다. 우선 양손에 하얀 장갑을 끼고 오른손에 기다란 낫을 든 채 해골 유니폼을 입은, 더욱이 심장 부분이 뻥 뚫려 있는 죽음의 사자는 마치 죽음을 가져오는 태만(Trägheit)을 가리키는 듯하다. 그의 오른쪽에 있는 뿔 달린 기괴한 괴물은 분노(Zorn)를, 죽음의 사자 옆에 자신의 젖가슴을 만지고 있는 여성은 쾌락(Wollust)을 뜻한다. 상단 정중앙에 있는 거대한 얼굴도 흥미롭다. 그 얼굴의 코는 하늘을 향해 있는데, 더욱이 코끝은 검은색을 띠고 있다. 얼굴의 왼쪽 귀는 다른 이의 비판을 듣지 않겠다는 듯 손으로 막혀 있으며, 입은 흔히 '똥구멍 같은 모양'이라고 분석되고 있다. 이 거대한 얼굴은 다름 아닌 거만(Hochmut)을 가리킨다. 상단 오른쪽 구석에 있는 형상의 경우 온몸 그리고 왼손에도 소시지를 두르고 있으며, 오른손은 8자 형 과자인 브레첼(독일 과자)을 들고 있고, 몽롱한 얼굴에 커다란 냄비를 뒤집어쓰고 있다. 음식에 대한 탐욕을 나타내는 듯한 형상은 바로 과식(Völlerei)을 뜻한다. 그림의 왼쪽 상단부 끝부분에서는 누런색의 사막이 점점 더 불어나 곧 가까이 다가올 것 같은 기세다.

기독교 전통에서 보면, 수많은 화가가 중세 이후 그려오던 일곱 가지 죄악을 딕스 또한 자신의 독특한 방식으로 형상화하고 있다. 다만 동물 위주의 전통적인 기호화 방식을 피하고 노파, 소년, 해골, 괴물, 머리 등 다양한 형체를 혼합하는 현대적인 방식을 취하고 있는데, 이를 자세히 읽으면 시대비판적인 정치적 의미도 파악할 수 있다. 일곱 가지 죄악은 다양한 관찰 시점에서 특별한 연관성을 구성할 수도 있다. 가령 죽음의 사자는 분노하는 괴물, 쾌락적인 여성과 밀접한 연관성을 형성한다. 후에 히틀러의 콧수염을 집어넣은 점을 고려하면, 노파의 등에 앉아 있는 소년(질투/시기)이 중심이 되고 그 주변에 노파(인색), 죽음의 사자, 분노하는 괴물 등이 함께하고 있다. 군화를 신은 금발의 소년(혹은 난쟁이)—즉, 히틀러—이 노파의 등에 앉아 주변을 살피는 듯한 모습을 취하고, 그리고 그 소년 뒤에서는 유니폼을 입은 죽음의 사자가 춤을 추고 있는데, 이 모든 점은 파시즘과 대학살(죽음의 무도) 간의 관계를 떠올리기도 한다. 왼쪽의 분노하는 괴물은 마치 '히틀러 만세(Heil, Hitler)'를 외치듯 오른손을 반쯤 들어 올리고 있는데, 이는 당시 히틀러 정권을 명백하게 암시하고 있다. 어쩌면 파울 첼란(Paul Celan)의 세계적인 시 「죽음의 푸가」에서 언급된 "죽음은 독일에서 온 마이스터"라는 시구도 떠올린다. 하이코 에른스트(Heiko Ernst)의 분석에 의하면, "다른 독일인에게 내재해 있던 엄청난 질투를 일깨우지 않으면서도, 또한 깊이 잠식되어 있는 르상티망(원한·복수심)을 일깨우거나 도구화하지 않으면서도"[25] 유태인에 대한 질투/시기, 탐욕, 죽음 등 히틀러 시대와 관계된 다양한 의미망이 작품 속에 녹아 있다.

## 8 현대적 삶과 질투

질투는 최근의 그림에서도 다시금 회화적 주제로 형상화되고 있는

25 Heiko Ernst, Wie uns der Teufel reitet, Berlin 2006, pp. 87-88.

데, 가령 두 사람의 작품을 그 예로 들 수 있다. 왼쪽 그림은 빌코(Wilko)라는 예명을 지닌 독일 화가의 「질투」(2011)라는 작품이다. 왼쪽 상단부에는 크고 작은 전갈들이 부유하고 있는데, 이러한 기이한 상황은 질투/시기가 만연해 있는 현대의 사회적 상태를 암시하고 있다. 전갈의 의미에 대해 잘 알지 못하는 관찰자들에게는 자칫 기이하고 난해하게 여겨질 수 있겠지만, 이미 앞서 게오르크 펜츠의 그림에서 언급한 바 있듯이 전갈은 르네상스 시대부터 자주 사용된 질투/시기를 나타내는 동물이다.

빌코, 「질투」(2011)

요한나 라이폴트, 「질투의 왕」(2014)

표현 방식에서는 대도시인의 모습을 날카로운 사선 등으로 처리한 에른스트 루트비히 키르히너(Ernst Ludwig Kirchner)의 표현주의, 피카소와 브라크 등이 주도한 추상적·개념적 리얼리즘으로 불리는 큐비즘 등이 작품 속에 혼합되어 있는 듯하다.

오른쪽 그림은 요한나 라이폴트(Johanna Leipold)라는 작가의 「질투의 왕」(2014)이라는 유화로, '표현주의적 작품' 또는 '표현적 리얼리즘'으로 분류된다. 화려한 옷을 입고 있는 왼쪽 여인의 얼굴은 약간 검게 그려져 있고, 거꾸로 뒤집힌 여인의 몸 전체는 검게 그려져 있다. 두 여인 사이에 다채로운 형상들이 놓여 있는데, 특히 남성들 머리가 기괴한 모양으로 처리되어 있어서 마치 중세와 르네상스 시대에 보슈와 브뤼겔 등이 사용했던 동물과 인간을 뒤섞어놓는 수법을 떠올린다. 여성이든 남성이든 인간 모두를 기이하게 그려냄으로써 인간 사이에 지배적인 질투/시기의 비합리성을 암시하고 있는 것으로 보인다.

# 3 질투/시기와 문학

## 1 계몽적 의식과 질투/시기

서양의 경우 질투/시기는 항상 두 가지 심급에 의해 배제되거나 통제되어왔는데, 그 하나는 기독교라는 종교적 심급에 의해서이며 다른 하나는 계몽주의라는 정신적 심급에 의해서다. 이 양자는 서로 구분되는 듯하지만 상호 보완적이기도 하다. 가령 18세기 계몽주의는 전통적인 종교적 지배로부터의 해방으로 인식됨으로써 언뜻 중세의 종교적 세계관과 근대의 계몽적 세계관이 서로 대립하는 듯 보이지만, 사실 양자는 고대의 이교도적이고 비계몽적인 세계관, 예를 들면 신들과 인간 사이에 탐욕, 질투/시기, 살인 등이 난무하는 소위 신화적·주술적 세계관을 거부하고 있다는 공통점을 지닌다. 그 가운데 질투/시기는 감정들 중 가장 '사악한' 감정으로서 반드시 극복해야 할 대상으로 여겨졌는데, 이 점은 질투/시기를 일곱 가지 죄악 중 하나로 간주한 중세의 기독교적 시각에서, 그리고 질투/시기를 인간의 덕성(Tugend)과 도덕(Moral) 등을 통해 극복해야 한다는 계몽주의적 사상에서 쉽게 입증된다. 물론 계몽주의 정신을 17~18세기에만 국한할 필요는 없으며 소크라테스, 플라톤 등으로 대변되는 고대 철학으로 소급될 수도 있는데, 그 경우 고대 신화에서 자주 형상화된 신들과 인간의 질투/시기는 고대 철학의 계몽적 사상에도 부정적으로 비칠 수밖에 없었다.

마찬가지로 질투/시기는 18세기 이후의 근대적 문학에서도 매우 부정적으로 형상화되고 인식된 바 있다. 18세기 중반 이후의 계몽주의, 고전주의 시기에 활동한 문인이자 문화철학자, 신학자였던 헤르더(Johann Gottfried von Herder, 1744~1803)는 맹목적인 교활함과도 같은 질투가 물질적인 욕심인 부귀와 결합할 경우 인류의 보편적인 덕목인 사랑과 기쁨(행복)이 그 본래의 존재적 의미를 상실할 수 있는 위험을 보았는데, 그 점은 다음과 같은 시에서 서술되고 있다.

사랑과 기쁨

“조심해라” 하고 어느 날 지혜가 말했다.
“사랑의 아름다운 아들, 그대여,
그리고 그의 누이인 그대, 기쁨이여,
악이 그대들 둘을 위협하기 때문이야.

소년이여, 저 맹목적인
교활함에 젖어 있는 질투로부터 달아나렴.
그리고 그대 소녀여, 부귀(富貴)로부터 달아나렴,
맹목적인 부귀가 항상 너에게 악담을 퍼붓기 때문이지!”

그렇게 선한 지혜가 말해주었다.
그러나 지혜의 말은 소용없었다.
기쁨은 부귀에 의해 사로잡혔고,
사랑은 질투에 의해 사로잡혔다.

그렇게 부귀와 질투가 사랑과
기쁨을 동료로, 연인으로 택한 이후
그런 사기 결합의 온갖 악행을
누가 과연 헤아려낼까?

질투는 사랑을 속이면서
그 대가로 사랑에게 고통을 주었으며,
결코 어떤 심장도 외면하지 못한
아름다운 눈을 사랑으로부터 앗아갔다.

맹목적인 부귀의 팔 안에서
기쁨은 맹목적인 행복으로 변한 나머지,
기쁨의 죽은 형상에서는
살인자의 시선만이 날카로워지고 있다.

지금 질투와 부귀는
날카로운 시선을 가지고 있네.
저 사기당한 사랑과 행복은
눈이 멀어 있네. 놀랄 만한 일인가?

Liebe und Freude

"Hüte Dich", sprach einst die Weisheit,
"Du, der Liebe schöner Sohn,
Und Du, seine Schwester, Freude,
Weil Euch Beiden Übel drohn.

Flieh, o Knabe, jene blinde
Schlaugesinnte Eifersucht;
Und Du, Mädchen, flieh den Reichthum,
Der, auch blind, Dir immer flucht!"

Also sprach die gute Weisheit;
Doch vergebens war ihr Wort;
Reichthum riß so bald die Freude,
Eifersucht den Amor fort.

Und seitdem sie zu Gesellen,
Zu Geliebten die gewählt,
Wer ist, der die Übel alle
Dieser Trugverbindung zählt?

Eifersucht betrog den Amor
Und gab Qualen ihm zu Lohn,
Nahm ihm seine holden Augen,

Denen nie ein Herz entflohn.

In des blinden Reichthums Armen
Ward die Freud' ein blindes Glück,
Und an ihrem todten Bilde
Schärft' sich ihres Mörders Blick,

So daß Eifersucht und Reichthum
Jetzt allein scharfsehend sind.
Ist es Wunder? Die Betrognen,
Amor und das Glück, sind blind.[26]

사랑, 기쁨 같은 추상적 개념을 의인화하는 방식은 전통적인 수사학과 문학에서 흔히 '알레고리'라고 한다. 사랑과 기쁨은 본래 질투와 부귀 같은 악의적인 마음을 떨쳐내야 그 순수성을 유지하기 마련인데, 이 시에서는 질투하는 마음과 부귀를 꿈꾸는 욕망이 사랑과 기쁨의 본래적 특성을 빼앗고 서로 하나가 된 위험한 상태로 언급되고 있다. 특히 5연에서는 사랑과 질투가 결합할 경우 항상 남을 속이고 스스로도 고통 받게 된다고 하며, 6연에서는 기쁨이 물질적인 부귀(기쁨)와 결합할 경우 결국 "살인자의 시선만이" 남게 된다고 제시되어 있다. 그렇게 질투·부귀와 각기 결합한 사랑과 기쁨은 그 자체의 순수성을 상실한 채 결국 "눈이 먼"(혹은 "맹목적") 상태 혹은 '사악한 시선'을 갖게 되는데, 이와 같은 상황을

26 Johann Gottfried Herder, Werke. Erster Theil. Gedichte, Berlin 1879, pp. 36-37.

두고 화자는 더 이상 놀랄 말한 일이 아니라는 시니컬한 톤으로 시를 맺는다. 아래 그림 분석에서도 밝혀지겠지만, 중세 이후의 그림에서 질투는 대체로 '눈', '사악한 시선(böser Blick)' 등과 연관되어 있는데, 이는 질투가 자기파괴를 낳게 되는 것을 뜻한다. 그것은 질투/시기 모두 자신의 것이나 다른 이의 것에 대한 과도한 집착으로 인해 현재의 자기 자신을 보지 못하기 때문이다.

고트리프 콘라트 페펠(Gottlieb Konrad Pfeffel, 1736~1809)은 엘자스 지방에서 태어난 독일 작가인데, 교육학자, 군사학자로도 활동했으며 후에 스위스 시민권을 획득했다. 그는 계몽주의 시대의 석학이던 크리스티안 볼프(Christian Wolff)에게서 수학했고 프랑스 혁명 발발 후에는 모든 재산을 잃게 되면서 주로 잡지 등에 글을 기고하거나 시집을 발표하면서 생계를 이어나갔다. 비록 독일 문학사에서는 그리 높이 평가되지 않는 작가에 속하지만 사회풍자적이고 교훈적인 내용의 작품을 남겼는데, 아래 인용한 페펠의 두 시를 통해 계몽주의 시대의 도덕적인 맥락에서 질투/시기가 어떻게 형상화되고 인식되었는지를 쉽게 감지할 수 있다.

숲의 부드러운 잔디 속에,
자신의 다이아몬드 같은 환한 빛을 의식하지 못한 채,
반딧불이 앉아 있었다.
썩은 이끼 속에서 살며시
한 마리 흉물인
거북이 다가오더니
반딧불을 향해 독을 뿌려댔다.
반딧불은 거북을 향해 외쳤다.

"야, 내가 너에게 무슨 짓을 했기에 그러냐?"
그 흉물이 반딧불에게 대답하기를,
"너는 어째서 빛을 발하고 있니?"

Ein Johanniswürmchen saß,
seines Demantscheins unbewußt,
im weichen Gras eines Bardenhains.
Leise schlich aus faulem Moos,
sich ein Ungetüm,
eine Kröte, her und schoß
all ihr Gift nach ihm.
Ach, was hab' ich dir getan?
rief der Wurm ihr zu.
Ei, fuhr ihn das Untier an,
warum glänzest du?[27]

### 노란 장미(Die gelbe Rose)

"저에게 주세요, 어머니" 하고
무(無)의 품에서 막 벗어난
하얀 장미가 어느 날
꽃과 봄의 여신 플로라에게 청했다.

---

27 http://gutenberg.spiegel.de/buch/gottlieb-konrad-pfeffel-gedichte-4326/2

"저에게도 언니의 분홍색을 주세요."
"내가 너에게 준 천성에 만족하렴, 아가야.
순결의 하얀색이 너에게는 정말 잘 어울린단다."
그렇게 플로라는 온화하게 말했다.
누가 질투에 젖도록 마음을 뒤흔들어놓은 것일까?
하얀 장미는 투덜거리고 토라졌다.
자신의 호의를 무시하는 하얀 장미의 모습을
본 플로라는 "그래, 좋아" 하고 격분하여 말하면서
하얀 장미에게 입김을 불어 넣어주었다.
"자, 이제 순결의 옷 대신에 네 운명대로
너에게 합당한 것을 입도록 하렴—질투의 옷을."
그리하여 노란 장미가 태어나게 되었다.

Die gelbe Rose

Gib mir, o Mutter, also bat
Einst Floren eine kaum dem Schoße
Des Nichts entstiegne weiße Rose,
Gib mir der Schwester Incarnat.
Begnüge, Kind, dich mit der Gabe,
Die ich dir eingebunden habe.
Der Unschuld Farbe schmückt dich ja,
Sprach Flora sanft. Doch wer bekehret
Ein Herz, das Eifersucht betöret?

Sie murrt, sie schmollt. Als Flora sah,
Daß sie die Mutterhuld mißbrauchte:
Nun wohl! rief sie erzürnt und hauchte
Sie an: So nimm, an statt des Kleids
Der Unschuld, das zu deinem Lose,
Was dir gebührt – die Tracht des Neids.
Und so entstand die gelbe Rose.[28]

위의 시는 동식물의 의인화 기법을 통해 인간 및 삶과 관련된 교훈을 제시하는 우화(Fabel)에 가까운데, 남의 것을 갖고 싶어 하는 욕망인 시기를 주제로 하고 있다. 첫 번째 시는 반딧불과 거북의 서로 대조적인 모습을 그리고 있다. 전자는 어두운 밤에 아름답고 환한 불빛을 발하는 자신의 능력을 전혀 인지하지 못한 채 존재하며, 후자는 그런 반딧불의 모습을 시기하는 거북을 그리고 있다. 거북은 중세부터 시기를 나타내는 독성 동물로 등장한다. 그런 거북은 반딧불의 무엇을 탐하고 있는 것일까? 반딧불은 자기 자신의 존재적 특성, 즉 "자신의 다이아몬드 같은 환한 빛을 의식하지 못한 채" 존재한다. 어둠 속에서 하얀 빛을 발하는 반딧불은 마치 계몽주의 시대를 밝히는 태양과 비슷하게 한순간 빛나는 진리의 계시를 뜻한다. 요컨대, 반딧불의 존재적 특성은 칸트식으로 말하자면, "목적 없는 합목적성", 즉 무의식적으로 빛나는 진리의 특성과 연관된다. 그런 무목적적인 진리의 빛남과도 같은 반딧불을 향해 독을 뿜어대는 거북은 진리를 거부하는 동시에 진리를 탐하는 이

28 https://www.aphorismen.de/gedicht/190895

들, 가령 괴테의 『파우스트』에서 부정의 진리를 설파하려는 메피스토펠레스와도 같다.

두 번째 시 또한 교훈적이다. 자신이 천성적으로 갖고 있는 하얀색의 아름다움을 외면한 하얀 장미는 아무런 이유 없이 다른 장미가 갖고 있는 다른 색(분홍색)을 부러워하고 탐한다. 주로 자신의 장점(특성)을 인식하지 못하고 나아가 존재의 다양성을 인식하지 못한 이들이 시기에 젖을 수 있다는 위험을 말해주고 있다. 누가 질투를 갖게 했는가에 대한 플로라(혹은 시적 화자)의 질문에 대해 하얀 장미는 그저 "투덜거리고 토라졌다"고 한다. 시기가 맹목적인 마음에서 싹틀 수 있음을 암시한 것이다. 그런 하얀 장미에게 플로라가 결국 노란색을 부여함으로써 노란 장미가 탄생하게 되었는데, 노랑은 중세 이후의 회화를 통해 알 수 있듯이 누런 황담즙에서 발생하는 질투와 관련된 색이다.

## 2 질투/시기와 근대적 주체의 자기파괴

괴테는 이성을 절대시하는 계몽주의에 저항하는 '질풍노도(Sturm und Drang)' 시기에 세계적인 작품 『젊은 베르테르의 슬픔』(1774)을 발표한다. 이 작품의 의미는 이성과 감성, 개인과 사회, 자연-천재-예술가의 관계, 서간체 소설 같은 맥락에서 다양하게 분석된 바 있으며, 특히 감성과 관련해서는 앞 장에서 다룬 멜랑콜리의 대표적인 예로도 분석된 바 있다. 이처럼 다양한 주제와 해석이 가능한 소설이지만, 사실 이 소설의 대표적인 특징은 아마도 인간관계의 근본적이고도 보편적인 상황이라고 할 수 있는 '삼각관계' 그리고 그 결과(자살)라고 할 수 있다. 일반적으로 남녀의 삼각관계에서 누군가는 상처, 상실, 배제 등에 의해 멜랑콜리, 시기, 분노 등 다양한 감정에 시달리게 되며 심각할 경우 '죽음'이라는 자기파멸에 이르게 된다. 『젊은 베르테르의 슬픔』은 매우 섬세한 감성적 언어로 복합적인 감정의 진행과정과 자기파멸을 그려냄으로써 글자 그대로 세계적인 고전의 반열에 속한 소설로 간주된다.

서두에서 언급한 바 있듯이 질투/시기의 감정은 비교 행위에서 나온다. 질투는 자신이 소유(차지)하고 있는 대상을 잃지 않으려는 불안한 마음에서 나온다. 부모의 사랑과 관심을 빼앗기지 않으려는 아이들의 마음에서나 혹은 자신이 사랑한 이를 다른 이에게 빼앗기지 않으려는 불안한 마음에서 질투가 발생한다. 『젊은 베르테르의 슬픔』에서 질투의 감정은 누가 갖고 있는 것일까? 엄격하게 말하면, 베르테르보다는 알베르트가 질투에 사로잡혀야 한다. 현실적으로 그는 로테와 약혼하고 마침내 결혼하게 되는데, 자신의 애인이자 아내인 로테가 베르테르와 좋은 감정을 나눈다는 사실을 직감할 때부터 알베르트는 분명히 로테를 빼앗기고 싶지 않는 마음에서 강한 질투에 젖어 있었을 것이 틀림없다. 그러나 소설 내에서 알베르트가 자신의 질투를 직접적으로 드러내는 장면은 찾기 어려우며, 다만 우회적인 차원에서 베르테르가 그의 질투를 짐작하는 식의 장면이 제시되고 있을 뿐이다.

서두에서 언급한 바 있듯이, 시기는 자신에게는 결핍된, 다른 이가 소유하고 있는 것을 갈구하는 강한 욕망에서 발생한다. 따라서 알베르트와 로테가 약혼하고 결혼하는 행위와 관련하여 베르테르는 철저히 시기하는 인물로 여겨진다. 특히 로테는 철저히 소유물로 인식되고 있는데, 베르테르는 7월 30일 자 편지에서 알베르트가 로테를 "차지하고 있다"[29]라고 내뱉으면서 사랑하는 마음보다는 약혼과 결혼 같은 제도를 통해 여인을 소유하는 시민사회적 상황을 비판하고 있지만, 후에 스스로도 "당신은 이 순간부터 나의 것입니다!"[30]라는 식으로 로테를 차지(소유)하고 싶은 마음을 밝힌다. 이 순간 알베르트에 대한 베르테르의 시기 감정은 극에 달한 것으로 읽힌다. 1772년 6월 29일 자 편지에서는 자살을 생각하는 가운데 그는 왜 자신이 로테를 소유할 수 없는지에 대해 신에게 원망하는 모습마저 내비친다.

그런데 이처럼 질투는 알베르트가, 시기는 베르테르가 지니는 감정이라고 보는 것은 과연 타당한 것일까? 소설을 읽다 보면, 냉정하게 그려진 알베르트보다는 베르테르가 질투와 시기를 모두 갖고 있는 것처럼 보인다. 왜 그런 것일까? 베르테르는 사실 상상과 현실에서 로테를 서로 다르게 보고 있는데, 즉 상상에서는 로테를 자신의 소유 대상으로 착각하고 있지만 현실에서는 그렇지 않다. 그렇기 때문에 사랑하는 마음에서 자신과 로테가 하나가 되어 있다는 상상 속에서는 로테를 잃지 않으려는 마음에서 강한 질투가 발현되고 있으며, 현실에서는 로테가 알베르트의 애인이자 아내로 인식되고 있기에 그는 알베르트의 소유 대상을 차지하고 싶은 욕망에서 강한 시기를 드러내고 있다. 말하자면 베르테르는 질투/시기의 주체인 셈이다.

그렇다면 질투/시기가 소설에서 어떻게 드러나는지를 살펴보자. 소설에서 삼각관계의 구도는 우연히 만들어진다. 모종의 복잡한 일로 인해 도시에서 시골로 도피해온 베르테르는 자연 속에서

---

29 괴테, 『젊은 베르테르의 슬픔』, 박찬기 역, 민음사, 1999년, 69쪽.

30 같은 책, 200쪽.

평온한 시간을 보낸다. 6월 1일 자 편지에서 베르테르는 로테를 처음 만나 그녀와 함께 무도회에서 춤을 춘 장면을 서술하고 있는데, 로테에 대한 사랑의 감정이 싹트게 되는 동시에 그녀로부터 알베르트라는 약혼자의 존재를 듣게 되는 대목은 다음과 같다.

> 「알베르트가 누굽니까?」 하고 나는 로테에게 물었다. 「실례가 되는 질문인지 모르겠습니다만.」 로테가 대답하려고 했을 때, 우리는 큼지막하게 8자를 그리기 위해 떨어져야 했다. 그러나 서로 스치고 지날 때 보니, 로테의 이마에서 어딘지 생각에 잠긴 듯한 표정이 보였다. 「선생님한테 숨길 것은 없는 일이에요」 하고 그 여자는 프롬나드의 스텝을 밟기 위해 내게 손을 내밀면서 말했다. 「알베르트는 훌륭한 사람으로 저와는 약혼한 사이나 다름없는 분이에요.」 이 말은 내게 새로운 것이 아니었다. (내가 이곳으로 오는 도중에 이미 여자들한테서 그런 말을 들은 바 있으니까.) 그런데도 나는 그 말을 처음 듣는 것 같은 느낌이었다. 그 이유는 이렇게 짧은 시간에 내게 소중한 사람이 되어버린 로테를 그런 관계에 놓고 생각해본 일이 아직 없었기 때문일 거다. 요컨대 나는 당황했고 정신을 못 차렸다. 그래서 나는 얼토당토않은 다른 조 속으로 끼어들고 말았다. 그래서 모두 뒤죽박죽이 되어버렸지만, 로테가 아주 침착하게 잘 처리해주었기 때문에 소란했던 장면이 금세 전처럼 질서가 잡혔다.[31]

---

31 같은 책, 42쪽.

"이렇게 짧은 시간에 내게 소중한 사람이 되어버린" 로테로부터 그녀의 약혼자의 존재를 직접 듣는 순간 베르테르는 당황한 기색을 내보이며, 이 순간부터 그는 자신과 로테, 알베르트 간의 삼각관계를 직감한 것으로 보인다. 스텝을 잘못 밟아 다른 대열에 끼여 엉키게 되는 장면은 단순한 실수라기보다는 앞으로 삼각관계에서 베르테르가 겪게 될 불행한 앞날을 암시하고 있다. 이처럼 처음 만난 순간부터 로테를 향한 베르테르의 사랑의 감정은 촉발되고 더욱 깊어만 간다. 7월 24일 자 편지에서 베르테르가 로테의 초상화를 세 번이나 그렸으나 모두 실패하고 결국 실루엣만 그린 것에 만족하고 말았다는 내용, 7월 25일 자 편지에서 자신에게 보내는 편지에 번짐을 방지하기 위해 모래를 사용하지 말라는 내용과 함께 그 이유를 "오늘 편지를 받자마자 입술에 갖다 대었다가 그만 모래를 으드득 씹었답니다"[32]라는 짧은 고백적 서신 내용이 전해지는데, 이 모든 내용이 로테를 향한 사랑과 에로틱한 마음을 입증하고 있다.

베르테르는 아버지의 사망과 관련된 일의 뒤처리를 하기 위해 여행 중이었던 알베르트가 돌아왔다는 소식을 7월 30일 자 편지에서 밝힌다. 지금까지 말로만 들었던 알베르트의 도착은 베르테르에게 다양한 감정을 야기하는데, 특히 그의 시기가 발동한 상태를 제법 길게 서술하고 있다.

알베르트가 돌아왔다. 그러니 나는 떠나야겠다. 그가 아무리 훌륭하고 고결한 인물이라고 할지라도, 또 어떤 점으로 봐도

32 같은 책, 68쪽.

내가 그보다 못하기 때문에 그의 밑에 설 용의가 있다 할지라도 **그가 이렇게도 완벽하고 아름다운 로테를 독차지하고 있는 것을 내 두 눈으로 목도할 수는 없다! 차지하고 있다!** 여하튼 빌헬름! 약혼자가 나타난 거다. 그는 씩씩하고 잘난 신사이므로 누구나 그에게 호감을 갖는다. 다행히도 그를 마중하는 자리에 나는 없었다. 만일 그 자리에 내가 있었더라면 가슴이 찢어지고 말았을 것이다. **더구나 알베르트는 아주 점잖은 사람이어서, 내 앞에서는 아직 한 번도 로테에게 키스를 한 적이 없다.** 좌우간 칭찬받을 만큼 인격과 교양을 갖춘 인물이니, 신의 가호가 있기를! 그가 그 여자를 존경하고 있다는 한 가지 점에 있어서는 나도 그를 사랑하지 않을 수 없다. 그는 내게 호의를 보이는데, 아마도 스스로의 기분에서 우러나온 것이라기보다는 로테가 그렇게 시킨 것이라 짐작된다. 무릇 여자란 그런 점에서 민감하고 깜찍한데, 나는 그것도 무리가 아니라고 생각한다. 자기의 숭배자 두 사람이 서로 사이좋게 지낼 수 있다면, 덕을 보는 것은 늘 여자이니까. 하기야 그와 같은 일은 그리 쉽게 성공하지는 않지.

하여튼 나는 알베르트에게 경의를 표하지 않을 수 없었다. **그의 침착한 태도는 내 불안정한 성격과 두드러진 태조를 이룬다.** 그는 감정도 퍽 풍부할 뿐만 아니라 로테의 진가도 잘 알고 있다. 그는 불쾌한 기분에 사로잡히는 일도 별로 없는 모양이다. 이 불쾌한 기분이야말로 내가 무엇보다도 가장 싫어하는 죄악이라는 점을 자네도 잘 알고 있잖은가.

알베르트는 나를 아주 분별 있는 사람이라고 보고 있다. 그리고 내가 로테를 사모하는 것, 그녀의 모든 행동에 대해서까지 내가 열을 올리며 기뻐하는 것은 그의 승리감을 더욱 높여주는 결과가 된다. **그래서 그는 한결 더 로테를 사랑하게 되는 것이다. 때로는 그도 질투심을 약간 내비치며 로테를 괴롭히는지 모르겠지만, 그것은 여기서 따지지 않기로 하자.** 내가 그라도 질투의 악마에게서 깨끗이 벗어날 수 있다고 장담은 할 수 없으니 말이다.[33]

베르테르는 사람이든 사물이든 다른 이가 소유하고 있는 것에 대한 시기를 분명히 드러내고 있는데, 우선 "이렇게도 완벽하고 아름다운 로테를 독차지하고 있는 것을 내 두 눈으로 목도할 수는 없다! 차지하고 있다!"라는 대목에서 간접적으로 읽어낼 수 있다. 물론 로테를 차지하고 있는 알베르트를 시기하는 감정을 베르테르는 이 시점에서 강력하게 드러내지 않는 것처럼 보이는데, 그것은 알베르트에 대한 존경심 및 경외감이 동시에 작용하고 있기 때문이다. 특히 자기 앞에서 알베르트가 로테에게 키스를 하지 않는 행동—이것이 로테에 대한 사전 배려에서 나온 것인지 정확히 알 수 없지만—등을 두고 베르테르는 "칭찬받을 만큼 인격과 교양을 갖춘 인물", "침착한 태도" 등이라고 설명하기도 한다. 어쨌든 베르테르는 자신이 로테를 향한 사랑하는 마음을 드러내면 드러낼수록 "그(알베르트)의 승리감을 더욱 높여주는 결과가 된다"고 스스로 분석하기도 하며, 마지막 대목에서 고상한 알베르트조차 로테를 빼앗기지 않으려는 질투의 마음을 갖게 될 것이라고 추측해보기도 한다. 이와 같은 복잡한 마음의 양상에도 불구하고 베르테르는

33 같은 책, 69-70쪽.

8월 10일 자 편지에서도 여전히 알베르트에 대해 우호적인 마음을 내보인다.

> 또한 성실한 알베르트, 그는 점잖은 사람이어서, 변덕이나 짓궂은 행동으로 나의 행복을 방해하지 않는다. 그는 진심으로 따뜻한 우정을 가지고 나를 감싸줄 뿐만 아니라 나를 이 세상에서 로테 다음으로 가장 사랑할 만한 사람으로 여기고 있다! 빌헬름! 우리가 산책을 하면서 로테에 관해 서로 나누는 이야기를 누가 옆에서 듣는다면 그는 웃음을 참지 못할 것이다. 이 세상에서 우리 세 사람의 관계처럼 우스꽝스러운 것도 다시 없으리라. 그렇지만 나는 그 때문에 또한 여러 번 눈물을 흘렸다.[34]

표면적으로는 세 사람의 관계에 아무런 문제가 없는 듯 보이지만, 베르테르 스스로 암시하고 있듯이 이 관계는 사실 우스꽝스러운 것이 아니라 서서히 비극적인 결말을 향하고 있다. 이틀 후인 8월 12일 자 편지에서는 그런 평화로운 모습이 사라지고 서로 간의 반감과 공격성이 노골적으로 드러나게 되는데, 그것은 자살 행위와 관련한 베르테르와 알베르트 간의 잘 알려진 논쟁 장면이다.

> 「인간의 본성에는 한계가 있어요」 하고 나는 이야기를 계속했다. 「기쁨, 슬픔, 괴로움 등 희로애락의 감정을 참는 데도 한도가 있는 법이고, 그 한도를 넘으면 당장에 파멸하고 말아요. 따

---

34　같은 책, 75쪽.

라서 이런 경우 어떤 사람이 강하다 약하다 하는 것이 문제가 되는 것이 아니라, 정신적인 일이건 육체적인 일이건 간에 자기의 고통의 한도를 견디어낼 수 있는가가 문제지요. 따라서 나는 자기의 목숨을 스스로 끊은 사람을 비겁하다고 부르는 것은 마치 악성 열병에 걸려 죽어가는 사람을 겁쟁이라고 하는 것과 마찬가지로 이상한 일이라고 생각해요.」[35]

베르테르는 모든 인간이 이성적으로 감정을 자제할 수 있는 것이 아니라 "고통의 한도"를 견뎌낼 수 없는 상황에 처할 수도 있으며, 결국 "죽음에 이르는 병"에서 나온 자살 행위가 충분히 이해될 수 있다고 역설한다. 8월 21일 자 편지에서는 향후 베르테르 자신이 고통의 한도를 견뎌낼 수 없는 상태가 암시되고 있는데, 그 징후적 현상으로 8월 22일 자 편지에서는 무기력, 멜랑콜리 등에 빠진 베르테르의 모습을 읽을 수 있다. 그동안 자연에 심취했던 것, 공상에 몰두하는 것, 독서 등은 더 이상 무기력한 상태를 극복할 수단이 되지 못한다.

어두운 멜랑콜리와 강력한 시기가 서로 결합할 경우 그 상태는 점차 공격성을 띠게 되는데, 다음의 대목에서는 그와 같은 분노와 증오 등이 발산되기 직전의 무기력한 자포자기 상태를 엿볼 수 있다.

불행한 일이다! 빌헬름! 나의 활동력은 방향을 바꾸어 불안한 게으름으로 변하고 말았다. 멍청하니 하릴없이 지낼 수도 없

35 같은 책, 80-81쪽.

> 고, 그렇다고 어떤 일이 손에 잡히지도 않는다. 내게는 공상도 없어졌고 자연을 감상하는 정서도 사라졌으니, 이제 책은 보기만 해도 구역질이 일어난다. 우리가 우리 자신을 잃는다는 것은 모든 것을 잃는 거나 마찬가지다. (……) **나는 알베르트가 산더미 같은 서류에 파묻혀 있는 것을 보고 부러워하며, 내가 그를 대신만 할 수 있다면 얼마나 좋을까 하고 상상해본다.**[36]

자신감을 완전히 상실한 베르테르는 서류 처리 같은 일에 몰두하는 알베르트의 사회적 활동을 부러워하게 되고 나아가 "내가 그를 대신할 수만 있다면" 하는 소망마저 피력한다. 이는 로테와 알베르트의 관계를 이성적으로 완전히 받아들이는 마음을 내비친 것과도 같다. 말하자면, 자신도 사회적 구성원으로서 정상적인 삶을 살아가고 싶은 소망, 프로이트의 표현을 빌리면 "현실원칙(Realitätsprinzip)"에 적응하고 싶은 소망이다. 요컨대, 알베르트를 밀어내고 그 자리를 대신 차지하고 싶은 마음은 글자 그대로 욕망과 시기이면서 동시에 현실원칙에 대한 소망이기도 하다. 그는 현실원칙을 완전히 부정하는 심한 반감과 증오를 아직까지 갖지 않은 상태이기에 알베르트와 로테가 보내준 생일 선물에 대해서도 고마움을 느낀다.

> 만약에 내 병이 나을 수 있다면, 그것을 고쳐주는 사람은 틀림없이 바로 이들일 것이다. 오늘은 내 생일이고, 아침 일찍 나는 알베르트에게서 소포를 하나 받았다. 소포를 뜯고 펼쳐 보

---

36 같은 책, 89쪽.

니, 분홍색 리본이 하나 내 눈에 띄었다. 리본은 내가 로테와 처음 만났을 때 그녀가 가슴에 달고 있었던 것인데, 그 후 나는 그것을 달라고 몇 번이나 졸랐다. 또 소포에는 그 밖에도 사륙판의 비교적 작은 책이 두 권 들어 있었다. 그것은 베트슈타인판의 자그마한 호메로스였다. 산책할 때 무거운 에르네스티판을 갖고 다니기가 불편해서 내가 오랫동안 갖고 싶어 했던 것이다. 정말 희한한 일이다. 이처럼 그들은 내가 갖고 원하는 것을 미리 알아채고, 이러한 사소한 일에까지 우정이 깃들인 선물을 보내주고 있으니 말이다. 이 같은 우정의 표시는 보내는 사람의 허영심으로 받는 쪽에 오히려 굴욕감을 느끼게 하는 눈부신 선물들보다도 몇천 배나 값진 것이다. 나는 그 리본에다 수없이 키스를 퍼부었다.[37]

표면적으로 베르테르가 두 사람의 배려와 우정에 감사하는 마음을 표명하는 것으로 읽히지만, 마지막 대목에서는 놀랍게도 알베르트에 대해 강하게 시기하는 마음도 엿볼 수 있다. 가령 "그 리본에다 수없이 키스를 퍼부었다"라는 표현은 현실적으로 로테를 차지할 수 없는 절망적인 상태를 나타냄과 동시에 여전히 그녀를 갈망하고 있는 마음을 드러낸다. 앞서 분석한 바 있듯이, 이 시점에 '호메로스'라는 이름의 등장은 매우 의미심장하다. 자연과 교감하거나 로테와 사랑하는 마음을 나누는 등 평온하고 아름다움에 젖은 베르테르의 상태와 관계해서는 항상 '호메로스'가 호명되지만 (1771년 5월 26일, 6월 21일, 8월 28일, 1772년 3월 15일 등), 로테와

37 같은 책, 90쪽.

의 관계 지속이 불가능한 현실을 자각함으로써 멜랑콜리, 불안, 증오 등이 격해지는 베르테르의 상태에 대해서는 점차 '오시안'이 호명되며 특히 자살 직전 로테 앞에서 오시안의 번역을 읽어주는 장면에서 절정에 달한다(7월 10일, 1772년 10월 22일, 12월 20일). 그런 심리적 상태의 이행 과정에서 8월 28일 자 편지의 내용, 즉 베르테르에게 '호메로스'의 새로운 문고판을 보내준 알베르트의 행위는 바로 로테를 포기하고 마음의 평정을 되찾으라는 일종의 간접적인 주의와 압박의 신호로 읽힌다.

시기가 점차 증오와 분노로 발전하는 베르테르의 주관적 상태는 로테 어머니가 임종했을 때를 회상하는 장면을 담은 9월 10일 자 편지에서 더욱 구체적으로 드러난다.

> 「알베르트, 당신은 그때 방안에 계셨지요. 어머니는 발소리를 들으시고 누구냐고 물은 다음 당신을 가까이 부르셨어요. 그리고 당신과 나를 얼마나 찬찬히 쳐다보셨는지 몰라요. 그 눈초리는 우리 두 사람이 행복하리라, 함께 행복하게 잘 살게 되리라 하는 조용하고 안심한 듯한 눈초리였어요.」 알베르트는 로테의 목덜미를 껴안고 입을 맞춘 다음 소리쳤다. 「그렇고말고! 우리는 앞으로 계속 행복할 거예요.」 원래 조용한 알베르트가 완전히 자제심을 잃었고, 나 역시 정신이 없었다.[38]

"원래 조용한 알베르트가 완전히 자제심을 잃었고, 나 역시 정신이 없었다"는 표현에서 알 수 있듯이, 지금까지 상대방을 배려하

38 같은 책, 98쪽.

는 마음에서 평정심을 유지하고 있던 알베르트도 자신의 연인을 잃지 않으려는 강한 질투를 느끼고 있는 것으로 보인다. 즉 알베르트는 베르테르의 과도한 시기를 직감한 것으로 보이며, 그런 시기에 대한 강력한 방어 차원에서 베르테르의 면전에서 로테에게 육체적 표현을 시도하고 있다. 그런 알베르트의 행동은 위에서 인용한 7월 30일 자 편지에서 언급된 "더구나 알베르트는 아주 점잖은 사람이어서, 내 앞에서는 아직 한 번도 로테에게 키스를 한 적이 없다"는 구절을 상기해보면 베르테르에게 적지 않은 충격을 안겨주었을 것으로 짐작되며, 이러한 알베르트의 행동으로 인해 베르테르의 시기, 분노, 증오 같은 감정이 더욱 증폭되어가고 있음을 쉽게 직감할 수 있다.

로테를 잊기 위해 다른 곳으로 일자리를 옮겼을지라도 베르테르의 절망, 시기, 분노 같은 심리적 감정이 더욱 지속하고 증폭되고 있음은 자명한 일이다. 그런 그에게 사전에 알려지지 않은 채 두 사람의 결혼이 진행되었고, 뒤늦게 그 사실을 통보받은 베르테르는 더욱더 좌절하게 되었으며, 자살을 향한 마음도 서서히 싹트게 된다. 그 점은 이듬해 1772년 2월 20일 자 편지에서 드러난다.

> 알베르트, 당신이 나를 감쪽같이 속인 점에 대해 나는 당신에게 감사하오. 나는 당신들의 결혼식 날짜가 언제가 될지 그 통지가 오기를 기다리고 있었소. 그날이 오면 내가 그린 로테의 실루엣을 엄숙하게 벽에서 떼어 그것을 다른 서류 속에다 집어넣어 버리려고 생각하고 있었던 것이오. 그런데, 이제 당신네들이 한 쌍의 부부가 되었는데, 로테의 그림은 아직도 그냥 벽에 걸려 있다오! 이제 그 실루엣은 떼어내지 않고 그대로 걸어두

기로 하겠소! 그래서 안 될 것도 없을 것이오. **그렇지, 나 역시 당신들 곁에 있는 것이오. 당신에게 폐를 끼침이 없이 나는 로테의 마음속에 깃들어 있는 것이오. 그뿐만 아니라 나는 로테의 마음속에서 두 번째 자리를 차지하고 있다고 할 수 있소.** 나는 그 자리를 간직하려고 하며 또 간직해야 되겠소. 만일 로테가 나를 잊어버리는 일이라도 있다면, 나는 미치고 말 것이오. 알베르트, 이런 생각 속에는 지옥이 도사리고 있소. 알베르트, 잘 있어요! 하늘의 천사요! 로테여, 부디 안녕![39]

알베르트와 베르테르가 각기 갖는 감정, 즉 알베르트의 질투와 베르테르의 시기를 충분히 짐작할 수 있는 대목이다. 사전에 베르테르에게 통보하지 않은 채 결혼식을 치르고 이를 뒤늦게 알린 알베르트의 행동에는 분명히 연인을 잃지 않으려는 강한 질투가 반영되어 있으며, 마찬가지로 다른 이의 아내가 된 로테의 실루엣을 계속 당당히 걸어두겠다고, 그리고 다른 이의 아내의 마음속에 자신도 자리를 차지하고 있을 것이라고 밝히는 베르테르의 마음은 강한 시기의 발산이며 이를 통해 알베르트에게 복수를 가하고 있는 셈이다. 시기는 종종 증오로 발전하기 마련인데, 이는 곧 수동적인 감정에서 적극적인 감정으로의 전환을 뜻한다. 다음과 같은 단편을 보면 괴테 스스로도 그와 같은 감정의 차이와 변화를 심리학적 차원에서 분명히 구분하고 있었음을 알 수 있다. "증오는 적극적인 불만족이고, 시기는 수동적인 불만족이다. 그렇기에 시기가 아주 빨리 증오로 전환될 경우 그 누구도 그 점을 의아하게 생각

39 같은 책, 115-116쪽.

하지 말아야 한다."[40]

베르테르의 자살은 자신의 고통에 종지부를 찍는 행위이지만, 상대방(알베르트, 로테)에게 가하는 복수의 의미도 담겨 있다. 베르테르는 자살 행위를 서서히 결심하는 단계에서 로테에 대한 강력한 애정을 적극적으로 밝히는데, 그런 상태는 1772년 6월 29일자 편지에서 읽어낼 수 있다.

> 아니, 그럼 됐어. 모든 것이 괜찮아! **내가 그녀의 남편이라면!** 아아 신이여, 저를 만들어내신 당신이 그런 기쁨을 내게 마련해주셨다면, 저는 평생 쉬지도 않고 기도를 올렸을 것입니다. 저는 항의하는 것이 아닙니다. 제가 이렇게 시름에 빠져 눈물을 흘리는 것을 용서해주십시오. 저의 이런 부질없는 소원을 용서해주십시오! **그녀가 나의 아내라면! 이 세상에서 가장 사랑하는 그녀를 내 품에 꼭 껴안을 수 있다면…… 알베르트가 그녀의 날씬한 몸을 껴안고 있다고 생각하면, 빌헬름, 나는 온몸이 오싹해지는 것 같아.**
>
> 그런데 내가 이런 말을 해도 괜찮을까? 이런 말을 해서 안 될 것이 또 어디 있겠는가, 빌헬름! **그녀는 알베르트보다 나와 결혼했다면 더 행복해졌으리라고 생각한다.** 그렇지, 알베르트는 그녀가 마음속에 품고 있는 은근한 소원을 남김없이 풀어줄 만한 그런 인물은 아니다. 감수성에 일종의 결함이 있지. 결함이라, 그 해석은 자네의 자유지만, **똑같은 느낌으로 가슴이 뛰는 마음의 공감이라는 것이 알베르트에게는 없단 말이다.** 함

40 J. W. v. Goethe, Maximen und Reflexionen, in: Goethe, Hamburger Ausgabe, Bd. 12, p. 536(Nr. 1273).

께 좋아하는 책을 읽으면서 내 마음과 로테의 마음이 하나로 부딪치는 그런 대목에 가서도, 그 밖에 수많은 여러 사건에서 제3자의 어떤 행위에 우리가 감동하여 소리를 지르지 않을 수 없는 경우에도 동요하지 않는다. 사랑하는 빌헬름, 그래도 그는 그녀를 진심으로 사랑하고 있다. 그만한 사랑이면 어떤 보답인들 못 받을까!

참을 수 없는 인간이 찾아와서 훼방을 하였다. 나의 눈물은 말라버렸고 기분도 산란해졌다. 잘 있게나, 사랑하는 친구![41]

이 편지만큼 베르테르의 마음을 적나라하게 표출해낸 편지는 없을 것이다. 물론 극도의 나르시시즘적 표현으로 가득한데, 여기서 유의할 점은 나르시시즘은 "자기 자신과의 고독한 만족" 같은 식의 일반적인 의미가 아니라 "다른 이에 의해 사랑받고 인정받고 존경받고 싶은 강한 욕구의 표현이자 매개"[42]로서 파악되어야 한다. 자기만이 로테의 진정한 남편이 될 수 있다는, 자신만이 로테를 진심으로 행복하게 해줄 수 있다는, 그리고 자신만이 로테와 마음의 교감을 나눌 수 있다는 언술은 지나치게 자기중심적이고 이기적인 베르테르의 마음을 드러내고 있는데, 다른 관점에서 보면 이는 사실 극단적인 결핍에서 나온 나르시시즘과도 같다. 에리히 프롬(E. Fromm)은 "결핍의 심리"와 "과잉의 심리"를 구분하면서 전자는 "불안, 시기, 이기주의"를 낳고 후자는 "삶과 결속에 대한 믿

---

41 같은 책, 131-132쪽.

42 http://www.psychosoziale-gesundheit.net/psychohygiene/macht.html 에서 재인용.

음"의 계기를 줄 수 있다고 했다.[43] '로테의 남편' 같은 사회적 위치의 결핍, 그로 인해 다른 이의 위치를 빼앗고 싶은 시기의 욕망이 분출하고 있는데, 그 결과는 바로 "불안, 시기, 이기주의"에 다름 아니다. 그와 같은 "결핍의 심리"로서의 시기의 욕망이 결코 채워질 수 없음을 인식할 경우 절망, 불쾌감, 자기파괴 같은 마음이 뒤따를 수밖에 없다는 것은 자명한 일이다. 그 점에 대해 편지의 편집자도 후기에서 다음과 같이 전해주고 있다.

> 불만과 불쾌감은 베르테르의 마음속에 점점 깊이 뿌리를 박고 더욱 단단히 얽혀서 차츰 그의 존재 전체를 사로잡고 말았습니다. 그의 정신의 조화는 완전히 깨어지고, 내심의 흥분과 격정은 그의 본성이 지녔던 모든 힘을 뒤죽박죽으로 혼란시켰을 뿐 아니라 가장 불행한 작용을 일으켜서, 마침내 그는 일종의 허탈 상태에 빠져들었습니다.[44]

불만과 불쾌감의 상태가 지속되는 가운데 베르테르는 자신이 소망했던 사회적 인정의 욕망('남편'이 되고 싶은 욕망)까지도 마침내 부정하고 나선다. 즉 남편과 아내로 구성되는 사회적 제도로서의 가정 형태를 부정하는 베르테르의 극단적인 마음이 극단적으로 표출되는데, 그 점은 자살을 앞둔 상태에서 다음과 같이 서술되고 있다.

---

43 Erich Fromm, Psychologische Aspekte eines garantierten Einkommens fur alle, in: Michael Opielka/Georg Vobruba (Hrsg.), Das garantierte Grundeinkommen. Entwicklung und Perspektiven einer Forderung, Frankfurt 1986, p. 20.

44 같은 책, 161쪽.

**알베르트가 당신의 남편이라는 것, 그것이 무어란 말입니까? 남편! 그것은 오직 이 세상에서만의 이야기가 아닙니까.** 이 세상에서는 죄가 될는지도 모릅니다. 내가 당신을 사랑하고, 당신을 남편의 팔에서 내 팔 속으로 빼앗아온다는 것이 말입니다. 죄라고요? 좋습니다. 나는 스스로 나 자신에게 벌을 주겠습니다. 나는 그 죄의 천국 같은 기쁨을 남김없이 맛보는 동시에 생명의 그윽한 향기와 힘을 내 가슴속 가득히 들이마셨습니다. **당신은 이 순간부터 저의 것입니다!** 오오, 로테, 나는 먼저 갑니다. 하늘에 계신 나의 아버지 곁으로, 그리고 당신의 아버지 곁으로 갑니다.[45]

이 대목처럼 베르테르가 로테에 대한 권리를 강력하게 주장한 적은 없다. 베르테르의 감정은 이중적이다. 즉 한편으로 정신적인 사랑 차원에서 로테가 자신의 연인이지만 그 연인을 알베르트가 빼앗아갔다는 소위—앞에서 인용한 짐멜의 표현처럼—"감정의 허구"에 젖어 있을 수 있으며, 다른 한편으로 약혼과 결혼을 통해 다른 사람의 연인(부인)이 되었다는 현실을 인정하는 가운데 알베르트에게서 로테를 빼앗아오고 싶은 욕망의 감정에 젖어 있을 수 있다. 이를 위해서는 질투/시기의 차이점을 밝히는 가운데 질투의 감정을 더욱 예리하게 분석한 바 있는 짐멜의 시각을 다시 끌어올 수 있다.

한 남자는 다른 사람이 여성을 소유하고 있는 것을 시기할 수

---

45 같은 책, 200쪽.

있다. 그러나 그녀를 소유할 어떤 권한을 갖고 있는 자만이 질투를 느낀다. 물론 그 권한(Anspruch)은 욕망의 단순한 열정에 근거할 수 있다. 왜냐하면 그런 열정에서 권리를 이끌어내는 것은 보편적인 인간의 행동이기 때문이다. 가령 한 소년은 자신이 금지된 것을 '단지 원했다'는 이유로 금지의 위반에 대해 용서를 구한다. 또한 만약 한 여성에 대한 사랑에 있어서 어떤 남성이 그녀에 대한 자신의 권리—그는 남편의 단순한 법적 권리에 대항하여 자신의 권리를 옹호하기 마련인데—를 직시하지 않을 경우, 단순히 양심의 흔적 때문에 그 모욕당한 남편과의 대결에서 그가 남편을 겨냥하지는 않을 것이다. 모든 경우 단순한 소유가 이미 소유의 권리로서 유효하듯이, 사전 단계로서의 욕망은 이미 권리로 발전하게 된다. 권한은 두 가지 의미, 즉 단순한 욕망으로서, 법적으로 근거한 욕망으로서 의미를 지닌다. 이러한 권한은 다음과 같은 점을 지시하는데, 즉 소망(das Wollen)은 힘의 권리에 자연히 다시 권리의 힘을 부여한다는 점 말이다.[46]

로테의 남편이라는 알베르트의 현실적·법적 권리에 대항하여 베르테르는 "알베르트가 당신의 남편이라는 것, 그것이 무어란 말입니까? 남편! 그것은 오직 이 세상에서만의 이야기가 아닙니까" 라고 강변하면서 오히려 "당신은 이 순간부터 저의 것입니다!"라는 식으로 자신의 권리를 내세운다. 짐멜의 분석을 적용하면 베르테르는 시기의 감정보다는 오히려 '욕망과 권리'를 내포한 "권한(An-

---

46 G. Simmel, Soziologie, p. 212.

spruch)"을 내세운 질투의 감정에 지배되어 있는데, 요컨대 짐멜의 표현대로 로테를 갈망하는 "힘의 권리"가 점차 "권리의 힘"으로 팽창하고 있는 것이다.

물론 베르테르의 마음이 무조건 이기적이고 현실 자체를 부정하는 식으로만 진행된 것은 결코 아니다. 그는 때론 현실을 직시하면서 자신 때문에 알베르트와 로테의 결혼 생활이 위태로워지는 것이 아닌가 반성하면서 스스로 양심의 가책을 가졌다고 편집자는 전하고 있다.

> 베르테르는 스스로에 대한 끝없는 불만을 품고 살아왔기 때문에 다른 사람들의 삶도 점점 더 수상하고 혼란스럽게만 느꼈습니다. 그는 알베르트와 그의 아내 로테의 아름다운 관계를 자신이 파괴했다고 생각했기 때문에 스스로를 책망했습니다. 다만 그런 속에는 남편 알베르트에 대한 아렴풋한 반감도 섞여 있었습니다.[47]

"베르테르와 남편과의 사이에 뿌리 깊은 위화감", 그리고 두 사람 "각자가 자신의 정당성과 상대방의 부당성"[48]을 주장하는 위태로운 상황에서 로테는 자신의 모호한 마음에서 벗어나 남편의 입장을 더욱더 생각하고 베르테르에게 거리를 두려고 하는데, 로테의 그런 모습이 어쩌면 베르테르의 상실의 마음과 자기파괴(자살) 행위를 더욱 증폭시켰을 수도 있다. 베르테르에게 외치는 다음과 같은 로테의 언술이 그렇다.

---

47 같은 책, 163쪽.

48 같은 책, 202쪽.

> 하필이면 무엇 때문에 저를, 베르테르 씨! 다른 사람의 소유인 저를? 저는 두렵습니다. **저를 소유할 수 없다는 바로 그 점이 선생님에게 그런 욕망을 자극하는 것이 아닌가 해서 더욱 두려워지는 거예요.**[49]

또한 자신의 집에서 베르테르와 로테가 함께 있는 상황에 대해 점차 불편해하는 알베르트의 모습도 베르테르에게는 심리적인 압박으로 작용하게 된다. 알베르트, 로테와 점차 소원해지는 상황, 로테의 남편이 되고 싶은 욕망이 현실적으로 실현 불가능한 상황, 알베르트와 로테가 자기 때문에 불행한 부부생활을 맞이할 수도 있다는 걱정 어린 반성과 자책감, 그리고 로테 스스로의 단호한 자기방어 등 이와 같은 다양하고도 복잡한 심리적 상황에서 벗어나기 위해 베르테르는 마침내 다음과 같이 극단적인 생각을 펼친다.

> 우리 세 사람 가운데 **한 사람은 사라져야 합니다**. 나는 그 한 사람이 되려는 겁니다! 사랑하는 나의 로테, 이 갈기갈기 찢어진 가슴속에 이런 생각이 미친 듯이 가물거리기도 하였습니다. **당신의 남편을 죽여버리자. 당신을, 나 자신을, 아니 나 스스로를 죽여 없애자!**[50]

앞서 언급한 바 있듯이, 호메로스의 서사 작품보다는 점차 극단적인 주관적 서정성을 지닌 오시안의 작품이 자주 언급되고, 또한 아름다운 자연 묘사가 사라지고 모든 존재자를 위협하는 무시

---

49 같은 책, 176쪽.

50 같은 책, 179쪽.

무시한 자연 묘사가 더욱 두드러지는데, 이는 모두 베르테르가 취하게 되는 '자살'이라는 파국에 대한 암시와 복선으로 작용한다. 그렇게 베르테르의 마음은 다른 이(알베르트)에 대한 시기에서 출발하여 극단적인 이기주의로 발전하고, 마침내 현실적인 대리만족(Ersatzbefriedigung)을 찾지 못한 채 절망과 자기파괴의 길로 나아가게 된다. 그런 상황에서 사냥을 핑계로 총을 빌리러 온 베르테르의 시종에게 알베르트는 총을 내주도록 하는데, 여기서 주목해야 할 점은 알베르트 또한 심각할 정도의 질투에 사로잡혀 있었다는 것이다. 왜냐하면 알베르트는 이미 베르테르와 자살에 대한 심각한 논쟁을 벌였을 뿐만 아니라 베르테르의 자살 가능성에 관한 이야기를 로테와 나눴다는 점을 편집자가 전하고 있기 때문이다. "로테와 남편 사이에도 가끔 이것(베르테르의 자살에 관한 생각)에 관한 이야기가 화제에 올랐습니다. 알베르트는 그런 행위에 대해 철저한 반감을 품고 있었기 때문에 평소에는 그의 성격에서 찾아볼 수 없는 일종의 신경과민 증세를 나타내면서"[51]라는 대목을 보면, 알베르트는 자신이 평소 주장하던 합리적이고 냉정한 상태와 의식을 잃고 심한 질투에 사로잡혀 있었으며, 그로 인해 자살을 결심한 베르테르(시종)에게 총을 건네준 것으로 추측된다. 평소 이성을 강조한 그 또한 자살을 방조한 비이성적인 행위를 취한 셈이다.

이 글의 서론에서 개념적 구분의 전제로서 질투와 시기의 차이를 제시한 바 있다. 즉 전자는 각기 자신이 소유한 것이 상실될 것에 대한 불안에, 후자는 다른 이가 소유한 것을 갖고 싶어 하는 욕망에 근거한다고 말이다. 이러한 구분에 의하면 베르테르는 분

51 같은 책, 203쪽.

명히 다른 이의 연인/부인을 탐하는 자, 즉 시기하는 자로 규정될 수 있다. 그리고 알베르트는 자신의 연인/부인을 잃고 싶지 않은 마음에서 질투를 지닌 자로 규정될 수 있다. 그러나 다른 각도에서 보면, 베르테르는 현실과 상상의 관계가 전도된 상태에서 질투와 시기의 복잡한 감정의 굴레에 얽혀 있었다. 즉 베르테르는 '상상화된 자기 소유로서의 로테'를 실제 현실에서 잃게 된 것이며, 그런 상실의 불안과 고통에서 나온 질투와 더불어 '현실적인 다른 이의 소유로서의 로테'를 다시 찾고 싶은 마음으로서의 시기가 강력하게 작동하고 있다. 요컨대, 베르테르의 경우 내적으로는 질투, 외적으로는 시기가 동시적으로 작동하고 있는 셈이다. 그렇게 내적인 상상과 외적인 현실이 하나가 되는 지점, 즉 자신의 연인을 잃지 않으려는 '질투의 상상화', 그리고 그와 동시에 다른 이의 여인을 자신의 연인으로 삼고 싶은 '시기의 현실화'가 서로 마주친 지점에서 베르테르는 더 이상 자기보존의 이유를 찾지 못한 채 자기파괴의 길을 택하게 된다.

베르테르, 알베르트, 로테라는 세 사람 모두 어쩌면 질풍노도기의 특징인 '감정'에 얽매인 인물이라고 할 수 있다. 베르테르는 시기에, 알베르트는 질투에 시달리고, 로테의 경우 '정혼'을 지켜야 하는 시민적 의무 의식과 진실한 사랑을 찾고자 하는 열정 사이에서 흔들리는 고통을 앓고 있었던 것으로 보인다. 알베르트와 로테가 궁극적으로는 감정을 억누르고 현실원칙에 더욱더 의존함으로써 자기보존의 길을 택할 수 있었던 반면에, 베르테르는 현실원칙보다는 무의식적 감정에 충실한 나머지 결국 자기파멸에 이르고 말았다. 이와 같은 삼각관계에 놓인 베르테르를 문학적으로 형상화함으로써 작가 괴테 또한 이성적인 자기보존의 길을 걷게 되었다. 잘 알려진 역사적인 사실이지만, 괴테는 1772년 베츨라(Wetzlar)라는 소도시 근처의 한 마을 무도회에서 열아홉 살의 젊은 처자 샤를로테 부프(Charlotte Buff)를 만나고 베르테르처럼 사랑에 빠진다. 그러나 소설에서처럼 부프는 이미 열다섯 살 때 요한 크리스티안 케스트너(Johann Christian Kestner)와 약혼을 했고, 1773년에 그와 결혼을 하게 되었다. 이처럼 『젊은 베르테르의 슬픔』은 괴테 자신이 겪은 개인적인 삼각관계의 경험에 근거하고 있다. 그러나 소설의 허구적 인물인 베르테르가 자신의 자유, 충동 등을 억제하지 못한 채 자기파멸에 이르게 되었다면, 그와 같은 자신의 절망적인 마음을 문학적으로 승화시켜내는 방식을 통해 괴테는 어두운 자연의 위기, 즉 죽음충동의 위기에서 벗어나고 있다. 서간체 소설이라는 문화적 형식을 통해 어두운 자연의 지배 또는 충동에서 벗어나고 시민사회 속에서 자신을 보존할 수 있는 이성적 길을 걷게 된 것이다.

## 3 사회경제적 권력과 질투/시기

게오르크 뷔히너(Georg Büchner, 1813~1837)의 세계적인 작품 『보이체크(Woyzeck)』는 주인공 보이체크가 연인 마리를 살해하면서 끝나는 비극적 결말의 열린 드라마(Offenes Drama)다. 사회의 가장 낮은 계층에 속하는 힘없고 가난한 하급 군인 보이체크는 의사(박사), 중대장, 고수장 등으로 대변되는 사회 지배층에 의해 심리적으로나 육체적으로 심하게 억압당한다. 가난하고 무력한 이들을 괴롭히는 행위에서 쾌락을 찾는 사디즘적 지배자들 가운데 의

사는 자신의 학문적 성취를 거두기 위해 보이체크를 완두콩 다이어트 인체 실험 대상으로 삼는데, 사실 알량한 대가를 지불하면서 보이체크의 정신적·육체적 상태를 완전히 짓밟고 있다. 작품이 경제적·물질적 헤게모니를 쥐고 있는 지배층의 잔인함을 비판하고 있음은 두말할 나위도 없다. 이와 같은 사회적 배경을 염두에 두고 보면, 마리를 살해하는 보이체크의 행위는 은유적으로 파악된다. 『보이체크』의 비극적 결말의 원인은 근본적으로 사회적 빈부 차이, 억압적 횡포 등에서 찾을 수 있는데, 즉 박사, 중대장, 고수장으로 대변되는 지배권력—그들은 각기 경제적(박사), 정신적(중대장), 육체적(고수장) 차원에서 모두 보이체크를 억압하고 지배하는 권력의 상징들이다—의 비인간적·폭력적 행위에 억압당한 무기력한 개인은 정신질환을 앓게 되고 결국 연인을 살해하게 된다. 연인을 살해한 죄로 체포된 보이체크 자신도—이 비극의 실제 역사적인 사건에 비춰보면—사형에 처해질 것으로 추정되는데, 이 열린 결말의 비극은 최소한의 인간적·인격적 존재를 무시하는 지배계급이 저지른 '사회적 타살' 가능성을 암시하고 있다.[52]

이처럼 비인간적·폭력적인 사회적 환경에 근거한 '사회적 타살'이 보이체크의 비극적 결말의 결정적인 원인으로 작용하고 있다는 점에서 『보이체크』는 분명히 19세기 말 자연주의의 대표적 장르인 사회드라마(soziales Drama)를 선취하는 작품이라 할 수 있다. 사회적 상황 또는 환경이 개인의 행위와 운명을 결정한다는 시각에 따라 사회드라마의 의미가 조명되듯이, 『보이체크』도 그렇

52 근대 자본주의의 핵심 현상인 '임금노동'의 시각으로 작품을 분석한 비교적 최근 연구서로는 다음을 참조할 것(Hans-Georg Schede, Woyzeck, Stuttgart 2008, pp. 55-72).

게 해석되고 연구되는 것이 타당하다. 그러나 사회드라마라는 의미 못지않게 '질투의 드라마(Eifersuchtsdrama)'라는 측면이 강조될 수 있는데, 이는 사회적 환경에 의해 촉발된 질투/시기의 감정이 문학적·예술적 차원에서 뛰어나게 표출되어 있다는 것이다. 가령 자신이 소유하지 못한 권력과 돈에 대한 열망 및 월등한 사회적 위치 등에 대한 시기, 그리고 사랑하는 연인을 잃어버릴 것 같은 불안과 질투의 감정이 결국 마리와 고수장에 대한 증오로 발전한다. 내적인 마음과 외적인 현실이 서로 분리되는 가운데 베르테르가 우울, 시기, 증오, 반성, 자괴감 등 복잡한 감정 양상을 거쳐 자살이라는 자기파괴의 길을 걷게 되었다면, 보이체크의 경우 착취와 억압의 환경에서 싹튼 질투/시기가 과도하게 작동됨으로써 연인 살해라는 비극적인 행위를 취하게 된다. 특히 자신의 욕망(경제적으로 부유한 삶)만 채우려는 마리의 행동이 사랑하는 연인의 상실에 대한 보이체크의 불안과 질투를 더욱 조장하는데, 그로 인해 보이체크의 공격적인 증오는 마리를 향하게 된다.

이와 같은 '질투의 드라마'라는 측면에서 『보이체크』의 결정적인 몇몇 장면을 자세히 분석해보기로 하자. 경제적 결핍으로 인해 비록 사랑하는 연인 마리와 정식으로 혼인하지는 않았지만, 보이체크는 마리와 자신의 어린아이를 위해 돈을 벌 수 있는 모든 경제적인 행위에 자신을 바친다. 형편없는 군인 월급으로는 자신의 가족을 부양할 수 없기에 근무 외적인 일(벌목 작업, 이발사, 임상실험 대상 등)을 통해 부수입을 벌어야 하는 고단한 삶이지만, 마리를 사랑하는 마음에서 또한 자신을 사랑해주기를 바라는 마음에서 보이체크는 모든 어려움을 견뎌왔던 것으로 보인다. 그 어떤 것도 소유한 것이 없지만 보이체크는 자신을 괴롭히는 중대장에게

"전 가난한 놈입니다. 그녀밖에는 이 세상에 가진 것이라곤 하나도 없습니다"[53]라고 애처롭게 하소연한다.

이런 그들의 삶에 균열이 일어나는데, 그 결정적인 계기는 마리가 고수장의 경제적·육체적(성적) 유혹에 빠져들기 때문이다. 경제적으로 불안정한 삶에 의해 온전한 의식을 완전히 상실한 상태인지, 아니면 이미 진행되고 있던 완두콩 다이어트 실험에 의한 부작용에 의해서인지 보이체크는 가끔 환청을 듣곤 하는 불안정한 심리 상태에 놓여 있다. 마리는 고수장으로부터 귀걸이를 받지만 보이체크에게 그 사실을 숨긴다.

> 보이체크: 그게 무어야?
> 마리: 아무것도 아니에요.
> 보이체크: 당신 손가락 사이로 뭐가 반짝거리는데?
> 마리: 귀걸이에요. 주웠어요.
> 보이체크: 한 쌍을 한꺼번에 줍는 건 보지 못했는걸.
> 마리: 그럼, 내가 화냥년이기라도 한단 말이에요?[54]

이 장면 은 마리의 거짓말뿐만 아니라 보이체크의 질투/시기를 서서히 드러내고 있다. 흔히 케네스 레비(Kenneth N. Levy), 크리스틴 켈리(Kristen M. Kelly), 데이비드 부스(David M. Buss) 등의 현대 심리학자들에 의하면, 남성의 질투와 여성의 질투는 서로 구분된다고 한다.[55] 이들에 의하면, 실제적 불륜이든 상상화된 불륜

---

53 『뷔히너 문학전집』, 임호일 옮김, 지식을만드는지식, 2008년, 246쪽.

54 같은 책, 237쪽.

55 David M. Buss, The Dangerous Passion. Why Jealousy Is as Necessary as Love

이든 남성은 '성적인 불륜'에 초점을 두면서 자신의 파트너(부인)가 다른 남성과 섹스를 나눴는지를 확인하기 위해 '다른 남자와 잠을 잤느냐?'라는 질문을 던진다면, 여성은 '감정적 불륜'에 초점을 두면서 자신의 파트너(남편)가 다른 여성에게 사랑의 마음을 주었는지를 확인하기 위해 '나를 아직 사랑하느냐?'라는 질문을 던진다고 한다. 이러한 심리학적 구분은 보이체크의 질투를 이해하는 데 유용해 보인다. 보이체크는 마리를 잃을 수 있다는 불안한 마음에서 질투를 느끼지만, 고수장으로부터 받은 귀걸이에 대해 자신을 속이는 장면의 경우 보이체크는 마리에 대해 일단 '감정적 불륜'에 근거한 질투를 지닌 것처럼 보인다. 그러나 마리와 고수장이 선술집에서 춤추는 광경을 목격한 이후 그는 '성적인 불륜'을 의심하면서 강력한 질투와 분노에 사로잡힌다.

보이체크가 감정 변화를 겪는 과정에서 마리는 더욱더 보이체크로부터 멀어지게 되는데, 그것은 그녀 또한 다른 이들(경제적으로 부유한 귀부인들)에 대한 강렬한 시기를 갖고 있기 때문이다. 그 점은 고수장의 유혹에 빠진 자신의 부도덕한 상황을 합리화하기 위해 마리가 거울을 보면서 중얼거리는 장면에서 엿볼 수 있다.

> 이건 분명히 금일거야. 우리 같은 것들은 세상 사람들이 거들떠보지도 않아. 조각난 거울이나 들여다보는 신세니. 하지만 나도 머리끝에서 발끝까지 보이는 커다란 거울을 가진 훌륭한 귀부인들 못지않게 이렇게 빨간 입술을 가졌어. 그런 여자들은

---

and Sex, New York 2000. Levy KN, Kelly KM.: Sex Differences in Jealousy. A Contribution From Attachment Theory. Psychological Science, 2010, Feb; 21(2), pp. 168-173.

손에다 키스를 해주는 멋진 신사들을 거느리고 있는데, 난 이게 뭐야! 난 가난뱅이 계집에 지나지 않으니."[56]

초라한 상황에서 벗어날 수 있는 신분상승의 길이 하층민에게는 원천적으로 막혀 있다는 점을 인식하면서 스스로를 비하하고 있지만, 동시에 다른 고상한 여성들의 소유물을 시기하는 마리의 마음을 엿볼 수 있다. 그녀가 고수장의 유혹에 쉽게 넘어가는 까닭은 오로지 자신이 처해 있는 경제적·물질적 환경에서 벗어나고 싶은 마음 때문이다. 그러나 근본적으로 보이체크와 마리 모두에게는 경제적·사회적 환경의 개선 가능성이 철저히 차단되어 있다. 마리와 고수장의 애정 행각이 한층 강력해지는 상황에서 '성적인 불륜'을 확신하는 보이체크의 질투는 더욱 노골적으로 드러난다.

보이체크: (그녀를 뚫어지게 쳐다보다가 머리를 흔든다.) 흠! 눈에 보이질 않으니 흔적을 찾아볼 수가 있어야지. 아, 그런 걸 볼 수 있어야 하는 건데. 두 손으로 꽉 잡을 수 있어야 하는데 말이야. 인간은 깎아지른 낭떠러지 같아. 들여다보기만 해도 현기증이 난다고.
마리: (겁에 질려) 무슨 일이에요, 프란츠? 당신 제정신이 아닌 것 같아요, 프란츠.
보이체크: 죄악이 이렇게도 두껍고 넓을 줄이야. 천사 태우는 냄새가 하늘까지 닿을 정도로 악취가 풍기는군. 당신의 그 빨

56 같은 책, 236쪽.

간 입술, 마리. 키스로 부르트지는 않았네? 그만해라, 마리. 당신은 아름다워. 죄악처럼 말이야. 영원히 구제받지 못할 죄악이 그토록 아름다울 수 있을까?

마리: 당신 너무 흥분한 것 같아요, 프란츠.[57]

앞서 『젊은 베르테르의 슬픔』에서와 마찬가지로 질투/시기에 대한 짐멜의 시각을 『보이체크』에 적용한다면, 베르테르와 달리 보이체크는 내연의 부부관계를 맺은 상태에서 마리의 남편이자 아이의 아버지로 존재하는, 사실상의 혼인 상태에 있다. 그렇기 때문에 아무런 법적 권리 없이 베르테르가 정신적인 차원에서 로테를 욕망하는 "감정의 허구"에 젖어 있다면, 분명히 마리의 현실적인 남편이자 가장으로서 보이체크는 마리에 대한 권한(즉, 욕망과 권리)을 충분히 요구할 수 있는 입장이다. 그런데 자세히 보면, 보이체크 또한 "감정의 허구"에 젖어 있기도 하다. 마리 스스로 기도하면서 죄책감을 드러내는 독백 장면에서 알 수 있듯이 그녀가 고수장의 유혹에 자발적으로 넘어간 것임에도 불구하고 보이체크는 고수장이 마리를 빼앗아갔다는 생각과 함께 질투, 증오, 분노 같은 "감정의 허구"에 시달리게 된다. 물론 귀걸이에 대한 질문 장면에서 보이체크는 불륜을 저지르는 마리를 어렴풋이 짐작한 것으로 보이지만, 선술집 내부에서 두 사람이 춤추는 장면을 창문에서 목격한 장면 이후에는 질투, 증오, 분노 등이 뒤섞인 "감정의 허구"가 더욱 짙어지게 된다. 그리고 시민계급 출신이고 비교적 안정된 직장을 가진 베르테르가 "감정의 허구"로 인해 자살이라는 자기파괴적 행동을

57 같은 책, 241쪽.

택하고 있다면, 이와 달리 사회경제적으로 매우 열악한 상황에 있는 하층민 보이체크는 베르테르와는 완전히 다른 극단적인 행동을 취하고 만다. 즉, 사적인 차원에서 마리를 잃고 싶지 않은 질투와 분노의 마음뿐만 아니라 자신에게 결여되어 있는 육체적·정신적·경제적 권력을 갈망하는 시기의 마음까지 가세함으로써 더욱 극한 상황으로 내몰리게 된 것이다.

마리를 잃고 싶지 않은 마음으로 인해 보이체크의 질투와 분노가 더욱 증가되고 있으며, 아울러 고수장에 대한 경제적·육체적 권력에 대한 시기도 점차 강력해진다. 그 점은 도덕을 강조하는 중대장을 향해 보이체크가 강력하게 내던진, 일종의 상류층을 시기하는 듯한 냉소적인 언술에서도 알 수 있다.

> 네, 중대장님, 도덕 말씀이시군요! 전 도덕을 가질 만큼 그렇게 생활이 넉넉하지 못합니다. 보시다시피 우리같이 이렇게 천한 사람들에게는 도덕이 없습니다. 우리에게는 그저 본능이 앞서지요. 하지만 제가 돈 있는 신사라면, 중절모도 쓰고, 시계도 차고, 예복도 입고, 점잖게 얘기할 수만 있다면, 저도 분명히 도덕을 지키려고 했을 겁니다. 도덕이 좋다는 건 저도 잘 알고 있습니다, 중대장님. 하지만 전 가난한 놈인걸요.[58]

도덕을 가질 수 없는 경제적으로 궁핍한 하층민 보이체크에게 중대장은 최소한의 인간적 배려심을 보여주기는커녕 오히려 그런 보이체크를 교묘한 방식으로 더욱 괴롭히는데, 가령 의사와 보이

58 같은 책, 239-240쪽.

체크의 대화 도중에 뛰어든 중대장은 마리와 고수장의 관계를 넌지시 암시함으로써 보이체크의 질투/시기를 더욱 부채질하고 나선다. 그런 중대장에게 보이체크는 자신을 괴롭히지 않도록 하소연해 보지만 아무 소용이 없다. 결코 평온한 내면을 유지할 수 없는 상황 속에서 그의 질투 감정은 점차 분노와 증오의 감정으로 발전한다. 의사, 중대장, 보이체크가 이야기를 주고받는 장면에서 그런 보이체크의 내적인 몇 가지 반응을 읽어낼 수 있다.

> 보이체크: 중대장님, 지구는 지옥처럼 뜨겁죠. 하지만 저는 얼음처럼 차가워집니다. 얼음처럼 차가워져요. 아니 지옥은 찹니다. 틀림없습니다. 그럴 수가, 더러운 인간, 더러운 계집! 그럴 수가 없어.[59]
> 의사: 얼굴 근육이 경직되고 긴장됐어. 이따금 경련을 일으키기도 하고, 빳빳한 자세에 긴장돼 있단 말이야.
> 보이체크: 가보겠습니다. 충분히 그럴 수도 있죠. 더러운 년! 오늘 날씨가 좋군요, 중대장님. 보십시오, 하늘이 저렇게 아름답고 굳건하고 우람하게 펼쳐져 있지 않습니까! 쇠갈퀴를 저 하늘에다 던져서 꽂아놓고 목이라도 매달고 싶은 심정입니다.[60]

뜨거운 지옥과도 같은 세계에 대한 차가운 증오, 아름다운 하늘에 "쇠갈퀴"를 꽂아놓고 싶은 심정 등은 보이체크의 공격적인 내면을 잘 드러내고 있으며, 그런 상황에서 자신을 지배하는 경제적으로 훨씬 나은 신분의 사람들에 대한 시기, 분노, 증오 같은 감정

---

59 같은 책, 247쪽.

60 같은 책, 247쪽.

의 농도는 더욱더 짙어지게 된다. 마리를 잃지 않으려는 마음에서의 질투, 그런 마리가 고수장과 불륜의 관계를 맺고 있기에 사랑과 질투 등의 감정은 점차 분노와 증오의 감정으로 변하게 된다.

보이체크의 공격적인 내면의 증폭과 관련해서는 질투, 시기, 증오의 상관관계를 서술한 바 있는 스피노자를 상기시킨다. 잘 알려진 것처럼 뷔히너는 스피노자의 철학을 공부한 바 있다. 뷔히너는 세계의 근원을 물질로 간주하고 있다는 점에서는 스피노자와 함께하지만, 우주 전체에 신적인 것이 존재한다는 소위 신, 자연, 세계의 통일성을 내세운 스피노자의 범신론에 대해서는 회의적이었고 그 대신 무신론적 사유를 취한다.[61] 존재론에 대한 두 사람의 차이에도 불구하고 뷔히너는 스피노자의 『윤리학』을 틀림없이 읽었을 것으로 짐작되는데, 그 책의 35번째 명제는 다름 아닌 질투/시기를 다루고 있다. 따라서 스피노자의 시각은 보이체크의 질투/시기를 이해하는 데 큰 도움을 줄 수 있을 것이다.

> 친교를 통해 자신만이 소유하고 있었던 사랑스런 대상이 똑같은 친교를 통해 혹은 더욱 밀접한 친교의 끈을 통해 다른 대상과 결합되어 있다고 누군가 생각하고 있다면, 그는 그 사랑스런 대상에 대한 증오에 사로잡히게 되고 그 다른 대상을 시기하게 된다.[62]
>
> 시기와 결합된 사랑스런 대상에 대한 증오는 '질투'라고 불린

61 H. Mayer, Büchner und seine Zeit, Frankfurt/Main 1972; Michael Glebke, Die Philosophie Georg Büchners, Marburger wissenschaftliche Beiträge Bd. 9, Marburg 1995.

62 Spinoza, Ethik, Leipzig 1975, p. 196.

다. 질투는 자신이 시기하는 대상의 사유와 결합된, 사랑과 증오에서 싹튼 마음의 동요에 다름 아니다. 사랑스런 대상에 대한 증오는 자신의 힘(권력)과 관련하여 쾌락과 관계하는데, 이 쾌락은 질투심에 사로잡힌 이가 평소 사랑스런 대상으로부터 느끼곤 했던 것이다. 그뿐만 아니라 사랑스런 대상이 결합되어 있다고 그가 믿고 있던 그 다른 대상에 의해 증오를 야기하는 감정과도 관계한다. 왜냐하면 그가 다른 대상을 증오했을 경우 이를 통해 사랑스런 대상도 증오하게 되는데, 그것은 그 스스로 증오하는 다른 대상을 사랑스런 대상이 쾌락적으로 자극했다고 믿고 있기 때문이다. 마찬가지로 사랑스런 대상의 표상과 그가 증오하는 다른 이의 표상을 서로 결합하도록 강요당하고 있기 때문이기도 하다.

이러한 관계는 주로 여성에 대한 사랑에서 나타난다. 자신이 사랑하고 있는 어떤 여성이 다른 사람에게 헌신한다고 믿는 자는 자신의 욕망이 제어되었기 때문에 불쾌를 느끼게 될 뿐만 아니라 여성마저 혐오하게 되는데, 그것은 사랑하는 여인의 표상과 그 다른 자의 내밀한 육체적 일부분과 배설물을 결합하도록 강요되었기 때문이다.

게다가 질투에 사로잡힌 이는 평소 그녀에게 보여주었던 똑같은 표정으로 사랑하는 여인을 받아들이지 않는 현상을 내보인다. 이는 내가 곧 제시하게 될 불쾌에 그가 사로잡혀 있다는 근거 때문이기도 하다.[63]

---

63 Ibid., pp. 197-198.

위 인용문의 마지막 대목에서 스피노자가 언급한 점, 즉 평소 표정 변화에 대한 분석을 『보이체크』에 적용해보면, 근무 중 잠시 들른 장면에서 보이체크는 잠자는 아이를 쳐다보지도 않을 뿐만 아니라 마리를 보지 않고 혼자서 중얼거리는 행동을 보이는데, 이는 보이체크의 정신적 이상을 가리키기보다는 그가 이미 질투/시기, 증오 같은 불쾌에 빠져 있음을 암시해준다. 나아가 스피노자의 설명을 보이체크의 내면에 적용하자면, 시기의 대상은 고수장이고 증오의 대상은 마리다. 스피노자는 질투를 시기와 증오가 결합된 감정으로 정의하고 있는데, 따라서 질투에 젖은 보이체크는 사랑하는 마리와의 육체적 쾌락을 상실한 상태에 있다고 할 수 있다. 그러한 쾌락의 상실은 곧 마리와 고수장의 성적 관계에 대한 상상으로 이어진다. 마리와 고수장이 선술집에서 춤추는 장면을 목격하면서 보이체크는 두 사람 간의 성적인 관계에 대한 상상과 결합된 증오를 표출하는데, 다음과 같은 언술은 그런 보이체크의 내적 심정을 대단히 적나라하게 표현하고 있다.

보이체크: (……) 얼싸안고 뒹굴어보라고. 저렇게 포개져서 뒹굴며 모두 음탕한 짓들을 하고 있는데, 하나님은 왜 태양을 불어서 꺼버리지 않는 걸까? 사내와 계집이, 인간이나 짐승 할 것 없이 모두가 저렇게 뒹굴고 있는데, 밝은 대낮에 손바닥 위에서 그 짓을 하는 모기들처럼 말이야. 계집년, 저 계집년 몸뚱이가 뜨거워졌어. 뜨겁게 달아올랐어! 계속해, 계속해! (벌떡 일어난다.) 저놈이! 저놈이 계집년의 몸뚱일 더듬는 것 좀 봐. 저놈,

저놈이 처음 내가 그랬던 것처럼 그녀를 차지하고 있잖아![64]

보이체크의 질투에는 마리를 빼앗기고 싶지 않은 불안과 부정한 짓을 저지르는 마리에 대한 복수가 결합되어 있으며, 그런 질투는 바로 분노로 이어진다. 질투(즉, 불안과 복수)와 분노에 사로잡힌 심리 상태는 고수장에 의해 더욱 처절히 증폭되는데, 그것은 보이체크가 고수장과의 몸싸움에서 패할 뿐만 아니라 모욕적인 언어폭력마저 당하기 때문이다. "야 인마, 네놈 목에서 혓바닥을 뽑아 목에다 감아줘야겠냐? (둘이서 엉겨 붙는다. 보이체크는 싸움에서 진다.) 네놈의 숨결이 노파방귀만큼만 남게 해줄까?"[65] 이렇게 육체적·정신적 차원에서 완전히 제압당한 보이체크는 결국 완전히 이성을 잃은 상태에서 마리를 살해하게 된다. 표면적으로는 성적인 쾌락 상실에서 발생한 마리와 고수장을 향한 증오이지만, 사회적인 차원에서 그 증오는 고수장을 포함한 다른 이들(중대장, 의사)이 소유하고 있는 힘(육체적·경제적·관료적·지적인 힘 등)을 보이체크 스스로도 강렬히 소유하고 싶은 갈망에서 나온 시기와 증오인 것이다.

이 비극은 동시대에 실제로 일어난 세 가지 살인사건에 기초하여 뷔히너가 허구적으로 창작해낸 문학작품이다. 첫 번째 살인사건은 41세의 요한 크리스티안 보이체크(Johann Christian Woyzeck)가 질투에 불타서 1821년에 다섯 살 연상의 요하나 크리스티아네 우스트(Johanna Christiane Woost)를 살해한 사건이며, 두 번째로는 1817년 다니엘 슈몰링(Daniel Schmolling)이 애인

64 뷔히너 문학전집, 250쪽.

65 같은 책, 252쪽.

을 죽인 사건이며, 마지막으로는 요한 디스(Johann Dieß)라는 청년의 애인 살해사건이다.[66] 세 사건의 공통점은 그들 모두 경제적으로 궁핍한 이들로서 억압된 사회적 상황에서 벗어날 수 없었고 또한 상호 애정에 대한 배반과 불신, 그로 인한 질투, 시기, 증오 같은 감정에 사로잡힌 나머지 가해자와 피해자가 되고 말았다는 것이다. 괴테는 사적인 삶에서 자신도 느꼈을법한 질투/시기를 베르테르라는 허구적인 인물의 마음속에 집어넣었고, 또한 작품 속에서 자살이라는 극단적인 행동을 취하는 결말을 보여줌으로써 작가적 차원에서 간접적인 극복의 길을 모색했다면—물론 이러한 결말도 친구 예루살렘의 자살을 끌어들임으로써 어쩌면 현실의 충실한 반영이라고 할 수 있지만—, 뷔히너는 나름 독특한 문학적 형상화를 추구했음에도 불구하고 세 사건의 결과(즉, 연인 살해)를 그대로 보여줄 수밖에 없었다. 그렇지만 자신이 경험하지 못한 두 가지 측면, 즉 세 사건의 가해자들과 피해자들이 처해 있었던 사회경제적 상황, 그리고 그런 열악한 상황 속에서 개개인이 지녔을 질투/시기 같은 미묘한 감정선을 자신의 독특한 문학적 감성으로 처리한 점은 뷔히너의 뛰어난 작가적 능력이 아닐 수 없다. 이 밖에도 시공간 및 행동의 통일성에 기초한 합리적이고 이성적인 '닫힌 형식'이 아닌, 개인들이 처한 다양하고 파편적인 정황들을 모자이크식으로 엮어낸 '열린 형식'의 '정류장식 장면극(Stationendrama)'으로 구성해낸 것도 뷔히너의 탁월함이라고 할 수 있다.

66 cf. Hans-Georg Schede, Woyzeck, pp. 5-8.

## 4 질투/시기의 긍정성

이상과 같이 회화와 문학 작품을 살펴보았듯이, 질투/시기는 주로 부정적으로 그려져 있으며 그 의미 또한 궁극적으로는 '자기몰락', '자기파괴'를 향하고 있다. 자신의 소유물에 대한 과도한 집착 또는 타인의 소유물에 대한 과도한 욕망은 도덕적으로 부정적인 의미와 연결될 수밖에 없었다.

그러나 매우 간헐적이지만 질투/시기에 대한 전통적인 부정적 관점을 전복하려는 시도가 없지는 않았다. 그것은 이미 고대 철학에서도 찾을 수 있다. 일찍이 아리스토텔레스는 『니코마코스 윤리학』에서 모든 재화가 균등하게 배분되지 않을 경우 그런 부당성에 저항하는 "정당한 불쾌감"으로 시기를 들고 있다. 이 밖에도 19세기에 빌헬름 부슈(W. Busch)는 "시기는 인정의 가장 솔직한 형식"이라고 언급했는데, 즉 시기하는 행위는 다른 이를 인정하는 가장 솔직한 마음의 표출과도 같다. 20세기 정치가 발터 라테나우(W. Rathenau) 또한 "정의는 시기에서 생겨난다. '모든 사람에게 공평함을'이라는 말이 곧 정의의 최고 명제다"라고 말한 바 있다. 오늘날 시기는 더욱더 긍정적으로 해석되고 있다. 심리학에서는 좋은 시기(구성적 시기)와 사악한 시기(파괴적 시기)가 구분되는데, 전자는 진보와 발전에 기여하는 공명심 같은 것이고 후자는 파괴적인 질투심이다. 미국 켄터키대학의 자연과학자이자 심리학자인 리처드 스미스(Richard Smith)는 "사악한 시기는 우리 감정을 파고들어와 건강을 파괴하고, 우리의 판단력에서 우리 자신을 해치고 불만족을 야기한다. 그러나 좋은 시기의 결과는 다분히 긍정적이다"[67]라고 말한다. 가령 노동사회, 경쟁사회 등에서 시기는 다른 이들이 갖고 있는 것을 자신도 얻고자 하는 자극적이고 구성적인 동인으로 작용할 수 있다.

또한 정치철학적·사회학적 시각에서도 시기는 긍정적인 의미를 지닌다. 이에 대한 대표적인 학자는 프랑스 진화론자이자 심리학자인 프랑수아 를로르(François Lelord)다. 그는 시기를 "민주주의의 형제"로 간주하면서 다음과 같이 덧붙인 바 있다.

> 민주주의에서 '시기'라는 요소는 매우 중요하다. 옛날 계층사회의 경우, 농부는 왕이나 귀족에 대해 시기할 수 없었다. 그것은 철저히 금기시되어 있었고 농부가 시기한다는 것은 결코 생각조차 할 수 없었다. 그러나 우리 모두 똑같은 기회를 갖고 있는 민주주의 사회에서 시기는 많은 사람에게 중요한 원동력이 된다. 본래 민주주의의 근본은 다음과 같다. 즉, 모든 사람이 똑같은 기회를 갖고 있으며 복지에서나 다른 일에 있어서 권력을 향한 경쟁은 열려 있다는 것이다. 그렇기 때문에 놀이 규칙이

67 http://www.welt.de/debatte/kommentare/article13759153/Neid-ein-Gefuehl-wie-ein-boeses-Geschwuer.html에서 재인용.

위반되거나 위반된 것처럼 보일 경우 우리는 예민해지고 또한 매우 강력하게 공격적으로 반응하게 된다.[68]

이들에 의하면, 다른 이가 소유한 것을 갖고자 하는 마음은 곧 자신에게 부족한 것을 채우려는 것과도 같은데, 결국 시기는 성공과 공명심을 위해 적당히 요구된다는 것이다. 소유욕과 불가분의 관계를 맺고 있음에도 불구하고 현대 민주주의 사회에서의 시기는 놀이 규칙의 위반 개연성을 견제할 수 있는 중요한 감정으로 작용할 수 있다. 부연하자면, 모든 사람이 공평하게 기회를 가져야 하는 놀이 규칙이 깨어질 경우 정당한 기회를 되찾을 수 있도록 해주는 감정이 바로 시기다. 어쩌면 '시기 없이는 개인과 사회의 발전은 없다'라고 추론할 수 있으며, 이러한 진화론적·심리학적 시각이 새로운 의미를 획득하고 있는 중이다. 질투/시기가 새로운 긍정적인 의미를 획득하는 가운데 그것을 예술적으로 형상화하는 작업도 노란색, 뱀, 전갈 같은 중세적 형상화에서 벗어나 향후 아마도 색다른 형상과 의미를 갖게 될지 모른다.

68 Vgl. François Lelord/Christophe Andre, Die Macht der Emotionen und wie sie unseren Alltag bestimmen, München 2008(Missgunst statt Bewunderung Deutschlandradio Kultur vom 16. Januar 2010, aus: http://www.deutschlandfunkkultur.de/missgunst-statt-bewunderung.1278.de.html?dram:article_id=192473에서 재인용).

# IV

# '도난당한 현재'와 불안

# 1 알 수 없는 것과 불안

독일 영화와 미디어 종사자들로 구성된 베르크라이츠협회(Werkleitz Gesellschaft)는 매년 특정 주제로 예술과 관련된 페스티벌을 개최한다. "불안이 눈을 휘둥그레 뜨고 있다"라는 주제를 내세운 2010년의 페스티벌은 당시 그 주제에 관해 다음과 같이 전체 목표를 제시한 바 있다.

> 20세기는 '불안의 세기'로 여겨진다. 20세기 전반에는 급진적인 변화와 파국이 연속해서 일어났으며, 이는 자신을 파괴하는 인류의 잠재적 가능성을 분명하게 입증했다. 20세기 후반에는 끊임없는 위협의 감정, 가령 전쟁의 불안, 경제적 위기에 대한 불안, 사회 변화에 대한 불안 등이 있었다. 계속하여 환경 파괴의 불안, 새로운 기술공학에 대한 불안, 그리고 테러리즘에 대한 불안 등이 몰려왔다.
>
> 21세기는 일련의 집단적인 불안의 장면으로 시작한다. 가령 이른바 밀레니엄 버그(컴퓨터 시스템의 붕괴)를 비롯하여

9.11 사태, 기후 사태, 다양한 전염병, 인구이동 등을 거쳐 최근에는 금융 위기에 대한 불안의 장면들이 그것이다. 불안은 이제 공공적 삶의 확고한 구성요소처럼 여겨질 정도다. 공공적 삶이 불안을 필요로 하는 것일까? 불안이 어쩌면 우리 사회의 접합체는 아닐까?

불안은 삶의 매우 중요한 기본 감정이다. 누구나 불안을 느낄 수 있다. 우리가 무엇에 대해 불안을 갖고 있는지를 배워야 사회적 불안도 조절된다. 오늘날 인간은 어떻게 불안을 다뤄야 하는가? 인간의 반응은 어떤 것일까? "불안이 눈을 휘둥그레 뜨고 있다"는 이번 주제의 국제 페스티벌은 그와 같은 질문과 대면한다.[1]

21세기 사회는 컴퓨터, 인터넷 등에 의해 최첨단으로 변화하고 있으며, 모든 것이 전 지구적 차원에서 서로 소통하고 열려 있는 장밋빛 미래사회의 구현처럼 보인다. 과거의 경우 미지의 것에 대한 불안이 적지 않았다면, 오늘날은 과학적·기술적 발전에 의해 미지의 것 자체가 상당수 밝혀졌고 위험도 충분히 예견될 수 있는 듯이 보인다. 아울러 불안을 야기하는 요소는 상당히 해소될 수 있는 것처럼 여겨진다.

그러나 실제 현실과 미래는 그리 밝지만은 않다. 사회가 기술적·과학적으로 발전하면 할수록 불안의 감정 또한 더욱더 증대하는 역설적인 현상에 우리는 직면해 있다. 과거에는 불안이 비교적 개인적 징후로 인식되었지만, 오늘날 불안은 전 지구적 차원에서

1 Angst hat große Augen. Werkleitz Festival 2010 in Kooperation mit Kunstrepublik. (http://www.angsthatgrosseaugen.de/)

거의 동시적으로 함께 갖게 되는 총체적인 심리적 형태로 다가온다. 인류 모두가 붕괴될 수 있는 '불안사회(Gesellschaft der Angst)'를 맞이한 것인지, 아니면 새로운 형태의 불안이 우리로 하여금 또 다른 변화와 혁신을 추구하도록 자극하는 것인지 고민해볼 필요가 있다.[2] 어쩌면 인간이 존재하는 순간부터 불안은 있었고 그러한 불안을 극복하려는 행위를 축적해옴으로써 인류가 발전해온 것인지, 그렇다면 현재의 불안사회도 어쩌면 발전의 한 단계로 간주해야 하는 것인지, 아니면 인류 전체가 종말론적으로 붕괴될 수 있는 완전히 새로운 형태의 불안과 총체적 위기를 맞이하고 있는 것인지 등에 대한 성찰이 요구된다. 어쨌든 불안은 알 수 없는 위협과 위기에 대한 증후이자 일종의 방어기제로 작용할 수 있다.

불안은 매 시기의 사회 발전 및 양상과 밀접한 관계를 맺고 있지만 근본적으로 인간학적 감정에 속한다. 불안은 다양한 감정과 관련하여 다음과 같이 정의되곤 한다. 즉 "가장 오래된, 가장 강력한 감정은 불안/공포다. 불안/공포의 가장 오래된, 가장 강력한 형태는 다름 아닌 잘 알려지지 않은 것에 대한 불안/공포다."[3] '잘 알려지지 않은 것', '미지의 것'은 아직 과학적으로 규명되지 않은 것들(유령, 외계인, 바이러스, 무의식 같은 영역)로서 다양하지만, 사실 그 가운데 가장 잘 알려지지 않은 미지의 것은 아마도 '죽음'일 것이다. 그렇기 때문에 죽음, 그것도 서서히 자신에게 다가오는 죽음에 대한 불안이 가장 무섭고 두려운 것이라고 할 수 있다.

구체적인 대상의 존재 여부와 관련하여 흔히 불안과 공포는

---

2 Heinz Bude, Gesellschaft der Angst, Hamburg 2014.

3 H. P. Lovecraft, Das übernatürliche Grauen in der Literatur, übersetzt. v. Alexander Pechmann, Berlin 2000, p. 34.

서로 구분되어왔다. 키르케고르(Kierkegaard)의 구분에 의하면, 공포는 뚜렷한 대상을 갖고 있지만 불안은 정확히 구체적인 어떤 대상을 갖지 않는다. 이와 비슷한 맥락에서 실존주의자들도 비슷한 정의를 제시했는데, 야스퍼스(Jaspers)는 "공포가 무엇인가를 향해 있다면 불안은 대상이 없다"[4]라고 구분했고, 하이데거(Heidegger)도 공포의 대상은 "앞에 있는 것, 존재하는 것(das Vorhandene)"으로, 불안의 대상은 "어떤 것 때문에(Worum)", "어떤 것에 대한(Wovor)"이라는 식으로 명명한 바 있다. "어떤 것에 대한" 불안 가운데 가장 본질적이고 근원적인 불안은 다름 아닌 "무(das Nichts)"에 대한 불안이며, 그 무는 곧 '죽음을 향한 존재(das Sein zum Tode)'와 동일시된다.[5] 이처럼 위협적인 대상의 존재 유무를 통해 불안과 공포가 서로 구분되는 듯이 보이지만 블루멘베르크(H. Blumenberg)의 시각에 의하면 그 양자는 일종의 대체적·상충적인 관계를 맺고 있다.

> 이것(불안 – 역주)은 현실에 대한 감정(혹은 입장)이며, 이 감정은 영원히 지속될 수 있는 것이 아니라 일시적·장기적으로 유지된다. 일반적인 긴장은 언제나 다시금 특별한 요소의 평가로 축소될 수밖에 없다. 신경학 전문가인 쿠르트 골트슈타인의 말을 빌려 표현하자면, 인류사나 개인사에서 불안은 언제나 다시금 공포로 합리화될 수밖에 없다는 것이다.[6]

---

4 Karl Jaspers, Allgemeine Psychopathologie, Berlin(4. Aufl.) 1946, p. 95.

5 Martin Heidegger, Sein und Zeit. 18. Aufl. Tübingen 2001, pp. 172-178.

6 Hans Blumenberg, Arbeit am Mythos, Frankfurt/M. 1979, p. 11.

정신분석학, 심리학 등의 영역에서 불안은 더욱 세부적이고 구체적으로 규명되어왔다. 프로이트는 불안의 종류를 세 가지로 나눈 바 있다. 첫 번째는 현실의 실제적인 위협에서 오는 "현실불안(Realangst)"으로서 구체적인 대상 앞에서 느끼는 공포와 동일시되는 불안이다. 즉, 불안과 공포는 동의어인 셈이다. 두 번째는 무의식적 충동에 의해 자아가 압도된 상태에서 생성되는 신경증적 불안(neurotische Angst)으로서 이는 일종의 "내적 불안(Binnenangst)"이라고 한다. 이 경우 구체적인 대상을 알고 있는 현실불안과는 달리 그 불안의 대상과 위험을 정확히 알지 못한다. 신경증적 불안은 강박관념, 불안장애, 편집증, 히스테리 등으로 표현된다. "현실불안"과 "신경증적 불안" 간의 결정적인 차이는 요컨대 우리가 그 위험(대상)을 정확히 알고 있는가의 여부에 달려 있다.[7] 세 번째는 사회적 금기와 규칙 등을 위반했다는 이유로 초자아(즉, 사회현실)가 개인에게 벌을 부과하려는 데서 오는 "도덕적 불안"인데, 이는 주로 수치심, 죄책감 등을 통해 표현된다.

18~20세기 경우 불안에 대한 연구는 주로 철학자들에 의해 진행되었지만, 현대사회에서는 거의 심리학자들의 주요 관심사를 이룬다. 가령 현대 심리학에서는 불안과 공포 간의 공통점과 차이점이 다음과 같이 정리되고 있다.[8]

---

7 Sigmund Freud, Hemmung, Symptom und Angst(1926), Frankfurt am Main 2013.

8 Stanley Rachmann, Angst: Diagnose. Klassifikation und Therapie, Hogrefe 2000, pp. 9-12. Hans Morschitzky: Angststörungen. Diagnostik, Konzepte, Therapie, Selbsthilfe, Berlin u.a. 2009.

| 불안과 공포의 공통점 |
|---|
| 위험하거나 불쾌한 상황에 대한 예상 |
| 긴장 |
| 불쾌감, 동요 |
| 흥분 증대 |
| 부정적 흥분 |
| 미래정향적 |

| 불안과 공포의 차이점 | |
|---|---|
| 불안 | 공포 |
| 다가올 위험 | 시급한 위험 |
| 위협의 근원은 불투명 | 위협에 초점을 둠 |
| 위협과 공포 간의 불명확한 관계 | 위협과 공포 간의 명확한 관계 |
| 대체로 지속적 | 대체로 일시적 |
| 지속적 | 위협이 제거될 경우 공포도 제거 |
| 경계심 | 비상경보 반응 |

구체적이지 않은 어떤 대상이기에 그것의 근원조차 알 수 없지만, 위협이 예상되는 가운데 지속적으로 기분 나쁜 감정이 형성될 때가 모든 불안의 기본 상태라고 할 수 있을 것이다.

독일의 건강심리학자 및 심리치료사인 모르쉬츠키(H. Morschitzky)와 방송진행자 자토어(S. Sator)가 공저로 발행한 『불안의 열 가지 얼굴』이라는 연구서는 불안을 외면할 것이 아니라 적극 대면하라는 테제를 제시한다.

불안은 생물적·심리적·사회적 경고 시그널로서 우리의 몸, 우리의 목표 혹은 우리의 사회적 관계가 위태로울 때 나타난다. 우리는 불안에 어쩌면 고마워해야 하는데, 그것은 불안이란 사실 무엇인가에 마침내 접근해서 능동적인 조치를 취하도록

우리를 자극하는 힘이기 때문이다.[9]

불안은 "능동적인 조치를 취하도록 우리를 자극하는 힘"으로서 일종의 긍정적인 "시그널"과도 같기에 불안을 외면할 필요가 없다는 것이다. 사실 이와 같은 시각과 테제는 불안에만 국한되는 것이 아니라 부정적으로 여겨지는 모든 감정(멜랑콜리, 질투, 분노 등)에 적용될 수 있다. 어쨌든 두 연구자는 이와 같은 불안에 대한 적극적인 분석 시각을 바탕으로 다음과 같은 불안의 열 가지 유형을 제시하는데, ① 갑작스럽게 찾아오는 불안 자체에 대한 불안(공황장애), ② 불안한 상황에서 도피처나 조력자를 찾지 못하는 데서 오는 불안(광장공포증), ③ 특정한 대상이나 상황에 대한 불안(특정공포증), ④ 다른 사람의 시선과 비판에 대한 불안(사회공포증), ⑤ 이런저런 모든 것에 대한 불안(범불안장애), ⑥ 트라우마 등 아직도 남아 있는 충격에서 오는 불안(외상후스트레스장애), ⑦ 불안을 피하려는 강박관념에서 생기는 불안(강박장애), ⑧ 건강 상실에 대한 불안(건강염려증), ⑨ 육체적 질병의 후유증에서 나오는 불안(기질성 불안장애), ⑩ 알코올/마약에 의존해서 생기는 불안(물질유도성 불안장애) 등이 그것이다. 불안을 열 가지 유형으로 나누고 그것의 치료 가능성 등을 제시하는 등 의미 있는 임상의학적 시도라 할 수 있다. 그러나 본래 모든 '유형학적 시도'는 사례를 통해 공통점을 도출해낼 수 있지만 그와 동시에 개개 차원에

---

9 Hans Morschitzky/Sigrid Sator, Die zehn Gesichter der Angst. Ein Selbst hilfe Programm in 7 Schritten, München 2007(1. Aufl. Dusseldorf und Zürich 2002). p. 15. 이 책은 국내에 다음과 같은 제목으로 번역되었다(한스 모르쉬츠키/지그리트 자토어, 『두려움의 열 가지』, 애플북스, 2012).

서의 미묘한 차이를 놓칠 수 있으며, 더욱이 각각의 유형 안에서도 더욱더 세분화된 다양한 특징이 발견될 수 있을 것이다. 그런 점에서 문학과 미술은 허구적인 형상화 작업일지라도 그와 같은 불안의 얼굴을 더욱 다채롭게 제시해줄 수 있는 가장 흥미로운 장르일 것이다.

저명한 독문학자 리하르트 알레빈(R. Alewyn)은 문학과 불안에 대해 다음과 같이 언급한 바 있다.

> 인간이 존재했던 이후 삶에서의 불안은 항상 있어왔다. 그런데 불안이 삶에서 사라지기 시작한 시점에 불안이 문학에 나타나기 시작한다. 계몽주의(그리고 현대 국가에서의 공적인 삶의 세속화)는 불안을 추방하였는데, 그 도피처를 찾아 나선 불안은 문학에서 바로 그 장소를 찾았다.[10]

계몽주의, 근대 국가의 형성, 공공적 삶의 추구 등은 모두 역사의 무한한 발전이라는 역사철학적·낙관주의적 이념과 관련되며, 이러한 경향은 18세기 이후 근대의 핵심을 이룬다. 그와 같은 계몽주의 이념에 의해 광기, 불안, 죽음과 같은 소위 스산하고 어두운 그림자는 삶에서 추방될 수밖에 없었다. 그러나 사회적으로 추방된 불안은 소위 "어두운 낭만주의(Schwarze Romantik)"에서 도피처를 찾게 되었는데, 다르게 말하면 낭만주의 문학은 사회에서 배제된 불안을 예술적으로 적극 형상화했다.

낭만주의 문학(티크, 호프만 등)에서 불안과 공포 등이 적극

---

10 Richard Alewyn, Die Literarische Angst, in: Hoimar von Ditfurth(Hg.), Aspekte der Angst. Stuttgart 1965, pp. 24-36, hier p. 36.

제시된 이후 현대 문학에서는 특별한 장르가 형성되는데, 즉 불안과 공포를 형상화하는 장르를 흔히 "공포문학(Horror-Literatur)" 또는 "전율문학(Schauer-Literatur)"이라고 부른다. 현대 문학에서 공포문학 장르의 대가로 간주되는 작가로는 이미 인용한 바 있는 미국 작가 하워드 필립스 러브크래프트(Howard Phillips Lovecraft, 1890~1937)인데, 그는 문학에서의 불안과 공포의 당위성을 다음과 같이 설명하고 있다.

> 외적인 미지의 힘에 대한 형용할 수 없는 긴장된 어떤 불안과 공포의 특정한 분위기가 틀림없이 존재하며, 인간의 뇌를 엄습할 수 있는 가장 무시무시한 표상, 즉 저 불변의 자연법칙이 (……) 갑작스럽게 지양되거나 작동되지 않을 수 있다는 저 무시무시한 표상이 암시되어야 하며, 그런 대상에 적합한 진지함과 중요성으로 표현되어야 한다.[11]

인간의 가장 근원적인 감정으로서의 불안은 미지의 것과 조우할 때 발생하는데, 기존의 불변하는 자연법칙은 그 미지의 것을 제대로 설명할 수 없다. 문학은 그와 같은 소위 필연적인 자연법칙이 붕괴되는 순간으로서의 불안을 "진지하고 중요하게" 서술해주는 장르가 되는데, 특히 공포문학이 대표적이다. 단순히 심리적인 현상만 기술하는 방식을 통해서가 아니라 다양한 측면에서, 즉 다양한 원인을 지시하는 방식을 통해서 말이다. 이와 같은 서술 방식이 '저 불투명하고 미지의 것'에서 발생하는 불안에 가장 적합한 방식

11 H. P. Lovecraft, Das übernatürliche Grauen in der Literatur, übersetzt. v. Alexander Pechmann, Berlin 2000, p. 38.

이 된다.

1981년 독일 문학 비평가인 프리츠 라다츠(F. Raddatz)는 "동시대 현대문학은 불안의 문학이다"는 제목으로 문학에서의 불안의 중요성을 강조한 바 있는데, 특히 현대사회에서의 인간의 불안을 자주 형상화한 후베르트 피히테(Hubert Fichte)의 작품과 관련하여 다음과 같이 서술한 바 있다.

> 후베르트 피히테의 강도 있고 문체 있는 예술은 그가 희망을 기만으로 파악하도록 만드는 곳에서 가장 밀도가 높다. 친밀함은 부정으로 나타나고, 신뢰는 다닐 수 없는 오솔길로 나타난다. 언제나 불안을 신봉하는 것, 또한 불안이 어떻게 발생하는지를 명명하는 것, 누가 불안을 독약처럼 생산하는지를 명명하는 것, 이런 모든 것이 피히테 작품의 추동력이었다. 불안이 민중을 위한 아편으로 작용하고, 불안이 냉정함과 비인간성으로 전환한다. 다른 세계에 대한 추구가 작가들을 여기저기 떠돌아다니게 한다. 작가들이 발견하는 것은 흔적들, 파편들, 찌꺼기들이다. 추구, 즉 찾아 나섬은 저 유명한 세계문학의 한 작품의 제목, 즉 프루스트의 '찾아 나섬(Recherche)'을 상기시킨다. 당시 찾으려는 대상은 잃어버린 시간, 즉 과거였다. 지금 여기서 찾으려는 대상은 도난당한 현재다.[12]

끊임없이 도난당한 상황, 즉 불안 극복이 불가능한, 변화와 극복이 불가능한 상황이 언제나 현재에 존속하고 있다. 사실 "도난당

---

12 F. Raddatz, Die zeitgenössische Literatur ist Angst-Literatur, aus: http://www.zeit.de/1981/32/die- zeitgenoessische-literatur-ist-angst-literatur/seite-2

한 현재"에 대한 이러한 인식은 오래전에 프로이트가 이미 지시해 준 바 있다. 프로이트는 초자아(금기와 터부를 내리는 현실원칙, 아버지 세계)가 과거, 현재, 미래를 모두 지배하는 힘으로 작용하는 상황을 다음과 같이 밝힌 바 있다.

> 인류는 결코 현재에서 살아본 적이 없다. 초자아의 이데올로기 속에서 민족과 민중의 전통인 과거가 지속하고 있으며, 이 과거는 현재의 영향력, 새로운 변화를 아주 천천히 피해간다. (……)[13]

문학은 비록 허구적이고 만들어진 이야기를 제시해주고 주로 마치 지나간 이야기를 담아내고 있는 것처럼 보이지만, 인위적으로 만들어진 지나간 이야기는 곧 "도난당한 현재"와 깊은 연관을 맺고 있으며 그렇기에 언제나 현재적인 이야기다.

불안과 공포는 인간이 갖는 근원적인 감정이지만, 그 자체는 추상적 개념이다. 위협하는 대상과 상황이 구체적이고 명확할 경우 적절하게 형상화될 수 있지만, 그 대상이 불명확하고 모호할 경우 형상화는 쉽지 않다. 그런데 회화에서는 대상의 구체적인 존재 여부 없이, 즉 구상과 추상을 넘어서 '색'을 통해 모든 감정을 표현해낼 수 있다. 문학, 철학 등의 인문학뿐만 아니라 자연과학, 나아가 회화에도 상당한 관심을 갖고 있던 괴테는 2천 쪽이 넘는 『색채론』에서 색을 크게 수동적인 것과 능동적인 것으로 구분한 바 있다. 근본이 되는 두 가지 색으로 그는 노란색과 파란색을 설정한

13 Sigmund Freud, Vorlesungen zur Einführung in die Psychoanalyse und Neue Folge, in: Studienausgabe Band 1, Frankfurt am Main 1969, p. 505.

후, 노란색은 밝음(Licht)에, 파란색은 어둠(Finsternis)에 속하는 것으로 나눈다.[14] 또한 노란색, 적색, 오렌지색은 능동적인 색에 속하고, 파란색, 초록색, 자주색은 수동적인 색에 속한다고 분류했다.

다양한 색은 복잡하고 미묘한 감정을 표현하기 마련인데, 심리학과 색채론이 결합하여 색이 야기하는 감정이 연구되곤 한다. 모든 색은 긍정적인 감정과 부정적인 감정을 야기하는 양면적 속성을 띠며, 비슷한 계통의 색은 서로 비슷한 감정을 야기하기 마련이다. 가령 검정색과 회색은 거의 같은 계통에 속하며, 초록색과 파란색도 마찬가지다. 몇 가지 예는 다음과 같다.

검정색: 슬픔, 어두움, 고통, 은둔, 절망, 허무주의, 우아함, 품위
하얀색: 순수, 무죄, 총명, 완전, 깨끗함, 차가움, 접근 불가능성
빨간색: 사랑, 열정, 열기, 생명(피), 역동성, 위험, 복수, 공격성, 잔인성
주황색: 삶의 기쁨, 추진력, 열기, 낙관성, 절박함, 과잉
노란색: 태양, 열기, 행복, 힘, 청명, 지식과 이성, 질투, 시기, 인색, 이기주의
초록색: 자연, 평온, 조화, 희망, 안전성, 균형, 불멸, 무관심, 시기, 미성숙
파란색: 하늘, 평온, 무한, 정신, 영혼, 성실, 신선, 비애, 불안, 이완
자주색: 신비, 품위, 마법, 신앙심, 영감, 존경, 오만, 자만

14 Goethe, Werke, in: Hamburger Ausgabe, Bd. 13, p. 326.

이상과 같은 기본적인 색과 감정을 바탕으로 회화에서는 불안(혹은 공포)이 다양한 시대적 배경과 연관되어 다양한 형상과 색채를 통해 표현되곤 했는데, 여기서는 몇 가지 예를 다뤄보고자 한다.

# 2 불안과 회화

## 1 불안의 경험과 상상력

중세에서 르네상스로 전환하는 시기에 활동한 독일 화가 마르틴 숀가우어(Martin Schongauer, 1430/1440/1445/1450?~1491)는 수많은 판화 작품을 남긴 바 있다. 그가 황금빛 배경과 아기천사 등을 동반한 아름다운 분위기 속의 성모 마리아와 예수를 대상으로 소위 '아름다운' 예술작품을 많이 남겼다는 점을 고려해볼 때 1473년에 제작된 것으로 추정되는 「악마들로부터 괴롭힘을 당하는 성자 안토니우스」(국내의 경우 '악마의 유혹'이라고 번역되기도 함)는 특이한 표현과 내용을 지닌 작품이 아닐 수 없다. 이 작품은 보슈, 브뤼겔, 그뤼네발트 등이 발휘한 중세적 상상력을 선취하는 작품으로서 미술사에서 대단히 중요한 의미를 지니며, 또한 미켈란젤로의 초기 작품 「성자 안토니우스의 유혹」(1487/88?)에도 결정적인 영향을 끼쳤다고 한다.

성자 안토니우스는 현세의 부유한 삶을 내던지고 금욕과 고행

마르틴 숀가우어, 「악마들로부터 괴롭힘을 당하는 성자 안토니우스」(1473)

의 삶을 살았다고 전해지는데, 온갖 악귀가 그의 수행을 방해하는 유혹을 펼쳤지만 이를 떨쳐내고 묵묵히 자신의 길을 걸었다고 한다. 그런 삶의 배경 때문에 이 작품을 「성자 안토니우스의 유혹」이라고 부르고 있는데, 예술사가 및 미술평론가들에 의하면 그것은 잘못된 제목이라고 한다.

이 동판화는 두 가지 대조적인 형상들로 구성되어 있다. 우선 안토니우스를 둘러싸고 있는 아홉 마리의 악귀는 무시무시하고 흉측한 악마(혹은 마귀)처럼 관찰자에게 전율과 불안을 야기한다. 악귀들은 안토니우스의 손, 머리, 다리, 망토 등을 붙잡고 있으며 또한 모두 손에 곤봉을 들고서 안토니우스에게 위협을 가하려 한다. 악귀들은 꼬리, 털, 가시, 날개 등을 갖고 있으며, 얼굴은 새, 파충류, 물고기 같은 모양이고 대부분 흉측스럽게 일그러져 있다. 악귀들의 배치가 흥미롭다. 안토니우스의 얼굴을 중심으로 상체 부분에는 다섯 마리의 악귀가 모여 있으며, 그의 왼쪽 하체 부분에는 세 마리의 악귀가, 그리고 나머지 한 마리의 악귀가 그의 다리를 붙들고 있다.

그런데 불안과 관련해볼 때, 악귀들은 사실 관찰자에게만 전율, 공포, 불안을 야기할 뿐 작품의 한가운데 위치한 안토니우스는 완전히 정반대다. 안토니우스는 자신의 손과 발, 아니 몸 전체가 온갖 형상의 악마와 마귀에 둘러싸여 괴롭힘을 당하고 있지만, 자세히 보면 그의 얼굴만은 온갖 유혹이나 괴롭힘을 초월한 듯 거의 평온에 가까울 정도로 매우 태연자약하다. 위에서는 자세히 읽을 수 없지만, 그의 눈동자 또한 주변의 악귀들에 아랑곳없이 저 멀리 오른쪽 방향을 향해 쳐다보고 있다.

안토니우스와 아홉 마리의 악귀는 서로 대조적인 모습을 이루고 있지만, 그들 전체의 형상은 매우 흥미롭다. 안토니우스와 아홉 마리의 악귀는 하나의 조화로운 타원형을 이루고 있으며, 그런 타원형의 움직임을 유지하면서 이들은 막 오른쪽 하단의 암석—이는 지상을 뜻하는데—을 벗어나 하늘로 떠오르고 있는 듯이 보인다. 즉, 하늘과 땅 사이에서 부유하고 있는 순간의 형세다. 신학적으로 이 작품에 접근할 경우 다음과 같은 해석이 가능하다.

> 숀가우어의 이 작품은 한편으로 모든 공격을 인내심으로 참아낼 것을 대표적으로 대변하고 있다. 다른 한편으로 그의 동판화는 신학적으로 에페소서 6장 12절의 한 대목과 관련되어 있

다. "우리의 전투 상대는 인간이 아니라, 권세와 권력들, 즉 어두운 세계를 지배하는 자들과 하늘 아래에 있는 악령들입니다"[15]

중세는 기독교의 엄격한 종교적 질서가 지배하던 시기였기에 죽음이나 악마에 대한 불안 등은 모두 종교적 배경과 의미에 근거하고 있다. 그런데 중세 화가들은 불안을 표현함에 있어서 매우 독창적인 상상력을 발휘하고 있다. 보슈, 브뤼겔, 그뤼네발트 등의 대표적인 작품에서 알 수 있듯이, 그들 작품에서는 자연신비학(Naturmystik)의 예술적 상상력을 토대로 기괴한 동식물이 의인화되는 가운데 인간과 기괴한 형상들이 함께 어우러지는 예술적 현상이 엿보인다. 동시대의 기독교적 맥락과 생성 과정 등을 고려해 볼 때 작품들은 무엇보다 종교적·도덕적 의미를 지니지만, 매우 그로테스크하고도 유머러스한 현상들은 자율적 예술의 발전 과정에서 보면 종교성, 종교적 의미 등으로 환원될 수 없는 매우 뛰어난 상상력에서 인위적으로 만들어진 것임을 알 수 있다. 「악마들로부터 괴롭힘을 당하는 성자 안토니우스」에서 악귀에 대한 숀가우어의 표현도 종교적으로 구속된 예술과 종교로부터 벗어나려는 자율적 예술 사이에 자리하고 있다. 그렇기 때문에 예술과 '불안'의 관계도 단순한 이해를 벗어난다. 그의 작품은 중세 시대에 실제 존재했던 악귀의 경험으로서 단순히 '불안의 경험(Erfahurng der Angst)'을 재현해냈다기보다 오히려 악귀 자체가 불안에 대한 의인화로서 일종의 '불안에 관한 사유(Denken über Angst)', 즉 불안

---

15 Aus: http://syndrome-de-stendhal.blogspot.kr/2016/11/besuch-aus-der-holle-martin-schongauers.html

에 대한 예술적 상상을 펼치고 있다. 물론 '불안의 경험'인지 '불안에 대한 사유(상상)'인지 그 최종 결정을 내리는 것은 결코 쉽지 않다.[16]

## 2 위협당한 불안과 위협하는 불안

레옹 코니에(Léon Cogniet, 1794~1880)는 신고전주의적·낭만주의적 화풍을 동시에 구사한 프랑스 화가로서 1843년 「죽은 친딸을 그리는 틴토레토」라는 작품으로 선풍적인 성공을 거뒀다. 여기서는 불안을 그려낸 작품으로 「헤롯왕에게 학살당하는 아기들」을 살펴보기로 하자.

이 작품은 성경의 한 장면을 배경으로 하고 있다. 마태오복음서 2장 1~18절의 내용은 다음과 같다. 베들레헴에서 예수가 탄생할 것이라는 소식을 들은 헤롯왕은 동방에서 온 박사들로 하여금 예수가 어디에서 태어나는지를 알려주면 자신도 그곳을 찾아 경배할 것이라고 거짓말을 한다. 하나님의 지시를 받은 동방 박사들은 헤롯왕에게 예수의 탄생을 알리지 않고 몰래 길을 떠나며, 또한 꿈에 천사의 지시를 받은 요셉은 마리아와 아기 예수를 이집트로 피신시킨다. 동방 박사들이 자신을 속였다는 사실을 모두 알게 된 헤롯왕은 동방 박사들의 피신 시기를 대충 어림잡아 베들레헴과 그 일대

16 Vgl. Ursula Peters, Mittelalterliche Literatur am Kloster und Hof. Ergebniss und Perspektiven eines historisch-anthropologischen Verständnisses, in: Mittelalterliche Literatur und Kunst im Spannungsfeld von Hof und Kloster, hrsg. v. Nigel F. Palmer und Hans-Jochen Schiewer, Tübingen 1999, pp. 167-192.

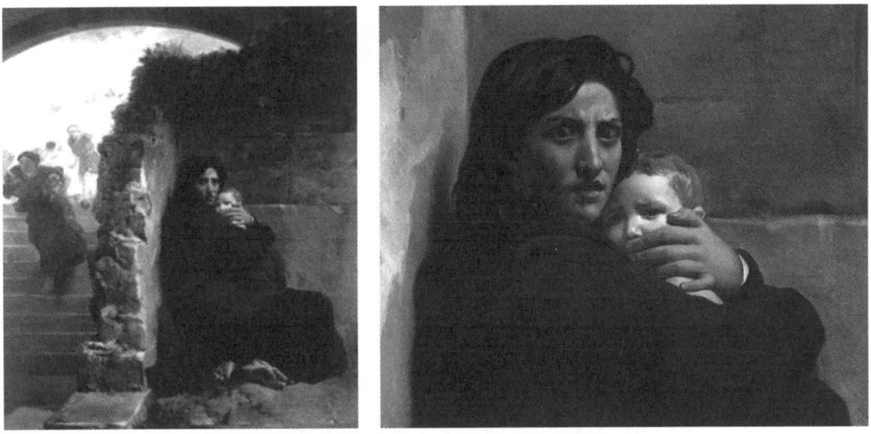

레옹 코니에, 「헤롯왕에게 학살당하는 아기들」(1824)

에 사는 두 살 이하의 사내아이를 모조리 죽이라는 명령을 내린다.

레옹 코니에의 「헤롯왕에게 학살당하는 아기들」은 바로 위와 같은 성경 내용에 바탕을 두고 있다. 아이들을 학살하도록 명령을 내린 헤롯왕의 행위는 전대미문의 범죄이며, 레옹 코니에는 그 범죄의 한순간을 상상력을 발휘하여 형상화해내고 있다. 왼쪽 그림이 그림 전체를 보여준다면, 오른쪽은 담벼락에 숨어서 아기를 품에 안고 있는 한 여인의 얼굴을 좀 더 확대한 부분이다.

우선 그림 전체는 부서진 담벼락을 기준으로 구도가 나뉜다. 담벼락 왼쪽에는 두 어린아이를 양팔에 끼고서 도망치는 아낙네를 보여주고 있으며, 담벼락 오른쪽에는 품에 안은 아이의 입을 막고 숨어 있는 여인을 보여주고 있다. 양쪽 모두 극도로 긴박한 상황임을 알 수 있는데, 전자가 극도의 동적인 장면이라면 후자는 극도의 정적인 장면이다. 그런데 한 여인이 어린아이의 입을 막고 있는 장면은 안전하게 숨어 있음에도 불구하고 불안과 공포의 측면에서는 그 강도가 매우 강렬하다. 여인과 아이의 얼굴 모습을 확대한 일부분을 보면, 여인뿐만 아니라 아이의 눈 또한 몹시 두려움에 젖어 있음을 알 수 있다.

눈은 사물의 인식 기관임과 동시에 감정을 밖으로 옮겨내는 신체의 주요 기관이다. 기쁨, 쾌락, 불안, 공포, 두려움 같은 감정은 무엇보다 눈을 통해 가장 잘 드러나기 마련이다. 여인과 아이가 부서진 담벼락의 한 구석에 피해 있지만, 그 피신 장소와 두 사람의 자세가 어느 정도의 안전을 담보할지라도 두 사람의 눈은 그들이 얼마나 불안과 공포에 젖어 있는지를 말해주고 있다. 특이한 점은 그들의 눈이 자신들을 추격해오는 쪽으로 향해 있는 것이 아니라 그림을 바라보는 관찰자를 향해 있다는 것이다. 이는 마치 관찰자들도 자신들의 불안과 공포를 같이 느껴줄 것을 호소하는 듯하다. 이러한 시각적 표현은 스릴러 영화에서 자주 볼 수 있는 수법이다. 영향미학적 차원에서 그림은 인물 스스로 젖어 있는 불안을 나타내는 의미에서의 '위협당한 불안(불안한 눈)'을 넘어서서 동시에 관찰자에게도 불안을 야기하는 의미에서의 '위협하는 불안(눈의 불안)'으로 작용한다.

## 3 장엄함과 불안

고야(1746~1828)의 여타 그림들과 마찬가지로 「거인」도 세계적으로 널리 알려진 작품이다. 「사투르누스」와 마찬가지로 이 작품 또한 예술사에서는 전쟁에 반대하는 고야의 시각이 반영된 작품으로 간주된다. 사실 이 작품은 '저자는 누구인가?'라는 근본적인 질문에 시달리고 있는데, 최근 연구가들 가운데 이 그림의 생산 주체가 고야

고야, 「거인」(1810)

가 아니라 그의 제자이자 동반자인 아센시오 율리아(Asensio Juliá, 1760~1832)라는 의견이 조심스럽게 제시된 바 있으며 그림을 소장하고 있는 스페인의 프라도 박물관 측에서도 2008년에 그 점을 인정한 바 있다. 그러나 고야의 그림이라는 주장도 여전하다.

그림 전체의 하단 부분과 상단 부분은 모두 검은색으로 어둡게 그려져 있으며, 거인의 몸의 중간을 담은 그림의 중간 부분만 파란색 하늘과 회색 구름(혹은 연기)이 뒤섞여 있다. 그림 하단 부분에는 거인의 출현에 놀라서 사람과 동물들이 혼비백산 사방으로 흩어지고 있는 아수라장을 보여준다. 그런 와중에 정말 기이하게도 하단 중앙 부분에서 한 마리의 나귀가 전혀 움직이지 않는, 거의 정지된 듯한 모습을 보이고 있다. 주변의 거대한 소요 중에도 나귀의 부동적 상태가 과연 가능한 것인지 의심스러울 정도다.

저 멀리, 아마도 거대한 산맥 너머에 짙은 구름을 뚫고서 출현한 거대한 거인이 있다. 그의 엉덩이 부분은 짙은 구름과 안개 속에 가려져 있으며, 거인의 상체와 머리는 그 구름을 뚫고서 검은색 하늘까지 닿아 있다. 주먹을 쥔 거인은 마치 누군가와 한 판 겨룰 것 같은 모습으로 어딘가를 향해 있다. 저 멀리 있는 거인이 그림 하단부에 있는 사람들과 동물들을 위협하는 것처럼 보이지는 않지만, 그럼에도 불구하고 모든 사람이 불안에 떨며 사방으로 흩어지고 있는 것은 분명히 그의 출현 때문이다.

거인과 관련해서는 두 가지 상호 텍스트적 비교가 가능하다. 그 하나는 고야의 「거인」은 잘 알려진 홉스의 『리바이어던』(1651) 표지 그림에서의 거대한 인간을 떠올린다. 그렇지만 양자는 서로 다르다. 홉스의 『리바이어던』에서 검과 왕홀을 쥐고 왕관을 쓴 거대한 인간은 아무런 감정 없이 산 너머에서 도시를 내려다보는 모습이고, 또한 자세히 들여다보면 수많은 작은 인간으로 구성되어 있기에 거인은 일종의 인민의 집합체로서 국가 또는 황제(혹은 영주, 정치적 지도자) 등을 가리킨다. 그러나 고야의 「거인」은 전혀 그렇지 않다. 그는 민중에게 소요와 불안을 야기하는 글자 그대로 거대한 괴물이다.

또 다른 하나는 고야의 「거인」은 화화와 문학 간의 상호 텍스트성 차원에서 1911년 게오르크 하임(Georg Heym)이 쓴 「전쟁 I」이라는 시를 떠올리게 한다.

> 오랫동안 잠자고 있던 그가 일어났다.
> 저 아래 깊은 구름 밑에서 일어났다.
> 어둠 속에 그는 서 있다, 거대하고 미지의 모습으로.
> 그리고 그는 검은 손아귀로 달을 으깨고 있다.

고야보다는 하임이 뒤늦게 태어나 활동했다는 점을 고려하면, 이 경우 마치 하임이 고야의 「거인」을 시적 언어로 서술한 것처럼 읽힌다. '달'(부드러움, 순수성, 안전함)을 부수는 거대한 괴물은 3년 후인 1914년에 발발한 제1차 세계대전을 암시하는데, 이를 예감해낸 시인의 시적 상상력이 뛰어나다. 전쟁을 거대한 검은 괴물로 의인화하고 있는 시의 첫 연의 서술은 저 멀리 거대한 산맥 뒤에서 출현하는 고야의 「거인」 모습과 정확히 부합한다.

제목 '거인'과 그 형상화의 의미에 대해서는 두 가지 해석이 서로 대치하고 있다. 거인은 스페인을 점령하려는 프랑스(혹은 나폴레옹)를 가리키는 것으로 해석되지만, 이와는 정반대로 그러한 프랑스의 침략에 대항하는 스페인 민중의 저항정신으로 해석되기도 한다. 후자의 해석이 설득력을 얻는 까닭은 거인의 시선이 그 아래에 정신없이 흩어지는 사람들을 향해 있는 것이 아니라 다른 쪽을 향해 있기 때문이다.

사실 이 그림의 거인은 어떤 전율과 불안을 야기한다. 거인의 출현 자체는 전율스러우며, 그런 거인을 보았는지 그림 내의 대상(흩어지는 사람과 동물)은 공포와 불안에 젖어 있는 듯이 보인다. 거인의 출현이 프랑스의 침략을 뜻하든 아니면 이에 대항하는 스페인의 저항을 뜻하든, 두 가지 해석의 공통점은 바로 '전쟁'이다. 즉 거인은 침략적 전쟁이든 저항적 전쟁이든 전쟁 자체를 의미한다. 여기서 중요한 점은 전율을 야기하는 거인, 즉 전쟁은 그림 내의 다른 대상들에게뿐만 아니라 그림을 보는 이들에게도 '불안'의 감정을 야기한다는 것이다. 그림의 관찰자에게도 불안이 야기되는 까닭은 거인 자체의 '불균형적인 크기'에 있다. 흔히 그림 내의 대상은 그림의 틀 자체 내에서 균형적인 크기를 갖기 마련인데, 고야 작품 속의 거인은 그림 내에서 거대할 뿐만 아니라 마치 그림의 테두리를 뚫고 나갈 듯이 '과도할 정도로 거대한(übergroß)' 크기를 내보인다. 거인의 거대한 크기는 칸트가 말한 저 "장엄함(Das Erhabene)"의 근본 속성, 즉 공포와 불안을 야기하는 대상의 거대한 크기와 밀접한 관련을 맺고 있다. 칸트는 『판단력 비판』에서 두 가지 미적 범주를 다루고 있는데, 그 하나는 아름다움이며 다른 하나는 장엄함(§ 23-29)이다. 전자에서는 자연의 합목적성이, 후자에서는 인간의 합목적성이 중심테제로 제시되고 있다. 더 정확히 말하면, 아름다움에서는 조화가 자연 속에서 자연적으로 나타나지만, 장엄함에서는 조화가 인위적으로, 즉 도덕적으로 만들어진다.

"단순한 판단으로 마음에 드는 것은 (……) 아름답다. (……) 감각의 이해관심에 대해 저항함으로써 직접적으로 마음에 드는 것은 장엄하다."[17] 아름다움이 '모든 이해관심을 초월한(interesselos 혹은 ohne Interesse)' 감정이라면, 감각이 이해관심사를 지닐 경우 그리고 그러한 감각의 이해관심사에 대해 저항하면서 발생하는 감정이 바로 장엄함이다. 장엄함이란 다름 아닌 감각으로부터 정신(이성적 의식)으로 전환하는 가운데 발생하는 감정양식을 의미하는데, 칸트는 이를 "정신감정(Geistesgefühl)"이라고 부른다.

칸트의 장엄함은 몇 가지 특징을 지니며 그 특징은 아름다움과의 비교를 통해 잘 드러난다. 첫째, 아름다움의 대상은 형식을 갖고 있지만 장엄함의 대상은 "형식 없이(formlos)" 나타난다. 둘째, 아름다움이 긍정적인 쾌락(positive Lust)이라면 장엄함은 부정적인 쾌락(negative Lust)이다. 셋째, 아름다움이 대상과 관찰자 간의 조화에 바탕을 둔다면 장엄함은 대상과 관찰자 간의 부조화에 바탕을 둔다. 칸트는 "형식 없는", 대상과 관찰자 간의 부조화를 야기하는 장엄함의 대상으로 가령 폭풍우, 대양, 지진 등과 같은 공포, 전율, 불안 등을 수반하는 자연 현상을 들고 있다. 그러나 칸트는 무시무시하게 다가와 "생명력을 순간적으로 방해하는 감정"을 야기하는 자연 현상에 다시금 "감탄(Bewunderung)"과 "존경심(Achtung)"을 갖게 된다고 한다.[18] 이는 자연보다 도덕적으로 더욱 우월한 정신감정의 힘 때문이며 칸트는 이를 "장엄함"이라고 규정한다. 거인의 불균형적이고 거대한 모습과 관련하여 고야는 전쟁

---

17 Immanuel Kant, Kritik der Urteilskraft, in: Werkausgabe, hrsg. v. W. Weischedel, Bd. X, Frankfurt am Main 1978, p. 193.

18 Ibid., p. 165.

같은 거대한 현상 자체의 형상화를 중시했던 것으로 보이지만, 한 걸음 더 나아가 프랑스의 침략에 대항하는 스페인 민중의 저항정신에 감탄과 존경심 같은 도덕적 장엄함을 부여한 것으로 볼 수 있다. 그렇지만 이러한 해석에도 문제점이 없지는 않은데, 그것은 저항정신도 어쨌든 전쟁과 관계되어 있기 때문이다. 고야는 침략이든 저항이든 모든 형태의 전쟁을 거부한 '근본적인 반전 운동가'이자 예술가였다.

고야의 「거인」이 야기하는 매력은 사실 전쟁에 반대하는 고야의 작가적 의도를 중시하는 일종의 정치사회적·역사적 평가 때문이 아니다. 미학적으로 접근하면, 고야의 「거인」은 칸트의 장엄함보다는 고대 철학자이자 수사학자인 롱기누스(Longinos, B. C. 212~272)가 주장한 장엄함의 미학으로 해석되는 것이 더욱 적절할 듯싶다. 즉, 전쟁에 반대하는 작가의 도덕적·정치적 의식보다는 거인이라는 형상 자체가 불러일으키는 놀라움과 전율이 우리(즉 그림의 관찰자)를 압도한다는 의미에서 작품 자체의 장엄함 말이다.[19] 다음과 같은 롱기누스의 언술은 고야 작품의 의미를 평가하는 데 있어서 매우 시사적이다.

교양 있고 박식한 자네에게 나는 어렵지 않게 확언할 수 있네. 장엄함이란 언어의 특정한 클라이맥스이자 절정이며, 대부분

19 Jean Starobinski, Die Erfindung der Freiheit. 1700–1789, Genf 1964; Jean-François Lyotard, Die Analytik des Erhabenen - Kant-Lektionen, München 1994; Barnett Newman, The Sublime is Now, 1948; Carsten Zelle, Die doppelte Ästhetik der Moderne. Revisionen des Schönen von Boileau bis Nietzsche, Stuttgart/Weimar 1995; Schwarze Romantik. Von Goya bis Max Ernst(http://kunstundfilm.de/2012/12/schwarze-romantik–von-goya-bis- max-ernst/)

> 의 시인과 작가는 바로 장엄한 언어를 수단으로 하여 승리를 거두며 자신들의 불멸의 명예를 획득한다네. 장엄함은 청자에게 확신을 주는 것이 아니라 열광을 심어준다네. 설득하는 것과 마음에 드는 것보다는 놀라움과 전율을 불러일으키는 것이 우리에게 언제나, 어디서나 더 강한 영향력 끼치네. 우리의 확신은 대개 우리 자신에게 달려 있지만, 장엄함은 청자에게 저항할 수 없는 위력과 힘을 행사하며 청자를 완전히 지배하는 것이네.[20]

거인은 작품 속에서 거대한 대상으로 존재하지만, 그 무시무시한 형상과 영향, 그리고 그것의 알 수 없는 의미는 관찰자에게 어떤 "위력과 힘"을 행사하고 있다. 거인 형상은 '전쟁'이라는 의미로 파악되기 전부터 이미 관찰자에게 기이한 마력을 행사하는데, 이를 롱기누스는 "놀라움과 전율을 불러일으키는 것"이라고 언급했고, 롱기누스를 익히 잘 알고 있던 18세기 정치학자이자 미학자인 에드먼드 버크(Edmund Burke)는 "기분 좋은 전율(delightful horror)"로서의 "장엄함(the sublime)"이라고 명명한 바 있다. 고야는 그와 같은 미학적 전통에 서 있었다.

## 4 불안한 내면의 외침

노르웨이 화가 뭉크는 1893~1910년 사이에 동일한 모티프로 4개의

20 Pseudo-Longinos, Vom Erhabenen, Darmstadt 1983, p. 29.

뭉크, 「절규」(1893)

그림을 발표하며, 그 가운데 「절규」(1893)와 「불안」이 가장 유명하다. 「절규」는 뭉크가 우울과 환각에 시달리던 시기에 만들어진 작품이라고 전해진다. 그렇게 작가의 우울한 삶에서 생산된 「절규」는 흔히 레오나르도 다빈치의 「모나리자」, 반 고흐의 「해바라기」와 더불어 세계 3대 명화로 평가된다. 이 그림의 생성에 대해 뭉크 스스로 자신의 그림 옆 여백에 다음과 같은 글을 적어놓은 바 있다.

> 나는 두 명의 친구와 함께 길을 따라 걷고 있었다. 해는 저물고 있었고, 하늘은 새빨간 색을 띠고 있었다. 나는 멜랑콜리한 숨결을 느꼈다. 나는 멈춰 섰으며, 가만히 있었고, 너무 피곤했다.

검푸른 협곡과 도시 위에 피와 불꽃 혀가 걸려 있었다. 내 친구들은 계속 걸어갔지만 나는 뒤로 물러섰다. 너무 불안하여 몸을 떨었다. 나는 자연 속에서 (어둠 속에서 울려 퍼지는) 끝없는 거대한 외침을 느꼈다.[21]

지극히 개인적인 생산 배경을 갖고 있지만 어쨌든 표현과 색의 형상화 과정을 통해 그림은 이미 독자성을 지닌다. 자세히 살펴보면 세부적인 점에서 뭉크의 실제 경험과 그림은 일치하지 않는다. 뭉크의 경우 자연의 모방이나 재현이 아니라 오히려 보이지 않는 것(무의식, 불안, 꿈, 신경증 등)에 기이한 형상을 부여하는 창조적 작업이 중시된다. 프랑스 비평가이자 미술평론가인 조리스-카를 위스망스(Joris-Karl Huysmans)는 잘 알려진 것들에 낯설고 기이한 외양을 부여하는 노발리스의 '낭만화' 수법, 즉 '어두운 낭만주의'의 맥락 속에 뭉크의 표현주의적 수법을 자리매김한다.

자연을 관찰하는 것이 중요한 것이 아니며, 또한 자연 속에서 신적인 메시지를 읽어내는 것이 중요한 것도 아니다. 자연을 저 비일상적인 것과 연관시키는 것이 중요하다. 우리의 정신을 친밀한 세계로부터 분리시키는 것은 바로 저 비일상적인 것이며, 또한 신경증에 하나의 목소리를, 불안에 하나의 형상을, 아무리 위협적일지라도 가장 깊은 꿈에 하나의 얼굴을 부여하는 것은 바로 저 비일상적인 것이다.[22]

---

21 N. Stang, Evard Munch, Wiesbaden 1982, p. 46.

22 Edvard Munch, das Unheimliche und die Frau, Was seine Werke über den

뭉크의 그림에서는 눈에 보이는 주변 자연이 형상화된 것이 아니라 사실은 보이지 않는 자연이 다양하고도 기이한 형상을 갖게 된 것이다. 보이지 않는 것(가령 신경증, 불안, 꿈)에 구체적인 형상을 부여하는 것, 이것이 바로 노발리스가 작품 생산의 수법으로 선언한 "낭만화 수법"에 다름 아니다.

그림의 몇 가지 특징을 살펴보기로 하자. 전체적으로 개개 색들이 혼합되지 않은 채 선명한 색을 유지하고 있다면, 이와 대조적으로 인물과 형태는 모호함을 띠고 있다. 하늘은 노란색, 오렌지색, 붉은색의 곡선 또는 파도 모양으로 서술됨으로써 마치 불타고 있는 듯한 인상을 야기한다. 바닷물은 푸른색을 띠고 있으며 바닷가 해변은 짙은 청색, 푸른색, 붉은색 등이 섞여 있고 오른쪽 주변은 숲속을 나타낸 듯 녹색을 띠고 있다. 전체적으로 주변 풍경은 완만한 곡선이 움직이듯 표현되어 있다. 이 흥미로운 자연풍경과 인간의 모습 간의 관계와 관련하여 중요한 질문이 제시될 수 있다. 즉 이 모든 것이 정중앙 인물 주변에서 들려오는 불안한 소리를 표현한 것인지, 아니면 정중앙 인물이 외쳐대는 소리가 주변으로 퍼져나가는 것을 표현한 것인지 하는 점이다. 외부의 소리인지, 내면의 소리인지 말이다. 주로 후자로 답변되지만 물론 그 최종 답은 확실치 않다.

한가운데의 인물은 나무다리의 난간에 기대어 서 있으며, 어떤 소리도 듣고 싶지 않은 듯 양손으로 귀를 틀어막고 있다. 여성인지 남성인지 알 수 없는 한가운데 인물은 사실 해골과도 같다. 아마도 화가는 불안이 중성이라는 점을 암시하듯 그렇게 정중앙의

---

Maler verraten. In: https://artinwords.de/edvard-munch-das-unheimliche-und-die-frau/

인물을 중성적으로 그려내고 있는 듯싶다. 머리카락이 없는 머리 전체, 눈동자 없이 동공만 크게 열린 얼굴은 마치 유령처럼 보이게 한다. 소리를 듣지 않기 위해 귀를 막고 있는 손의 길이 또한 무척 길다. 마찬가지로 몸 전체가 검은색으로 길게 그려져 있을 뿐 바지나 셔츠 등 어떤 옷을 입고 있는지 알 수 없다. 그는 불안한 듯 눈을 크게 뜨고 입을 벌린 채 소리를 지르고 있다. 이 점이 사실 모호하다. 위에 인용한 뭉크의 개인적인 체험담으로는 주변에서 커다란 소리가 들려왔다고 하지만, 여기서는 귀를 막은 정중앙의 인물이 오히려 소리를 지르고 있는 듯하다.

다리 위쪽에 있는 두 명의 인물은 모자를 쓰고 있으며 각기 다른 색으로 칠해져 있다. 한 사람의 몸 전체는 푸른색이고, 다른 사람의 하반신은 갈색으로 칠해져 있다. 두 사람의 모습은 전체적으로 불투명한 환영(幻影) 또는 유령처럼 보인다. 물론 앞서 인용한 바 있던 친구들과 산책 중 불안을 경험했다는 뭉크의 작가전기적 메모를 떠올리면 그림 속의 두 사람은 뭉크의 친구임에 틀림없다. 매우 단순한 점이지만, 뭉크의 경험담에서는 친구들이 앞으로 계속 걸어갔고 뭉크는 중간에 멈춰섰다는 것인데, 위 그림의 경우 정중앙의 인물이 오히려 앞서가는 도중에 멈췄고 친구들이 뒤따라오고 있다. 그들은 어쩌면 정중앙의 인물을 몰래 뒤따라오는 사람들로 간주될 수 있는데, 그렇다면 정중앙의 인물이 시달리고 있는 '추적망상증'이 두 인물을 통해 그려진 셈이다.

정중앙의 인물과 두 사람이 서 있는 다리도 기이한 인상을 불러일으킨다. 다리 양끝의 애매함으로 인해 다리의 길이는 무한한 듯하다. 즉 두 사람 뒤쪽으로 다리의 끝은 저 멀리 하늘로 치닫는 듯이 길게 뻗쳐 있으며, 정중앙의 인물이 걸어나가야 할 다리의 앞

방향도 열려 있는 듯하다.

그림이 불러일으키는 묘한 점은 불안이 어디에서 오는가에 있다. 불안정한 외적 현실의 불안한 징후들이 정중앙의 인물을 둘러싸고 있는 것일까? 잘 알려져 있듯이, 19세기 말의 사회적 현실은 문명화·기술화·도시화 등으로 인해 개인에게 보이지 않는 거대한 불안과 절망을 안겨주었다. 따라서 개인은 사회적 현실의 불안 속에 내던져진 상태에 놓였으며, 「절규」는 그런 사회적 현실을 그려내고 있다.

정반대 해석으로, 자연과 도시 등 사회적 현실은 정상적이고 다만 정중앙의 인물이 자신의 불안한 내면 감정에 시달리고 있는 것으로 해석할 수도 있다. 이 경우 개인의 불안감은 외적 현실 속으로 전이된다. 흔히 표현주의 작품들은 후자로 해석되는데, 즉 자아의 내면이 밖으로 표출된다는 의미로 말이다. 그렇다면 「절규」에서 유령처럼 보이는 정중앙의 인물을 포함하여 노란색, 오렌지색, 붉은색 등으로 혼합되어 표현된 하늘, 바닷가, 그리고 뒤에서 다가오는 불명확한 두 사람, 무한히 뻗어 있는 다리 등 모든 것이 형상과 색의 조합에서는 정상적인 방식을 취하지 않는 가운데 자아의 내적인 우울하고 어두운 불안감을 표현해내고 있다. 즉, 「불안」이라는 제목과 달리 이 그림의 제목은 "절규", 즉 자아가 갖고 있는 불안한 내면의 외침을 표현하고 있는 셈이다.

그런데 그림은 그림 속의 인물과 그의 불안한 내면의 외침만을 표현해준 것이 아니다. 그림은 사회 현실에서 오는 불안 혹은 추적망상증에 시달리는 누군가의 불안한 내면을 보여주는 것에 그치지 않는다. 달리 말하자면, 정상적이지 않은 표현 방식의 그림 자체가 관찰자에게 불안을 야기함으로써 결국 관찰자까지도 불안한 마음에 사로잡힌다. 작품 내의 인물, 작품, 관찰자 모두 불안의 그림자 속에 놓여 있다.

그림과 관련된 또 한 가지 질문이 제기될 수 있다. 정중앙의 인물 혹은 그림 자체는 '불안의 표현'을 넘어서 어떤 구원을 향해 소리를 지르는 것일까? 흔히 표현주의 예술과 문학에 대해서는 다음과 같은 해석이 자주 제시되곤 한다. 가령 세기말적 징후로서 종말에 대한 불안, 기존 세계의 총체적 붕괴, 새롭게 도래하는 유토피아적 세계는 서로 연관을 맺고 있다고 말이다. 그렇다면, 뭉크의 「절규」도 새로운 세계를 향한 외침의 의미를 내포하고 있는 것일까?

## 5 집단적 감정으로서의 불안

「절규」와 함께 「불안」(1894)도 뭉크의 대표작으로 손꼽힌다. 아마도 저 멀리 바닷가와 저녁노을을 뒤로하며 몇몇 사람이 거리의 다리 위를 지나가는 풍경을 그려놓은 듯하다. 이 작품은 「절규」와 비슷한 구도를 형성하고 있다. 다리 위에는 여성을 비롯한 많은 사람이 있고, 다리 아래 저 멀리에 검푸른 주변 배경과 함께 파란색 바닷물과 주황색 모래사장이 엿보이며, 두 척의 배도 보인다. 하늘은 「절규」처럼 주로 붉은색, 노란색, 오렌지색 등이 뒤섞여 있다. 하얀 깃의 검은색 옷을 입고 모자를 쓴 여성은 눈·코·입 등이 비교적 명확한 얼굴을 보이고 있지만, 그녀 뒤편에 있는 남자들이나 다른 이들의 얼굴은 점을 찍어놓은 듯한 눈 외에는 전혀 알 수 없으며 마스크를 쓴 것처럼 보인다. 모두 마치 유령이나 저승사자처럼 보이는

뭉크, 「불안」(1894)

데, 이를 벤야민은 "무정형의 집단"이라고 명명한 바 있다.

「절규」와 「불안」의 단순한 차이점은 전자의 경우 자아의 불안한 주관적 감정을 그려내고 있다면, 후자의 경우 여러 사람의 불안한 표정을 통해 집단의 불안한 감정을 표현하고 있다는 것이다. 이는 어쩌면 대도시 내의 곳곳에서 스쳐 지나가는 대중을 바라보면서 느낄 수 있는 그런 감정 표현일 수 있다. 19세기 말의 '불안'에 접근하기 위해서는 19세기 중반부터 철학자, 문인들에 의해 관찰된 대도시 내의 불안을 이해할 필요가 있다. 벤야민은 자신의 글에서 헤겔, 엥겔스가 어떻게 대중(혹은 군중)을 주시했는지를 제시한 바 있으며, 또한 보들레르 문학에서의 대중에 대해서도 독특한 분석을 제시한 바 있다. 우선 죽기 직전 아내에서 쓴 편지에서 헤겔은 대도시를 활보하는 군중을 다음과 같이 언급했다.

> 거리를 지날 때 마주치게 되는 사람들은 베를린에서 마주치는 사람들과 똑같아 보인다오. 비슷한 옷차림에 비슷한 얼굴들, 동일한 광경이오. 그러나 떼를 지어 움직이고 있지요.[23]

엥겔스도 런던 시내의 군중에 대해 비슷한 관점과 언술로 다음과 같이 언급했다.

> 거리의 혼잡만 해도 벌써 뭔가 혐오스러운, 인간의 천성에 거슬리는 점이 있다. 그곳에서 서로 밀치며 지나가는 각양각색의 사람들 모두는 동일한 특성과 능력, 그리고 행복해지고자 하는 동일한 이해관계를 지닌 사람들이 아닌가? (……) 그런데도 그들은 아무것도 공유하지 않는다는 듯, 아무 상관도 없다는 듯 서로 바삐 스쳐 지나가고 있다. 그들이 공유하는 유일한 합의점이란 누구나 다 우측통행을 함으로써 양편에서 몰려드는 무리가 서로 부딪힘 없이 스쳐 지나갈 수 있게 한다는 점이다. 이러한 개인들이 작은 공간으로 밀집해서 들이닥치면 닥칠수록 잔인한 무관심, 자신의 사적 관심사에만 무감각하게 고립하는 현상은 그만큼 더 역겹고 상처를 주게 된다.[24]

벤야민은 이와 같은 헤겔, 엥겔스의 시각을 수용하면서 보들

---

23 벤야민, '보들레르의 몇 가지 모티프에 관해', 실린 곳: 『발터 벤야민 선집』 4, 김영옥 외 옮김, 도서출판 길, 2010년, 200쪽.

24 같은 책, 198-199쪽.

레르 문학에서의 대도시와 대중의 이미지를 다음과 같이 설명하고 있다.

> 여기서 말하는 대중은 어떤 계급도 아니고 어떤 구조화된 집단도 아니다. 그것은 바로 무정형의 집단으로서의 행인들, 거리를 메우는 군중이다. 이 군중의 존재를 보들레르는 결코 잊은 적이 없다. 이 군중은 그의 작품 어느 것에도 모델로 사용되고 있지 않지만, (……) 그의 창작에 숨은 형상으로서 각인되어 있다.[25]

뭉크의 「불안」에 나타난 대도시와 군중의 불안도 비슷한 의미를 지닌다. 그들은 구조화되지 않은, 계급적 집단이 아닌 익명의 행인들로서 "무정형의 집단"이다. 이들은 사회적 불안에 감염된 이들이지만 동시에 그 사회적 불안을 다른 이들에게 옮기는 이들이기도 하다. 마치 불안의 좀비처럼 말이다. 불안에 젖은 그들의 얼굴색은 회색과 누런색이 섞여서 창백하며 마치 유령과도 같다. 붉은 빛의 하늘은 그들의 불안감을 더욱 증폭시키는 듯하다. 뭉크는 다음과 같이 언급했다고 한다.

> 나는 마스크를 쓴 인간을 보았다. 점액질처럼 끈적거리게 웃는, 합성된 얼굴들을. 나는 그 얼굴을 통해 엿보았다. 거기에는 고통이 있었고 창백한 몸덩이가 있었다. 그 몸덩이들은 멈추지 않고 구불구불한 길을 헤매며, 그 길 끝에는 무덤이 있었다.[26]

---

25 같은 책, 196쪽.

26 Edvard Munch, das Unheimliche und die Frau, Was seine Werke über den

대도시의 군중이 궁극적으로 도달하는 곳이 다름 아닌 무덤이라는 언술은 세기말의 허무주의와 연관될 수 있다. 하늘의 붉은 빛도 허무주의와 연관된 종말론적 분위기를 생성하고 있다.

그런데 이 작품도 불안을 형상화한 여타 다른 작가의 작품들과 비슷한 미적 영향력을 발산한다. 즉, 불안은 작품 내에 존재할 뿐만 아니라 관찰자들, 즉 바깥을 향해 그 영향을 끼치고 있다. 불안을 대상으로 삼고 있는 작품 자체가 단순한 분석 객체로 머무는 것이 아니라 불안과 공포를 야기하는 '주체'이기도 하다.

## 6 사회 속에서의 고독과 불안

프랜시스 베이컨(Francis Bacon, 1909~1992)은 아일랜드 출신의 화가로서 20세기 현대 미술을 대표하는 세계적인 작가다. 그는 양차 세계대전뿐만 아니라 1950~60년대 미국과 소련 간의 냉전 시대를 경험했으며, 따라서 전쟁은 그의 작품에서 중요한 의미를 지닌다. 그의 작품은 주로 비정상적이고 기형적인 몸을 형상화한 특징을 지니는데 이는 모두 전쟁에서 오는 고통, 절망, 불안, 분노 등을 표현하고자 한 것으로 해석된다. 세계 속의 고통, 불안, 죽음 등 니체의 허무주의 철학으로부터 많은 영향을 받은 베이컨은 다음과 같이 존재 상태를 밝힌 바 있다.

우리는 결국 고깃덩어리, 언젠가 썩고 마는 시체에 불과하다.

---

Maler verraten. In: https://artinwords.de/edvard-munch-das-unheimliche-und-die-frau/

정육점에 들어갈 때면 매번 나는 소/돼지 대신에 내가 거기에 걸려 있는 것이 아닌가 하는 생각에 놀랐다.[27]

몸, 그것도 썩은 몸, 시체 등은 모두 죽음과 연관된다. 자신의 자서전 집필가와 행한 인터뷰에서 베이컨은 다음과 같이 전했다고 한다.

삶의 이 짧은 순간, 즉 삶과 죽음의 이 놀라운 짧은 인터벌을 차치하면 우리는 무엇을 갖고 있는 것일까요? 아무것도, 아무것도 없습니다. 우리는 무에서 무로 들어갈 뿐이며, 그것이 전부지요. 삶이 아무리 화려하게 빛나더라도 그 뒤에는 아무것도 없습니다.[28]

그런 기형적인 몸의 표현에서 한 가지 세부적인 특징은 주로 입을 벌리고 있는 모습인데, 총 130여 작품 가운데 45개 정도의 작품이 열린 입의 다양한 형상을 그려내고 있다. 구강기에 대한 전통적인 심리학의 성적 함의에서 벗어나 불안, 공포, 절망 등과 관련된 입의 모양과 색채 등을 강렬하게 전달하고 싶었던 그의 회화적 집착은 다음과 같이 전해지고 있다.

입이 어떻게 그 형태를 바꾸는지를 누구나 알고 있습니다. 저

---

27 David Sylvester, Gespräche mit Francis Bacon, München 1982(London 1980), p. 46.

28 Ewa Hess, Der Papst schreit, aus:http://www.ewahess.ch/papsts-stummer-schrei/

> 는 항상 입의 움직임, 입과 이 모양 등의 움직임에 상당히 매료된 바 있습니다. 사람들은 그것이 다양한 형태의 성적 함의를 지닌다고 말합니다. 저는 입과 이의 실제 외적 현상에 완전히 사로잡혀 있었습니다. 지금은 저에게 그런 강박관념이 모두 사라졌지만, 어쨌든 당시에는 너무 강력했습니다. 사람들은 제가 그 광채, 그리고 입이 발산하는 색채를 좋아한다고 말합니다. 마네가 일몰을 그려냈던 것처럼 제가 입을 그렇게 그려낼 수 있기를 언제나 바랐습니다.[29]

이처럼 작가 스스로 밝힌 입 모양에 대한 강렬한 관심은 「십자가 발치에 있는 인물에 관한 세 습작」(1944)을 비롯한 다양한 작품에서 표출된다. 입의 형상화는 다른 또 한 가지 흥미로운 현상과 연관되어 있는데, 그것은 교황을 다양하게 그려내고자 한 작가의 관심사와도 연관된다. 40여 개의 일명 '교황 시리즈'라고 불리는 다양한 작품 가운데 대표작으로 간주되는 「교황 이노켄티우스 10세의 초상화」(1953)는 17세기 스페인 화가 디에고 벨라스케스(Diego Rodríguez de Silva y Velázquez, 1599~1660)의 작품 제목을 그대로 차용하고 있지만, 회화적 내용은 완전히 다르다.

왼쪽 베이컨의 그림에서 교황은 마치 새장 같은 공간에 갇혀 있는 듯하다. 수직으로 하얀색과 검은색이 뒤섞여 칠해진 상태는 마치 커튼이나 새장 같은 분위기를 자아내며, 그 안쪽에 교황이 앉아 있다. 교황이 앉아 있는 자리 주변에는 다른 이들이 범접할 수 없게끔 황금빛 테두리가 쳐져 있다. 교황의 상체는 차가운 보라색

29 David Sylvester, Gespräche mit Francis Bacon, pp. 49-50.

프랜시스 베이컨, 「교황 이노켄티우스 10세의 초상화」(1953)

디에고 벨라스케스, 「교황 이노켄티우스 10세의 초상화」(1650)

옷을, 하체는 하얀색 옷을 입고 있기에 서로 대조적이면서도 차가움이라는 공통점도 갖고 있다(하얀색은 앞서 언급한 것처럼 '순수, 무죄, 총명, 완전, 깨끗함, 차가움, 접근 불가능성' 등을 뜻한다). 또한 얼굴을 포함한 상체의 불투명하고 불안한 표정과 의자에 앉아 팔걸이 위에 손을 얹어놓고 있는 하체의 정상적인 자세도 서로 대조적이다. 이와 같은 그림에 대해서는 제2차 세계대전이 남긴 '전쟁의 전율'이라는 해석이 지배적이며, 또한 전쟁 중 가톨릭이 취한 모순적 모습, 즉 파시즘 체제에 대한 옹호와 저항이라는 상반된 모습이 교황의 대조적인 모습에 투영되어 있다고 해석되기도 한다.

오른쪽 벨라스케스의 작품에서 교황은 주로 교회와 하늘의 영광을 대변하는 인물로서 화려하고 숭고하고 위엄 있게 그려져 있으며, 통명하고 불신의 눈빛을 보낸다. 베이컨의 작품에서 교황은 전혀 그렇지 않다. 교황의 얼굴과 주변은 어떤 연유에서인지 기이하고 어둡다. 최고 권력자인 교황이 어떤 불안에 시달리고 있는 듯이 보인다. 또한 전쟁의 전율에 사로잡힌 모습, 혹은 세계의 안녕을 위한 모든 고통을 짊어진 자의 모습처럼 보이기도 한다. 일그러진 표정과 함께 그의 입은 어떤 소리를 내던지는 듯이 보인다. '세계가 더욱더 비인간적인 상태를 심화시키고 있다'는 어떤 안타까움을 외치고 있는 것일까? 베이컨의 작품에서 교황이 오로지 최고 성직자를 가리키는 것만은 아니다. 교황은 전쟁의 전율에 대한 알레고리일 수 있으며 그런 점에서 여전히 현재적이다. 베이컨의 작품은 마치 2015년 아우슈비츠 해방 70주년 행사에서 프란치스코 교황이 언급한 저 유명한 "아우슈비츠는 형용할 수 없는 불행의 고통을 세상에 외치고 있다"라는 말을 상기시킨다.

물론 입을 벌리고 외치는 교황의 의미는 완전히 다른 의미를 지닐 수도 있다. 가령 그는 독백으로 '끈적끈적한, 질척질척한, 어두운 베일 또는 커튼이 자신을 관찰자들로부터 분리시키고 있다'고 외치고 있는 것은 아닐까? 그렇다면 누가 어두운 베일로 그를 차단하고 있는 것일까? 노발리스는 "시인은 선험적 사제", "진정한 시인은 사제이며, 사제는 진정한 시인"이라고 말한 바 있다. 혹시 무엇인가에 놀라고 불안한 듯 입을 벌리고 있는 교황의 모습은 화가(즉, 예술가)를 가리키는 것은 아닐까? 화가와 교황은 사회 속에 존재하지만 동시에 고독한 아웃사이더로 존재할 수밖에 없는 공통점을 갖고 있기 때문이다.

## 7 색과 면의 부조화와 불안

버넷 뉴먼(Barnett Newman, 1905~1970)은 미국이 낳은 세계적인 현대 화가로서 추상표현주의를 대표하며, 넓은 의미에서는 미니멀 아트(Minimal Art)를 주도한 작가로 평가된다. 초창기부터 선, 면, 색 등을 중시하거나 삼원색(빨강, 노랑, 파랑) 등을 중시하는 화풍을 제시했는데, 이러한 경향은 선배 화가인 몬드리안, 말레비치 등으로부터 영향을 받았다고 할 수 있다. 대표적인 작품은 연작 형태인 「누가 빨강, 노랑 그리고 파랑을 두려워하는가(Who's Afraid of Red, Yellow and Blue)」다. 아래 제시된 네 개의 작품의 특징은 다음과 같다.

1.

버넷 뉴먼, 「누가 빨강, 노랑 그리고 파랑을 두려워하는가」 I(1966, 190.5×121.9㎝)

2.

버넷 뉴먼, 「누가 빨강, 노랑 그리고 파랑을 두려워하는가」 II(1967, 304.8×259.1㎝)

3.

버넷 뉴먼, 「누가 빨강, 노랑 그리고 파랑을 두려워하는가」 III(1966/67, 243.8×543.6㎝)

4.

버넷 뉴먼, 「누가 빨강, 노랑 그리고 파랑을 두려워하는가」 IV(1969/70, 274.3×604.5㎝)

1번 그림에서 전체는 빨간색 면이 지배적이다. 다만 그 빨간색 면의 왼쪽 테두리를 파란색의 엷은 띠가 차지하고 있으며, 오른쪽 테두리의 경우 자세히 다가가서 봐야 할 정도로 매우 엷은 노란색 띠가 있다.

2번 그림에서 전체의 빨간색 면은 가운데 파란색의 얇은 띠로 나뉘어 있으며, 또한 그렇게 양분된 오른쪽과 왼쪽 평면의 각 테두리 부분에는 거의 선에 가까울 정도의 얇은 노란 띠에 의해 분리되고 있다.

3번 그림은 1번 그림과 같은 식으로 전체 면이 빨간색이고 좌우의 테두리에 파란색과 노란색의 띠가 있다. 다만 1번과의 결정적인 차이는 그림 전체의 가로 길이가 거의 4배 이상으로 거대하고 길다는 것이다.

4번 그림은 뉴먼이 삶을 마감하기 직전에 완성한 작품으로서 흔히 「누가 빨강, 노랑 그리고 파랑을 두려워하는가」 시리즈의 절정이고 완성으로 간주된다. 한가운데 제법 두툼한 파란색 면에 의해 오른쪽 빨간색 면과 왼쪽 노란색 면이 분리되고 있다. 전체적으로 균형과 안정을 지닌 듯하다. 사실 1, 2, 3의 경우 노란색과 파란색이 각각의 방식으로 전체의 지배적인 빨간색 면을 분리함으로써 '불안'을 야기하는 요소로 작용하고 있지만 이 네 번째 그림에서는 그러한 불안이 완전히 제거되고 있다.

네 작품의 공통점은 빨강, 노랑, 파랑을 기본색으로 취하고 있으며, 특히 빨간색 면이 주를 이루는 상태에서 노란색과 파란색이 테두리를 차지하거나 혹은 빨간색 면을 분할하는 선의 역할을 하며, 마지막으로는 빨간색, 노란색, 파란색이 서서히 각각의 영역을 갖는다. 전체적으로 선과 면의 상이한 관계를 엿볼 수 있다. 그런데 이상적인 균형이 언급되는 4번에서도 사실 불안이 완전히 제거되었다기보다는 여전히 색과 면 간의 불균형에서 발생하는 기이한 불안이 남아 있는데, 미술평론가 아르민 츠바이테(Armin Zweite)는 뉴먼 그림의 부조화 또는 역설을 다음과 같이 서술해주고 있다.

> 이와 같은 획기적인 작품에서 구조적인 균형은 색의 불균형을 균형 있게 잡아주며, 역으로 기본색들의 강렬함은 전체 포맷의 엄격함을 무너뜨린다. 그림은 두 가지 서로 대척하는 주도원칙(포맷의 균형적 구조와 색의 불균형-역주) 간의 완전한 균형을 꾀하고 있지는 않은데, 결국 그림의 포맷을 극복하는 것이 동시에 포맷을 확인해주는 식이 되고 만다. 「누가 빨강, 노랑 그리고 파랑을 두려워하는가」는 정반대로 그 다름을 명백하게 해준다.[30]

색의 강렬함과 면의 구조적 안정성은 서로 부딪히고 있기에 양자 간의 조화와 평온함 등은 궁극적으로 불가능하며, 애초부터 뉴먼은 그와 같은 점을 염두에 두고 있었던 것으로 보인다.

그런데 국내에서 뉴먼 작품에 대한 수용은 색(色)과 면(面) 간의 부조화에 초점을 맞추기보다는 매우 이상적인 의미로 양자의 대립을 극복하는 해석을 제시하고 있다. 가령 뉴먼 작품은 흔히 동양의 선사상으로부터 영향을 받은 것으로 해석되는데, 색면(色面)은 명상, 침묵 등과 연관되어 있다고 강조된다. 예를 들면 다음과 같은 해석이다.

---

30 다음의 글에서 재인용(https://www.freunde-der-nationalgalerie.de/de/projekte/ankaeufe/ 1982/barnett-newman.html).

이러한 관점을 인지한 뉴먼은 침묵을 자신의 예술 속으로 들어오게 한다. 화면에 가득한 색면(色面)은 아무런 말이 없다. 다시 말해 무엇을 그리려고 하는지, 아니면 어떠한 대상을 상징하는지 도저히 이해할 수 없다. 오로지 말할 수 없는 무엇인가가 존재한다는 것은 보는 사람들이 공통적으로 인지하는 것이다. 없는 것을 통해 존재하는 현실을 보여주는 방식이다. 없다는 것은 기존의 방식으로 보기 때문이다. 회화작품은 대상이 존재해야 하고, 구도와 색채의 조화가 있어야 하는 등 다양한 이론적 체계들이 형성되어 있는 관점으로 보면 뉴먼의 작품은 아무것도 없는 것이 된다.

보이지 않는 세계를 표현하기 위해서는 무엇이 필요한 것일까? 이러한 질문에 그는 명상을 생각했다. 명상이야말로 자신이 추구하는 정신성의 세계를 가장 잘 보여줄 수 있다고 생각한 뉴먼은 스스로의 체험을 통해 관념적 사고에서 벗어나며 내면은 깊은 울림을 침묵이라는 방식으로 표출한 것이다.[31]

뉴먼의 작품과 관련한 새로운 표현 방식(침묵, 명상을 야기하는 색면)과 의미(정신성의 세계, 내면의 깊은 울림)를 강조하는 이러한 불교적 해석은 일면 타당성을 지닌다. 뉴먼은 눈에 보이는 대상과 그 형상을 추구하는 구상미술을 거부하고 있으며, 마찬가지로 보이지 않는 대상을 미술 자체의 고유한 언어(즉, 색채나 형식)로 상징적으로 표현하려는 추상예술에도 마찬가지로 저항하고 있

31 윤양호, "침묵의 조형언어…'不立文字'를 보이다", 禪과 현대미술 - ⑨ 버넷 뉴먼(Barnett Newman). 인터넷상에서 인용(http://www.hyunbulnews.com/news/articleView.html?idxno=287398).

다. 구상이든 추상이든 전통적인 서양 예술은 어떤 '의미', '이념' 등을 추구해왔기 때문이다. 그와 같은 의미 추구에 저항하면서 뉴먼은 색과 면 자체의 강렬한 영향력을 더욱 중시하고 나선다. 이러한 색면 앞에서(혹은 색면이 야기하는) 침묵과 명상을 통해 관찰자(자아)는 자기 내면의 깊이 또는 정신성을 되찾아야 한다고 위 인용문은 강조하고 있는데, 그러한 해석은—비록 불교적 해석이라고 하지만—마치 전통적인 서구의 관념론적 해석 방식을 반복하는 것처럼 여겨진다. 뉴먼은 분명히 '의미'를 거부했음에도 그런 '의미의 위기'를 극복하려는 차원에서 다시금 새로운 의미를 찾으려는 시도는 전통적인 '의미중심주의적 해석'의 반복에 다름 아니다. 가령 말레비치의 절대주의 회화의 경우 흰색이나 검은색 전체는 어떤 총체적인 사회와 인류의 탄생을 상기시키는 의미를 갖지만, 그와 같은 색과 철학적·사회적 이념 간의 말레비치식 연관성이 뉴먼의 작품에는 철저히 부재해 있다.

작가/작품을 중심에 놓고서 그것의 의미를 찾는 해석학적 시각을 거부할 경우 예술작품은 무의미, 공허함 속으로 빠져 들어가는 것일까? 해석학과는 완전히 다르게 예술작품에 접근하는 시각은 없는 것일까? 이에 대한 대답으로 '영향미학적' 시각을 끌어들일 수 있다. 이러한 시각에서는 작품/작가, 그리고 하나의 '의미'가 더 이상 중심에 놓여 있지 않고 그 대신 '작품과 수용자'의 관계가 중시된다. 이러한 영향미학적 시각에서 중요한 범주는 바로 앞서 고야의 작품에서 언급한 바 있던 '장엄함'이다. 자신의 작품 세계와 관련해서 뉴먼 스스로도 장엄함(The Sublime, Das Erhabene)의 범주를 언급한 바 있으며, 가령 에세이 「장엄함이 지금 있다(The

Subleime is now)」(1948)가 대표적이다.[32]

장엄함의 미학 전통은 두 방향으로 나뉜다. 그 하나는 롱기누스(Longinus), 버크(E. Burke)로 이어지는 수사학적·영향미학적 전통이며, 다른 하나는 칸트, 실러의 관념론적 전통이다. 뉴먼의 "장엄함"은 바로 전자의 전통에 서 있다. 수사학과 문학의 경우 언어가 독자를 압도(지배)하는 순간이 있듯이 회화에서는 색면이 관객(관찰자)을 압도한다. 압도적인 언어와 색면 앞에서 데카르트 전통의 자부심, 즉 주체(독자와 관객)의 의식적인 사유 능력은 완전히 정지되고 마는데, 이러한 정지의 순간이 바로 언어, 색채 등이 야기하는 장엄함이다. 물론 이러한 롱기누스, 버크의 전통 선상에서의 장엄함에 뉴먼은 칸트가 장엄함의 근본적인 특성으로 규정한 '거대함(das Große)'을 끌어들인다. 즉, 「누가 빨강, 노랑 그리고 파랑을 두려워하는가」의 캔버스 크기는 1번(190.5×121.9cm), 2번(304.8×259.1cm), 3번(243.8×543.6cm), 4번(274.3×604.5cm)에서 알 수 있듯이 점차 커진다. 특히 3번과 4번의 경우 캔버스의 거대한 크기와 삼원색의 압도적인 분위기 앞에서 관찰자의 의식과 사유 능력은 순간적으로 정지한다. 이러한 상태와 관련하여 3번 그림을 장엄함의 미학 맥락에서 분석한 미술평론가 막스 임달(Max Imdahl)의 다음과 같은 언술은 매우 중요한 의미를 지닌다.

> 무엇보다도 실제 크기와 관련하여 그림은 벽 모양이고 조망이 불가능하다. 이러한 벽 모양의 조망 불가능성은 관찰자를 고립시키며, 그로 하여금 자신을 보도록 만든다. 관찰자는 자신이

---

32 cf. Barnett Newman, Schriften und Interviews 1925–1970, Bern/Berlin 1996.

공간적 방향 상실과 무공간성이라는 구체적인 상황 속에 놓여 있음을 발견하는데, 이러한 방향 상실과 무공간성은—근접해서 그림을 보도록 요청한 작가의 말을 전제조건으로 삼을 경우—관찰자가 그림 전체를 결코 한순간에, 즉 한눈으로 파악할 수 없는 상태에서 비롯된다. 그림 앞에 가까이 있을 경우 관찰자는 전체를 한순간에 조망할 수 없으며, 시각적으로 전체를 제압할 수 없게 된다.[33]

소재적으로 아무것도 제시하지 않는, 전체를 파악할 수 없는 삼원색의 거대한 그림 앞에서 인간은 단지 자신의 왜소함, 초라함, 방향 상실 등을 느낄 뿐이다. 눈에 보이는 일상적인 대상이 부재한 상태, 아무것도 없는 상태를 놓고서 위에서 언급한 것처럼 '보이지 않고 말할 수 없는 무엇인가'로서의 절대적 침묵이 요청된다고 해석할 경우, 이러한 의미 부여는 장엄함의 미학에 적합한 해석 방식이 아니다.

빨강색 전체의 면과 미세한 분할은 이미 「인간, 영웅적, 장엄한(Vir Heroicus Sublimis)」(1950~51, man, heroic and sublime)에서 엿볼 수 있다. 그 작품에서도 빨강색 전체의 거대한 면은 수직으로 가로지르는 선—뉴먼은 이 수직선을 '지퍼(zip)'라고 부른 바 있는데—에 의해 분할되고 있으며, 이러한 회화적 특징은 「누가 빨강, 노랑 그리고 파랑을 두려워하는가」에서 지속하고 있다. 이러한 그의 작품은 장엄함의 미학 내에서 다음과 같이 설명될 수 있다.

---

33 Max Imdahl, Barnett Newman. Who's Afraid of Red, Yellow and Blue III, in: Das Erhabene: Zwischen Grenzerfahrung und Größenwahn, hrsg. von Christine Pries, Weinheim 1989, p. 238.

> 그(뉴먼–역주)는 아무런 전제 없는, 문화적 배경 없는 그림(색채)언어를 강화한다. 그는 관찰자로부터 시각적 중립성을 요청한다. 그림은 선입견 없이 관찰되어야 하며, 그림을 볼 때 연상과 기억은 제거되어야 한다. 요컨대, 뉴먼은 지각의 직접성에 호소하고 있으며, 그 직접성이 장엄함의 의미에서 미적 경험을 가능케 한다. 여기서는 어떤 것의 서술이 중시되는 것이 아니라 그림 자체에 의해 야기된 실존적 한계경험이 중시된다. 그림은 고유한 자기 자신의 확인을 위한 매개가 되는데, 즉 관찰자로 하여금 역사 속에서의 자신의 위치를 떠나게 해주는 계기의 매개가 된다. 뉴먼에 의하면, 관찰자는 '내가 지금 있네'라는 것을 경험해야 한다는 것이다.[34]

역사적 맥락 없이 그림을 경험하는 일종의 "시각적 중립성", "지각의 직접성"이 요구된다는 것이다. 또한 위에서 언급한 바 있듯이, 대상 및 그것과 연관된 '의미' 추구 대신 그림 앞에 서 있는 관찰자의 "실존적 한계경험", 일종의 "자기 확인"이 중시되는데, 즉 거대한 색면을 경험하는 나의 현존("내가 지금 있네")만이 중시된다. 여기서 "실존적 한계경험"이나 "나의 현존"은 20세기 초 사르트르, 하이데거 등이 표방한 실존주의와는 전혀 관계없다. 그것은 그림의 색면만 직접적으로 경험하는 관찰자(수용자)의 지각 상태를 지칭하는데, 이때 관찰자는 역사적 실존의 맥락과 연관된 심오한 의미 찾기를 더 이상 수행할 수 없다. 왜냐하면 그의 의식과 의미 찾

---

34 Anne Hoormann, Die Entfernung der Inhalte aus dem Bild, in: Lichtspiele. Zur Medienreflexion der Avantgarde in der Weimarer Republik, München, 2004, pp. 50-51.

기의 수행 능력은 이미 거대한 색면에 의해 압도당하고 있기 때문이다. 자아의 의식과 사유 자체가 불가능한 순간의 경험이다.

「누가 빨강, 노랑 그리고 파랑을 두려워하는가」라는 제목은 참으로 기이하게 들린다. 그것은 분명히 '그 누구도 더 이상 세 가지 기본색을 두려워하지 않는다'는 자신감처럼 들리기도 하고 동시에 '더 이상 세 가지 기본색을 두려워하지 말아주세요'라는 정중한 명령처럼 들리기도 한다. 아니면 '빨강, 노랑, 파랑을 두려워하는 자가 있으면 말해주시오'라는 부탁이나 요구일 수도 있다.

그러한 자신감, 정중한 명령, 부탁 등은 모두 불안과 두려움의 해소와 관련을 맺는다. 하지만 장엄함의 미학과 관련하여 말하자면, 삼원색만을 바탕으로 한 거대한 그림(특히 3번과 4번의 경우) 앞에서 관찰자가 오히려 불안과 두려움에 사로잡힐 가능성도 있다. 달리 말하자면, 색과 면으로만 구성된 거대한 캔버스 앞에서 관찰자의 사유하는 능력이 정지되는 순간이 한편으로 도취를 야기할 수 있지만, 다른 한편으로 알 수 없는 것에 대한 불안과 두려움을 야기할 수도 있다. 요컨대, 수용자는 일종의 '추상적인 것에 대한 불안(Angst vor dem Abstrakten)'을 경험할 수 있다. 그러한 불안이 모든 수용자에게 야기되지는 않았지만 간혹 극단적인 경우가 일어나기도 했다. 평소 조울증에 시달리던 독일의 한 의학도가 1982년 4월 13일 베를린 국립박물관에 소장되어 있던 뉴먼의 4번 작품을 크게 훼손하는 사건이 일어났다. 정확한 원인을 알 수 없지만, 그 학생은 '추상적인 것 앞에서의 불안'을 이겨내지 못했던 것으로 추정된다.

## 8 현대 매체사회와 불안

이미지 중개 플랫폼 시장인 셔터스톡(shutterstock)에 올라와 있는 위의 사진 작품은 손가락과 그것의 그림자 간의 불일치를 드러낸다. 손가락의 그림자가 다름 아닌 이빨을 드러내면서 위협적으로 다가오는 늑대 모양으로 변해 있다. 사진의 관련 글이 없다면 언뜻 전혀 이해할 수 없는 작품처럼 보이는데, 위 사진은 현대의 매체사회를 주도하고 있는 '인터넷' 사용상의 공포, 불안과 관련된다. 누군가의 손놀림은 인터넷상에서 데이터를 훔쳐가는 행위를 가리키며, 데이터를 가져가는 행위뿐만 아니라 그 행위가 마치 늑대처럼 누군가에게 엄청난 해를 끼칠 수도 있음을 표현하고 있다. 위 사진 작품을 인용한 독일 잡지에 의하면, 여론조사 결과 현재 독일인에게 가장 거대한 최고의 불안은 다름 아닌 데이터 도난에 대한 불안

으로 나타났다는 것이다.[35]

루트거 게르데스, 「불안」(1989)

위의 사진은 독일 화가이자 조각가, 매체예술가로 활동했던 루트거 게르데스(Ludger Gerdes, 1954~2008)의 설치미술을 담은 것이다. 게르데스는 1989년 독일 북부의 루르 지방에 있는 소도시 마를(Marl)의 시청 벽에 세 개의 요소로 구성된 예술작품을 설치했는데, 시청의 벽이 마치 캔버스처럼 작용한 셈이다. 한가운데 '불안'을 뜻하는 독일어 "Angst"라는 단어가 자리하고 있고, 왼쪽에는

35 http://www.com-magazin.de/news/datenschutz/online-aengste-deutschen-1074077.html

골프채를 크게 휘두르는 사람의 자세, 오른쪽에는 '교회'를 나타내는 보편적인 그림기호다. 각각의 색은 삼원색(빨간색, 노란색, 파란색)으로 구성되어 있으며, 질료는 네온이기에 어둠 속에서도 빛나게 되어 있다.

게르데스는 예술과 사회 사이의 거리를 지양하려는 소위 '사회예술가'라고 할 수 있다. 즉 대중적 공간 내에 위치하는 예술, 사회적 소통으로서의 예술을 추구하는 전위적인 작가다. '네온 아트(Neon Art)'라는 예술 장르를 모르는 이들에게는 어쩌면 한 가게의 네온사인 광고판으로 착각될 수 있을지도 모른다. 아니, 게르데스는 의도적으로 '예술은 광고'이며 동시에 '광고도 예술'임을 주장하고 싶었을지도 모른다. 즉, 예술과 사회 간의 벽을 허무는 것이 그의 의도였을지도 모른다. 그렇지만 그의 예술작품은 가볍게 파악될 수 있는 작품이 아니며, 오히려 미학적·철학적·사회적 성찰을 요구한다. 즉, 그의 작품은 일종의 "시각적 은유(visuelle Metapher)"로서 벤야민이 표현한 바 있던 "사유이미지(Denkbild)"로 다가온다.

언어와 기호로써 불안을 시각적으로 제시한 작품을 좀 더 자세히 살펴보면, "골프채를 휘두르는 사람, 불안, 교회"는 서로 어떤 상관관계를 맺으며 도대체 어떤 의미를 주는 것일까? '사회예술'은 사실 관찰자(보는 자, 수용자) 개개인의 적극적인 해석을 요구할 뿐 정답은 없다. 우선 '불안(Angst)'이라는 단어 자체는 추상적인 개념으로서 불안을 일으키는 구체적인 대상에 대해 전혀 알 수 없다. 그런데 단어 자체만 주어졌음에도 불구하고 불안은 강렬하게 환기되어 있다. 불안이 현대사회에서 가장 중요한 존재적 특성이라는 점을 말해주는 것일까? 즉, 삶 전체에는 불안이 항상 존재하고 있다는 점을 말해주는 것일까? "광고세계의 보호색을 띠면서 인간 정신세계의 근원적 감정인 불안이 마치 '메멘토 모리(memento mori)'처럼 일상 속으로 진입해 있다."[36] 불안이 일상을 감싸고 있는 존재적 징후는 두 가지 시각적 표지를 통해 입증된다. 즉 스트레스와 불안을 해소하기 위해 여가 시간에 즐기는 스포츠 행위에도 불안은 여전히 존재하며, 마찬가지로 명상, 기도 등을 통해 세속적 불안을 극복하려는 종교적 행위에도 여전히 존재한다. 이처럼 골프와 교회, 가벼운 기분전환과 진실한 믿음, 스포츠와 종교라는 양극단 사이에 불안이 위치하고 있다면, 삶 자체에 불안이 현재적으로 존재하고 있다고 추측할 수 있다. 현대사회에는 불안으로부터 탈피할 수 있는 길이 원천적으로 막혀 있는 것이다. 물론 이러한 작품이 설치된 곳, 즉 시청의 벽이라는 공간을 고려해보면, 완전히 다른 해석도 가능하다. 이 설치 작품은 어쩌면 주민의 불안을 해소해야 하는 것이 바로 시청의 역할과 책무임을 강조하고 있을지도 모른다.

---

36 http://www.skulpturenmuseum-glaskasten-marl.de/de/entdecken/artists/info/ludger_gerdes-4598.html

# 3 불안과 문학

## 1 근친상간의 불안

루트비히 티크(Ludwig Tieck, 1773~1853)는 소설, 시, 드라마 등 상당수의 작품을 남겼으며 그 가운데 단편소설 『금발의 에크베르트』는 단연코 낭만주의 문학작품의 백미로 손꼽힌다. 이 작품은 1797년 티크가 '페터 레브레히트(Peter Lebrecht)'라는 필명으로 발간한 『민속동화』에 수록되어 있는데, 여기서 민속동화는 사실 "예술동화(Kunstmärchen)", 즉 창작동화로 이해된다. 엄밀히 말하면, 상당히 논쟁적이기는 하지만 근본적으로 동화라는 장르에 속한다기보다는 동화적 요소를 많이 지닌 단편소설이다. 자세히 논할 예정이지만, 『금발의 에크베르트』는 낭만주의의 양면성, 즉 낮과 밤, 합리성과 비합리성, 선과 악, 고독과 전율, 의식과 무의식 등이 공존하는 존재의 이중성을 매우 뛰어난 방식으로 형상화한 낭만주의 작품의 정전(Kanon)과도 같다. 가령 낭만주의 연구자인 크레머(D. Kremer)는 이 작품을 두고 "낭만주의 문학의 핵심적 아카이브"[37]라고 명명한 바 있다.

노벨레와 동화라는 두 가지 형식이 뒤섞여 있기에 흔히 "노벨레동화(Novellemärchen)" 혹은 "동화노벨레(Märchennovelle)"라고도 불리는 이 소설은 몇 가지 점에서 전통적인 민속동화(Volksmärchen)와는 확연히 다른 특징을 지닌다. 우선 시간과 장소가 불투명한 전통적인 동화의 시작('옛날 옛적에 누가 살고 있었다')이 아니라 사실적으로 "하르츠의 어느 지역에 금발의 에크베르트라 불리는 한 기사가 살고 있었다"라고 시작한다. 더욱이 주인공 에크베르트는 민속동화에서처럼, 모험적이고 영웅적인 행동을 추구하는 기사라기보다는 사실 고독을 즐기는 은둔자 또는 소시민에 가깝다. "그는 자신만을 위해 조용히 살고 있었고, 이웃과의 반목에는 결코 휩쓸리지 않았으며, 사람들은 자신의 성 바깥에 나가 있는 그의 모습을 거의 본 적이 없을 정도였다."[38] 요컨대 중세적인 기사가 아니라 사회적 현실에 전혀 적응하지 못하는 평범한 현대적인 소시민에 가깝다. 또한 전통적인 동화에서 인물들은 권선징악의 도식에 따른 결과를 맞이하지만 이 소설의 인물들(에크베르트, 베르타)은 종교적·도덕적 선악 의식과는 관계없는, 자신의 죄책감으로 인한 심리적 질병, 가령 추적망상, 과대망상, 정신분열 같은 병을 앓고 있는 이들이다. 특히 에크베르트와 베르타의 경우 단순히 동화 세계에서만 살고 있는 비현실적인 인물이 아니라 자아와

37 Detlef Kremer, Einsamkeit und Schrecken. Psychosemiotische Aspekte von Tiecks Phantasus-Märchen, in: D. Kremer(Hrsg.), Die Prosa Ludwig Tiecks, Bielefeld 2005, pp. 53-68, hier p. 53.

38 L. Tieck, Der blonde Eckbert, in: Erzählungen der deutschen Romantik, hrsg. v. Albert Meiner u.a., München 1985, p. 7.

세계, 의식과 무의식, 도덕과 충동, 순수한 마음과 지성(지적인 도구적 행위), 신뢰와 배신, 믿음과 의심 같은 다양한 원인에 근거를 두고 있는 심리적·도덕적 갈등에 노출된 현대적 인물로 그려진다. 이 밖에도 전통적인 민속동화가 직선적인 시간에서 전개된다면, 이 "동화노벨레" 같은 소설은 과거, 현재, 미래가 거대한 원 속에서 반복적으로 순환하는 듯한 형식을 취한다. 마지막으로 동화가 주로 해피엔딩으로 끝난다면, 소설은 일종의 새드엔딩의 심리스릴러 양상을 취한다.

『금발의 에크베르트』는 슐레겔이 규정한 '낭만적'이라는 개념 정의, 즉 "감성적 소재를 환상적 형식으로 서술하는 것"이라는 정의에 정확히 부합하는 소설이다. 소재는 고독, 소통 문제, 죄와 벌, 정체성 상실, 광기, 살인, 근친상간 등을 다양하게 제시하고 있으며, 이러한 소재를 "액자소설"이라는 환상적 형식으로 담아내고 있다. 또한 이 소설은 슐레겔의 "점진적 보편 포에지" 요청처럼 여러 장르의 혼합 또는 다양한 특성을 혼합하려는 시도처럼 보이는데, 가령 노벨레, 동화, 시, 환상문학, 공포문학 같은 다양한 현대적 장르의 혼합뿐만 아니라 현실적인 것, 환상적인 것, 일상적인 것, 무시무시한 것, 비극적인 것, 전원적인 것, 놀라운 것 같은 다양한 양상도 혼합되어 있다.[39] 이 밖에도 『금발의 에크베르트』는 노발리스가 천명한 낭만화(Romantisierung)의 원칙, 즉 "나는 평범한 것에 고귀한 의미를, 일반적인 것에 비밀스런 외양을, 잘 알려진 것에 잘 알려지지 않은 것의 품위를, 유한한 것에 무한한 것의 외양을 부여함으로써 낭만화하는 것이다"라는 원칙을 실행해낸 소설로도

39 Winfried Freund, Ludwig Tieck: Der blonde Eckbert. Lektüreschlüssel, Stuttgart 2005, p. 24.

간주된다. 이처럼 슐레겔, 노발리스가 천명한 낭만적 포에지, 낭만화에 대한 요청과 비슷한 맥락에서 티크 스스로도 자신의 시학적 사유의 근본 원칙을 제시한 바 있는데, 그것은 자신이 발표한 작품들을 세 권의 책으로 묶어 편찬한 『판타수스』(1812~1815)의 서문에서 찾을 수 있다.

> 더욱 기이한 점은 아주 소수의 사람들만이 자주 자연이 우리 마음에 불러일으키는 저 놀라운 전율과 불안을 느끼거나 혹은 고백한다는 것이다. (……) 매우 아름다운 지역도 우리 마음 속을 지나가는 유령을 갖고 있으며 또한 우리의 상상력을 통해 기이한 예감과 혼란스런 환영들을 만들어내는데, 그로 인해 우리는 그것에서부터 도망쳐서 세상의 혼잡 속으로 들어가 모면하고 싶어 한다. 이런 방식으로 우리 내면에서 시와 동화가 탄생하게 된다. 이때 우리는 무시무시한 공허, 전율스런 혼돈을 다채로운 형상으로 채우며 예술적인 방식으로 그 불쾌한 공간을 치장하게 된다. 그러나 다양한 형상은 그 생산자의 특성을 결코 부인할 수 없다. 이러한 자연동화에서는 사랑스러운 것과 무서운 것, 기이한 것과 유치한 것이 서로 혼합되며, 우리의 상상력은 시적인 광기로까지 어지럽혀지는데, 이는 그 광기를 우리 내면에서만 풀어놓음으로써 광기를 쫓아내기 위해서다.[40]

이 인용문에서 몇 가지 점이 눈에 띈다. 우선 자연은 아름다운 측면과 어둡고 무서운 측면을 동시에 지닌다는 것이며, 이를 인

40 L. Tieck, Phantasus, Frankfurt a. M. 1985, pp. 112-113.

간 개개인에게 적용하면 의식의 아름다운 측면과 무의식의 어두운 측면이라고 부연될 수 있다. "우리의 상상력을 통해 기이한 예감과 혼란스런 환영들을 만들어내는" 점과 "세상의 혼잡 속으로 들어가 모면하고" 싶은 점은 무의식, 꿈 등의 세계가 그 자체로 무서움과 전율을 야기함에도 불구하고 세상의 혼잡 속에서는 적어도 외적인 평화로움으로 인해 숨겨질 수 있다는 것이다. 이는 외면과 내면의 불일치와도 같다. 이처럼 세상 속에서 머물면서 무서움, 전율 등을 사라지게 하려는 의도에서 시와 동화가 만들어지는데, 따라서 시와 동화는 "무시무시한 공허, 전율스런 혼돈을 다채로운 형상으로 채우며 예술적인 방식으로 그 불쾌한 공간을 치장하게 된다"는 것이다. "이러한 자연동화에서는 사랑스러운 것과 무서운 것, 기이한 것과 유치한 것이 서로 혼합된다"는 문화적 언술은 곧 노발리스의 낭만화 원칙과 너무도 흡사하다.

『금발의 에크베르트』는 액자소설의 정의를 정확히 준수하고 있다. 즉 에크베르트와 베르타와 삶, 그들과 발터 간의 친분관계 등에 관한 이야기가 외부 이야기를 형성하고, 어느 가을날 저녁 베르타가 자신의 성장과정에 관한 이야기를 구두로 들려주는 부분이 내부 이야기를 형성한다. 외부 이야기의 전지전능한 서술자와 별개로, 내부 이야기에서는 베르타가 일인칭 화자로 기능하고 있다. 양자는 각기 다른 청자를 갖고 있는데, 외부 이야기의 청자는 독자이며, 내부 이야기의 청자는 발터다.

이러한 화자와 청자의 관계는 '공포문학'이라는 장르와 관련하여 엄청난 반전을 야기하는 토대로 작용하며 그 점은 다음과 같다. 우선 소설은 외부 이야기와 내부 이야기를 연결해주는 두 가지 요소를 내포하고 있다. 그 하나는 내부 이야기에서의 노파가 외부 이야기에서의 발터(및 후고)와 동일시되며, 다른 하나는 마찬가지로 내부/외부 이야기 간의 결정적인 공통 연결고리인 "슈트로미안(Strohmian)"이라는 개의 이름이다. 특히 후자의 경우가 흥미롭다. 베르타로부터 그녀의 성장과정에서부터 에크베르트와 결혼하기까지의 모든 이야기를 듣고 난 발터가 베르타도 잊고 있었던 개의 이름인 "슈트로미안"을 꺼내게 되는데, 이에 베르타는 커다란 심리적 충격을 느끼고 이내 병을 앓게 된다. 표면적으로 발터가 개의 이름을 알고 있는 것이 베르타에게 충격적으로 여겨지지만, 발터가 개의 이름을 호명한 것은 사실 베르타의 무의식을 건드린 것이기도 하다. 즉 베르타가 더 이상 기억하지 않기 위해 무의식 속에 배제하고 억압해놓았던 과거의 범죄(개를 방치하고 새와 보석 등을 훔쳐 노파 집에서 도망쳐 나온 일, 그리고 새를 죽인 일 등)가 무의식에서 뛰쳐나와 의식 세계로 들어온 것이다. "슈트로미안"이라는 개의 이름은 매우 흥미로운 기표가 아닐 수 없다. 개의 이름은 일종의 "잘못된 장소에 놓인 기표"와도 같은데, 그것은 내부 이야기, 즉 베르타의 지난 삶이 제시되는 내부 이야기에서 한 번도 언급되지 않았다가 내부 이야기가 끝난 후 다시 진행된 외부 이야기에서 거론되기 때문이다. 개의 이름은 한편으로 내부 이야기와 외부 이야기의 연결고리로 작용하고 있지만, 다른 한편으로 청자인 발터가 개의 이름을 말함으로써 화자인 베르타를 놀라게 하는데 이것은 화자가 청자를 놀라게 하는 전통적인 공포소설의 수법을 완전히 전도시키고 있다. 이와 같은 점을 코쇼르케(A. Koschorke)는 다음과 같이 분석해준 바 있다.

서사의 테크닉상 한 단어의 전치(轉置), 즉 잘못된 장소에 놓인 기표가 중시된다. 슈트로미안(초고에서는 '슈트로미'로 되어 있음)은 결코 동화이야기가 아니라고 하는 베르타의 동화이야기 내에서 사라져 있는 바, 즉 그 동화이야기 내에서는 빈자리로 표시되어 있는데 이는 외부 이야기에서 나타나기 위해서다. 그 이름은 흡사 이야기 테두리를 뛰어넘어 그녀가 보호된 비밀로서 감싸여 있는 듯한 공간에서 벗어나 경계공간성을 띠고 있다. 그 자체로만 보면, 이름은 우선 (내부분의 고유명사가 그렇듯이) 그 어떤 해독 가능한 의미를 지니고 있지 않은 것처럼 보인다. 그러나 정반대로 그 이름은 전체 텍스트의 핵심 키워드로서 영향력을 행사하는데, 바로 잘못된 장소에 놓인 기표와 소리 모양(또는 자모순 그 자체)의 무의미성 간의 대조를 통해 그렇다. 덧붙여 언급할 만한 점은 티크의 동화가 공포문학의 고전적 상황을 아이러니컬하게 뒤집어놓고 있다는 것이다. 세 명의 친구가 자정에 가물가물 타오르는 난롯가에 앉아 있지만, (……) 화자가 청자를 무섭게 만드는 것이 아니라 청자가 화자에게 치명적인 전율을 가한다. 양자가 서로 입장을 바꾼 것이다. 화자(베르타)가 이야기된 세계의 주인이라고 느꼈을 때, 청자(발터)는 이야기된 세계 속으로 들어와서 자기 쪽에서 비밀의 문을 그녀에게 차단하고 만다.[41]

이처럼 외부 이야기와 내부 이야기로 구성된 『금발의 에크베르트』는 크게 세 단계로 나뉘며 그 단계별도 흥미롭다. 첫 번째 단

41 Albrecht Koschorke, Imaginationen der Kulturgrenze. Zu Ludwig Tiecks Erzählung 「Der blonde Eckbert」, in: Kultur-Schreiben als romantisches Projekt, hrsg. v. David. E. Wellbery, Würzburg 2012, pp. 148-149.

계는 에크베르트, 베르타, 발터가 함께 평화롭게 지내는 시절과 배경에 대한 서술이며, 이는 매우 사실적으로 서술되고 있다. 두 번째는 베르타의 이야기, 즉 내부 이야기가 동화처럼 서술되는 단계다. 세 번째 단계로는 외부 이야기와 내부 이야기가 서로 겹치는 가운데 비극적 종말을 맞이하는 과정, 즉 베르타가 죽고 에크베르트가 발터를 사살하고 후고의 모습에서 발터를 보게 되고 결국 정신이 혼미한 상태에서 어느 언덕으로 가서 노파를 만나게 되어 모든 정황을 알게 되면서 죽어가는 장면이다. 이 세 번째 단계는 앞의 두 단계를 섞어놓은 것처럼 보이는데, 즉 사실적이면서 동화적이며 현실과 꿈이 혼합되어 있는 듯이 서술되고 있다. 세 번째 단계가 복잡한 양상을 띠는 까닭은 동화적 요소인 개의 이름과 노파가 에크베르트, 베르타, 발터가 살고 있는 실제적 현실 속에 출현하기 때문이기도 하다. 결국 소설 전체는 동화가 현실로, 현실이 동화가 된 듯한 분위기를 자아내고 있다.

호프만이 무의식을 형상화해낸 최고의 낭만주의 작가임은 분명하지만, 호프만보다 조금 앞서 무의식의 문제를 건드린 작가는 바로 티크다. 『금발의 에크베르트』는 정신분석학적으로 트리플갱어, 추적망상증, 광기, 죽음 등 다양한 양상을 야기하는 무의식과 불안 현상을 그려내고 있는데, 이와 관련된 징후적 현상은 소설 곳곳에 탑재되어 있다. 우선 에크베르트는 분명히 자신도 모르는 상태에서 베르타와 결혼하게 된 것으로 보이는데, 베르타의 이야기가 끝난 후 에크베르트는 베르타를 "기적"이라고 표현하고 있다.

> 그녀는 내게 하나의 기적처럼 여겨졌으며, 나는 세상의 그 누구보다 그녀를 사랑했어요. 나는 재산이 없었지만, 그녀의 사

랑 때문에 지금 행복하게 살고 있으며, 우리는 여기로 이사를 해왔지요. 우리의 결합을 지금까지 우리는 한순간도 후회한 적이 없어요.

언뜻 보기에 사랑하는 연인들이 사용할 수 있는 표현처럼 보인다. 그러나 "기적(Wunder)"이라는 표현은 무의식적 차원에서 사실 이복동생과의 '기적 같은' 만남과 근친상간이라는 '놀라운(wundersam)' 결과를 맞이하게 되는 그의 전율스럽고 기이한(wunderlich), 불안한 운명을 내포하고 있다. 또한 결혼의 타당성에 대해 논할 필요가 없는 맥락임에도 불구하고 그는 "우리의 결합을 지금까지 우리는 한순간도 후회한 적이 없어요"라고 표현하고 있는데, 이는 외적으로 강한 긍정이지만 내적으로 후회와 불안의 마음이 무의식 속에 자리하고 있음을 암시한다. 그는 어쩌면 아마도 오래전부터—표면적으로는 온전하고 평온하게 보일지라도—의식 이전의 무엇("무시무시한 생각")에 대한 불안에 정신적으로 시달리고 있었는지도 모른다.[42] 발터를 죽인 후 완전히 정신분열의 상태에 사로잡히기 직전 에크베르트의 불안했던 존재 상태는 서술자에 의해 한층 더 확인된다.

에크베르트는 이미 오랫동안 크나큰 고독 속에서 살고 있었고,

---

42 발렌티네 홉스는 광기의 원인을 "나쁜 악령"에서 찾지만, 이 또한 근친상간의 원인이 된다. 그에 의하면, 에크베르트는 "나쁜 악령의 힘에 의해 (……) 광기로 내몰리게 되었는데, 그것은 그가 무의식적으로, 자신도 모르게 근친상간의 부부관계를 맺었기 때문이다. 즉, 악령에 의해 야기된 그런 부부관계 말이다"(Vgl. Valentine C. Hubbs, Tieck, Eckbert und das kollektive Unbewußte, in: PMLA 81, 1956, pp. 686-693, hier. p. 686).

이미 평소에도 자기 부인의 기이한 이야기가 약간 그를 불안하게 만들었기에 항상 우울한 상태였다. 그는 일어날 수 있는 어떤 불행한 사건에 대한 두려움을 언제나 갖고 있었다. 이제 그는 완전히 자기 자신과 분열되어 있었다. 친구를 살해한 일이 그의 눈앞에 계속 떠올랐고, 그는 항상 내적인 질책 속에서 살고 있었다.[43]

평소 아내의 이야기가 자신을 불안하게 했다는 점, "어떤 불행한 사건(근친상간의 비밀)"이 찾아올 것이라는 두려움, 이와 같은 불안과 두려움의 그림자가 평소 베르타와의 아름다운 부부생활에도 불구하고 그의 마음 한 구석(무의식)에 짙게 드리워져 있었음이 서술자의 목소리를 통해 입증되고 있다. 무의식의 꿈틀거림은 사실 소설의 시작 부분에서도 제시되어 있다. 가령 "에크베르트는 명랑하고 쾌활했으나, 혼자 있을 때면 그에게서는 어떤 폐쇄성, 나직이 억눌려 있는 듯한 멜랑콜리를 엿볼 수 있었다"[44]라는 소설 시작의 대목, 그리고 이를 확인하는 듯 소설 말미에서 에크베르트는 노파로부터 베르타가 자신의 이복동생이라는 말을 듣고서 "어째서 나는 그런 무시무시한 생각을 언제나 예감해왔던 것일까?"[45]라고 말하는 대목 등을 보면, 에크베르트가 행복한 결혼생활임에도 불구하고 오래전부터 불길한 운명(즉, 동생 베르타와 근친상간)을 어렴풋이 느끼고 있었음을 알 수 있다. 요컨대, 그는 평탄하고 행복하게 지냈던 것이 아니라 "지금껏 나는 얼마나 무시무시한 고독 속

43 Der blonde Eckbert, p. 20.

44 Ibid., p. 7.

45 Ibid., p. 23.

에서 삶을 지내왔던 것일까?"[46]라고 스스로 내뱉었듯이 사실은 철저히 불안에 시달리고 있었다. 이처럼 소설은 무시무시하고 경악스러운 소재를 다루고 있다는 점에서 영국의 고딕 소설(gothic novel) 전통에 놓여 있지만, 사실 잔잔한 분위기 속에서의 무섭고 불안한 전개는 단순히 중세적 소재 자체에 놓여 있다기보다는 "이제는 그는 완전히 자기 자신과 분열되어 있었다"라는 구절이 암시하듯 의식과 무의식 간의 분열, 그로 인한 자기정체성의 상실 같은 현대적 정신병리학(Psychopathologie)과 연관되어 있다.

의식적으로 배제되어 있었을 뿐 모든 상황과 문제의 근원이 무의식과 그로 인한 어렴풋한 불안에 있었으며, 이에 대한 증후는 다양하게 발견된다. 가령 베르타가 자신의 성장 이야기를 꺼낸 후 발터로부터 '슈트로미안'이라는 개의 이름을 들었을 때, 그 이름은 무의식에 자리하고 있던 죄의식이 다시 수면(의식) 위로 올라오는 결정적인 계기로 작용하며 마침내 불안이 서서히 구체화된다. 더욱이 에크베르트와 베르타는 생물학적인 차원에서 이복남매일 뿐만 아니라 시기/질투, 나아가 소유욕, 의심, 불안 등 감정의 차원에서도 서로 비슷한 면모를 내보인다. 가령 보물을 훔친 후 도시에서 지낼 때 베르타는 점차 자신의 하녀를 의심하게 되는데, 그런 의심은 자신이 저지른 범죄 행위에 기인한다.

> 이제 하녀에 대한 두려움이 나에게 엄습해왔으며, 나는 나 자신을 돌이켜 생각해보았고 그녀가 언젠가 나에게서 훔쳐갈 수 있고 혹은 나를 살해할 수도 있다고 믿었다.[47]

46 Ibid., p. 22.

47 Ibid., p. 18.

비슷한 맥락에서 에크베르트는 베르타의 지나온 이야기를 들은 발터가 그러한 비밀을 이용하여 자신들의 재산을 강탈해갈 수 있다는 의심에 사로잡히는데, 에크베르트 또한 강력한 소유욕과 타인에 대한 의심을 무의식적으로 지닌 인물임을 드러내주는 대목이기도 하다.

> 나의 아내로 하여금 이야기하도록 한 계기가 바로 나 자신이지만, 지금 나는 그런 친밀감에 대해 후회한다. 그가 그 이야기를 악용하지는 않을까? 그가 다른 사람들에게 그 이야기를 전달하지는 않을까? 그는 아마도 그러지 않을까? 왜냐하면 우리가 갖고 있는 보석에 대한 불행한 소유욕을 갖게 되어 시치미를 떼면서 범행을 계획하는 것은 인간의 본성 때문이 아닌가?[48]

이미 다른 장에서도 언급한 것처럼 무의식의 발현은 주인공의 내면과 관련된 언술뿐만 아니라 문학과 예술의 경우 자연풍경의 묘사를 통해서도 제시된다. 요컨대, 어두운 자연풍경은 일종의 소망, 꿈, 전율 등이 자리하는 무의식을 우회적으로 나타낸다. 베르타의 내부 이야기가 전개되기 직전의 자연 분위기는 행복과 불행, 의식과 무의식을 동시에 담고 있다.

> 어느 가을날 에크베르트는 안개 낀 저녁에 그의 친구와 아내 베르타와 함께 벽난로 불가에 앉아 있었다. 난롯불은 온 방안에 밝은 빛을 던져주고 있었고, 위 천장에 하늘거리고 있었으

48 Ibid., p. 18.

며, 밤은 어두운 모습으로 창문을 통해 안을 들여다보고 있었고, 나무들은 차가운 추위에 떨고 있었다.[49]

난롯불, 밤, 나무 등의 묘사는 아름다운 가을날 저녁 풍경이지만 동시에 환상적이고 불안한 풍경이기도 하다. 자신이 이야기할 삶의 여정이 전혀 동화가 아니라고 말하고 있음에도 그녀의 이야기는 이미 동화 같은 분위기 속에 감싸어 있으며, 동시에 베르타의 어두운 삶과 무의식이 곧 열릴 것을 예고하는 듯하다. 궁극적으로는 현실과 동화, 의식과 무의식 간의 경계가 해체된 분위기인데, 특히 계절과 시간이 "가을"과 "저녁"으로 언급되는 것이 의미심장하다. 그것은 각기 겨울과 밤으로 전환하는 경계 시점임과 동시에 불행과 비극적 결말의 가능성을 암시하고 있기 때문이다. 노을, 여명, 황혼 등 아름다운 자연의 순간 속에 사실 어두운 자연의 도래, 무의식의 발현 등이 내포되어 있음을 암시해준다. 이러한 점은 베르타 스스로 꺼내든 내부 이야기 안에서 쉽게 찾을 수 있다. 가령 가출한 베르타가 노파의 집에 도착하는 과정은 "지옥에서 낙원으로"[50] 들어가는 것, 즉 무시무시하고 어두운 자연을 지나 아름다운 숲속으로 들어서는 것처럼 언급된다. 그런데 지옥 같은 산악지대에서 비옥하고 아름다운 낙원으로의 전환은 언제든 낙원에서 다시 지옥으로 전환할 수 있는 정반대의 상황도 가능하다는 점을 암시한다. 이러한 전환은 현실화되고 마는데, 즉 비옥한 낙원 같은 곳에서 도망쳐 도시적 삶을 찾아 나선 베르타가 에크베르트와 함께 맞이한 행복한 결혼은 일종의 '가상 행복(Scheinglück, illusion-

---

49 Ibid., pp. 7-8.

50 Ibid., p. 11.

ary happiness)'일 뿐 두 사람 모두 죽음이라는 비극적 결말을 맞이하고 만다.

이름의 기표에도 무의식의 열림이 탑재되어 있다. 에크베르트와 베르타는 부부이지만, 소설의 결말에서 드러나듯이 이복남매지간이다. 두 사람의 근친상간적 운명은 두 사람의 이름의 유사성에서도 드러난다. 즉 에크베르트(Eckbert)와 베르타(Bertha)라는 두 이름에서 'bert'라는 공통분모는 그들이 이복남매 관계임을 무의식적으로 암시하고 있다. 물론 이것이 작가의 의식적·의도적 착상인지는 중요하지 않으며, 텍스트는 다만 그렇게 에크베르트와 베르타 간의 관계를 무의식적인 기표를 통해 암시하고 있는 것이다. 이름과 동일선상에서 소설 서두의 기이한 단어도 두 주인공의 불행한 운명을 무의식적으로 드러내고 있다. "둘은 진심으로 서로 사랑하고 있는 것처럼 보였지만, 다만 그들은 하늘이 자신들의 결혼생활에 아이를 축복하지 않으려는 점에 대해 이따금 하소연하곤 했다"라는 대목에서, "것처럼 보였지만"이라는 애매한 단어는 전혀 행복하지 않을 수도 있는 삶, 나아가 비극적 결말로 전환할 수 있는 삶의 가능성을 가리키고 있으며, 하늘이 아이를 허락하지 않았다는 점도 그런 부부의 근친상간적 삶의 비극을 암시하고 있다. 이처럼 행복과 불행은 동전의 양면과도 같다는 점, 표면적인 가상과 숨겨진 진실은 서로 하나를 형성한다는 점 등은 다양한 방식으로 곳곳에 제시되고 있다. 마치 행복한 삶의 도처에 내재해 있는 불안과 불행이 언제든지 모습을 드러낼 것이라는 듯 말이다.

이 밖에도 의식과 무의식의 대립은 노파의 양면성, 즉 선한 요정(gute Fee)과 나쁜 마녀(böse Hexe)의 양면성을 통해서도 암시되고 있다. 노파는 선악이 공존하는 인물로서 한편으로 베르타를 자신의 낙원 같은 공간 속으로 이끌어주지만, 다른 한편으로 그곳에서 글자와 살림(즉, 문명화 과정)을 가르쳐준다. 노파는 앎(지식)의 매개자로서 베르타와 에크베르트의 깊은 곳(즉, 무의식)을 건드림으로써 양자를 모두 죽음으로 내몬다. 노파는 발터로 변신하여 '슈트로미안'이라는 이름을 발설함으로써 베르타의 무의식에 숨어 있던 과거의 범죄 행위에 대한 죄책감을 표면으로 끌어올리고 베르타를 죽음으로 내몬다. 마찬가지로 베르타와 이복남매임을 가르쳐줌으로써 에크베르트를 죽게 만든다.

낭만주의 문학에서 주제화된 의식과 무의식, 삶과 죽음의 대립은 100년 후 프로이트가 제시한 정신분석학적이고 문명사적인 시각을 선취하고 있다. 프로이트는 1923년에 발표한 『쾌락원칙의 저편』에서 개인, 문명, 사회의 모든 발전 과정은 삶의 충동인 에로스(Eros)와 죽음의 충동인 타나토스(Thanatos) 간의 대립 또는 길항 작용의 결과라고 해석한 바 있다. 에로스는 삶의 첫 번째 주된 추동력으로 종족의 지속적인 생존, 번성, 증식 같은 목표를 지니며, 그런 목표 실현을 위해 작동하는 추동적인 심리적 에너지가 바로 리비도다. 반면에 죽음의 충동인 타나토스의 목표는 인간의 삶을 소멸시키는 데 있으며 주로 공격, 자기증오, 자기파괴, 증오심, 다른 이들을 거부하고 파괴하는 행동 등으로 나타난다. 이러한 에로스와 타나토스, 리비도(Libido)와 데스트루도(Destrudo)는 서로 대립적이면서 동시에 하나의 전체를 형성한다. 비록 프로이트처럼 정교한 정신분석학적 시각과 이론을 갖고 있지는 않았지만 티크는 『금발의 에크베르트』에서 어렴풋이 "모든 존재의 이중성(Duplizität allens Seins)" 또는 "존재의 이원론에 대한 인식(Einsicht in den Dualismus des Seins)"[51]을 직감하고 있었다.

계몽과 문명의 세계에서 인간은 행복, 인간애, 소통 등이 실현될 수 있는 꿈을 갖지만, 『금발의 에크베르트』의 놀라운 점은 그러한 계몽적 요청에 불안, 전율, 공포 등이 동시에 내재할 수 있음을 보여준다. 에크베르트는 자신의 비밀을 친구에게 털어놓지 않는 점을 후회하면서 비밀 고백을 통해 진정한 인간애를 실현하지만, 이것이 동시에 의심과 불행의 씨앗을 잉태한다. 에크베르트의 내면을 읽어낸 화자는 그 점에 대해 다음과 같이 주석적 성찰을 가한다.

> 인간을 불안하게 만드는 시간이 있다. 가령 친구 앞에서 어떤 비밀을 아주 조심스럽게 품고 있을 때인데, 그럴 경우 완전히 모든 것을 전달하고 싶은 저항키 어려운 충동, 정말 진정한 친구가 되기 위해 가장 내적인 것을 고백하려는 그런 충동을 누구나 마음속에 느끼게 된다. 그 순간 두 친구의 부드러운 마음은 서로를 알게 되었다고 자부하지만, 때때로 다른 이가 알게 되었다는 것에 대해 놀라 주춤거리는 일이 일어나곤 한다.[52]

고전주의의 백미로 손꼽히는 괴테의 『타우리스 섬의 이피게니에』(1779/1786)에서 이피게니에의 진실 고백이 아름답고 순수한 영

---

51 호프만의 『세라피온의 형제들』에서 시작하여 호프만의 모든 작품에 "존재의 이중성"이라는 문학의 원칙을 적용한 제게브레히트(Segebrecht)의 시각은 호프만뿐만 아니라 티크, 푸케, 샤미소 등 모든 낭만주의 문학에 적용될 수 있다(Wulf Segebrecht, Autobiographie und Dichtung, Stuttgart 1967).

52 Der blonde Eckbert, p. 7.

혼의 '전대미문의 행위'로 예찬되고 그와 같은 진실 고백이 '인간애' 같은 계몽적 이념의 구현으로 해석되지만, 티크의 『금발의 에크베르트』에서는 비밀을 진솔하게 고백하는 행위가 부메랑이 되어 자신에게 해를 끼치지 않을까 하는 두려움과 의심의 계기가 되어 결국 살인 행위가 뒤따르고, 그 진실 고백이 마침내 추적망상증을 겪는 가운데 스스로 죽음을 맞이하는 결과를 초래한다. 진실과 전율(공포, 죽음) 간의 패러독스는 문명적 삶에서 극복할 수 없는 것으로 남게 되며, 또한 계몽주의적·고전주의적 이념에 질문을 던지는 무시무시하고 불안한 패러디처럼 읽히게 된다.

## 2 거세불안의 귀환

1816년에 발표된 호프만의 대표적인 단편소설 『모래인간』도 감성적 소재를 환상적 형식으로 담아낸 작품으로 평가된다. 그 감성적 소재는 다름 아닌 프로이트가 후에 정신분석학적으로 명명한 "거세불안(Kastrationsangst)"이며, 이를 사실과 허구가 뒤섞인 환상적인 형식으로 그려내고 있다. 그런 점에서 『모래인간』은 독일 문학 가운데 불안을 가장 뛰어나게 형상화한 대표적인 작품으로 손꼽힌다.

프로이트는 『모래인간』을 분석하면서 "무시무시한 것의 귀환(Die Wiederkehr des Unheimlichen)"이라는 주제를 제시한 바 있다. 독일어 'heimlich'는 명사 'Heim'에서 파생된 형용사인데, 'Heim'은 일차적으로 '주거, 집, 고향' 등의 뜻을 지닌다. 그런데 형용사 'heimlich'로 사용될 경우 그 단어는 두 가지 서로 다른, 어쩌면 매우 상반될 수도 있는 뜻을 지닌다. 한편으로 집 같은 '친숙한'이라는 뜻으로, 다른 한편으로 '비밀스런', '잘 알려지지 않은', '내밀한' 등의 뜻으로 사용된다. 여기서 'heimlich'를 부정하는 단어는 'unheimlich'인데, 'unheimlich'의 경우도 두 가지 상반된 의미를 갖게 된다. 그 하나는 '친숙하지 않은', '섬뜩한'이라는 의미이고, 다른 하나는 '비밀스럽지 않은', '잘 알려진', '내밀하지 않은'이라는 뜻이다. 결국 'heimlich'와 'unheimlich'는 기표상으로는 서로 대립하는 것처럼 보이지만, 사실 각각의 단어는 결과적으로 '친숙함'과 '비밀스러움(무시무시함)'이라는 양면적 의미를 동시에 갖고 있는 셈이다. 이러한 독일어 'heimlich', 'unheimlich'의 이중적 의미를 잘 간파한 프로이트는 1919년 『모래인간』에 대한 분석을 마치면서 다음과 같이 밝힌다.

> 따라서 'heimlich'라는 단어는 그 양가성에 따라 그 의미를 발전시키는데, 종국에 그 단어는 정반대인 'unheimlich'와 일치한다. 어쨌든 'unheimlich'는 일종의 'heimlich'다. (……) 그 단어의 접두어 'un'은 억압의 표시다.[53]

공간적으로 보면, 'unheimlich'의 근원은 'Heim'으로서 집은 어쩌면 가장 친숙하고 내밀한 공간이지만 동시에 가장 친숙하지 않은 무시무시한 것이 자리하고 있는 공간으로 파악된다. 그 '친숙하지 않은 무시무시한 것'은 다름 아닌 무의식 속에 억압 및 배제되

---

53 프로이트의 『모래인간』에 관한 연구는 "무시무시한 것"이라는 제목을 달고 있다(Sigmund Freud, Das Unheimliche, in: Studienausgabe, Bd. Ⅳ, Frankfurt am Main 1982, pp. 241-274, hier p. 250).

어 있는 것을 말하며 이것이 친숙하고 내밀한 집 안에 자리하고 있다.

프로이트는 무시무시한 것의 근원을 두 가지로 구분한 바 있다. 그 하나는 이미 극복된 것으로 믿고 있던 것이 다시 귀환하는 경우다. 가령 애니미즘, 주술, 마술 등에서 말하는 영혼(흔히 '귀신'이라고도 함)의 존속은 흔히 과학적으로 근거 없다고 판단되어 극복된 것이라고 믿게 되지만, 간혹 그러한 믿음과 달리 영혼이 다시 귀환하면서 무시무시함을 야기한다. 과학적이고 합리적인 세계 속에서 살아가는 현대인은 간혹 주술적이고 마술적인 힘에 의해 누군가의 영혼이 다시 살아난 경우를 경험했다고 믿는데, 특히 영화, 드라마, 점술 같은 다양한 매체가 그 가능성을 증폭시키기도 한다. 다른 하나는—이것이 바로 정신분석학적 관심사를 말하는데—소위 유아기적 콤플렉스의 귀환이다. 모태에 대한 상상, 거세 콤플렉스 같은 심리적 현상이 유아기적 콤플렉스에 해당한다. 이러한 콤플렉스는 대부분 청소년기와 성년기를 거치면서 사라지기 마련이지만, 어떤 이들에게는 콤플렉스가 사라지는 것이 아니라 무의식 속에 억압되어 잠복해 있을 수도 있다. 바로 후자의 경우, 즉 무의식 속에 억압된 것이 다시 귀환하는 경우 무시무시함이 야기된다. 정신분석학적 관점에서 『모래인간』을 관찰한 프로이트는 일종의 "거세불안"으로서의 "무시무시한 것"이 어떻게 귀환하고 있는지를 분석해주고 있다. 거세불안의 증세는 주인공 나타나엘이 소설의 첫머리에 스스로 다음과 같이 고백하는 대목을 통해 입증된다.

어떤 경악스러운 것이 내 삶 속으로 들어왔다. 무섭고 나를 위협하는 끔찍스러운 운명의 어두운 예감이 그 어떤 따뜻한 햇살을 꿰뚫고 지나갈 수 없는 듯 마치 검은 구름의 그림자처럼 나에게 드리워져 있었다.[54]

"어떤 경악스러운 것"이란 지금까지 무의식 속에 억압되어 있던 거세불안을 말하며, 그것이 무의식 속에서 나와서 마치 "검은 구름"처럼 성인이 된 나타나엘을 위협하고 있다. 그 불안은 도대체 무엇을 말하며, 어떻게 형성된 것일까? 그 답변은 그의 어린 시절로 되돌아가서 찾을 수밖에 없는데, 특히 어린 시절 저녁마다 모래인간이 오는 시절로 되돌아간다.

무시무시한 모래인간의 형상이 나의 내면 안에 소름끼치듯 그려져 있었다. 저녁마다 그 형상이 계단을 소리 내어 올라올 때면 나는 불안과 공포에 몸을 떨었다.[55]

어린 나타나엘은 저녁 식사 후 9시가 되면 잠자리에 들어가야 했다. 이에 대해 그는 어머니와 유모에게 질문을 던진 바 있으며, 특히 유모는 "모래인간이 와서 잠을 자지 않으려는 아이들의 눈에 모래를 뿌리고는 눈을 빼내어 자기가 돌보는 둥지 안의 새들에게 눈을 가져가면 새들은 부리로 눈을 쪼아먹는다"는 무시무시한 대답을 해준다.[56] 그런 유모의 경고에도 불구하고 항상 "호기심으로

---

54 E. T. A. Hoffmann, Der Sandmann/Das öde Haus, Stuttgart 1983, p. 3(이하 "Der Sandmann"으로 표기함).

55 Der Sandmann, p. 5.

56 "모래인간은 나쁜 인간이지. 어린아이들이 잠자리에 들지 않으려 하면 그는

가득한"[57] 열 살의 나타나엘은 어느 날 모래인간이 오는 저녁, 그가 누구인지, 그리고 아버지와 함께 무슨 일을 하는지를 염탐하게 된다. 나타나엘은 모래인간이 다름 아닌 변호사 코펠리우스였고, 그와 함께 아버지가 연금술을 행하고 있는 장면을 목격하게 된다. 거세 콤플렉스 위험의 근거가 되는 '원초적 장면(Urszene)'은 연금술 실험 장면으로 우회적으로 서술되고 있는 셈이다. 어쨌든 그런 실험 장면을 몰래 훔쳐보던 나타나엘은 코펠리우스에게 발각되고, 어린 나타나엘을 붙잡고서 코펠리우스는 다음과 같이 위협을 가한다.

> 그 순간 코펠리우스는 나를 붙잡았다. "요녀석! 요녀석!" 하고 그는 이빨을 드러내며 웃으면서 말했다! 그리고 나를 붙잡고는 화덕 위로 들어 올렸고 내 머리카락은 불꽃에 그을리기 시작했다. "자, 눈을 갖게 되었군, 눈을. 아주 귀여운 어린아이의 두

---

어린아이들에게 다가와 한 줌의 모래를 아이들의 눈에 뿌리며, 피가 흐르는 상태에서 눈은 머리에서 튀어나오게 되지. 그는 그 눈을 주머니에 담아 반달빛을 받으며 자기 아이들에게 먹이를 주기 위해 갖고 가지. 보금자리에 앉아 있는 아이들은 부엉이들처럼 작은 부리를 갖고 있는데, 그 부리로 품행이 좋지 않은 인간 아이들의 눈을 쪼아먹는구나"(Der Sandmann, p. 5).

57 모래인간이 누구인지, 모래인간과 아버지는 무엇을 하는지 등에 관해서는 "호기심"이라는 표현이 두 번 언급된다. "호기심으로 가득하여 모래인간에 대해 더욱 자세한 점과 우리 아이들과의 관계들을 알기 위해(Voll Neugierde, Näheres von diesem Sandmann und seiner Beziehung auf uns Kinder zu erfahren)", "호기심과 더불어 어떤 방식으로든 모래인간을 알아내기 위한 마음이 한층 더 커져만 갔다(Immer höher mit der Neugierde wuchs der Mut, auf irgend eine Weise des Sandmanns Bekanntschaft zu machen)"(p. 5). 프로이트의 거세 현상과 관련하여 정신분석학적으로 해석하자면, 그 호기심은 성적인 호기심을 암시한다.

눈을." 그렇게 코펠리우스는 중얼거리면서 두 손으로 붉게 달군 곡식알을 불 속에서 꺼내들고는 그것을 내 눈 속에 뿌리려 했다. 그때 아버지는 애원하듯 손을 높이 쳐들고 외쳤다. "스승님! 스승님! 제 아들 나타나엘의 눈을 그냥 놔주시지요. 제발 그냥 놔주십시오." 코펠리우스는 날카롭게 소리를 내며 웃으면서 말했다. "좋아요. 아이 눈을 그냥 놔두고 울부짖도록 그냥 놔둡시다. 그렇지만 손과 발의 메커니즘을 한 번 관찰해보기로 합시다." 그러면서 그는 나의 관절이 부서질 정도로 강압적으로 붙잡더니 손과 발을 돌리고 한 번은 이쪽으로, 다른 한 번은 저쪽으로 비틀어보았다.[58]

이 장면은 소설 전체의 내용과 관련하여 매우 중요한 장면이다. 오이디푸스 콤플렉스라는 의미에서 『모래인간』을 정신분석학적으로 분석한 프로이트의 해석을 정리하면 다음과 같다. 어린 나타나엘은 외적으로는 아버지를 존경하지만 내적으로는 어머니를 두고서 아버지와 경쟁관계였으며, 무의식적으로 아버지를 거세하여 어머니를 차지하려는 욕망을 갖고 있다. 그것은 우회적으로 표현되는데, 가령 아버지와 모래인간(코펠리우스)이 행하는 일에 관해 "상상에 더욱더 몰두하기(meine Fantasie immer mehr und mehr zu beschäftigen)" 시작했다거나, 혹은 아버지에게 그에 대해 물어볼 수 없었던 까닭은 "물리칠 수 없는 수치심(eine unüberwindliche Scheu)"이 있었기 때문이라고 하며, 그렇지만 점점 더 비밀을 캐고 싶은 "욕망이 몇 년 동안 점점 더 내 안에서 솟구치고 있었다(dazu

58 Der Sandmann, pp. 9-10.

keimte mit den Jahren immer mehr die Lust in mir empor)"고 말한다. 상상, 수치심, 욕망 등은 모두 성적인 개념들로서 정신분석학적으로 해석될 수 있다.

Der Sandmann, Federzeichnung von E.T.A. Hoffmann

(호프만의 스케치: 코펠리우스와 아버지)

(올림피아를 놓고 싸우는 스팔란차니와 코폴라)

아버지와 코펠리우스의 연금술 장면을 은밀히 목격하다가 발각된 사건은 일종의 "주시쾌락(Schaulust, 호기심)"과 더불어 어머니를 차지하고 싶은 나타나엘의 욕망이 발각된 것과도 같으며, 그런 어린 나타나엘로부터 '눈'을 빼앗으려고 위협하는 코펠리우스는 어머니를 탐하는 아이에게 징벌(거세)을 가하려는 나쁜 아버지를 가리킨다. 여기서 프로이트는 선한 아버지(der gute Vater)와 나쁜 아버지(der böse Vater)를 구분한다. 어머니를 두고 아버지와 경쟁하던 아들은 대체로 존경스럽고 합리적이고 이성적인 현실 세계를 대변하는 아버지를 받아들이게 되는데, 다시 말하면 아들은 경쟁상대인 아버지에게 순종함으로써(즉, 어머니에 대한 사랑을 아버지에 대한 사랑으로 대체함으로써) 오이디푸스 콤플렉스를 극복하기 마련이다. 그러나 이와 같은 과정에 장애가 나타남으로써 오이디푸스 콤플렉스가 지속하는데, 이 경우 어머니를 차지하고 싶은 아들의 성적 욕망이 과도해지고 또한 아버지의 힘에 순응하는 것이 아니라 오히려 아버지를 제거하고 싶은 충동이 생기며 혹은 자신의 성적 욕망에 징벌을 가하는 차원에서 성기를 제거하려는 나쁜 아버지의 이마고가 형성된다. 아버지와 코펠리우스는 현실에서는 서로 다른 인물일지라도 나타나엘의 상상 속에서는 '아버지'로서 동일하게 여겨질 수 있는데, 좋은 아버지와 나쁜 아버지 간의 동일성은 테스트 내에서도 다음과 같이 우회적으로 서술되어 있다.

> 아 이런, 나이 드신 아버지가 지금 불 속으로 몸을 굽혀 내려볼 때 그는 완전히 다르게 보였다. 끔찍한 경련을 일으키는 고통으로 인해 그의 부드럽고 성실한 모습이 추하고 역겨운 악마의 형상으로 변모한 것처럼 보였다. 그는 코펠리우스와 비슷해 보였다.[59]

"그(아버지)는 코펠리우스와 비슷해 보였다"라는 언술은 아버지와 코펠리우스, 즉 선한 아버지와 나쁜 아버지의 동일성을 암시해주는 결정적인 대목이 아닐 수 없다. 요컨대, 연금술을 몰래 지켜보다가 발각된 나타나엘의 '눈'을 놓고서 거세하려는 나쁜 아버지와 그것을 말리는 좋은 아버지는 정신분석학적으로 모두 동일한 아버지의 양면적 모습에 다름 아니다.

여기서 성기, 눈, 거세의 관계는 쉽게 이해된다. 나쁜 아버지에 의한 직접적인 성기 거세의 위협은 현실에서는 물리적으로 이뤄지

---

59 Der Sandmann, p. 9.

지 않는 것으로 다만 심리적인 차원에서의 위협이며, 또한 성기 거세의 위협은 다른 기표에 의해 대체된다. 요컨대, '주시쾌락'의 주요 기관인 눈을 없애려는 위협, 그로 인해 눈의 상실에 대한 불안이며, 이것이 상징적인 차원에서 "거세불안의 대체(Ersatz für Kastrationsangst)"로 작용한다.[60] 이에 대한 전형적인 예는 바로 소포클레스의 비극이다. 아버지를 죽이고 어머니를 자신의 아내로 맞이한 사실을 뒤늦게 알게 된 오이디푸스가 자신의 눈을 멀게 만든 것은 바로 스스로 자신을 거세하는 행위에 다름 아니다. 『모래인간』에서도 마찬가지다. 코펠리우스가 나타나엘의 눈을 없애려는 위협을 가하는데, 오이디푸스나 나타나엘에게 눈은 다른 기관(성기)을 대체하는 기표로 작용하는 셈이다. 거세위협을 가하는 나쁜 아버지의 "이마고(Imago)"로서의 코펠리우스는 선한 아버지의 애틋한 간청으로 눈의 거세를 중단하고 그 대신에 "나의 관절이 부서질 정도로 강압적으로 붙잡더니 손과 발을 돌리고 한 번은 이쪽으로, 다른 한 번은 저쪽으로 비틀어보았다"는 식으로 나타나엘을 무력화시킨다. 코펠리우스에 의해 자신의 육체가 완전히 망가지는 현기증에 사로잡히는 순간 나타나엘은 사실 완전히 눈이 거세된 듯한 느낌을 갖게 되는데, 그런 나타나엘의 상태는 곳곳에서 은밀히 제시되고 있다. 코펠리우스로부터 위협을 당한 나타나엘은 다음과 같은 환상에 사로잡힌다.

> 수많은 인간의 얼굴이 주위에서 볼 수 있는 것처럼 느껴졌다. 눈 없이—눈 대신에 끔찍스럽고 심하게 파인 검은 동공만

60 Freud, p. 254.

이—[61]

이와 유사한 장면이 이후에 반복되는데, 그것은 다름 아닌 올림피아를 놓고서 스팔란차니 교수와 코폴라(코펠리우스)가 서로 싸울 때 자동인형에서 튀어나온 눈을 집어 스팔란차니 교수가 나타나엘의 가슴에 던지는 장면이다. 여기서도 나타나엘은 다음과 같은 환상에 사로잡힌다.

> 나타나엘은 바닥에 놓인 피투성이의 한 쌍의 눈동자가 자신을 뚫어지게 바라보는 것을 보았고, 스팔란차니는 상처를 입지 않은 손으로 그 눈동자를 집어 들고서 나타나엘에게 던졌으며, 그 눈동자는 나타나엘의 가슴에 맞았다. 그러자 뜨거운 발톱으로 광기가 그를 사로잡았고, 그의 내면 속으로 들어가서는 감각과 생각을 갈기갈기 찢어놓았다.[62]

실제 현실적인 상황이라기보다는 아마도 나타나엘의 '초현실적 환상'일 수 있다. 그러나 분명한 점은 성기를 대체하는 '눈'이 자신의 가슴에 부딪히는 장면이 비록 상상적일지라도 거세 콤플렉스를 구체적으로 보여준 것과도 같다. 눈의 완전한 거세는 나타나엘이 자신과 동일시하게 되는 올림피아를 통해서도 입증되는데, 스팔란차니와 코폴라의 싸움 이전에 올림피아의 눈을 보면서 나타나엘은 순간적으로 다음과 같은 생각에 젖는다.

---

61 Der Sandmann, p. 9.

62 Der Sandmann, p. 38.

> 정말 너무나 뚜렷하게 나타나엘은 보았다. 죽은 사람처럼 창백한 올림피아의 밀랍 같은 얼굴에는 눈이 없었다. 눈 대신에 검은 동공만이 있었으며, 생기 없는 인형이었던 것이다.[63]

유년시절 나쁜 아버지(코펠리우스)에 의해 위협당한 나타나엘의 상태, 마찬가지로 스팔란차니 교수(혹은 코폴라)에 의해 위협당한 올림피아의 상태, 이 두 인물의 상태는 모두 '눈이 사라진 검은 동공만 남은 상태'라는 공통점을 형성한다.

나타나엘은 사실 어머니에 대한 욕망 때문에 죄를 지었을 뿐만 아니라 자신의 욕망을 알아차리고 거세하려 했던 나쁜 아버지(코펠리우스)를 죽이고 싶은 소망을 품었을 가능성도 있다.[64] 죽음에 대한 무의식적 소망이 나타나엘에게 현실화되는데, 즉 실험실 사고로 선한 아버지가 실제로 죽게 되는 것이다. 이에 양심의 가책을 느낀 나타나엘은 결국 유년시절의 충격적 사건(자신의 욕망, 거세 불안, 아버지의 죽음)의 끔찍한 심리적 외상을 무의식 속으로 밀어 넣고자 했다. 외적으로는 아버지가 죽고 코펠리우스가 사라짐으로써 거세위협과 불안이 극복된 듯이 보이지만, 그 거세불안(그리고 양심의 가책)은 나타나엘의 무의식 속에 잠재되어 있었다. 그런데 성인이 된 어느 날 뜻밖에 코폴라의 등장과 함께 "무시무시함"이 다시 귀환한 것이다. 어린 시절 갖고 있던 어머니에 대한 성적 욕망은 다른 식으로, 즉 자기 자신에 대한 사랑으로 대체되며,

---

63 Ibid.

64 프로이트의 『토템과 타부』(1913)에서 아들과 아버지 간의 권력투쟁 관계를 문명사적으로 해석하기도 했다. 카프카의 여러 단편에서도 그와 같은 주제를 엿볼 수 있다.

이러한 나르시시즘적 사랑은 스팔란차니 교수와 코폴라—이 두 사람은 선한 아버지와 나쁜 아버지의 반복이기도 한데—가 만들어낸 자동인형 올림피아에 대한 사랑으로 표현된다. 사실 정신분석학적 해석을 빌리지 않더라도 나타나엘과 자동인형 올림피아 간의 동일성은 텍스트 내의 곳곳에서 읽어낼 수 있다. 결정적인 대목은 가령 올림피아를 대하면서 "올림피아의 사랑에서만 나는 나 자신을 다시 발견한다"[65]라는 나타나엘의 언술이다. 물론 인간과 자동인형의 동일성은 현실적으로 불가능한 일일 뿐 그 동일성은 비유적이고 상징적으로만 파악되어야 한다. 그렇다면 나타나엘은 왜 올림피아와 자신 간의 동일성에 사로잡히는 것일까? 그것은 올림피아가 아버지에게 순종하는, 요컨대 (거세된) 여성적 성향의 나타나엘을 상징화하기 때문인데, 이에 대해 프로이트는 다음과 같은 뛰어난 해석을 제시해주고 있다.

> 이러한 자동인형은 유년시절 자기 아버지에 대해 나타나엘이 지녔던 여성적 성향의 물질적 구체화에 다름 아니다. 자동인형의 아버지—스팔란차니와 코폴라—는 나타나엘의 아버지 쌍의 재생이며, 다시 등장한 새로운 인물쌍이다. 그렇지 않으면 스팔란차니의 진술은 정말로 이해하기 어렵다. 그는 안경장수가 나타나엘에게서 눈을 빼앗아서 인형에 넣었다고 밝히는데, 그러한 진술은 나타나엘과 올림피아의 동일성에 대한 증거로서 그 의미를 지닌다. 올림피아는 소위 나타나엘에게서 방출된 콤플렉스로서 하나의 인물로 그를 향해 다가간다. 이러한 콤플

---

65 Ibid.

렉스에 의해 지배되어왔으며, 그 점은 올림피아에 대한 부자연스럽고 억지스런 사랑에서 표현되고 있다. 우리는 그러한 사랑을 나르시시즘적 사랑이라고 부르는 것이 타당하며, 그런 사랑에 빠져 있는 이는 실제 현실적인 사랑의 대상에 자신을 소외시킨다고 생각한다.[66]

거세의 결과로서 아버지에 대해 순종하는 여성화된 자신의 모습이 올림피아에 투영되고 있다는 것이다. 나타나엘은 비록 현실적으로는 전혀 거세(눈의 상실)된 상태로 보이지 않지만, 정신분석학적으로는 코펠리우스(나쁜 아버지)에 의해 완전히 거세된 심리상태에 있었다. 그렇게 거세된 나타나엘은 자신의 내면에 여성적 성향의 콤플렉스를 갖고 있었고 일종의 "심리적 친화력에 의해(von psychischer Wahlverwandtschaft)"[67] 올림피아(즉, 자기 자신)에 대한 맹목적 사랑에 빠지게 된 것이며, 이것이 나르시시즘이다. 눈의 거세는 곧 의식, 판단의 중지와도 연관된다. 그렇기에 나타나엘은 자신의 문학에 대해 비판적 의견을 제시하는 클라라를 전혀 의식하지 않게 되며, 또한 다른 이들(가령 친구 지그문트)의 눈에는 올림피아가 기계적인 자동인형처럼 비침에도 불구하고 '눈'(의식과 판단)을 결핍한 나타나엘은 그 점을 보지 못하고 있다.

프로이트의 해석에서 자동인형 올림피아는 강력한 힘을 가진 아버지에 대한 거세불안을 나타내는 기능을 갖게 된다. 눈의 상실에 대한 불안은 거세불안에 대한 환유법으로 체험되고 있

66 Freud, pp. 255-256.

67 Der Sandmann, p. 35.

> 는 바, 거세의 원초적 장면이 떠오르는 무시무시한 병적 망상의 반복이다. 여기서 거세위협은 언제나 죽음의 위협을 뜻한다. 도플갱어 상상의 무시무시함은 주체의 소멸이라는 표상과 결합되어 있는데, 즉 명확한 주체의 자리를 잃게 되는 것에 대한 불안과 결합되어 있다. 그런 점에서 기술적·매개적 특성을 지닌 도플갱어에는 상실불안이라는 주제가 제시되어 있다. 이 상실불안은 역사적으로 매번 새로운 기술적 시뮬레이션의 가능성에 의해 발생된다.[68]

무의식 속에 억압된 것(거세위협, 거세불안)은 언젠가, 갑작스럽게, 뜻하지 않은 계기로 다시 나타날 수 있는 잠복적인 반복강박과 연결된다. 이런 상태가 더욱 증폭됨으로써 결국 자아분열, 광기, 나아가 죽음에 이를 수도 있는데, 호프만은 소설 『모래인간』이라는 허구적 작품을 통해 그러한 심리적 과정을 뛰어나게 형상화하고 있다. 『모래인간』의 결말은 매우 흥미롭다. 나타나엘의 비극적 죽음의 형상화는 현실에 대한 인식을 결여한 채 자기 내면의 목소리만 듣게 될 경우 결국 분열, 광기, 죽음으로 치닫게 될 수 있다는 위험을 말해주고 있다. 그렇다고 상대방의 고통과 내면을 이해하지 않으려는 클라라의 모습과 그녀의 삶이 권장할 만한 대안이라고 할 수도 없다. 나타나엘이 죽은 후 클라라가 찾은 행복의 상태에 대해 서술자는 다음과 같이 전해주고 있다. "클라라는 내면에서 분열된 나타나엘이 결코 그녀에게 베풀어줄 수 없었던 그런 행

68 Sigrid Schade, Die Medien/Spiele der Puppe, in: Der Surrealismus in der Mediengesellschaft - zwischen Kunst und Kommerz, hrsg. v. Nanette Rißler-Pipka/Michael Lommel/Justyna Cempel, Bielefeld 2010, p. 115.

복, 그녀의 명랑하고 삶을 즐기는 감각에 부합하는 그런 조용하고 가정적인 행복을 발견했다."[69] 이 마지막 언술은 현실에 순응하며 조화롭게 살아가려는 '비더마이어적' 삶의 모습 또는 현실과의 조화로운 상태를 추구하는 다가오는 독일 '사실주의적' 인간상을 옹호하는 것만은 아닌 듯싶다. 사실 나타나엘을 통해 트라우마, 무의식 등을 제시한 소설 전체의 흐름을 보면, 그 잔잔하고 평화로운 듯한 결말도 충분히 다른 함의를 던지고 있다. 즉 접속법 2식(비현실적 희망의 언술)로 쓰인 클라라의 삶에 대한 묘사는 한편으로 글자 그대로 평온하고 밝고 아름다운 소시민적 삶을 옹호하는 듯이 보일 수 있지만, 다른 한편으로 보이는 것 속에 내재해 있는 보이지 않는 것도 암시되어 있다. 즉 'unheimlich'에 이중적 의미(잘 알려진+무시무시한)가 내재해 있듯이, 클라라의 밝고 건강한 소시민적 삶에도 무시무시함(나타나엘과의 사건에서 발생한 트라우마)의 그림자가 은밀히 드리워져 있을 수 있다. 현대적 호러영화의 결말처럼 말이다.

티크의 『금발의 에크베르트』와 마찬가지로 소설 『모래인간』은 한 개인이 어린 시절에 겪은 심리적 불안—그 불안이 극복된 듯 일정 기간 평온히 지내고 있을지라도—이 사실은 전혀 극복되지 않은 채 오랫동안 무의식 속에 드리워 있다가 갑작스럽게 돌발할 수 있으며, 또한 그 불안이 언제든지 현재적 행복을 앗아갈 수 있음을 보여주고 있다. 비록 이야기는 허구적이지만 모든 이에게 언제든지 '일어날' 가능성을 내포한다.

---

69 Der Sandmann, p. 42.

## 3 대도시적 불안

18~19세기에는 주로 개인의 불안에 초점이 맞춰져 있었다면, 20세기 초 표현주의에서는 대도시와 불안이 적나라하게 표현된 바 있다. 당시 표현주의를 이끈 게오르크 하임(Georg Heym, 1887~1912)은 베를린을 소재로 하여 「도시(Die Stadt)」, 「도시의 악령(Die Dämonen der Stadt)」, 「도시의 신(Der Gott der Stadt)」, 「베를린 I」, 「베를린 II」, 「베를린 III」 같은 일련의 시를 발표했다. 여기서 총 12연으로 구성된 「도시의 악령」 가운데서 그 일부분인 마지막 9~12연을 간단히 살펴보기로 하자.

어둠이 가득한 어느 방에서
한 임산부가 진통으로 소리친다.
그녀의 억센 몸이 이불에서 힘차게 일어난다.
그 몸 주위엔 거대한 악마들이 있다.

그녀는 떨면서 산고의 의자에 기댄다.
그녀가 내뱉는 소리로 방이 흔들거리며,
그때 태아가 나온다. 그녀의 가슴이 붉고 길게 벌어지며
피를 흘리면서 그는 태아를 둘로 나눈다.

악마의 목이 기린처럼 자라난다.
아이에겐 머리가 없다. 어머니는 아이를
앞에 들고 있다. 그녀가 뒤로 넘어질 때
그녀 등에 공포의 개구리손가락이 벌어져 있다.

하지만 악령들은 거대하게 자란다.
악령들의 관자놀이뿔이 하늘을 붉게 찢는다.
지진이 도시의 품속을 지나 울린다.
불길이 넘실대는 도시의 발굽 주변에.[70]

시는 무엇인지 정확히 언급하지 않은 채 도시 자체를 뒤덮고 있는 어떤 무시무시한 악령을 그려내고 있으며, 특히 의인화 수법에 의한 대도시 악령의 형상화가 눈에 띈다. 거대한 괴물과도 같은 악령이 도시 전체를 장악하면서 서서히 인간의 사적 공간인 개개인의 집까지도 자신의 그림자로 덮으려 한다. 이와 같은 하임의 언어적 형상화는 마치 땅과 하늘을 지배하는, 공포와 불안을 야기하는 거대한 거인을 그려낸 고야(Goya)의 그림 「거인(El coloso)」(1808~12)을 상기시키거나 혹은 독일 표현주의 영화인 프리츠 랑(Fritz Lang)의 「메트로폴리스(Metropolis)」(1927)에서처럼 지하세계의 거대한 기계에 종속되어 살아가는 노동자들의 삶을 떠올리게 한다. 어쨌든 악령의 그림자로 뒤덮인 도시에서는 자연현상인 구름과 비도 "어두운(schwarz)" 색을 띠며, 도시 주변의 바닷가 소리는 "슬픈 음악의 리토르넬"로 마치 "임종의 노래(das Sterbelied)"를 불러주는 것처럼 묘사되어 있다. 도시의 악령과 관련하여 특히 두 가지 장면이 충격적이다. 그 하나는 악령들 가운데 "한 악령이 일어난다. 그는 하얀 달에 어두운 가면을 걸어준다(Einer steht auf. Dem weißen Monde hängt / Er eine schwarze Larve vor)"라는 7연의 시적 표현이다. 평소 대지 위에서 도시와 거리를 밝게 비춰주는

70 G. Heym, Dichtungen und Schriften. Hamburg/München 1960ff., Bd. 1, p. 187.

자연의 지고한 상징물인 "하얀색의 달"조차 이제 "어두운 가면"으로 변하고 있다는 시적 언술은 비록 단순 대립의 수법이지만 대도시의 몰락을 극대화하고 있다.

또 다른 충격적인 장면은 9~12연 사이에 제시된 아이 출산과 도시 멸망에 대한 시적 묘사다. 표현주의적 시이지만 초현실주의적 상상력이 작동하고 있는 시임을 즉각 알 수 있다. 본래 아이는 신성한 생명력을 뜻한다. 그런 아이가 출생하는 지극히 사적인 공간 안으로 악령이 은밀히 침입하여 태어나는 아이를 둘로 나눈다는 것("아이에겐 머리가 없다")은 단순히 아이의 죽음을 넘어서서 생명과 삶의 희망이 대도시 내에서 더 이상 기대될 수 없음을 말해준다. 특히 "개구리손가락"이나 "관자놀이뿔" 같은 시적 신조어로 표현된 악마의 기괴한 모습, 그리고 도시 전체에 온통 지진과 불길이 일어난다는 마지막 시적 언술은 대도시 자체의 종말(apocalypse)마저 연상시킨다. 기존의 것이 멸망한 후 어떤 새로운 것이 도래한다는 희망적 의미가 아니라 종말 그 자체만이 그려졌다. 시 전체에서 도시/인간과 악령은 묘한 뉘앙스로 나뉘어 그려져 있다. "슬픈, 짙은, 째지는, 깊은, 떨면서, 피를 흘리면서(traurig, dumpf, grell, tief, zitternd, blutend)" 등의 형용사나 부사가 악령에 의해 지배된 도시/인간의 어두운 상태와 불안감을 가리키고 있다면, 도시/인간을 지배하는 악령의 경우에는 "무거운, 천천히, 넓은 다리로, 거인처럼 거대한(schwer, langsam, breitbeinig, riesengroß)" 등 남을 억누르는 수식어가 사용되고 있다. 거대한 악령에 의해 지배된 도시의 운명은 마지막 행에서 지진과 불길 같은 시어가 암시하듯, 그 자체로 대단히 비관적이다. 페니키아인이 자신들의 아이를 몰록(Moloch)에게 제물로 바쳤듯이, 대도시인은 이제 대도시를 지배하는 거대한 악령에게 자신의 아이들을 바치는 인신공희(人身供犧)의 운명을 맞이하고 있는 것과도 같다. 몰록과도 같은 대도시, 공포·불안·절망이 가득한 대도시는 그 자체로 고대적 신화에 대한 현대적 등가물에 다름 아니다.[71]

## 4 세계종말과 불안

시민의 뾰족한 머리에서 모자가 날아간다,
온 하늘에 어떤 외치는 소리가 들린다.
기와장이들이 추락하여 두 동강이 나고
해안가에서는—읽는 것에 의하면—해일이 인다.

폭풍우가 몰아치고 거친 바다가 날뛴다.
육지로, 두터운 둑을 무너뜨리려고.
대부분의 사람들은 코감기에 걸려 있다.
열차가 철교에서 아래로 떨어지고 있다.[72]

1911년 『민주주의자』라는 잡지에 처음 발표된 야콥 폰 호디스(Jakob von Hoddis, 1887~1942)의 「세계종말(Weltende)」은 표현주의

71 '혼돈 속에서의 질서'라는 신화적 특성을 띤 현대적 대도시를 다각도로 조명하고 있는 연구서로는 다음을 참조할 것(Mythos Metropole, hrsg. v. G. Fucks/B. Moltmann/W. Prigge, Frankfurt am Main 1995).

72 Jakob van Hoddis, Weltende, in: Gesammelte Dichtungen, hrsg. v. Paul Pörtner, Zürich 1958.

의 대표적인 시에 속한다. 그의 유일무이한 시가 표현주의를 대변하는 상징처럼 읽히는 것은 그만큼 세계종말의 감정을 매우 뛰어나게 표현해내고 있기 때문이다. 「세계종말」은 글자 그대로 마치 서서히 다가오는 세계종말의 증후를 표현해내고 있는 듯하다.

"세계종말"에서 '세계'는 18~19세기를 거치면서 완고하게 형성된 시민사회를 말한다. 시민사회는 대도시의 발전, 기술의 발전 등과 밀접한 관계를 맺는다. 19세기 말과 20세기 초는 시민사회적 대도시 발달이 자본주의 경제체제와 함께 절정에 도달한 시기다. 기술이 발달하지 않았던 시기에는 도시와 농촌의 차이가 크지 않았다면, 기술에 의한 산업화 과정에 의해 대도시는 경제·정치·문화의 중심지로 부상한다. 그런 대도시는 이중적인 의미를 지닌다. 대도시는 한편으로 전통적인 삶의 형태나 가치로부터 해방된 시민적이고 자율적인 개인들이 모이는 공간이지만, 다른 한편 아이러니컬하게도 그 개인이 점차 탈개인화되는 집단적·익명적 공간이라는 부정적 의미를 띤다. 그런 대도시의 양면성은 다양한 차원에서 거론될 수 있다. 우선 대도시 공간 속에서 살아가는 개인도 표피와 내면 간의 분열을 겪는 이들이다. 또한 대도시 속에서의 인간의 삶은 시민적 공공성, 건강성, 위생학 등이 실현된 밝고 투명한 삶처럼 보이지만, 다른 한편 대중화, 익명성, 잔인한 무관심, 감정 없는 고립화, 병, 범죄, 불안 등이 꿈틀거리는 어둡고 불투명한 삶이기도 하다. 또한 경제적으로도 대도시적 삶은 빈부가 동시적으로 공존하고 대립하는 투쟁의 공간이다. 아울러 대도시 속에는 자유로운 문화의 다양성이 보장된 듯이 보이지만, 동시에 모방과 유행에 의한 획일성이 급속도로 전파되는 공간이다. 「세계종말」은 그러한 모순적 폐해로 가득한 대도시적 삶에 종말이 다가오는 풍경을 바라보는데, 그 절정은 "열차가 철교에서 아래로 떨어지고 있다"라는 구절로 문명화된 사회 전체의 붕괴가 암시되고 있다.

호디스의 「세계종말」은 발표되기 직전인 1910년의 역사적·사회적 상황과도 관계를 맺고 있다. 이듬해 1911년에 혜성이 지구와 충돌함으로써 지구가 붕괴된다는 현실의 사회적 불안이 팽배했다고 한다. 실제 일어날 수 있는 우주적 현상에 의한 종말의 불안감이 팽배해졌고, 아울러 기술적 진보의 폐해, 독일제국—"뾰족한 머리"는 독일제국 시기에 유행한 머리 스타일이라고 한다—의 임박한 붕괴, 제국주의 대결 및 제1차 세계대전 도래 같은 현실적 상황에 근거한 불안한 감정이 서로 뒤섞여 있다. 아래에 인용한 루트비히 마이트너(Ludwig Meidner)의 「종말론적 풍경(Apokalyptische Landschaft)」(1913)은 그러한 사회적 현상과 불안을 적절하게 형상화한 바 있다.

루트비히 마이트너, 「종말론적 풍경」(1913)

물론 시 자체는 매우 모순적이다. 즉 내용상으로는 자연(하늘, 폭풍우 등), 문명(둑, 열차, 철교 등)과 관련된 모든 것이 아수라장이 되는 종말론적 파국의 장면을 담고 있으며, 또한 표현상으로는 종말론을 담은 성경의 요한복음에서 차용된 구절도 엿보인다("온 하늘에서 어떤 외치는 소리가 들린다", "거친 바다", "두터운 둑" 등). 반면에 시의 형식은 내용과 정반대의 모습이다. 각운, 운율, 연의 구성 등에 있어서 시의 형식(각각 4행의 2연시, 1연은 'abba'의 각운을, 2연은 'abab'의 각운을, 그리고 전체적으로 모든 행은 5개의 약강격 운율을 띰)은 전통적인 규칙에 충실한 나머지 매우 안정적이고 평온해 보인다. 따라서 보들레르의 시처럼 이 시도 형식적으로는 전통을 고수하고, 내용상으로는 세계 종말에 대한 충격적인 불안을 서술하고 있다. 실제로 호디스는 전통적인 시민사회를 옹호한 보수적인 작가였다고 하며, 몰락, 소멸, 병, 죽음 등을 예찬하는 동시대 새로운 어두운 문학의 등장(즉, 표현주의)에 대해 비판적이었다고 한다. 따라서 표현주의 태동에 부정적이었던 그의 시가 표현주의를 대변하는 시를 남겼다는 것은 매우 역설적인 현상이 아닐 수 없다. 물론 이와 같은 의견에 반해 혹자는 호디스가 형식적으로도 매우 전위적이라고 해석하는데, 그것은 상호연관성이 없는 단어나 문장을 잇달아 늘어놓는 소위 "병렬문체(Reihungsstil)" 혹은 "동시성 문체(Simultanstil)" 등의 사용을 통해 매우 파격적인 표현주의 형식을 제시하고 있기 때문이다. 도처에서 엿보이는 종말론적 현상을 담아내기 위해 다양한 단어(시민의 모자, 소리, 지붕, 해일, 폭풍우, 둑, 열차, 철교 등)를 서로 연결하는 방식이 바로 동시성 문체에 속한다.

각 행의 내용을 살펴보자. 1연의 첫 행 "시민의 뾰족한 머리"에서 모자가 날아가는 장면은 특정한 개인을 가리키기보다는 시민사회를 대표하는 편협한 일반적인 개인을 가리키며, 모자가 날아가는 것은 주로 파국, 혼란, 죽음 등과 관계한다. 따라서 시민사회(즉, 독일제국)의 몰락을 가리킨다. 1연 2행은 그러한 몰락과 함께 불안의 감정이 표출되고 있다. "온 하늘에 어떤 외치는 소리가 들린다"라는 표현은 심리적인 것으로 이해되는데, 그것은 "어떤 외치는 소리가" "온 하늘에" 들릴 수 없기 때문이다. 소리가 온 하늘에 울려 퍼져 있음을 형상화할 경우 그것은 마치 뭉크의 「절규」에서처럼 노란색, 오렌지색, 붉은색의 곡선으로 표현된 하늘의 장면을 떠올린다.

1연 3행의 지붕 위에서 기와를 놓는 이들이 아래로 추락하여 두 동강이 난다는 표현은 매우 충격적이고 잔인하다. 인간의 몸을 마치 두 동강 나는 물건처럼 취급함으로써 탈인간화된 묘사라고 할 수 있다. 그렇지만 엄밀히 보면, 지붕 같은 곳에서 떨어진 이들의 몸이 두 동강이 난다는 표현 자체는 사실적이 아니라 오히려 과장적이다. 어쨌든 지붕 위에 기와를 얹는 이들은 비교적 집의 안전을 책임지는 이들인데, 그들이 죽게 된다는 것은 집(즉, 소시민적 가정)도 더 이상 안전한 곳이 아니라 몰락을 맞이하는 공간이라는 점을 암시한다.

1연 4행의 "해안가에서는—읽는 것에 의하면—해일이 인다"도 흥미롭다. 내용적으로는 폭풍우가 몰아쳐서 댐이 붕괴되는 현상을 서술하는 시행이다. 그런데 "읽는 것에 의하면"에서 무엇을 읽은 것일까? 우선적으로는 날씨를 전해주는 신문 매체일 것이다. 해안가의 해일은 간접적인 정보일 뿐 직접적으로 확인되지 않는 현상이다. 그렇다면 혜성이 지구와 부딪힘으로써 세계가 종말을 고할 것이라는 현상에 대한 불안감도 그와 같은 매체에 의해 간접적으로 만들어진 인위적인 현상이라는 점을 암시하는 것일까? 아니면 자신의 시가 주는 정보에 의하면 이라는 뜻일까?

일단 매체에서 전해진 해일의 영향은 2연에서 구체적으로 제시되는 듯하다. 해일의 영향으로 폭풍우, 둑의 붕괴 등이 야기되고, 마찬가지로 폭풍우로 인해 열차 추락 등이 일어나는 것으로 읽힌다. 그런데 1연 3행과 마찬가지로 2연 3행도 독특하다. "대부분의 사람들은 코감기에 걸려 있다"는 말은 우선 폭풍우가 동반하는 차가운 날씨로 인해 많은 사람이 감기에 걸리는 현상을 의미할 수 있다. 그런데 그 시행은 매우 시니컬하고 반전의 의미를 야기한다. 그것은 2연 3행의 앞뒤에 다가오는 거대한 몰락 현상(폭풍우, 둑의 붕괴, 열차 추락 등)이 서술되지만, 바로 '감기'라는 단순하고 지극히 가벼운 병이 언급됨으로써 상호연관성이 갑작스럽게 무너지면서 코믹한 시적 감정까지 불러일으키고 있기 때문이다. 요컨대, 2연 3행은 흔히 "파국과 무관심 간의 대립이 아이러니하고 그로테스크하게 작용하는"[73] 것으로 해석된다. 물론 감기를 심리적인 병의 증후로 이해할 수도 있지만 말이다. 2연 4행의 경우, 앞서 언급했듯이 기차는 당시 기계문명을 대변하는 최고의 산물이었기에 기차의 추락은 곧 문명사회의 몰락을 말해준다.

시 전체는 전통적인 시적 화자의 감정이 완전히 배제된 채 관찰자의 시점에서 세계종말의 불안을 건조하게 보고하는 듯하다. 그런 시적 분위기를 바라보는 시적 화자는 어디에 위치해 있는 것일까? 세계종말의 위태롭고 불안한 순간에도 불구하고 그는 자신

73 http://www.deutschlandfunk.de/lyrix-juni2012-pdf-deutschunterricht. media.bec0331b92a2e1128affda8a28d58d31.pdf

의 안전이 보장된, 거리를 취한 관찰자의 입장에서 그 몰락을 바라보고 있다. 그렇다면 그는 세계종말에 어떤 입장을 취하고 있을까? 그는 불안한 상황을 아무런 감정 없이 보고 있는 것일까, 아니면 그 자신도 불안한 것일까? 기존의 것이 붕괴하고 새로운 출발을 바라는 종말론의 양면성처럼 표현주의는 주로 기존의 사회가 총체적으로 붕괴되고 새로운 세계의 출발에 대한 희망을 지닌 예술사조로 해석된다. 그렇다면 「세계종말」의 시적 화자도 그러한 희망을 간직하고 있는 것일까? 불안과 희망은 서로 연결되어 있는 것일까? 아니면 희망은 전혀 없는 것일까? 시민사회를 지키고 싶었던 작가는 해일과 폭풍우 같은 거대하고 무시무시한 자연 현상이 야기하는 개인의 위태로움, 나아가 열차 추락 등의 사회적 현상(즉, 사회 전체의 몰락)에 대해 불안했을 수 있지만, 시적 화자는 그런 현상에 대한 자신의 사적인 '불안한' 감정을 전혀 드러내지 않고 있다. 그런 냉정하고 무관심한 시적 화자와는 달리, 시의 표현과 의미는 불안으로 가득 차 있다. 그런 양면성이 이 시의 독특한 매력을 이룬다.

# V

# 정당성과
배타성
사이에서의
혐오와 분노

# 1 혐오와 분노의 친족성

혐오(영: disgust, 독: Ekel, 역겨움)와 분노(Zorn)는 같은 부류의 감정 범주군에 속할 정도로 불가분의 관계를 맺고 있다. 간단히 말하면, 혐오스런 감정은 쉽게 분노하는 감정으로 발전한다. 생물학적으로 두 감정은 인체의 기본적인 감정과 욕구 등을 관장하는 신경계인 대뇌 변연계(邊緣系)에서 발생한다는 공통점을 갖고 있는데, 혐오와 분노의 결정적인 공통점은 주로 '이질적인 것, 다른 것'에 대한 방어적 반응, 말하자면 자기 자신을 보호하기 위한 일종의 반사 작용이라는 것이다. 이질적인 것, 다른 것과 접촉하고 싶지 않은 감정인 혐오는 단순한 멸시나 증오보다 더욱 구체적인 양상을 띠는데, 가령 과도할 경우 구토 같은 육체적 증상을 수반한다. '혐오'에 해당하는 독일어와 불어가 '구토'로 번역되는 것도 바로 그런 연유에서다. 이질적인 것에 대한 혐오와 증오가 과도할 경우 분노의 감정으로 발전한다. 헝가리 출신의 독일 현상학자 아우렐 콜나이(A. Kolnai)는 "증오는 경멸보다 한층 더한 상태이며, 혐오는 증오보다 한층 더한 상태이며, 분노는 혐오보다 한층 더한 상태다"[1] 라고 차이점을 밝힌 바 있다. 불안, 절망, 혐오, 증오, 분노 같은 다양한 감정은 상호 영향을 받거나 혹은 상승된, 발전된 감정 등으로 여겨질 정도로 서로 밀접한 연관성을 형성하고 있다.

모든 감정은 선천적일 수도 있고 후천적일 수도 있다. 가령 혐오의 경우, 타고난 선천적 혐오와 문화적으로 습득된 후천적 혐오로 구분된다. 전자는 알레르기 반응을 일으킬 정도로 각종 냄새에 민감히 반응하는 자연적 혐오를 들 수 있는데, 이러한 혐오는 감성적·육체적으로 타고난 감정이다. 일종의 선입견과도 같은, 문화적으로 형성된 후천적 혐오는 가령 서양인의 치즈 냄새를 불쾌히 여기는 동양인의 반응 현상이나 역으로 동양인의 마늘 냄새를 꺼리는 서양인의 반응 현상을 들 수 있다. 냄새 자체가 육체에 아무런 해를 끼치지 않음에도 불구하고 특정 냄새가 다른 문화권 사람들에게는 혐오를 불러일으키는데, 이 경우 모두 서로 다른 음식문화 전통에서 발생한 후천적 혐오이거나 일종의 선입견처럼 작용하는 혐오라고 할 수 있다.

혐오에 대해서는 전문영역마다 다르게 평가될 수 있다. 생물학, 유전학 등에서는 선천적 혐오가 중요시될 수 있다. 가령 특정 대상(오물, 쥐, 거미 같은 동물이나 곰팡이 등)에 대한 혐오의 감정은 보편적이라기보다는 개개인마다 다른 감정이다. 어떤 이는 거미

---

1 Aurel Kolnai, Ekel. Hochmut. Haß-Zur Phänomenologie feindlicher Gefühle, Frankfurt 2007, p. 8. 경멸, 역겨움 등과 함께하는 혐오가 사회와 개인, 민주주의와 파시즘적 극우주의 등의 맥락에서 어떤 의미를 지니는지에 대해서는 콜나이의 연구서뿐만 아니라 미국 법철학자 윌리엄 이언 밀러(William Ian Miller)의 연구서(The anatomy of disgust, Harvard University Press 1977)를 참조할 것.

에 대해 혐오스런 감정을 가질 수 있지만 다른 이는 정반대로 기꺼이 거미를 기르고 싶어 할 정도로 전혀 혐오스럽게 여기지 않는다. 따라서 혐오는 선천적으로 타고난 감정으로, 개개인마다 매우 다른 주관적인 감정인 셈이다. 한 걸음 더 나아가 생물학자와 유전학자들은 혐오에 긍정적 기능도 부여한다. 가령 선천적 혐오의 감정은 병에 감염될 위험을 막아주는 중요한 기능을 수행할 수 있다는 것이다. 예를 들면 곰팡이, 오물 등에 대한 혐오의 감정이 작동하지 않는다면 병균에 감염될 위험이 매우 높지만, 그런 것에 혐오감을 가진 이들의 경우 감염될 위험이 매우 낮다.

이와 달리 심리학, 사회학 같은 영역에서 혐오의 감정은 완전히 다르게 분석된다. 1~2세 아이들은 자신의 대소변이나 벌레 등을 거리낌 없이 입으로 가져가지만, 문명 습득 과정 시기인 2~4세를 거치면서 아이들은 부모 및 주변인들로부터 대소변, 썩은 음식, 벌레 같은 대상들을 멀리하라는 혐오스런 감정을 후천적으로 습득한다. 물론 후천적으로 습득된 혐오의 감정도 위에서 언급한 선천적인 감정과 마찬가지로 병의 예방 및 건강을 위해 일정 역할을 할 수 있다. 그렇지만 프로이트의 심리학적 시각은 후천적으로 습득된 혐오에 다른 의미를 부여하는데, 가령 도덕, 수치심, 혐오 같은 감정은 유아기에 행해지는 일종의 "청결교육(Sauberkeitserziehung)"의 결과로서—배설의 쾌락이 혐오스러운 것으로 간주될 경우인데—성적 충동의 억압을 위한 심리적 방어기제로 작용한다. 이 밖에도 사회학 같은 영역의 경우 혐오의 감정은 사회적 배타성과 밀접한 부정적인 감정으로 분석되기도 한다.

철학적으로 혐오는 20세기 초 실존주의 사상의 핵심 개념으로 인식된 바 있다. 구체적으로 말하면, 사르트르는 혐오를, 카뮈는 부조리(das Absurde)를 각기 강조했다. 무의미성, 불합리성, 불확정성 등이 모든 실존을 지배하고 있는 상황이며, 그로 인해 실존의 혐오스럽거나 부조리한 상황 경험은 실존주의의 근본 의식을 형성한다. '혐오'와 '부조리'라는 두 개념은 사실 공통적인 의미를 지님으로써 사르트르와 카뮈의 실존주의적 의식을 관통하는 핵심이라 할 수 있다. 사르트르의 경우 인간 실존의 부조리에 대한 인식은 혐오에 다름 아닌데, 1938년에 발표한 소설 『혐오』(국내에는 『구토』로 번역됨)에는 다음과 같이 실존주의적 사상의 핵심이 서술되어 있다.

> 무엇인가를 명확하게 표현할 수 없지만 나는 내가 실존의 핵심, 나의 혐오의 핵심, 나 자신의 삶의 핵심을 발견해냈다는 것을 알았다. 덧붙여서 내가 포착할 수 있었던 모든 것은 정말이지 저 근본적인 부조리성에 근거한다. …… 나는 좀 전에 절대적인 것을 경험했다. 바로 절대적인 것 혹은 부조리한 것을.[2]

실존의 부조리 자체가 곧 혐오에 다름 아니다. 실존은 왜 부조리하고 혐오스러운 것일까? 그 점은 카뮈가 1943년에 쓴 에세이집 『시시포스의 신화』에서 보완되는데, 카뮈의 핵심 개념인 실존의 부조리는 바로 인간과 세계가 근본적으로 서로 조화를 맺지 못하는 상태에서 발생한다.

> 인간과 그의 삶, 행위자와 그의 환경 간의 불화, 이것이 바로 부

2 Jean-Paul Sartre, Der Ekel, Hamburg 1990, p. 147.

조리의 감정이다.[3]

이러한 노력의 지점에서 인간은 불합리 앞에 놓인다. 그는 자신 속에서 행복과 이성에 대한 갈망을 느낀다. 부조리는 그런 인간의 외침과 세계의 비이성적 침묵 간의 충돌에서 발생한다.[4]

부조리와 혐오는 결국 동일한 개념이다. 인간은 행복과 이성을 외치지만, 세계와 주변 환경은 비이성적인 방식으로 인간을 통제하고 억압하고 있다. 이렇게 인간과 세계가 영원히 조화를 찾지 못하는 상황이 실존의 부조리이며 동시에 혐오 자체다.

이상과 같이 혐오의 의미가 정리될 수 있다면, 앞서 언급했듯이 혐오가 강력해질 경우 주로 분노의 감정으로 발전하며, 그런 점에서 혐오와 분노는 서로 밀접한 관계를 맺는다. 사실 인간의 격한 감정은 다양한 세부적인 감정으로 나뉠 수 있는데, 화(Ärger), 성/노여움(Zorn), 분노/격노(Wut) 등이 그것이다. 한국어에서 세 개념 간의 의미상 차이를 명확히 밝히는 것이 쉽지 않듯이 독일어 "Ärger", "Zorn", "Wut" 간의 차이도 마찬가지다. 다만 누군가 혹은 무엇인가를 부정하는 격한 감정은 점진적으로 발전하는데, 그러한 감정의 강도는 주로 '화에서 시작하여 성/노여움을 거치면서 분노/격노로 발전한다'고 볼 수 있다. 시기, 질투, 공포 같은 감정이 어떤 구체적 대상을 갖는 반면에 불안은 구체적 대상을 갖지 않는다고 밝힌 바 있는데,[5] "화, 성/노여움, 분노/격노"의 경우도 비슷하다. 가

3 Abert Camus, Der Mythos des Sisyphos, Hamburg 2013, p. 18.

4 Ibid., p. 41.

5 이 책의 '불안'에 관한 장을 참조할 것.

령 화가 구체적 대상과 상황에 대한 개인적 감정이라면, 성/노여움과 분노는 증오의 감정과 함께 주로 개인의 감정을 뛰어넘어 불특정한 대상을 향한 집단적 감정으로 작용한다. 특히 분노는 특정 대상과 상황에 대한 불만을 뛰어넘어 대단히 포괄적으로 반응하는 부정적 감정이다. 노여움과 분노 간의 차이점을 굳이 논하자면, 분노가 노여움보다 더 공격적이고 더 파괴적이 될 가능성이 높다는 것이다. 자신이 입은 부당함에 대한 화에서 출발하여 노여움을 거친 분노는 비슷한 상황 인식을 가진 이들과 함께 정당성 회복에 대한 목표를 내세우면서 집단적으로 공격적 행동을 취하게 된다.

흔히 집단적 차원에서 분노가 폭발하면 소란과 폭동 같은 물리적 행위가 뒤따르기 마련이며, 그렇기 때문에 전통적으로 분노는 자제되어야 할 감정으로 해석되곤 했다. 그러나 분노를 극도로 자제할 경우 개인의 무기력, 사회적 무관심이 팽배해질 수 있으며, 이럴 경우 개인과 사회는 더 나은 상태를 외면한 채 정체될 수 있다. 따라서 부당하고 부정한 상태를 개혁하기 위해 분노는 긍정적인 에너지로 전환되어야 하는데, 이 경우 '정당한 분노'라고 부른다. 아리스토텔레스에 의하면, 다른 이를 멸시할 권한을 갖고 있지 않은 이가 자신을 멸시할 경우 화가 치미는 보복 감정이 발생하는데 이 같은 '화/노여움/분노'로 언급된 격한 감정의 발산에는 용기가 뒤따른다고 한다.[6] 그러나 개인적이든 집단적이든 나의 분노는 타자의 분노를 불러들이기 마련이며, 분노의 상호 충돌은 쉽게 폭력적 행위로 넘어가게 된다.

이처럼 용기와 더불어 화/노여움/분노를 필연적이고도 긍정적

6 Aristoteles, Rhetorik, übersetzt und erläutert von Christof Rapp, Zweiter Halbband, Berlin 2002, p. 584(Anmerkungen zu 1378a31~1378a33).

감정으로 해석하는 시각과는 달리, 대체로 화/노여움/분노는 인간이 잘 다스려야 할 부정적인 감정으로 간주된다. 이에 대해 일찍이 스토아철학의 대가 세네카(Seneca, B. C. 4?~65)는 서간체 사색으로 분노에 관한 3부작을 집필한 바 있다. 아리스토텔레스가 분노와 용기의 결합을 주장했다면, 세네카는 불안, 화, 분노, 공격 같은 부정적 감정에 의존하지 않는 마음, 즉 이성적인 사유와 안정된 마음으로서의 미덕을 유지할 것을 강권하고 있다.

> 화가 나지 않으면 용감해지지 못하고, 욕망에 사로잡혀야 활기차게 움직이며, 두려움 없이는 잠잠해질 줄 모른다면, 마음은 진정한 안정을 찾지 못하고 끊임없이 흔들리고 이리저리 나뒹굴 수밖에 없다. (중략) 미덕이 악덕의 도움에 의지한다면 부끄러운 일 아니겠는가?[7]

애정/사랑이 긍정적인 감정 또는 미덕으로 간주된다면, 이와 달리 화/노여움/분노는 극복되어야 할 부정적인 감정 또는 악덕으로 여겨지고 있다. 위 인용문에서 "미덕이 악덕의 도움에 의지한다면 부끄러운 일 아니겠는가?"라는 세네카의 언술은 아리스토텔레스의 시각을 부정하고 있는 셈이다. 아리스토텔레스, 세네카 등과는 달리 데카르트는 긍정과 부정의 시각에서 벗어나 비교적 객관적으로 혐오와 분노의 관계를 다음과 같이 분석한 바 있다.

> 분노란 일종의 증오이자 혐오다. 어떤 나쁜 짓을 행한 이들 혹

---

7 세네카, 『화에 관하여』, 김경숙 역, 사이, 2013년, 49쪽.

은 누군가가 아니라 바로 우리 자신에게 피해를 일으키려 했던 이들에 대해 우리는 그런 감정을 갖는다. 분노는 불쾌감 같은 특성을 갖고 있지만, 그것을 넘어서 분노는 우리가 관여된, 우리가 복수하고자 하는 어떤 행위에서 싹튼다. 욕망은 분노를 항상 따라다니며, 친절함과 불쾌감이 대립하듯 분노는 감사와 대립한다. 분노는 다른 세 가지 열정보다 가장 강렬한데, 그것은 손해되는 것을 물리치고 복수하려는 욕망이 가장 강력한 열정이기 때문이다. 분노는 자애심(自愛心)과 결합된 욕망으로 인해 용기와 대담함을 불러일으키는 피의 필연적 흥분을 띠게 된다.[8]

화/노여움/분노를 다스릴 줄 아는 마음, 평화롭고 이성적인 마음이 당연히 강조되어야 하지만, 부당함에 대한 격한 감정은 어쩌면 인간의 가장 근원적 감정일지도 모른다. 마치 그 점을 입증하듯 인류 최초의 대서사시 『일리아스』의 첫 장면은 바로 자기 자신과 병사들 모두가 입게 되는 부당함에 대한 아킬레우스의 분노로 시작하고 있다.

분노를 노래하소서, 여신이여! 펠레우스의 아들 아킬레우스의 파괴적인, 수천의 아카이아인에게 수많은 고통을 가져다준 분노를! 수많은 영웅의 강건한 혼백들을 하데스로 보냈고, 그들을 개들과 새들의 먹이로 던져버렸다네. 이렇게 제우스의 뜻은

---

8 René Descartes, Die Leidenschaften der Seele. (Les Passions de L'Ame, 1649), Herausgegeben und übersetzt von Klaus Hammacher. Hamburg 1984, pp. 303-304(Artikel 199).

이루어졌다네. 도대체 어디에서 처음 비롯되었는가? 저들이 서로 싸우고 갈라서게 된 것이, 남자들의 왕 아트레우스와 고귀한 아킬레우스가. 신들 중에 도대체 어느 분이란 말인가? 그들을 싸움의 한가운데에서 싸우도록 내던진 이는? 레토와 제우스의 아드님이지.[9]

미셸 마르탱 드롤링, 「아킬레우스의 분노」(1810)

이처럼 서양문학의 효시인 『일리아스』의 첫 문장이 다름 아닌 "분노를 노래하소서"로 시작하고 있다는 점은 개인과 공동체의 관계에서 긍정적이든 부정적이든 간에 분노가 매우 중요한 매개적 의미를 지님을 말해준다. 태양신 아폴론의 사제 크리세스가 자신

9 호머, 『일리아스』, 제1권 1~9행.

의 딸(크리세이스)을 돌려달라는 부탁을 거절한 아가멤논의 고집으로 인해 그리스 병영 전체에 역병이 번지고, 그로 인해 수많은 병사가 죽어가게 된다. 이에 아킬레우스는 아가멤논의 잘못된 결정에 대해, 그리고 자신의 전리품(트로이 여인 브리세이스)까지도 요구하는 부당성에 대해 격노하며 스스로 전쟁 참여를 중단한다. 아리스토텔레스에 의하면, 분노는 모욕, 멸시, 부당함 등에 대항하는 일종의 보복 감정으로서 용기와 결합된다고 하는데, 그런 점에서 아킬레우스의 분노는 나름의 정당성을 지닌, 그리고 정의나 용기 등과 결합된 감정이다. 그러나 분노 때문에 전쟁에 더 이상 참여하지 않겠다고 내린 결정은 결국 수많은 아군이 트로이군의 침략으로 인해 죽어가고, 나아가 친구 파트로클로스까지도 죽음을 맞이하는 결과를 초래한다. 개인의 화/노여움, 그리고 집단적 차원에서의 분노 등에 의해 집단적 비극이 초래되는 현상을 『일리아스』가 최초로 그려낸 것이다. 아킬레우스의 경우 '정당한 분노'의 표출이 역설적으로 모든 조화·질서·통제의 상실을 야기하고, 또한 타자에 대한 분노뿐만 아니라 자기 자신에 대한 분노까지도 초래하고 있다.

> '정당한 분노'는 신적인, 세속적인 조화 속에 균열을 드러낸다. 그 균열은 영웅의 마음에 비치고, 영웅의 마음을 소요에 빠뜨리게 되며, 질서가 회복되고 분노의 복수가 이뤄질 때가지 그런 균열로부터 사건이 진행된다. 그러나 분노는 영웅의 마음을 자극함으로써 모든 절제와 우주적 질서와의 재결합 기회를 잃게 된다. 부당함이 성난 마음에 가해지고, 그 성난 마음은 이제 자신 속에 질서의 균열을 지니게 된다. 그런 모습으로 분노는

일곱 가지 죄악 중 하나로 보여진다. 분노는 자칫하면 더욱 파괴적으로 드러나고, 통제를 상실하며, 나아가 재귀적 연관성을 갖게 된다. 말하자면, 분노하는 자는 일정 정도 자기 자신에 대해 분노하게 된다.[10]

화/노여움/분노는 감정의 표출 배경과 관찰자의 관점에 따라 긍정적으로 해석될 수 있지만, 어쨌든 분노는 고대 철학, 기독교 문화, 서구의 문명화 간의 상호 연관성 내에서 분명히 통제되고 조절되어야 할 일차적 감정으로 여겨져왔다. 그 점은 무엇보다 분노를 일곱 가지 죄악 중 하나로 간주하는 기독교 문화의 맥락에서 쉽게 읽어낼 수 있다. 때로 종교적 전통에서 해방된 계몽주의 문화가 분노를 해방적 에너지로 파악하기도 했지만, 분노는 본래 질서와 조화의 덕목에 의해 극복되어야 할 부정적 감정이었다.

위에서 언급한 것처럼 "분노를 노래하소서"라는 호머의 『일리아스』의 첫 문장처럼 분노는 어쩌면 인간의 원초적 감성일 수 있으며, 그런 점에서 개인적·집단적 차원에서 화/노여움/분노를 노래한 문학작품은 셀 수 없이 많다. 심리학적으로 보면 다양한 감정이 뒤섞이고 축적되고 억압되어 있을 때 분노가 표출되는데, 이 점은 비애, 상처, 절망 등이 수면 아래에 있고 그 수면 위에 빙하가 살짝 분출되어 있는 듯한 그림으로 분노를 설명하고 있는 심리학의 응용 사례에서 쉽게 알 수 있다.[11]

---

10 Lilith Jappe, 《Singe mir, Muse, den Zorn des Achilleus …》, in: Bozena Anna Badura/Kathrin Weber(Hg.), Ira—Wut und Zorn in Kultur und Literatur, Bielefeld, Gießen 2013, p. 7.

11 http://psychologica.de/wut-entsteht-aus-verletzung-trauer-verzweiflung/

분노에 대한 심리학의 설명

화/노여움/분노 등은 대체로 자신의 명예나 권리 등이 훼손되었을 때 폭발하며, 복수의 감정까지도 수반한다. 물론 분노는 단순한 복수 외에도 부당함을 회복하려는 저항적 에너지로 전환되기도 하는데, 이는 사회 질서를 유지하는 이들에게는 폭동으로 비칠 수 있다. 18세기 문학 가운데 클라이스트의 『미하엘 콜하스』, 실러의 『군도』 같은 작품에서는 개인적 화/노여움이 어떻게 집단적 분노로 발전하는지를 잘 보여주고 있다. 개인과 집단을 기준으로 삼는 것 대신에 '고대적 분노'와 '현대적 분노'를 구분하기도 하는데, 레만에 의하면 명예 훼손, 부당함 등에 대한 저항을 주로 '고대적 분노'라고 한다면 자본주의와 개인주의가 팽배해지는 18세기 이후 근대사회에서는 화/노여움/분노 등이 자신의 욕망과 행복을 추구

하려는 이기적 감정과 밀접한 관계를 맺는다는 점에서 '현대적 분노'라고 한다.[12]

분노의 감정은 현실사회에서 극단적으로 표출될 수 있다. 가령 정치적·경제적 차원에서 사회적 불평등과 계층(혹은 계급) 차이가 증대되고 그로 인한 집단적 불안과 분노가 사회 전체적으로 팽배해질 때 혁명 같은 집단적 행동이 발생하기 마련이다. 프랑스 혁명 같은 정치사회적·역사적 사건이 대표적인 예에 속한다. '신의 죽음'과 함께 근대 전체가 부정되는 가운데 종말론적 분위기가 팽배했던 19세기 말의 경우, 사회적 불안과 함께 혐오, 증오, 분노 등이 주도적인 감정 양태로 인식된 바 있다. 그러한 감정이 현실 세계에서 극단적으로 폭발할 경우 타자, 낯선 이에 대한 공격적이고 폭력적인 행동이 나타나게 되는데, 니체는 혐오와 증오의 밀접한 관계에 대해 다음과 같이 서술한 바 있다.

> 사람들이 자기 자신에 대해 쾌락적일 때, 자신과 같은 이들(동류, 같은 민족-역주)에 대한 쾌락, 즉 자신을 복제한 이들에 대한 쾌락이 가능하다. 이런 경우가 더욱 많아질수록 낯선 것은 우리 취향에 더욱더 반감을 일으킨다. 낯선 이들에 대한 증오와 혐오는 자기 자신에 대한 쾌락과 동일하게 증대한다. 이러한 증오와 혐오에서 발생하는 현상은 사람들이 파괴를 행하며 모든 낯선 이들에 대해 냉정해진다는 것이다.[13]

---

12 Johannes F. Lehmann, Im Abgrund der Wut: Zur Kultur- und Literaturgeschichte des Zorns, Rombach 2012.

13 F. Nietzsche, Nachgelassene Fragmente: Juli 1882~Winter 1883/84, in: Kritische Gesamtausgabe, Abt. 7, Bd. 1, hrsg. v. Giorgio Colli/Mazzino Mon-

"자기 자신에 대한 쾌락"이 곧 "자신을 복제한 이들에 대한 쾌락"으로 발전하고 더욱이 타자, 낯선 이에 대한 혐오와 증오가 되며, 그럼으로써 종국에는 타민족에 대한 무의식적 복수심인 르상티망(Ressentiment) 같은 위험한 감정이 양산된다. 역사적으로 이러한 극단적 감정을 정치적으로 조장한 세력으로는 극우주의인 독일 나치즘 세력이다. 정치적·경제적 상황이 악화되어 위기가 발생할 경우 이를 극복하기 위해 파시즘 세력이 출현하게 되는데, 즉 모든 원인을 타인(타민족)에게 돌리고 사회적 집단의 감정 에너지를 이성적으로 조절할 줄 아는 능력을 상실한 집단 세력 말이다.

일종의 "분노집단(Zornkollektiv)"은 파시즘적 세력에서만 나타나는 것은 아니다. 『냉소적 이성 비판』이라는 저서로 잘 알려진 독일의 정치철학자 페터 슬로터다이크(P. Sloterdijk)는 또 다른 저서 『분노와 시간』에서 사회 변혁의 언술과 행동 심리를 '분노의 감정'이라는 시각에서 분석하고 있다. 분노는 본래 앞서 언급한 바 있는 아킬레우스의 '정당한 분노' 같은 인간의 근본 감정으로서 '티모스(thymos)'를 뜻한다. 근대사회에서는 그러한 분노를 교묘하게 길들이고 왜곡하는 역사가 진행된다. 근대사회의 전개를 살펴보면, 개개인의 화/노여움을 억압함으로써 사실은 분노를 증대하여 이익을 꾀하려는 일종의 "분노경제(Zornwirtschaft)" 또는 "분노사업(Zorngeschäfte)"이 역사적·문명사적 발전 과정에서 작동하고 있었는데, 여기에는 특히 기독교와 마르크스주의가 양축을 형성해왔다고 한다. 즉 분노경제를 추구하는 행동에는 모든 종교적 행위, 혁명적-저항적 운동, 노동조합 운동 등이 포함되는데, 특히 히틀러,

---

tinari, Berlin/New York 1977, p. 285, Nr. 7(103).

레닌, 스탈린, 마오쩌둥 등은 분노경제를 극대화하여 이득을 취하는 이들, 즉 일종의 집단적 분노(분노집단)를 생산한 "증오의 세계 성직자"처럼 등장한다고 분석한다. 그에 의하면, 두 차례의 세계대전을 겪은 피의 역사인 20세기는 "현대적인 극단주의 계좌를 개설했는데, 관념론적인 구실 혹은 유물론적인 구실하에 만족을 얻기 위해 집단적 분노로 하여금 지금까지 결코 가보지 않은 길을 걸어가게 한 극단주의들이 존재했다. 그런 극단주의들은 의회, 사법, 공적 토론 같은 조절 완화 심급기관들을 무시한 채, 작은 여유들을 경시한 채 여과되지 않은 복수 에너지, 르상티망, 청산 소망 등을 폭력적으로 발산하는 길을 걸어나갔다."[14] 슬로터다이크는 이와 같은 분노은행을 이용한 전통적인 고객(기독교, 마르크스주의, 파시즘, 마오주의 등)—일종의 거대한 은행 대국을 거느렸다가 실패한 이들—을 비판하면서 오늘날의 신자유주의 경계체제 하에서는 그런 사상이 더 이상 역사의 주인공이 될 수 없다고 지적한다. 집단적 분노를 토대로 투쟁, 폭력, 공격 등을 일삼는 극단주의 대신 오늘날 요구되는 것은 "생명, 자유, 소유에 대한 기본적 권리" 등이 존중되는 사회, 대립과 적대를 기반으로 분노를 표출하는 행동 대신에 상호 "균형" 감각이 중시되는 사회라고 한다. 물론 이를 위해 본래의 분노 감정으로서의 티모스(thymos)가 집단의 대리인에 의해서가 아니라 개개인들 스스로에게서 다시 활성화되어야 함은 두말할 나위도 없다.

그렇다면 근대사회 내에서 잉태되고 분출된 바 있던 집단적 분노가 설득력을 잃어가는 현대사회에서 개인과 집단은 분노를 어

---

14 P. Sloderdijk, Zorn und Zeit, Frankfurt am Main 2007, p. 57.

떻게 인식해야 하는 것일까? 그것은 조절하고 통제해야 하는 것일까, 아니면 언제든지 표출해야 하는 것일까? 『분노(Fury)』(2001)라는 제목의 소설에서 살만 루슈디(Salman Rushdie)는 21세기 포스트모던적 대도시의 삶을 살아가는 현대인의 불안과 분노를 그려낸 바 있다.[15] 그의 소설에서 제시된 것처럼 21세기 사회에서도 불안과 분노는 여전히 현재적이다. 그런데 그 불안과 분노의 근원은 경제적·정치적 불평등보다는 양극단의 문화적 차이에 기인한다. 가령 상상과 현실, 철학적 지성과 대중적 취향, 정보와 재미, 사랑과 고독 간의 극단적 차이에서 불안과 분노가 발생한다. 양자 사이에서 정서적 균형을 찾는 것은 거의 불가능한 듯이 보이며, 지금 이 시대를 살아가는 이들은 지속적으로 불안과 분노에만 사로잡힐 뿐이다. 이러한 불안과 분노는 더 이상 전통적인 도식처럼 '분노은행'에서 간직되어('길들여져') 있다가 인출되어 집단적 투쟁으로 승화시키는 총체적 변화의 대안으로 작용할 수 없는 듯이 보인다. 다만 극단적인 경우 병적인 개인의 광기어린 분노로만 인식될 뿐이다. 스펙터클한 기술의 발전과 전 지구적 소통이 더욱 활발해지는 사회문화적 환경임에도 불구하고 어쩌면 '불안정하고 말로 설명할 수 없는' 분노의 그림자가 과거 어느 때보다 모든 이의 마음 한 구석에 깊이 드리워져 있을 것인데, 이것이 어떻게든 긍정적인 에너지 발산으로 전환되어야 한다.[16]

---

15 살만 루슈디, 『분노』, 김진준 역, 문학동네, 2007년.

16 국내 정신건강의학 분야의 한 전문의는 앞서 페터 슬로터다이크도 언급한 바 있던 분노의 근원 감정인 티모스(thymos)를 강조하고 나선다. 그에 의하면, 티모스는 용기, 기백, 열망이자 인정받고 싶은 욕구, 성취 욕구 등을 의미하며, 이는 인간의 기본적인 욕망이다. 그러나 하루하루 조직과 사회의 질서에 얽매여 살아가는 현대인에게서는 점차 그 "건강한 공격성"과도 같은 티

이상과 같이 혐오와 분노에 대한 추상적이고 개념적인 다양한 접근을 바탕으로 이제 문학과 회화에서 두 가지 감정이 구체적으로 어떻게 형상화되어 있는지, 그리고 어떤 의미를 지니는지를 살펴보기로 하자.

---

모스가 실종되고 있다는 것이다. 아니, 현대인의 경우 그 열정과 기개가 완전히 퇴화되어버렸다고 할 수 있다(우종민, 『티모스 실종 사건』, 한국경제신문, 2015년).

# 2 혐오와 회화

## 1 적나라하고 혐오스런 육(肉)의 조각들

피터르 아르트센(Pieter Aertsen, 1508 혹은 1509~1575)은 네덜란드 화가로서 풍속화와 정물화를 동시에 추구한 화가로 유명하다. 그의 대표작 「이집트로 도망가는 일행과 푸줏간(Metzgerladen mit der Flucht nach Ägypten)」(1551)도 그러한 두 가지 화풍을 적절하게 결합하고 있다. 소와 돼지를 발라낸 다양한 살과 뼈, 가령 머리, 갈비뼈, 각종 내장과 다리 등, 그리고 꿩처럼 보이는 두 마리 죽은 새와 소시지 등도 눈에 띄는데, 이런 모든 사물은 흔히 푸줏간에 걸려 있을 법한 육류다.

푸줏간의 각종 육류를 사실주의적으로 그려낸 정물화인데, 그 묘사된 대상들은 혐오를 불러일으킬 수 있는 것에 속한다. 혐오를 불러일으킴에도 불구하고 각종 육류 조각의 전시는 마치 일종의 '살아있는 육의 향연(voluptas carnis)'처럼 보인다. 정신과 영혼을 중시하는 기독교 전통 내에서 육류 섭취와 향연은 부정적으로 해석되는데, 그것은 육류 섭취가 감각적 쾌락을 조장할 수 있기 때문이다. 그렇기 때문에 '포식', 즉 술과 육류의 과도한 섭취는 기독교의 일곱 가지 죄악 중 하나로 간주된다.

피터르 아르트센, 「이집트로 도망가는 일행과 푸줏간」(1551)

아르트센은 풍성한 육류 조각들을 적나라하게 드러냄으로써 혐오를 불러일으키는 방식을 취하고 있지만, 자세히 들여다보면 마치 숨은 그림 찾기 같은 특이한 방식을 통해 기독교적 가치관을 강조하고 있음이 곳곳에서 드러난다. 그 특이한 방식은 가령 왼쪽 상단에 브레첼이 걸려 있고, 또한 그림 하단과 중간 부분에는 훈제된 혹은 훈제되지 않은 생선을 엿볼 수 있다. 브레첼은 독일, 프랑스, 이탈리아를 중심으로 유럽인이 즐겨 먹는 빵인데, 하트 모양은 6세기경 서로 팔짱을 끼고 기도하는 아이들의 모습에서 생겨났고 이후 수도승들이 기도를 잘 하는 아이들에게 상으로 내린 빵이었다고 한다. 생선 또한 예수와 관계있는 음식이다. 이렇듯 전체적으로 혐오를 불러일으키는 육류 조각들 가운데 빵과 생선을 눈에 띄지 않게 곳곳에 배치해놓은 작품은 육체적·감각적 삶의 결말(즉, 육의 조각은 사실 허무한 인간과 삶을 연상시킨다)과 정신적·종교적 영혼의 삶을 서로 대비시키고 있다.

혐오스런 대상들과 숭고한 대상들을 대조적으로 뒤섞는 방식은 그림의 다른 부분에서도 발견된다. 푸줏간 전체의 구조적 틀 가운데 왼쪽과 오른쪽에는 각기 커다란 아치형 대들보가 놓여 있으며, 그 대들보를 통해 뒤 배경이 제시되고 있다. 왼쪽 대들보 뒤편에는 베들레헴에서 예수를 낳은 뒤 애굽(이집트)으로 도피하는 요셉과 마리아가 신도들의 행렬과 함께하려는 장면이며, 오른쪽 대들보 뒤편에는 몇 사람이 작은 연회에서 포식하는 모습을 엿볼 수 있다. 왼쪽과 오른쪽은 그렇게 정신적·종교적 삶과 육체적·관능적 삶 간의 극단적인 대조를 보여주고 있다. 이러한 점은 「바니타스」(1552)라는 제목의 또 다른 정물화에서도 비슷하게 제시된다. 전체적으로는 사치스런 배경 속에서 술병과 먹음직스러운 커다란 양고기 다리를 묘사하는 가운데 그림의 뒤 배경에는 마리아와 마르타를 방문한 예수의 모습을 엿볼 수 있다. 물론 이러한 대조의 의미는 매우 애매하다. 뒤 배경이라는 공간성에 대해 질문해본다면, 그것은 물질적·현세적 쾌락 추구로 인해 점차 정신적·종교적 삶이 후퇴하고 있음을 말해주는 것처럼 보인다. 이와 달리 물질적·현세적 쾌락을 궁극적으로 지배하는 것은 정신적·종교적 삶이라는 점을 우회적으로 강조하는 것으로 보이기도 한다. 물론 양자 사이에서 무엇이 최종 대답인지는 알 수 없다. 물론 다음과 같은 해석처럼 현세와 내세, 물질과 정신의 대립을 극복하는 화해적 의미를 강조할 수도 있다.

전체 그림은 현세적·세속적 필수품과 내세적·기독교적 삶의 목적 간의 화해를 직간접적으로 지시하고 있다. 1982년 크레이그가 시도한 매우 명확한 해석은 1551년이라는 날짜에 주목한다. 그림이 발표되기 정확히 50년 전 후기 고딕 양식의 기념비적인 건물이 건축되기 시작했는데, 그것은 바로 안트베르펜의 고기시장, 즉 도축업자 조합회관이다. 이를 기념하기 위해 그림 제작이 의뢰되었을 가능성이 있다. 즉, 대도시 안트베르펜에 고기를 충분히 공급해야 하는 도축업의 임무를 'misericordia'(동정/돌아온 탕자)와 'caritas'(자비/마리아의 자선)이라는 기독교 의무의 정신 속에서 표현해내는 그림 말이다.[17]

그런데 완전히 다른 해석도 가능하다. 즉 「푸줏간」에 내포된 물질적 삶과 정신적 삶 간의 대조적·대립적 형상 자체도 중요하지만, 역사적으로 보면 16세기 유럽인의 삶은 사실 물질적으로 그리 풍족한 형편이 아니었다고 한다. 귀족층을 제외할 경우 하층민을 포함한 거의 모든 계층에게는 물질적 풍요가 현실적으로 불가능한 일이었다. 따라서 아르트센의 그림에서처럼 온갖 육류 조각이 제시되어 있는 풍경은 어쩌면 물질적 풍요에 대한 소망 또는 욕망

---

17 다음의 글에서 인용(http://www.ruhr-uni-bochum.de/kgi/stillleben/data/html/e/1/7.htm). 인용문에서 언급된 미술평론가 크레이그의 글은 다음을 가리킴(K. M. Craig, Pieter Aertsen and The Meat Stall, Oud Holland 96, 1982, pp. 1-15). 크레이그는 '육적 잔치(Cena Corporis)'와 '영적 잔치(Cena Spiritualis)'라는 개념으로 아르트센의 작품 세계를 해석한 바 있다.

일 수 있다. 기독교적 수용 시각은 각종 육류 조각의 혐오스런 묘사를 바탕으로 금욕적 삶을 강조할 수 있겠지만, 작가는 혐오보다는 물질적 풍요에 대한 동경과 소망을 예술작품에 담아냄으로써 어쩌면 대리만족을 주고자 했을지도 모른다.

## 2 정상성의 부재와 혐오

혐오는 끔찍한 형상을 과도하게 보여주는 방식을 통해 발생하지만, 다른 한편으로 정상성을 결핍한 기이한(혹은 기형적) 형상을 통해서도 발생한다. 모든 것이 완전하게 갖춰진 자연적인 대상의 경우 수용 측면에서 부드럽고 긍정적인 감정을 줄 수 있지만, 이와 달리 완전함이 결핍된 부자연스러운 대상은 혐오감을 불러일으킬 수 있다. 고흐(Vincent van Gogh, 1853~1890)의 「귀 잘린 자화상(Selbstporträt mit verbundenem Ohr und Pfeife)」(1889)이 그와 같은 예에 속한다. 이 작품은 세계적인 작품으로 인정받고 있지만, 사실 자세히 보면 두려움과 혐오감이 뒤섞인 감정을 불러일으키는 작품이기도 하다.

「귀 잘린 자화상」의 탄생과 관련하여 유명한 일화가 전해진다. 1888년 12월 23일 늦은 밤 고흐는 절친 고갱과 심각하게 대화를 나누던 도중에 스스로 자신의 귀를 잘랐고 피를 흘리면서 한 창녀를 찾아가 잘린 귀를 건네주었다고 한다. 당시 고흐는 자신과 함께 작업했던 절친 고갱이 아름다운 아를 마을, 자신의 노란 집, 그리고 자기 자신에 대해 지겨워하여 곧 떠나갈 것 같은 불안감에 사로잡혀 있었고, 일종의 친구 상실에 대한 불안한 마음에서 갑작스럽

고흐, 「귀 잘린 자화상」(1889)

게 자신의 귀를 잘랐다고 한다. 이처럼 「귀 잘린 자화상」의 탄생 배경은 압생트주(유럽식 약주의 일종)를 마시고 정신이 나갈 정도로 취한 고흐의 광기어린 자해 행위로 알려져 있지만, 최근에는 다른 의혹이 제기되고 있다. 그것은 고갱과의 대화 도중 고흐가 고갱을 자극하여 자신의 귀를 자르도록 유도했다는 의혹이다. 설혹 고갱이 잘랐다고 해도 결국 두 사람 간의 밀약 하에서 행해진 고흐의 자해인 셈이다.

어쨌든 「귀 잘린 자화상」은 치료를 받은 후 붕대를 감고 파이프 담배를 물고 있는 자신의 모습을 화폭에 담은, 글자 그대로 자화상이 틀림없다. 그림을 바라보는 관찰자의 시각에서는 인물의 오른쪽 귀가 잘려나간 것으로 보이지만, 사실 고흐는 자신의 왼쪽 귀를 잘랐다. 따라서 그림은 거울에 투영된 자신의 모습, 즉 왼쪽 귀가 잘려나간 자신의 모습을 그대로 담아내고 있다. 귀 전체가 잘려나갔다면 엄청난 양의 피로 인해 붕대에 핏자국이 선명하게 남아 있어야겠지만, 비교적 깨끗한 붕대 상태를 보면 아마도 귀의 일부분이 잘려나갔을 것으로 추정된다. 물론 자화상 자체가 귀가 잘린 고흐의 얼굴을 있는 그대로 재현한 것이 아닐 수도 있다.

「귀 잘린 자화상」은 전체적으로 안정된 구도를 취하고 있으며, 또한 고흐 특유의 투박하면서도 강렬한 인상주의적 터치 수법으로 그려져 있다. 그림 전체 중 윗부분 1/3의 배경은 오렌지색으로, 2/3 정도 아랫부분의 배경은 붉은색으로 처리되어 있는데, 그 두 부분을 나누는 중간 수평선이 인물(고흐)의 눈의 위치와 함께 일직선을 형성함으로써 안정적인 구도가 이뤄진다. 윗부분의 오렌지색 배경과는 청색 모자가, 아랫부분의 붉은색 배경과 녹색 재킷이 각기 서로 조화를 이루고 있다. 그런 배경 속에서 인물은 그림 정중앙에 안정적으로 위치한 채 누군가를 쳐다보는 시선이지만, 전체적으로는 무심한 표정을 내보이고 있다.

그럼에도 불구하고 그림을 대하는 순간 수용자(관찰자)의 마음 한 구석에는 충격과 혐오 같은 감정이 일어나는데, 그 이유는 무엇일까? 그것은 흥미롭게도 대상의 상태, 즉 귀가 잘려나간 상태 그리고 붕대로 감겨 있는 상태가 야기하는 영향력 때문이다. 당연히 얼굴에 있어야 할 귀가 잘려나간 비정상적인 상태, 즉 붕대만 볼 수 있는 '귀의 부재' 상태가 그림을 보는 이에게 소름끼치고 혐오스러운 감정을 불러일으킨다. 추하고 불쾌한 어떤 구체적 대상만이 보는 이에게 혐오를 불러일으키는 것이 아니라 정상성과 완전성이 부재해 있는 상태, 즉 비교적 안정적인 상체와 전체적으로 안정된 배경, 무심한 인물의 정상적인 시선 등에도 불구하고 한쪽 귀가 붕대로 감겨 있는 기이한 상태가 전율, 불안, 혐오를 야기할 수 있다. 고흐 그림이 야기하는, 정상성을 결핍한 대상의 보이지 않는 공간적 영향력에 대해서는 다음과 같이 적절하게 설명될 수 있다.

> 미학적으로 보면, 귀는 그 어떤 경계를 갖고 있지 않다. 왜냐하면 귀 자체보다 더 확장력 있고 무정형적인 귀의 영향력이 자화상 전체로 확장되고 있으며 흡사 자화상 자체를 집어삼키고 있는 듯하다. 이러한 과정은 일상의 여러 상황에서 우리에게 잘 알려져 있는데, 가령 한 방울의 얼룩이 전체 양탄자 위를 퍼져나가는 것처럼 혹은 찢긴 어떤 부분이 옷 전체를 망가뜨리는 듯한 상황 말이다. 혐오스러운 것은 고유한 공간적 논리를 갖고 있다. 혐오스러운 것은 여기(즉, 그림)에 주어져 있지 않지만, 그 영향력에 있어서는 결코 공간의 몫에서 제외될 수 없다. 혐오스러운 것은 본래의 공간 없이도 존재하며 그렇기에 도처에 존재한다.[18]

## 3 혐오와 상호 텍스트성

왼쪽 그림은 렘브란트(Rembrandt)의 「도살된 소(Geschlachteter Ochse)」(1655)라는 제목의 작품으로, 종종 「소고기 사체(Carcass of Beef)」라고 명명되기도 한다. 오른쪽 그림은 리투아니아 출신

18 Michel Chaouli, Ekel. Oder: Wie sich van Goghs Ohr entfaltet. Untersuchung eines peinlich körperlichen Begriffs, in: DIE ZEIT, 15. Juli 1999(Aus: http://www.zeit.de/1999/29/199929.t_ekel_.xml

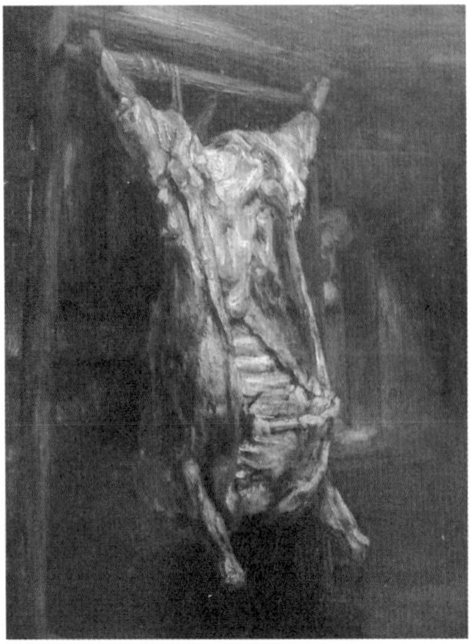

렘브란트, 「도살된 소」(1655)

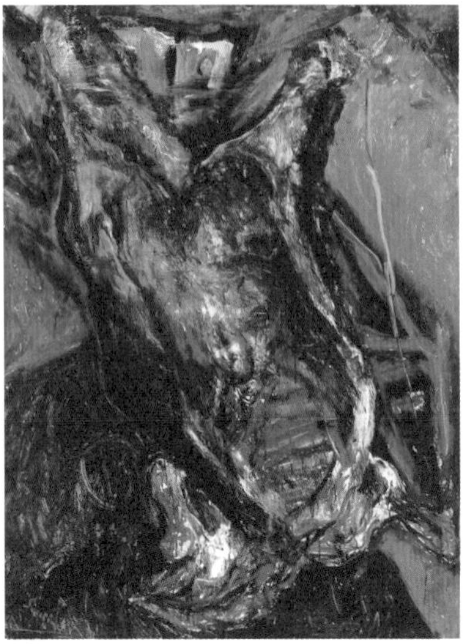

샤임 수틴, 「도살된 소」(1924)

으로 파리에서 활동한 표현주의 화가 샤임 수틴(Chaïm Soutine, 1894~1943. 1893년생이라는 설도 있음)이 1924년에 발표한 작품으로, 렘브란트의 작품에 대한 오마주로서 동명의 제목(혹은 '소의 사체'라고 번역되기도 한다)으로 불린다. 렘브란트의 그림은 도축장을 배경으로 도살된 소의 상태, 즉 가죽이 완전히 벗겨지고 내장도 깨끗이 정리된 상태를 적나라하게 보여준다는 점에서 매우 사실적인 방식을 취하고 있다. 반면에 수틴의 그림은 비록 렘브란트의 작품에서 충격적인 영감을 얻었다고 하지만, 모방과 재현을 뛰어넘어 자신의 독창적인 방식대로 회화적 대상을 완전히 새롭게 창조해낸 작품이다. 수틴의 작품은 소의 사체 덩어리 전체를 강렬한 색채, 형태, 질감 등으로 강도 높게 표출해냄으로써 표현주의적 수법에 충실한, 어쩌면 통상적인 표현주의 수법을 상당히 능가하는 작품으로 평가된다. 수틴은 '도살된 소'를 모티프로 하여 10개

정도의 연작을 남겼는데, 작업 중 그가 남긴 일화로는 자신의 작업실에 실제로 도살된 소를 걸어놓았다고 하며 또한 걸어놓은 소고기가 부패되었을 때는 다시 신선한 피를 부었다고 전해진다.

도살된 소의 형상은 관찰자에게 충격과 혐오를 불러일으킨다. 렘브란트와 수틴의 두 그림 모두 앞서 이론적으로 언급한 바 있던 레싱, 슐레겔, 로젠크란츠의 미학적 전통인 소위 '추한 것도 아름다울 수 있다'는 의미에서 "추의 미학"에 속한다. 현실에서는 혐오스러운 대상이 관찰자에게 혐오감을 불러일으킬 수 있지만, 예술의 영역으로 전환될 경우 그 혐오스러운 대상은 어떤 이념과 결합됨으로써 '미학적 현상'으로 비치기 마련이다. 형상화 차원에서 분명히 양자는 차이를 보이고 있다. 렘브란트의 경우 좀 더 사실적 방식을 통해, 수틴의 경우 자신만의 독특한 표현 방식을 통해 그 미학적 차이를 드러내고 있는데, 특히 수틴은 언뜻 정물화 같은 전통적인 장르에도 불구하고 새로운 표현주의적 형상화 방식을 꾀함으로써 역설적이지만 미학적으로 혐오감을 극복하는 것처럼 보인다.

어쨌든 도살된 소는 그 자체 혐오스런 대상이고, 또한 그런 대상의 회화적 형상화를 처음 대하는 관찰자도 충격과 혐오감에 사로잡힐 수 있다. 그렇지만 충격적인 대상의 형상화는 그 자체에 머물지 않고 다른 이념적인 것과 결부된 '추의 미학'에서 파악될 수 있다. 그렇다면 두 작품은 어떤 이념과 결부되어 있는 것일까? 렘브란트의 경우 '고기 모양의 선홍색(fleischiges Inkarnat)' 전체는 '육이 된 신의 아들' 같은 육체적 형상을 떠올리는데, 즉 십자가에 매달린 예수 혹은 수난과 고통을 짊어진 성직자의 모습을 연상시킨다. 대선배인 뒤러가 「자화상」(1500)이라는 작품에서 예수의 모습을 연상시키는 자신의 모습을 통해 사실은 예술가의 신적인 위상 또는 자율적인 예술작품을 꾀하고자 했다면,[19] 렘브란트의 경우 수난의 예수를 연상시키는 육의 덩어리를 통해 또 다른 이념적 맥락을 지시하고 있다. 그것은 렘브란트가 살았던 17세기의 기독교적 배경에서 추론되는 이념으로서, 육(肉)의 덩어리는 현세의 죄를 뜻하는 동시에 죄를 사한다는 의미에서 어쩌면 구원과 용서의 이념을 의미한다.

수틴의 그림은 어떤 이념과 관계하고 있을까? 물론 수틴은 일차적으로 렘브란트식의 기독교적 이념, 즉 예수와 성직자 같은 이들의 수난과 희생죽음(순교, Opfertod)을 현대적으로 다시 표현해 내고 싶었을지도 모른다. 그러나 20세기라는 동시대의 맥락과 수틴의 개인사적 배경을 고려해보면, 육의 덩어리는 어쩌면 소와 돼지처럼 죽어가는 유태인의 삶을 연상시킬 수 있으며, 혹은 넓은 맥락에서 실존주의가 팽배하던 20세기 초의 시대적 상황, 즉 현대인의 무기력한 실존적 상황과도 연결될 수 있다. 인간은 더 이상의 구원 없이 동물처럼 이 세계에 내던져진 사물에 지나지 않는다는 실존주의의 이념적 맥락 말이다. 다음과 같은 해석은 그 점을 뒷받침해준다.

> 그(수틴: 역주)는 예술을 새로운 주제와 형식으로 확장한 것이 아니라 초상화, 풍경화, 정물화 같은 아카데믹한 장르에 만족했다. 그는 기아, 고독, 불안, 육체, 개죽음의 생경한 세계를 그

---

19 자율적 예술작품의 탄생으로 해석하는 시도에 대해서는 다음의 글을 참조할 것(Thomas Eser, Dürers Selbstbildnisse als “Probstücke”, in: Menschenbilder. Beiträge zur Altdeutschen Kunst, hrsg. v. Andreas Tacke/Stefan Heinz, Petersberg 2011, pp. 159-176).

대로 보여주었고, 그런 물리적 존재의 적나라함에 매료되어 있었다. 이는 피카소, 마티스, 피에르 보나르 같은 화가가 멀리했던 것들이다.[20]

수틴은 선배 화가들의 추상적 묘사에서 벗어나 적나라한 구체적인 묘사를 취했지만 구체적인 묘사의 이념성은 약간 모호하다. 이와 같은 점은 거의 비슷한 시기인 1914~15년에 집필되고 발표된 카프카의 중편소설 『심판』의 마지막 장면을 떠올린다. 소설의 마지막 장면에서 주인공 K가 맞이하는 죽음은 끔찍하고 구체적으로 서술되지만, 그 의미는 대단히 비유적으로 파악된다.

> (……) 한 번도 얼굴을 보이지 않은 재판관은 어디 있느냐? 결국 내가 보지 못한 상급 재판소는 어디 있느냐? K는 양팔을 높이 들고 손가락을 쫙 폈다.
>
> 그러나 한 남자의 손이 K의 목을 억누르고 다른 남자는 칼로 K의 심장을 찌르더니 그것을 두 번이나 계속하였다. 눈이 흐려졌지만 K는 두 남자가 마주 대고 바로 자기 눈앞에서 최후의 결말을 노리는 것을 알았다.
>
> "개새끼" 하고 K는 말했다. 그가 죽은 후에는 모욕만이 남은 것 같았다.[21]

---

20 Gerhard Mack, Erlösung durch Farbe, aus: Neue Züricher Zeitung vom 23. 02. 2008 (https://www.nzz.ch/erloesung-durch-farbe-1.693593)

21 프란츠 카프카, 「심판」, 실린 곳: 『변신(外)』, 김양순 옮김, 일신서적공사, 1988년, 329쪽.

K는 자신의 죄가 무엇인지 알지 못한 채 법정에 기소되고, 보이지 않는 이들과 소송을 펼치며, 종국에는 어느 날 저녁 9시에 두 남자에 의해 끌려가 도시 밖의 채석장에서 칼에 찔려 개처럼 죽고 만다. 매우 자극적인 살해이고 마치 희생양을 바치는 종교적인 제식을 연상시키며, 단지 칼에 찔리는 것 이외에는 죽어가는 이의 육체적·심리적 고통에 관한 구체적인 서술은 전혀 찾아볼 수 없다. K는 일종의 육체적인 죽음과 동시에 추상적이고 탈육체적인 죽음을 맞이하고 있는데, 그런 K의 죽음을 통해 독자는 실존의 무의미와 무기력 같은 이념을 떠올리게 된다. 더욱이 "그가 죽은 후에는 모욕만이 남은 것 같았다"라는 서술자의 수수께끼 같은 주석은 그런 실존과 죽음의 모호성을 더욱 증폭하고 있다. 이처럼 한편으로 충격과 혐오를 야기하는 서술이지만, 다른 한편으로 매우 추상적인 모호성을 담고 있는 서술 방식을 두고서 카프카의 소설은 '마술적 리얼리즘'이라고 명명되기도 한다. 수틴의 「도살된 소」도 '마술적 리얼리즘'의 표현 방식을 취하고 있다고 보면 무리한 시각일까?

## 4 전쟁과 혐오

잘 알려져 있듯이, 달리(Salvador Dali, 1904~1989)의 작품 세계는 주로 전율과 혐오를 야기하는 기묘하고 독창적인 방식으로 꿈과 무의식을 형상화하고 있다. 그런 작품들 가운데 「전쟁의 얼굴(The face of war)」(1940)이라는 제목의 그림은 매우 독특하다. 오른쪽 하단 검은 진흙처럼 보이는 부분에 손가락 마디를 찍어놓은 듯한데, 이는 달리가 서명 대신 자신의 손가락을 그려 넣은 것이라고 전해진다. 이 작품이 주로 해골을 통해 삶의 허무, 역사의 퇴보 등을 지시하고자 했던 바로크 예술 전통 선상 위에 놓여 있음은 쉽게 감지할 수 있다. 그런데 바로크 예술작품들보다, 그리고 달리의 여타 작품들보다 더욱 끔찍스럽고 혐오스럽게 여겨지는 까닭은 무엇일까?

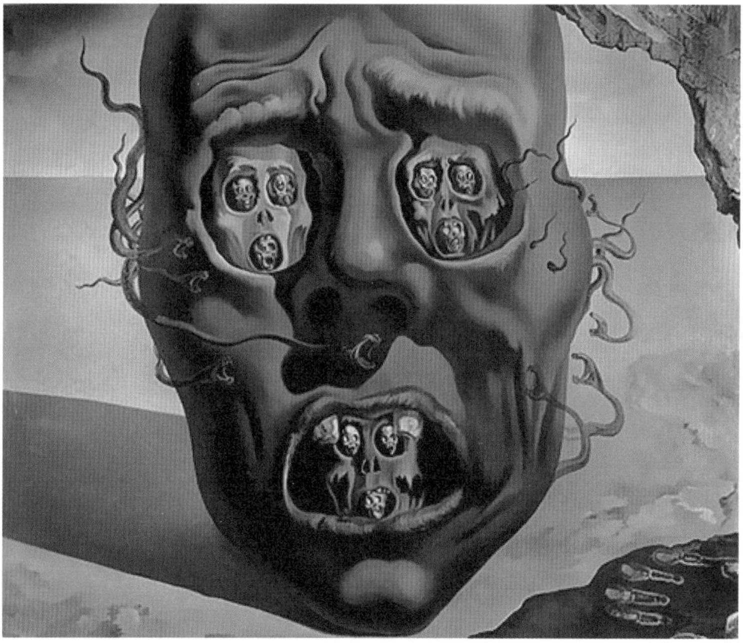

달리, 「전쟁의 얼굴」(1940)

몇 가지 세부적인 점을 읽어보기로 하자. 달리의 대부분의 작품들이 그렇듯, 이 작품에서도 삭막한 모래 풍경이 뒤 배경으로 자리하고 있다. 왜 모래 풍경인가에 대해서는 카프카의 『변신』에 나오는 다음과 같은 대목이 암시적이다. 변신 후 창밖을 내다보는 그레고르 잠자에게는 점차 바깥 풍경과 사물이 흐릿하게만 비쳤는데, 자신이 샤르로테가(街)에 살고 있다고 의식하지 않을 경우 그는 "창 밖에는 온통 잿빛 하늘과 잿빛 땅이 구분할 수 없을 정도로 한데 엉겨 있는 황야만 보인다고 믿었을 것이다."[22] 벌레로 변한 후 가족으로부터 서서히 배제되어 고독하게 지내는 그레고르 잠자에게는 이제 대도시의 모든 풍경 자체도 죽음의 공간("황야")처럼 여겨지고 있다. 황야와 비슷한 모래 풍경과 인식 하에서 정중앙의 커다란 해골이 관찰자의 눈을 사로잡는다. 삭막한 모래 풍경과 해골은 모두 생명의 소멸, 불모성, 비생산성 등을 뜻한다. 바로크 작품에 익숙해 있는 독자에게는 어쩌면 인간의 해골은 더 이상 혐오를 주지 않을지도 모른다. 그런데 달리의 작품은 다르다. 삶의 허무를 넘어서 이 작품이 미학적 차원에서 더욱 충격적이고 혐오스럽게 여겨지는 까닭은 해골의 배가 현상 때문일 것이다. 즉 커다란 해골 안의 입과 눈에도 작은 해골이 있고, 그 작은 각각의 해골 안에 다시 매우 작은 세 개의 해골이 들어 있는데, 이는 달리의 뛰어난 예술적 착상이 아닐 수 없다. 더욱이 그런 해골의 좌우 방향에서 다수의 실뱀이 입을 벌린 채 모여들고 있는 모습도 충격과 혐오를 한층 더 증폭시킨다.[23]

해골의 무한한 배가는 '역사는 무한히 진보하는 것이 아니라 무한히 퇴보한다'는 인식을 내포하고 있다. 역사의 퇴보에 대한 인식은 동시대의 세계사적·역사적 현상에 기인한다. 스페인 내전으로 1936년 스페인을 떠나 유럽과 미국을 떠돌던 달리는 1939년 미국에서 귀국하여 프랑스 남부에 거주한다. 그러나 1년 후인 1940년에 독일의 나치 군대가 프랑스를 점령하자 달리는 다시 미국으

22 카프카, 『변신/시골의사』, 전영애 옮김, 민음사, 2006년, 42쪽.

23 다음 글 참조(http://impact-of-war.blogspot.kr/2011/05/face-of-war-by-salvador-dali-from-1940.html)

로 도피한다. 캘리포니아 주에 거주하고 있던 달리가 1940년에 「전쟁의 얼굴」이라는 제목으로 이 작품을 발표한 까닭은 쉽게 추측될 수 있다. 국내외의 전쟁, 즉 스페인 내전, 제2차 세계대전의 발발과 진행 등이 달리에게 작품 생산의 결정적인 계기로 작용했던 것이 틀림없다. 두 차례의 전쟁은 달리에게 인간의 삶과 생명을 말살하는 끔찍하고 잔인한 사건으로 인식되었던 것으로 보이며, 해골 속에서 해골이 무한히 배가되고 또한 생명이 사라진 해골의 이마에 깊이 파인 주름살 등은 전쟁에 의한 역사의 퇴보를 바라보는 애처로운 비애를 자아내고 있다.

# 3 혐오와 문학

서문에서 언급한 바 있던 『라오콘: 회화와 문학의 경계에 관하여』에서 레싱은 문학과 회화의 차이점으로 또 한 가지 중요한 점을 언급하고 있다. 우선 양자의 공통점으로는 각기 야기된 혐오스러운 것이 한편으로 우스꽝스러운 것과 결합할 수 있으며, 다른 한편으로 무시무시한 것과 결합할 수 있다고 한다. 다르게 말하면, 혐오스러운 것이 때로는 우스꽝스러운 것, 때로는 무시무시한 것을 위해 일정 정도 작용할 수 있다는 것이다. 그러나 결정적인 차이점이 발생하기도 하는데, 즉 혐오스러운 것이 우스꽝스러운 것, 무시무시한 것과 근접할 가능성의 정도가 회화와 문학에서 각기 다르다는 것이다. 레싱에 의하면, 문학의 경우 혐오스러운 것이 아이러니컬한 뒤틀림 같은 방식을 통해 다른 것(우스꽝스러운 것, 무시무시한 것)을 위해 변형될 가능성이 더 높은 반면에, 회화의 경우 혐오스러운 것은 다른 것을 위해 변형되기보다는 그 자체로 혐오스럽게 남을 가능성이 더 높다.

회화는 혐오스러운 것 때문에 혐오스러운 것을 원하는 것이 아니라 문학과 마찬가지로 우스꽝스럽고 무시무시한 것을 강화하기 위해 그것을 원한다. 자신의 위험을 무릅쓰고서 말이다. 그러나 이 경우 추한 것에 대해 내가 언급했던 점이 마찬가지로 혐오스러운 것에도 더욱더 중시된다. 볼 수 있는 모방(회화: 역주)에서는 혐오스러운 것이 저 들을 수 있는 모방(문학: 역주)에서보다 그 영향력을 덜 잃는다. 즉, 문학보다 회화에서 혐오스러운 것은 우스꽝스럽고 무시무시한 것 같은 구성요소들과 내적으로 적게 결합한다.[24]

간단히 말하면, 혐오스러운 것의 강도가 문학에서는 다른 것(우스꽝스러운 것, 무시무시한 것)과 결합함으로써 약해질 수 있는 반면 회화에서는 그 강도가 지속한다는 것이다. 그렇기 때문에 문학에서는 어쩌면 혐오스러운 것이 더 용인될 수 있는데, 그것은 우스꽝스러운 것과 결합될 경우 혐오스러운 것은 일종의 완화 효과를 갖기 때문이다. 심리학적으로 혐오는 웃음을 통해 해소될 수 있다. "웃는 행위와 구토 행위에서 긴장을 갑작스럽게 방전하는 것은 혐오를 해소시킬 수 있다. (……) 다른 한편 배제 행위로서의 비웃는 행위는 그 자체 혐오에서 나온 구토, 즉 단죄와도 유사하다."[25] 문학적·미학적 차원에서 보면, 혐오와 웃음의 결합 또는 혐오와 전율의 결합을 두고서 흔히 '그로테스크(Groteske)'라는 개념이 사

24 G. E. Lessing, Laokoon, hrsg. v. F. Vollhardt, Stuttgart 2012, pp. 186-187.

25 Winfried Menninghaus, Ekel - Theorie und Geschichte einer starken Empfindung, Frankfurt am Main 1999, p. 7.

용되기도 한다.[26] 혐오는 곧 부조리한 세계에서 발현하며, 이를 언어적·회화적으로 형상화하는 수법이 바로 그로테스크다. 이제 문학에서 혐오스러운 것의 형상화를 살펴보기로 하자.

## 1 혐오스런 시체와 알레고리(1)

질투/시기의 감정과 비슷한 맥락에서 혐오의 문학적 형상화는 주로 인간의 육체, 특히 여성의 몸 등을 통해 표현된다. 주로 남성 작가의 상상력에서 생산된 그러한 문학적 형상화 전통은 오늘날 페미니즘적 시각에 의해 비판되고 있는데, 그것은 부정적인 감정과 여성의 몸을 결합하는 방식이 여성 비하와 억압을 낳기 때문이다.

혐오의 문학적 형상화는 매우 이른 고대시기로 거슬러 올라간다. 호라츠는 자신의 시집에서 늙은 여성(vetula)의 육체와 혐오스런 감정을 문학적으로 다음과 같이 형상화한 바 있다.

그대의 검게 바랜 이빨, 나이가 들면서
주름살이 그대 이마에 고랑을 내고
비쩍 마른 암소처럼 궁둥이의
엉덩이 사이가 너무 벌어져 있네.

---

26 문학과 회화에서의 '그로테스크'에 관해서는 1957년에 출간된 볼프강 카이저의 뛰어난 연구서를 참조할 것(Wolfgang Kayser, Das Groteske. Seine Gestaltung in Malerei und Dichtung. Tübingen 2004). "그로테스크한 것은 낯선 소외된 세계다. (……) 우리에게 친밀하고 내밀하게 여겨진 것이 갑작스럽게 낯설고 무시무시하게 드러날 경우, 이것이 그로테스크에 속한다"(p. 198). "그로테스크한 것의 형상화는 바로 부조리한 것과의 유희다"(p. 202).

하지만 아마도 젖가슴이 나를 유혹한다고?
그대의 가슴은 망아지 유방처럼 늘어져 있네.
건강한 장딴지에 축 늘어진 배와
허벅지가 볼품없이 어우러져 있을 뿐이지 않은가?[27]

사실 여성의 육체 자체가 혐오스럽다기보다는 혐오는 시적 화자의 주관적 감정에서 나온 것이다. 늙은 여성의 육체가 마지막 남아 있는 관능미를 과시하지만, 시적 화자는 결국 혐오스러운 몸뚱이에 불과하다는 듯 조소의 시선을 던지고 있다. 사실 여성의 몸에 대한 부정적 묘사와 혐오스런 감정을 넘어서서 이 시(혹은 시적 화자)는 더 넓은 의미에서 유한한 인간, 현세적인 삶에 대해 허무적인 시각을 내포하고 있다. 이 시는 화려하고 건강한 삶을 영원히 지속할 수 있다는 헛된 꿈에 사로잡힌 이들에 대한 경각심, 다르게 말하자면 모든 인간은 다가오는 육체의 노쇠, 죽음 같은 존재적 허무를 극복할 수 없다는 점을 말해주고 있다. 이러한 형상화 방식은 후에 17세기 바로크 예술과 문학에서 부활하는데, 그 대표적인 예로는 잘 알려진 「인생의 세 시기와 죽음」이라는 제목으로 어린아이, 젊은 여성의 아름다운 육체, 해골 사체를 한 자리에 그려놓은 한스 발둥(Hans Baldung)의 작품이다. 천진난만한 아이에서 시작하지만, 인생의 절정인 아름다운 육체를 가진 여성의 뒤에 해골 사체가 도사리고 있는 모습은 혐오와 전율이 뒤섞인 그로테스크한 분위기를 자아낸다.

이 밖에도 고대 신화를 끌어오는 가운데 괴테 또한 아름다운

---

27 Horaz, Epoden 8, Vs. 3~20, in: Horaz, Sämtliche Gedichte, Stuttgart 1992, p. 277.

여성 헬레네뿐만 아니라 혼돈의 딸들인 포르키아스를 추하고 혐오스럽게 묘사한다. 『파우스트』 제2부에서 괴테는 "태어날 때부터 백발이고, / 눈 하나와 이빨 하나를 / 번갈아 쓰고 있는"[28]이라는 식으로 추하고 역겹게 그려진 포르키아스—작품 내에서는 사실 메피스토펠레스의 변신한 모습인데—로 하여금 하녀들(합창)에 대해 혐오스러운 악담을 늘어놓게 한다.

> 전쟁이 낳고 싸움터에서 길러진 너희 젊은 것들아,
> 너희들이 어떤 족속인지 내가 모른다고 생각하느냐?
> 너희는 남자에 미친 년들이다. 유혹당하고 유혹하면서
> 전사들이나 시민 모두의 힘을 빼놓는 것들이로다!
> 너희 떼거리를 보니, 푸르른 들판의 곡식 위에 내리 덮친
> 메뚜기 떼 같다는 생각이 드는구나.
> 남이 부지런히 일구어놓은 것을 먹어치우는 년들!
> 남들이 싹 틔운 복지를 갉아먹고 망쳐놓는 년들!
> 너희들은 정복당해 시장에서 팔리고 교환되는 상품일
> 뿐이로다![29]

혐오스러운 포르키아스(즉, 메피스토)가 이처럼 여성을 추하게 서술하는 의도는 궁극적으로 헬레네로 대변되는 아름다움과 순수성을 지배하기 위해 의도적·과장적으로 여성의 비윤리적인 행동과 의식 등을 책망하는 데 있지만, 어쨌든 여기서도 여성을 추하고 혐오스럽게 그려내는 서술 전통은 지속하고 있다. 이와 같은

28 괴테, 『파우스트—한 편의 비극』 2, 김수용 옮김, 책세상, 2006년, 562쪽.
29 같은 책, 564쪽.

여성의 혐오스럽고 추한 형상화는 19세기 이후의 근대 문학에서도 지속하는데, 가령 보들레르의 『악의 꽃』 가운데 대표작으로 간주되는 「시체」(불어: Une charogne, 독일어: Ein Aas)를 들 수 있다. 이 시의 파격적이고 충격적인 언어적 묘사는 여성과 혐오의 결합을 한층 더 강도 높게 제시하고 있다.

기억해보아라, 님이여, 우리가 보았던 것을,
그토록 화창하고 아름답던 여름 아침:
오솔길 모퉁이 조약돌 깔린 자리 위에
드러누워 있던 끔찍한 시체,

음탕한 계집처럼 두 다리를 쳐들고,
독기를 뿜어내며 불타오르고,
태평하고 파렴치하게, 썩은
냄새 가득 풍기는 배때기를 벌리고 있었다.

태양은 이 썩은 시체 위로 내리쬐고 있었다,
알맞게 굽기라도 하려는 듯,
위대한 '자연'이 한데 합쳐놓은 것을
백 갑절로 모두 되돌려주려는 듯;

하늘은 이 눈부신 해골을 바라보고 있었다.
피어나는 꽃이라도 바라보듯.
고약한 냄새 어찌나 지독하던지 당신은
풀 위에서 기절할 뻔했지.

그 썩은 배때기 위로 파리 떼는 윙윙거리고,
거기서 검은 구더기 떼 기어 나와,
걸쭉한 액체처럼 흘러나오고 있었다,
그 살아있는 누더기를 타고,

그 모든 것이 물결처럼 밀려왔다 밀려나갔다 하고,
그 모든 것이 반짝반짝 솟아나오고 있었다;
시체는 희미한 바람에 부풀어 올라,
아직도 살아서 불어나는 듯했다.

그리고 세상은 기이한 음악소리를 내고 있었다,
흐르는 물처럼, 바람처럼,
또는 장단 맞춰 까불거리는 키 속에서
흔들리고 나뒹구는 곡식알처럼.

형상은 지워지고, 이제 한갓 사라진 꿈,
잊혀진 화포 위에
화가가 기억을 더듬어 완성하는
서서히 그려지는 하나의 소묘.

바위 뒤에서 초조한 암캐 한 마리
성난 눈으로 우리를 쏘아보고 있었다,
놓쳐버린 살점을 해골로부터
다시 뜯어낼 순간을 노리며,

— 허나 언제인가는 당신도 닮게 되겠지,
이 오물, 이 지독한 부패물을,
내 눈의 별이여, 내 마음의 태양이여,
내 천사, 내 정열인 당신도!

그렇다! 당신도 그렇게 되겠지, 오 매력의 여왕이여,
종부성사 끝나고
당신도 만발한 꽃들과 풀 아래
해골 사이에서 곰팡이 슬 즈음이면,

그때엔, 오 나의 미녀여, 말하오,
당신을 핥으며 파먹을 구더기에게,
썩어문드러져도 내 사랑의 형태와 거룩한 본질을
내가 간직하고 있었다고![30]

시적 화자는 연인과 산책하던 도중 길에서 어떤 썩어가는 동물의 시체를 발견했던 날을 떠올리면서 아름다운 연인을 향해 "허나 언제인가는 당신도 닮게 되겠지, 이 오물, 이 지독한 부패물을" 이라는 생각을 밝힌다. 동물과 여성이 지닌 육체적 한계의 공통점은 한때의 건강함과 아름다움이 언젠가 그 매력적인 상태를 완전히 잃은 시체, 즉 부패한 덩어리로 남을 수밖에 없다는 것이다. 이는 앞서 언급한 전형적인 바로크 시기의 핵심 사상인 '죽음을 기억하라(memento mori)'와 허무(Vanitas)를 떠올린다. 그런데 바로크와

30 Ch. Baudelaire, Die Blumen des Bösen, München 2004(보들레르, 『악의 꽃』, 윤영애 옮김, 대산세계문학총서 18, 문학과지성사, 2003년 참조).

는 다른 점을 엿볼 수 있는데, 그것은 바로 그 썩어가는 시체에서 다른 생명력의 기생, 즉 파리 떼, 구더기, 암캐 한 마리 등이 자신들의 생명력을 확보해나가려 한다는 것이다. 따라서 「시체」는 생성과 소멸, 삶과 죽음이라는 자연의 이중성을 그려내고 있는 것처럼 보인다.

그런데 시집 『악의 꽃』에서 예찬되고 있는 온갖 종류의 악은 무엇을 뜻하는 것일까? 그것을 자본주의적 삶과 관련된 모든 부정적 양상만 제한적으로 파악할 경우 시 자체는 편협한 이해의 틀 속에 갇히게 된다. '악', '악한 것'은 도덕적 현상이 아니라 '미학적으로 추한 것'과 관계하는데, 요컨대 '악의 꽃'은 추한 것의 예술적 형상화를 뜻한다. 좀 더 세밀하게 말하자면, 보들레르의 문학은 대상 자체와 관련된 '추한 것의 서술(Darstellung des Häßlichen)'을 넘어서서 그 추한 대상을 형상화하는 언어적 측면에서 미학적으로 '추한 서술(häßliche Darstellung)'이라는 특성도 지닌다. 후자의 측면과 관계해서는 다음과 같은 부연설명도 가능하다.

> 그것들(Mal)은 도덕적으로 악한 것이라기보다는 미학적으로 불쾌한 것, 역겨운 것, 거부감을 주는 것, 혐오스런 것을 말하며, 이 모든 것은 그 자체로서 관찰되고 기피되고 배제되는 것이 아니라 놀랍게도 엄청난 매력과 아름다움을 간직한 역설로서 주시되어야 한다.[31]

소재적·주제적 차원에서 벗어나 「시체」의 언어적 형상화를 보

---

31 http://www.faz.net/aktuell/feuilleton/buecher/der-ekel-in-der-literatur-der-feierlichste-glockenton-ist-der- ruelpser-1771478.html

면, 가령 "드러누워 있던 끔찍한 시체", "썩은 냄새 가득 풍기는 배때기를 벌리고 있었다", "그 썩은 배때기 위로 파리 떼는 윙윙거리고", "놓쳐버린 살점을 해골로부터 다시 뜯어낼 순간을 노리며", "해골 사이에서 곰팡이 슬 즈음이면", "당신을 핥으며 파먹을 구더기에게" 같은 시적 표현을 보면, 모두 묘한 매력과 아름다움으로 다가오는 미학적인 추한 서술로서의 불쾌하고 역겨운 것이다.

「시체」는 언뜻 바로크 전통에서 썩은 시체로 되돌아갈 수밖에 없는 육체의 운명, 죽음을 향해 나아가는 인간의 운명을 노래하는 시처럼 보인다. 그러나 바로크 문학과 예술에서 '썩은 시체'는 "초기의 엠블렘적 소도구 그 자체"[32]로서 일종의 알레고리로 작동한다. 바로크와 보들레르의 알레고리 수법을 분석한 벤야민에 의하면, 알레고리는 외적인 자연을 묘사하는 데 그치는 것이 아니라 다른 숨은 의미, 즉 생성과 몰락이라는 자연사 뒤에 숨어 있는 '역사의 현장'을 지시한다. 그런 벤야민의 해석을 적극 받아들일 경우, 바로크와 보들레르 시에서 묘사된 '시체'는 단순한 인간 육체, 자연의 몰락 같은 자연사적 서술 수단을 넘어서 근대의 몰락, 역사의 몰락을 뜻한다. 그렇지만 벤야민은 양자 간의 차이를 "바로크 알레고리는 시체를 밖에서 본다. 보들레르는 그것을 안에서 현재화한다"[33]라고 밝힌 바 있다. 그렇다면, 보들레르의 알레고리가 시체를 안에서 현재화하고 있다는 언술은 무엇을 뜻하는 것일까? 바로크의 경우 30년전쟁으로 인한 사회적 궁핍과 절망 같은 바깥의 역사적 환경, 즉 삶과 역사에 의해 해골과 시체가 해석되고 있는 가운데 그 예술적 알레고리가 곧 바깥 것(의도, 대상)을 지시하는 역할을 갖

32 W. Benjamin, Gesamelte Schriften, Bd, I. p. 392.

33 W. Benjamin, Gesamelte Schriften, Bd, V, p. 415.

는다면, 보들레르의 경우 시체는 더 이상 지시기능을 갖는 것이 아니라 언어내적인 대상으로서 그 자체로 상상적이면서 동시에 상징적인 질서를 이룬다. 혹은 알레고리를 생산하는 작가의 입장에서 말한다면, 바로크 작가들은 자신의 주관적 의식을 통해 삶의 마지막 파편 조각처럼 시체를 들여다보고 다루고 있다면, 보들레르 자신이 시체와도 같은 대중적·예술적 현상 내에 거주하고 있는 것이다. 요컨대, 보들레르의 시적 의식과 언어는 한층 더 근대적 삶과 예술 내에 존재하는 가운데 스스로를 바깥으로 드러내고 있다. 바로크와 보들레르가 구사하는 알레고리는 요컨대 '바깥에서 안으로'와 '안에서 바깥으로'라는 차이점을 지니는 셈이다.

「시체」의 흥미로운 점은 역겨움, 혐오, 허무 등을 야기하는 시적 언어의 형상화가 12연으로 구성된 매우 완결된 아름다운 형식을 취하고 있다는 것이다. 한편으로 철저한 규칙과 질서를 간직한 아름다운 형식을 취하고 있지만, 다른 한편으로 혐오스러운 언어는 시체, 죽음, 쇠락 같은 어둡고 추한 측면을 드러내고 있다는 점에서 서로 모순적일 수 있다. 이와 같은 아름다운 미적 형식과 추한 서술 간의 모순성과 관련하여 후고 프리드리히(H. Friedrich)는 "극단적으로 불안한 정신적 상황 속에서 극단적으로 찾아진 구원의 수단"[34]이라고 설명한 바 있다. 사실 그런 모순성에 대해서는 보들레르가 스스로 내린 예술에 대한 정의에 이미 암시되어 있다. 보들레르는 「현대적 삶의 예술가」라는 글에서 "예술은 영원성과 덧없음, 절대성과 시간성(찰나성)이라는 양면성으로 구성된다"고 언급한 바 있다. 절대적 영원성은 시대를 초월하는 순수성을 지닌 아

34 H. Friedrich, Die Struktur der modernen Lyrik, Hamburg 1967, p. 40.

름다운 형식적 측면을 말하며, 시간적 찰나성은 역겨움, 추함의 적나라함을 지닌 시대적 삶의 측면과 관계한다.

상호 텍스트성 차원에서 보들레르의 「시체」는 다른 문학작품에 의해 해석된 바 있다. 보들레르, 세잔 등에 매료되어 있던 릴케는 자신의 소설 『말테의 수기』에서 대도시적 삶과 죽음을 그려내고 있는데, 이 소설에서도 보들레르의 「시체」와의 연관성을 쉽게 발견할 수 있다. 우선 근대, 자본주의, 대도시, 인간, 죽음 등의 상관관계는 소설 모두의 몇몇 대목에서 추하고 혐오스런 삶의 파편적 형상화를 통해 표출되고 있다.

> 좁은 거리의 곳곳에서 냄새가 나기 시작했다. 요오드포름 냄새, 감자튀김 냄새, 불안의 냄새였다. 여름에 냄새가 나지 않는 도시는 없다. 그러고는 특이하게도 창문 하나 없는 음산한 집 한 채를 보았다.[35]

> 얼굴을 안쪽에서 보는 일도 소름 끼쳤지만, 얼굴 없는 적나라한 상처받은 머리통을 보는 일은 훨씬 더 무서웠다.[36]

> 무서웠다. 사람이 한 번 공포감을 느끼게 되면 그 공포감을 떨쳐내기 위해 무엇인가를 하지 않으면 안 된다. 이 도시에서 병에 걸린다는 건 매우 혐오스러운 일일 거다. 누군가 나를 디외병원에 데려갈 생각을 하게 되면, 나는 틀림없이 거기서 죽게

---

35 릴케, 『말테의 수기』, 문현미 옮김, 민음사, 2006년, 10쪽.

36 같은 책, 14쪽.

되리라.[37]

이와 같은 대도시 내에서 인간 존재의 몰락과 죽음은 주인공 말테가 보들레르와의 연관성을 밝히는 대목에서도 암시되는데, 스스로 작성한 편지 초안에서 말테는 보들레르의 「시체」의 의미를 다음과 같이 말하고 있다.

> 「시체」라는 보들레르의 믿을 수 없는 시를 아직도 기억하고 있니? 나는 이제야 그 시를 이해할 수 있는지도 몰라. 마지막 연을 빼고는 그의 표현이 옳았어. 그런 일을 당했으니 그가 어떻게 해야 했을까? 이 끔찍한 것 속에서, 겉보기에는 혐오스럽게만 보이는 것 속에서 존재하는 모든 것에게 통용되는 존재성을 보는 게 보들레르에게 주어진 과제였어. 선택이나 거부는 없지.[38]

말테는 보들레르의 「시체」에 내재된 의미, 시 전체는 추의 미학을 통해 대도시적 존재의 혐오를 보편적인 것으로 그려내고 있다는 의미를 정확히 읽어내고 있다. 물론 말테는 「시체」의 마지막 연은 예외라고 밝히는데, 그것은 「시체」의 마지막 연에서 시적 화자가 여전히 연인의 아름다운 시절, 즉 근대적 삶의 화려함을 부르짖고 있기 때문이다. 물론 이 마지막 연은 위에서 분석한 바 있듯이 단순히 삶의 화려함을 뜻하는 것이 아니라 예술 자체의 또 다른 특성, 즉 영원한 절대성을 가리키는 것이며, 이 점을 말테는 놓치고

37 같은 책, 14쪽.

38 같은 책, 83쪽.

있다. 그럼에도 불구하고 말테는 「시체」의 혐오스럽고 추한 언어적 형상화를 정확히 이해한 언술, 즉 "이 끔찍한 것 속에서, 겉보기에는 혐오스럽게만 보이는 것 속에서 존재하는 모든 것에게 통용되는 존재성을 보는 게 보들레르에게 주어진 과제였어"라는 언술을 제시하면서 대도시 내에서 점차 인간적 존재가 소멸하고 부재하는 저 부조리하고 혐오스런 실존적 상황을 가리키고 있다.

## 2 혐오스런 시체와 알레고리(2)

한 익사한 맥주배달원이 탁자 위에 눕혀져 있다.
누군가가 그의 이빨 사이에
진한 보라색의 아스터 꽃을 꽂아넣었다.
가슴부터
살갗 밑으로
기다란 칼로
혀와 위턱을 잘라냈을 때,
나는 그 꽃을 실수로 밀쳤나보다.
꽃은 옆에 있는 뇌수 속으로
미끄러져 내려갔다.
시체를 실로 꿰맬 때
나는 그의 흉강 속
대팻밥 사이에 꽃을 집어넣었다.
너의 꽃병 속에서 마음껏 마셔라!

평온히 잠들어라,
작은 아스터 꽃이여!

Ein ersoffener Bierfahrer wurde auf den Tisch
gestemmt.
Irgendeiner hatte ihm eine dunkelhellila Aster
zwischen die Zähne geklemmt.
Als ich von der Brust aus
unter der Haut
mit einem langen Messer
Zunge und Gaumen herausschnitt,
muss ich sie angestoßen haben, denn sie glitt
in das nebenliegende Gehirn.
Ich packte sie ihm in die Bauchhöhle
zwischen die Holzwolle,
als man zunähte.
Trinke dich satt in deiner Vase!
Ruhe sanft,
kleine Aster!

26세의 젊은 고트프리트 벤(Gottfried Benn, 1886~1956)은 1912년에 『시체검시소와 몇몇 시들(Morgue und andere Gedichte)』이라는 제목의 첫 번째 연작시집을 발표했다. 발표 당시 벤의 시집은 매우 충격적이어서 동시대 베를린의 보수적인 비평가로부터 "변태적이고 냉소적인", "야만적 혐오와 음란한 전율로 가득한" 시들이라는 혹독한 평가를 받았다.[39] 특히 '시체검시소'라는 공간과 관련된 다섯 개의 시 가운데 위에 인용된 일명 「작은 아스터 꽃」이라 불리는 시는 극도의 혐오스런 감정을 불러일으키는 시로서 여전히 현재에도 혐오스럽다. 2011년 베를린 시는 '고트프리트 벤 문인협회'로부터 추천을 받아 근거리를 오가는 버스 차량에 벤의 시를 부착하는 행사를 펼쳤는데, 유독 「작은 아스트 꽃」만은 역겨움과 혐오감을 불러일으킨다는 이유로 배제되고 말았다. 표현주의와 벤의 작품이 이미 오래전부터 문학사 내에서 재평가되고 있음에도 불구하고 특정한 시는 여전히 부정적이고 배타적인 수용의 늪에서 벗어나지 못하고 있다.[40]

의학을 공부하고 의사로 활동했던 벤은 풍부한 해부학적 경험을 자신의 시 속에 다양하게 녹여냈다. 「작은 아스트 꽃」도 그 대표적인 예인데, 시체검시소에서 병리학자로 일하는 시적 화자인 '나'는 어렵지 않게 벤의 모습을 떠올리게 한다. '시체검시소'라는 공간은 장례 직전 신분 확인이 안 된 시체들을 검시하기 위해 안치해 놓은 곳이다. 시에서 '나'는 사고로 죽은 맥주배달원의 시신을 검시하는 도중에 그의 이빨 사이에 꽂혀 있는 아스터 꽃을 발견하며,

---

39 Gerhard Sauder, Gottfried Benn: Morgue und andere Gedichte, in: Der Deutschunterricht. 42 (1990), Nr. 2, pp. 55-82; Hans Albrecht Hartmann, Gottfried Benn: Morgue und andere Gedichte, in: Große Werke der Literatur, Tübingen (u.a.), Francke. 4. Eine Ringvorlesung an der Universität Augsburg 1994/1995, pp. 209-238.

40 Friederike Reents, Gottfried Benn: Morgue und andere Gedichte. Für den Berliner Nahverkehr zu skandalös(F.A.Z. Feuilleton vom 08.03. 2012, aus: http://www.faz.net/aktuell/feuilleton/buecher/rezensionen/ belletristik/gottfried-benn-morgue-und-andere-gedichte-fuer-den-berliner-nahverkehr-zu-skandaloes-11677055.html).

나아가 시신의 여러 기관을 해부하는 도중에 그 꽃이 시신의 흉부 근처로 미끄러져 내려가 있음을 인지한다. 전체적으로 생명이 다한 생기 없는 시신과 보라색의 아름다운 아스터 꽃 간의 상호 대비가 흥미롭게 그려져 있으며, 특히 양자 사이에 위치한 시적 화자의 시선과 모습이 매우 아이러니컬하게 서술되고 있다. 즉, 그는 아스터 꽃에만 신경을 쓰고 있을 뿐 인간의 시신에는 거의 무심한 태도를 취하고 있다. 특히 "평온히 잠들어라"라는 말을 시신이 아니라 아스터 꽃을 향해 건넴으로써 시신에 대한 '나'의 무관심은 절정에 달한다. 검시관이라는 냉정한 직업을 갖고 있는 시적 화자일지라도 시신에 대한 최소한의 관심과 예의를 내보이지 않는 모습을 통해 시는 현대사회에서의 소외 의식과 인간적 삶의 허무를 극단적으로 보여주고 있다.

무관심, 소외, 허무 같은 의식 외에도 「작은 아스터 꽃」이 전체적으로 혐오감을 불러일으키는 까닭은 시신의 해부와 관련된 적나라한 행위, 즉 "가슴부터 / 살갗 밑으로 / 기다란 칼로 / 혀와 위턱을 잘라냈을 때", "시체를 실로 꿰맬 때 / 나는 그의 흉강 속 / 대팻밥 사이에 꽃을 집어넣었다"라는 언어가 작동하고 있기 때문이다. 차가운 시신과 피부를 가르는 날카로운 해부용 칼, 그리고 혀, 턱, 흉강 같은 시적 단어들이 극도의 혐오를 불러일으키고 있으며, 이 밖에도 시신을 부검하는 '나'의 모습, 가령 차갑고 냉정하고, 거의 기계적으로 일하는 사람의 연상도 혐오를 불러일으킨다.

그런데 혐오스러운 반응과 수용을 야기할 수 있는 시는 어떤 연유에서 생산된 것일까? 그 계기는 작가적 정신에서 찾을 수 있다. 벤은 소위 시에 대한 전통적인 선입견, 가령 '아름다운 풍경, 내면의 목소리, 그에 부합하는 아름다운 언어' 등을 추구하는 서정시의 전통과 정신을 부정하면서 새로운 현대시의 문을 열었으며, 그 결과 벤, 트라클(Trakl) 등에 의해 대변되는 독일 표현주의는 '반예술(Anti-Kunst)'을 내세운 동시대 회화의 새로운 물결인 아방가르드 선상에 놓이게 된다. '추한 서술'을 통해 혐오를 불러일으키는 새로운 시적 성향에 대해서는 다음과 같은 해석이 적절한 타당성을 제공한다.

> 고트프리트 벤은 여타 아름다운 정신과는 거리를 취하고 있다. 즉, 그는 죽음을 형상화하지 않거나 죽음을 평온하고 해방적인 것으로 묘사하는 것이 아니라 추한 것으로 형상화하고 있으며 시체의 존엄성을 제대로 떨어뜨리고 있다. 그는 가령 인간 품위의 불가침성 같은 동시대인이 지닌 가치관의 터부를 깨면서 인간에 대한 혐오를 불러일으킨다.[41]

요컨대, 죽음에 대한 벤의 인식 자체는 죽음에 대한 종래의 관습적 표상, 즉 현세에서의 고통에서 벗어나 '아름다운 세계' 혹은 '구원의 세계'로 진입하는 해방적 전환으로 죽음을 해석하는 전통적인 사유에서 벗어나 있다. 죽음은 단지 차갑게 남아버린 육체, 하나의 내던져진 물건 또는 대상(Objekt)으로만 파악되고 있을 뿐 더 이상 인간으로서의 품위가 부여되지 않고 있다. 아름다움이 완전히 배제된 인간의 시신 덩어리는 차가운 칼로 철저히 해부되고 있으며, 그 대신 우연히 들어와 있던 아스터 꽃만이 그 아름다움을 지닐 뿐이다. 시신의 흉부에 채워지는 대팻밥 속에 놓인 아스터 꽃

---

41 http://www.antikoerperchen.de/material/19/gedichtinterpretation-gottfried-benn-kleine-aster-expressionismus.html

에만 평온함을 기원하는 시적 화자의 행위와 언술은 탈인간적이고 탈기독교적인 맥락을 형성함으로써 니체가 언급한 '신이 사라진 세계'를 상기시키기도 한다. 여기서 시체의 시적인 형상화 작업과 관련하여 보들레르와 벤의 차이점이 있는데, 그 점은 다음과 같이 타당하게 제시될 수 있다.

> 보들레르와 벤이 시를 쓴 상황은 그 역사적 시점은 다르지만 사회·문화적 조건은 흡사했다. 보들레르가 1848년 혁명의 실패로 인한 환멸과 낭만주의의 과도한 서정성에 거슬러 죽음의 현실을 꾸밈없이 드러내려 한 것과 마찬가지로, 벤은 빌헬름제국의 자본주의 속에서 흥행하고 있는 신낭만주의의 위선적 서정성에 대해 극단적으로 대응하려고 한다. (……) 얼핏 보면 보들레르 시의 결말이 메멘토 모리의 전통을 이어준다고 할 수 있지만, 시체 앞에서 죽기 전에 삶을 즐기자는 이야기보다는 죽음의 실상을 확인할 뿐이다. 벤은 이보다 더 나아가 니체가 주장한 신의 죽음을 확인하는데, 바로 이 부분이 벤과 보들레르의 가장 핵심적인 차이점이다. 보들레르의 시집은 선과 악, 미와 추, 삶과 죽음의 문제를 제시하지만, 이 모든 문제가 종교의 틀 안에서 제시된다. 보들레르가 사탄을 앞세울 때조차 그는 기독교적 사고 속에 머물고 있다. 그러나 벤의 경우는 신이 사라진 세상을 그리고 있다.[42]

---

42 보들레르와 벤의 시를 비교한 유일한 논문으로는 불어로 쓰인 다음의 논문이 있다(김시몽, 「시 속에의 시체 묘사—보들레르와 벤의 비교 고찰」(불어불문학연구, 2011년 봄호, 85권, 129-151쪽). 여기서는 그의 논문 끝에 정리된 국문 요약에서 제시된 양자의 차이를 인용한다(151쪽 참조).

로젠크란츠는 1853년에 발표된 『추의 미학』에서 추의 다채로운 감성과 미학적 현상을 감정적·심리적 차원에서 구체적으로 분석하고 있다. 그 가운데 혐오는 부패된 대상이 일으키는 감정으로서 역겨움을 수반하는데, 특히 미각·후각·촉각 등에서 구체적인 접근을 통해 일어나는 감정인 셈이다. 그런 혐오스러운 것이 미학적 차원에서는 다름 아닌 기형적인 형식을 통해 야기되는데, 이때 그 혐오스러운 것의 근원은 당연히 실제적인 부패된 현상에서 나오는 것으로서 결국 미학적 아름다움마저 철저히 파괴한다.

> 혐오스러운 것은 (끔찍스러운 것)의 실제적 측면인 바, 즉 육체적인 것의 부패 혹은 도덕적인 부패에서 생성된 기형적 형식을 통해 현상의 아름다운 형식을 부정하는 것이다.[43]

보들레르가 비교적 아름다운 전통적 형식을 이용하여 혐오스러운 것을 담아내고 있고 또한 벤이 속한 표현주의의 다른 시인들도 몰락과 죽음을 비교적 전통적인 형식을 통해 그려내고자 했다면, 벤의 시는 전통과 결별하는 자유롭고 기형적인 형식을 취함으로써 표현주의 내에서도 매우 파격적이고 극단적이었다. 16개의 행으로 이뤄진 「시체」에서는 행의 전환(Enjambement)이 매우 자유롭고, 특히 1~3개 단어로 구성된 행과 비교적 긴 행이 서로 뒤섞여 있으며, 시적 어휘들도 아무런 리듬과 운율을 형성하지 않은 채 차갑고 냉정하게 내던져 있다. '신의 현존(보들레르)' 혹은 '부재(벤)' 같은 차이점 외에도 전통적 형식(보들레르) 혹은 파격적 형식(벤)이

43 Karl Rosenkranz, Ästhetik des Häßlichen, Darmstadt 1973, p. 312.

라는 또 하나의 중요한 차이점이 발견된다.

## 3 시민적 삶과 혐오

잘 알려져 있듯이 토마스 만(Th. Mann, 1875~1955)의 모든 작품은 예술과 삶, 예술가와 시민 간의 대립이라는 일관된 주제를 다양하게 그려내고 있다. 대부분의 연구에서는 유미주의, 예술지상주의에 사로잡혔던 초기 토마스 만이 주로 예술 세계를 옹호했지만, 중·후기를 거치면서 점차 시민적 삶을 적극 변호하는 가운데 궁극적으로 예술과 삶, 예술가와 시민, 예술적 삶과 시민적 삶 간의 대립 사이에서 부유하거나 혹은 유머(Humor)를 통해 양자의 대립을 극복한다는 식으로 해석되고 있다.

초기작 『트리스탄』(1901)에서는 예술과 삶, 예술가와 시민 간의 대립이 매우 첨예하게 제시되고 있는데, 특히 시민의 모습, 시민적 삶은 철저히 혐오스런 대상으로 서술된다. 요양병원에서 지내고 있는 작가 슈피넬은 그곳에 요양 온 클뢰터얀 부인의 아름다움에 매료된다. 폐병과 사투 중인 여인에게서 예술가는 '죽음의 아름다움'을 보고 있다. 그런데 요양원에서 아내와 함께 잠시 지내던 남편 클뢰터얀은 아내의 건강을 걱정하기보다는 음식과 여성 등에만 관심을 내보이는데, 그런 그의 모습이 슈피넬의 눈에는 매우 비열하고 천박한 자로 비친다. 우선 클뢰터얀의 외모가 시민적 삶을 살아가는 이들의 전형적인 모습으로 서술된다.

클뢰터얀 씨는 중키에 어깨가 딱 벌어지고 다리는 짧아서 강인한 인상을 주었다. 통통하고 불그스레한 얼굴에 연푸른 눈은 아주 밝은 금발의 눈썹에 가려 그늘져 있었고, 콧구멍이 크고 입술은 촉촉하게 젖어 있었다.[44]

어깨, 다리, 얼굴, 금발 머리, 콧구멍, 입술 등이 모두 건강한 시민의 육체적 기관으로 그려지는 가운데 전체적으로 탐욕적인 인상마저 부여되고 있다. 슈피넬(혹은 서술자)의 관점에서 매우 혐오스럽고 부정적으로 여겨지고 있는 클뢰터얀의 모습은 요양원에서의 아침 식사 장면 및 여성 종업원과의 대화 장면 등을 통해 한층 더 부각된다.

클뢰터얀 씨는 아침마다 그(영국인: 역주) 가족과 함께 영국식 식사를 했다. 그는 워낙 많이 그리고 맛있게 먹고 마시기를 좋아했다. 요리에 관한 한 진짜 전문가라는 것을 과시하면서 자기 집에 친지들을 초대하여 베풀었던 만찬 이야기를 들려주고 이곳 사람들은 알지도 못하는 어떤 특별 요리를 묘사하며 요양원의 좌중을 너무나 흥겹게 해주었다. (……) 어느 날 저녁에는 그가 어떤 종업원 아가씨와 보기에 민망할 정도로 시시덕거리고 있는 광경이 '아인프리트' 요양원에 머무르고 있는 작가(슈피넬: 역주)의 눈에 띔으로써 그가 또 다른 세속적인 쾌락도 결코 싫어하지 않는다는 사실을 입증해 보였다. 그 작가는 이 하찮은 우스갯거리를 목격하고는 우스꽝스러울 정도로 역겨워

44 토마스 만, 『토니오 크뢰거/트리스탄/베니스에서의 죽음』, 안삼환 외 옮김, 민음사, 1998년, 358쪽.

하는 표정을 지어 보였다.[45]

음식과 여성에 대한 속물적 쾌락에 젖어 있는 클뢰터얀에 대해 슈피넬(혹은 그의 모습과 마음까지도 읽고 있는 서술자)은 "우스꽝스러울 정도로 역겨워하는 표정"을 짓는다. 소설 내에서 그려진 슈피넬은 전형적인 유미주의 예술가를 상기시킨다. 즉 물질적·육체적 쾌락만을 추구하는 클뢰터얀의 시민적 삶은 극도로 혐오되는 반면에, 병과 죽음에 가까이 다가가고 있는 클뢰터얀 부인을 통해서는 아름다움, 애정, 사랑이 예찬되고 있다. 클뢰터얀 부인을 예찬하는 슈피넬의 모습은 건강, 질서, 도덕 등을 덕목으로 삼는 시민사회를 부정하고 소위 "몰락에의 쾌락(Lust am Untergang)"을 주장한 19세기 말의 유미주의적 성향에 완전히 부합한다.[46] 아내를 남겨둔 채 남편 클뢰터얀은 떠나며, 이후 슈피넬은 콜뢰터얀 부인과 더욱 가까워진다. 그러나 그녀의 병이 점점 더 심각해지고 죽음이 가까이 다가오는 시점에 슈피넬은 남편 클뢰터얀에게 강력한 항의와 혐오를 피력하는 편지를 써 보내는데, 그 글은 거의 인식공격에 가까운 말로 가득하다.

이미 말씀드린 대로 당신은 천박한 미식가, 입맛을 아는 농사꾼입니다. 원래부터 체질이 거친 데다, 지극히 저급한 수준의 성장 단계에 머물러 있습니다. 당신은 부유해지고 생활 방식이 안락해지면서 신경계가 갑자기 듣도 보도 못한 야만적인 타락 상태에 빠지게 된 것입니다. 그런 안락한 생활 방식에 젖어들다

45 같은 책, 358-359쪽.

46 Wolfdietrich Rasch, Die literarische Decadence um 1900, München 1986.

보면 쾌락의 욕구는 결국 모종의 탐욕을 부추기는 쪽으로 더욱 세련되게 마련이지요. 당신이 가브리엘레 엑크호프(클뢰터얀 부인의 처녀시절 이름 – 역주) 양을 차지하겠다고 마음먹었을 때 어쩌면 당신의 식도 근육은 마치 맛있는 수프나 진기한 요리를 대했을 때처럼 쩝쩝거리며 입맛을 다시는 듯한 운동 상태에 빠져들었을지도 모릅니다. ……[47]

소녀 시절부터 간직하고 있던 아내의 예술적 아름다움을 발견하지 못한 채 클뢰터얀이 자신의 아내를 "마치 맛있는 수프나 진기한 요리를 대했을 때처럼" 접근했다고 슈피넬은 맹비난을 가하고 있다. 여성과 음식을 동일한 비유 선상에 놓으면서 슈피넬은 "쾌락의 욕구"와 "모종의 탐욕"이 결합된 클뢰터얀의 시민적 삶을 극단적으로 혐오한다. 그런 클뢰터얀의 시민적 삶을 극단적으로 부정하고 혐오하는 가운데 슈피넬이 취할 수 있는 유일한 공격 수단은 그가 스스로 밝히고 있듯이 "정신과 말" 외에는 아무것도 없다.

이제 나의 고백을 들어주십시오. 나는 당신을, 당신과 당신의 아이를 혐오합니다. 삶 자체를, 저속하고 우스꽝스러우면서도 당당한 삶을 혐오하는 것과 마찬가지로 말입니다. 당신이 보여주는 그런 삶은 아름다움과는 영원히 대립되는 불구대천의 원수입니다. 당신을 경멸한다고는 감히 말하지 않겠습니다. 나는 그럴 수 없습니다. 나는 정직한 사람입니다. 당신은 나보다 강자입니다. 내가 당신과 싸우면서 내세울 수 있는 것은 단 하나

47 토마스 만, 『토니오 크뢰거/트리스탄/베니스에서의 죽음』, 402-403쪽.

> 뿐입니다. 정신과 말, 약자가 사용할 수 있는 고결한 무기이자 복수의 수단은 오직 그것뿐입니다. 오늘 나는 그 무기를 사용했습니다. 왜냐하면 이 편지는—이런 면에서도 나는 정직합니다만—다름 아닌 복수의 행위인 까닭입니다. 그리고 이 편지에서 단 한마디라도 당신을 당황하게 하고 낯선 힘을 느끼게 할 만큼, 당신의 그 둔감한 평온함을 잠시라도 동요시킬 수 있을 만큼 날카롭고 눈부시게 멋진 데가 있다면 나는 기쁘기 그지없을 것입니다.[48]

비록 언어적 차원이지만, 거부와 혐오의 감정이 과도해질 경우 쉽게 공격적 분노로 전환될 수 있음을 감지할 수 있는 대목이다. 그러나 그 공격적 분노 역시 정신적인 방식이다. 즉, 슈피넬은 물리적·육체적 차원에서 스스로가 약자이고 클뢰터얀이 강자임을 인정하면서 정신적 차원에서 "정신과 말"로 시민적 삶을 공격함으로써 자기만족에 젖는다. 그에게는 언어적·정신적 행위가 유일무이한 "복수의 행위"인 셈이다. 일상의 경우 혐오가 과해지고 분노가 분출될 경우 상대방에게 물리적·육체적 복수를 가하기 마련이지만, 나약한 예술가는 시민적 삶의 "둔감한 평온함"을 흔들어 놓는 정신적 공격으로서의 언어 행위 이외에 다른 방도를 찾지 못한다.

거의 비슷한 시기에 착수된, 그러나 약간 뒤늦게 출간된 『토니오 크뢰거』(1900~1902)에서는 시민적 삶에 대한 혐오와 공격성이 살며시 후퇴하며, 시민적 삶과 예술적 삶 사이에서 적절한 타협을

48 같은 책, 404쪽.

찾으려는 주인공의 모습을 엿볼 수 있다. 이는 어쩌면 후기 토마스 만의 인식을 위한 발판으로 볼 수 있다. 예술과 삶, 예술가와 시민 간의 대립 또는 균형은 잘 알려져 있듯이 바로 이름의 양가성, 즉 감정과 정열을 연상시키는 남부 유럽식의 '토니오'와 이성과 냉철함을 연상시키는 북부 독일식의 '크뢰거'의 결합 또는 서로 다른 기질의 부모를 둔 배경을 통해 이미 암시되고 있다. 예술적 감각을 지닌 '토니오'도 때로는 시민적 삶에 대해 회의적인 태도를 보이기는 하지만, 그렇다고 해서 『트리스탄』의 슈피넬처럼 시민사회를 극단적으로 혐오하고 부정하는, 나아가 분노를 표출하는 극단적인 의식을 취하지는 않는 점에서 '크뢰거'다. 요컨대, '토니오 크뢰거'는 예술을 예찬함과 동시에 시민적 삶의 긍정적인 면을 받아들인다. 예술과 시민적 삶에 대한 토니오 크뢰거의 '애증의 모습'은 다음과 같은 대목에서 읽을 수 있다.

> 관능에 대한 혐오와 증오, 순수성과 정말 신뢰할 만한 평화로움을 향한 갈구가 그를 사로잡았지만, 그러는 동안 그는 예술의 공기를 호흡하기도 했다. 그 공기는 비밀스런 생산의 환희 속에서 솟아나 들끓고 싹트는 변치 않는 봄의 미지근하고 달콤한, 향기 품은 공기와도 같았다. 그 결과 그는 심한 양극단 사이, 냉혹한 정신과 소모적인 뜨거운 관능 사이를 오락가락하면서 양심의 가책을 느끼는 가운데 기진맥진한 삶을 영위하게 되었다. 그것은 엄청나게 유별난, 부절제하고도 비상한 삶으로서 토니오 크뢰거가 근본적으로 혐오해 마지않는 삶이었다.[49]

49 같은 책, 37쪽.

양극단, 즉 관능적 삶을 즐기는 시민적 삶과 고도의 정신성을 추구하는 예술 사이에서 스스로 갈등하는 자신의 모습 자체가 여기서 "근본적으로 혐오해 마지않는 삶"으로 인식된다. 그런데 혐오는 글자 그대로 극단적인 거부와 분노를 야기하는 감정을 뜻하진 않는다. 여기서 언급된 혐오는 일종의 애처로움과도 같은 감정인데, 즉 스스로 안정된 길을 찾지 못하고 영원히 방황하는 자기 자신에 대한 애처로움에 가깝다. 그런 자기 자신에 대한 애처로움은 소설의 말미에 여류화가 리자베타에게 보내는 편지에서 "예술의 세계 속으로 길을 잃은 시민"이라는 저 유명한 표현과 함께 다음과 같은 언술로 부연설명되고 있다. "나는 두 세계 사이에 서 있습니다. 그래서 어느 세계에도 안주할 수 없습니다. 그 결과 약간 견디기가 어렵지요. 당신들 예술가는 저를 '시민'이라 부르고, 또 시민은 나를 체포하고 싶은 충동을 느끼게 됩니다. 이 둘 중 어느 쪽이 더 나의 마음에 쓰라린 모욕감을 주는지 모르겠습니다."[50] 상호 모욕과 혐오가 더 이상 작동하지 않는 상태에서 예술과 시민적 삶은 서로 애증관계를 이루고 있다.

토마스 만의 소설에서 엿볼 수 있는 혐오에 대한 문학적 서술은 보들레르, 벤의 작품에서의 혐오스런 감각적 서술과는 완전히 다르다. 시민적 삶의 혐오스런 측면을 서술하는 토마스 만의 문학적 언어 자체는 대체로 추상적·개념적 특성을 지닐 뿐 전혀 감각적이지 않은데, 말하자면 일종의 추상화된 혐오를 띤다. 이러한 혐오는 보들레르, 벤에 적용된 '추의 미학'이라는 범주와는 전혀 관계없는 감정이다.

50 같은 책, 106-107쪽.

## 4 국가/민족과 혐오

20세기 독일어권의 현대 극작가이자 소설가인 토마스 베른하르트(Thomas Bernhard, 1931~1989)는 자신의 모든 작품에서 조국 오스트리아를 비판의 대상으로 삼았던 작가로 유명하다. 오스트리아 자체뿐만 아니라 국가 내의 모든 사적·공적 시스템들, 가령 가정, 학교, 교회, 국회, 정부 등이 파시즘적 국가에 소속된, 파시즘적 국가의 명령을 수행하는 이데올로기적 시스템과도 같은 혐오의 대상으로 간주된다. 1986년에 발표된 마지막 작품 『소멸(Auslöschung)』은 혐오스런 국가에 대한 비판적 소설의 대미를 장식한다.

로마에서 살고 있는 주인공 무라우는 부모와 형이 교통사고로 죽었다는 소식을 듣고 장례식을 치르기 위해 작은 고향 마을 '볼프스엑'(오스트리아의 소도시)에 도착한다. 볼프스엑과 오스트리아에 대한 무라우의 기억은 장례식에 참석하기 전부터 이미 비판적인 성찰로 가득하며, 장례식이 끝나면서 소설의 결말로 향하는 가운데 그 비판은 정점에 도달한다. 서술자 무라우의 눈에는 '볼프스엑'이라는 고향—이 마을이 과거 및 현재 어느 정도 정치와 관여되어 있는지에 대한 실제의 역사적인 물음은 전혀 중요하지 않은데—은 파시즘(나치즘)의 산실로 비치며, 삶의 모든 형태(가정, 종교, 교육, 문화, 예술, 정치 등)에 투영된 오스트리아의 정치사회적·역사적·문화적 진행과 모습은 글자 그대로 총체적인 혐오의 대상으로 여겨진다. 작은 마을의 존재가 과거뿐만 아니라 현재에도 국가 및 민족 전체와 연계되어 있다는 점, 특히 나치의 파시즘적 사유와 행위 관습이 예나 지금이나 개인과 집단을 지배하고 있다는 점이 매우 유머러스한 반복과 과장적 서술을 통해 비판되고 있다. 한마디로 말하면, 주인공의 기억과 성찰을 통해 오스트리아의 삶 전체는 '혐오스럽고 역겨운 것'으로 비난받고 있다.

> 모든 것이 어마어마한 볼프스엑 사기 사건에 연루되어 있으며 볼프스엑은 수백 년 동안 지속되어온 범죄 집단이다, 라고 생각했다. 나는 처음에는 교회가 두려웠지만 나중에는 증오하기 시작했다. 교회에서 비롯된 것이면 모두 처음에는 두려워지다가 결국 증오했으며, 증오는 갈수록 깊어졌다. 무덤가에 서서 나는, 예부터 이 나라와 이 국가의 모든 것을 지배하는 것은 교회이며, 가톨릭교는 지금도, 여전히, 어떤 정부가 정권을 잡더라도 상관없이, 이 나라와 이 국가의 모든 것을 조종하고 있다, 라고 생각했다. 엉터리 야바위꾼 같은 가톨릭교의 거짓말쟁이 사제, 우리는 더 이상 이 가톨릭교와 관계하지 않겠다, 라고 말하는 이 말은 역겨움을 불러일으킨다. 이 나라와 이 국가에서 가톨릭교 사제로부터 벗어날 수 있는 것은 아무것도 없다, 라고 나는 생각했다.[51]
>
> 정말 참기 힘들 만큼 무미건조한 이 장례식이 있기 며칠 전 나는 감베티에게, 다 망가지고 썩어서 마침내 끝장나고 만 이 오스트리아를 생각만 해도 벌써 역겨운데, 하물며 썩을 대로 썩은 이 국가와, 유럽에서뿐 아니라 전 세계에서도 그 유례를 찾아볼 수 없는 이 국가의 비열함과 저속함을 생각할 때 내 속이 어떻겠느냐고 했다. 수십 년 전부터 정권을 장악해온 비열하고

51 토마스 베른하르트, 『소멸』, 류은희·조현천 옮김, 현암사, 2008년, 493-494쪽.

썩어빠진 둔감한 정부와, 그리고 이런 비열하고 썩어빠진 둔감한 정부에 의해 식별할 수 없을 정도로 완전히 망가져버린 국민입니다. 처음엔 비열하고 저속한 나치즘이 판을 치다가 나중에는 저속하고 야비하고 범죄적인 사이비 사회주의가 판을 치고 있습니다. 나치즘과 사이비 사회주의가 조국 오스트리아에 가져온 파괴와 멸망은 이 오스트리아에서 언제나 화근이 되어온 가톨릭교와의 유착 때문입니다. 오늘날 오스트리아는 양심도 없는 파렴치한 정당 사업가들에 의해 굴러가는 나라입니다. 모든 것을 빼앗긴 오스트리아 국민은 지난 수백 년간 아주 파렴치한 방식으로 가톨릭교와 나치즘, 사이비 사회주의에 의해 이성을 잃었습니다.[52]

교회가 처음에는 나치즘, 후에는 사이비 사회주의와 교묘하게 결탁하는 방식을 통해 오스트리아의 과거와 현재가 진행되고 있다는 것이며, 그런 역사 속에서 종교, 국가, 정부, 정당 등 모든 조직 또한 사이비 이념을 수행하는 역겨운 조직들로 간주되고 있다. 그런데 사실 베른하르트 소설의 특징은 "반복과 과장"에 있다. 위에서 인용한 두 대목도 비슷한 내용의 반복이며, 또한 사회를 총체적으로 부정하는 시각과 어투는 과장적 느낌을 지닌다. 국가와 그 하부 시스템에 적응하여 충실히 살아가는 이들—부모와 형제도 결코 예외일 수 없는데—모두를 나치즘의 후예로 간주하는 시각과 서술 자체도 사실 매우 과장적이다. 이와 같은 과장된 서술의 반복은 일종의 모순을 야기하는데, 즉 공허한 언어와 사유의 무한한 늘

52 『소멸』, 495-496쪽.

어짐과 비판적 시각의 열림 사이의 모순이 그것이다. 과장적 서술에 관해서는 소설 내에서도 규정되고 있는데, "위대한 예술작품의 비밀은 과장에 있고, 위대한 철학의 비밀 역시 여기에 있으며, 과장술이야말로 바로 정신의 비밀입니다"[53]라고 언급되기도 한다.

소설 초반부에 교통사고로 죽은 부모와 형의 모습에 대한 간접적 서술은 매우 충격적이고 혐오스런 느낌을 야기하는데, 추론해본다면 이는 곧 비판적 의식 없이 국가의 요청에 따르는 충실한 하인처럼 일상을 살아가는 모든 오스트리아 개개인의 죽음과 몰락으로 읽히기도 한다. 고향의 식물원에 안치된 부모와 형의 관을 본 무라우는 아버지와 형의 관은 열려 있는 반면 어머니의 관은 닫혀 있는 점에 대해 의아해한다. 그에 관해 누이동생은 사고 당시 어머니가 머리가 잘려 나갈 정도로 매우 끔찍한 사고를 당했기에 어머니의 관이 닫혀 있다고 전한다.

> 나중에 여동생들은 어머니가—추측한 대로—자동차 사고로 죽었는데, 신문에 보도된 것처럼 형체를 알아볼 수 없을 정도로 심하게 망가져 사고 현장에서 바로 관을 못 박아 봉할 수밖에 없었다고 말해주었다. 어머니는 머리가 거의 잘려나가 다시피하였으나, 아버지와 형의 머리는 그대로 몸통에 붙어 있었고, 두 사람은 자동차의 전면 유리에 부딪혀 목뼈가 부러지면서 어머니와 같이 즉사하였다고 한다. 어머니는 린츠에서 오던 트럭에 실려 있던 쇠파이프에 맞아 머리가 몸통에서 완전히 떨어져 나가다시피 하였으며, 세 사람이 타면 항상 어머니가 앉

53 같은 책, 469쪽.

던 자동차 뒷좌석 중앙으로 쇠파이프가 뚫고 들어와 치명상을 입었다는 것이다. 세 사람 모두 아무 고통 없이 숨졌다고 한다.[54]

형상화 측면에서 그림, 사진, 영화 같은 영상적 매체는 일반적으로 문자 매체보다 한층 미메시스적이고 충격적이라고 여겨지기 마련이다. 또한 영상적 매체들 가운데서도 그림보다는 사진이 훨씬 미메시스적 매체로 평가되기도 한다. 그러나 위 인용문을 보면, 문학의 언어적 서술은 그 어떤 영상적 매체에 결코 뒤지지 않는다. 부모와 형의 죽음에 대한 베른하르트의 언어적 서술은 영상적 매체(사진, 그림)보다 상당히 세밀하고 끔찍하며, 특히 어머니가 즉사한 정황의 서술은 매우 충격적이고 역겨우며 잔인할 정도다.

이와 같은 '추의 미학'의 경향은 사실 베른하르트만의 특징은 아니다. 독일어권 문학에 속하는 오스트리아 현대 문학의 흐름을 보면, 1980년대 이후 베른하르트를 비롯하여 노벨문학상 수상자 엘프리데 옐리네크(Elfriede Jelinek), 요셉 빙클러(Josef Winkler), 후베르트 피히테(Hubert Fichte) 등의 작품에서는 소위 추한 것에 대한 미적 쾌락이 공통적으로 그려지고 있다. 문학 작품에서 성적 욕망, 그로테스크한 육체를 추하고 혐오스럽게 서술하는 경향이 어떤 의미를 지니는지에 대한 물음과 관련하여 아도르노의 분석은 매우 시사적이다. 그에 의하면, 현대 예술이 "혐오스럽고 물리적으로 역겨운 것"을 선호하는 까닭은 바로 "자신의 자율적 형상을 통해 예술이 지배세력을 고발하고자" 하기 때문이다.[55] 이러한 시각

---

54 같은 책, 302쪽.

55 Th. W. Adorno, Ästhetische Theorie, Frankfurt am Main 1970, p. 79.

을 베른하르트의 작품 세계에 적용해볼 경우, 혐오스럽고 역겨운 대상으로 서술된 국가(혹은 그에 속해 있는 모든 개별적 현상)는 허구적 상상력으로 예술 내에서 만들어진 '자율적 형상'이다. 이렇게 상상력으로 추하게 그려진 국가의 모습, 그리고 과장과 반복 같은 서술의 배가는 예술이 자기만족을 취하려는 것이 아니라 바로 사회 전체 영역의 지배적 심급기관으로 군림하고 있는 국가를 비판하는 의미를 지닌다. 이상과 같은 1980년대 오스트리아 현대 문학에서의 '혐오스러운 대상과 서술'의 의미는 다음과 같이 쉽게 정리될 수 있다.

> 토마스 베른하르트, 엘프리데 옐리네크, 요셉 빙클러, 베르너 슈밥의 예를 통해 이 글은 정치적 과거 극복과 문학적 혐오 예술 간의 고유한 연관성을 조명하고자 한다. 이러한 연관성은 1980년대 오스트리아 문학에서 전형적인 것으로 간주되는데, 유럽의 다른 어떤 나라도 국가(조국)에 저항적인 문학에 견줄 만한 장르를 제시하지 못했다. 개별 작가들의 동기는 각기 상이할 수 있다. 1980년대 문학의 공격성에 있어서 문화 허위의 모티프가 아주 중요할지라도 그 이외에도 옐리네크와 빙클러의 경우 여성적·동성애적 욕망에 대한 자기공격도 있다. 동성애적 욕망은 혐오스럽게 서술되는데, 요컨대 역겨울 만큼 과도하게 꾸며지게 된다. 그렇지만 그런 서술은 베른하르트의 쾌활하고 그로테스크한 작품에서처럼 조소를 야기하지는 않는다. 젊은 세대 작가의 자기공격은 이성애적 규범이 내면화되어 있음을 입증하는 것과도 같은데, 이와 같은 이성애의 내면화에서 벗어나는 것은 가톨릭교와 국가사회주의에 의해 각인된 정신

상태의 내면화에서 벗어나는 것보다 훨씬 어려운 것임이 드러난다.[56]

베른하르트가 시도한 파시즘적 사유의 내면화에 대한 비판과 거부는 현재의 급진적 성향, 가령 “이성애적 규범”을 거부하고 그 대신 “여성적·동성애적 욕망”을 갈망하는 예술에 비하면 어쩌면 고전적인 성향으로 분류될 수 있을지도 모른다. 그럼에도 불구하고 베른하르트 문학에서 엿보이는 그로테스크적 양상은 의미심장하며, 특히 미학적으로는 독특한 방식이다. 서론에서 레싱의 이론을 다룬 바 있듯이, 문학과 회화 등 모든 예술에서 역겹고 혐오스러운 것은 각기 우스꽝스러운 것 또는 무시무시한 것과 결합될 수 있으며, 볼프강 카이저의 이론에 의하면 그런 결합에서 그로테스크한 양상이 발생한다고 한다. 베른하르트 문학의 경우 역겨운 것과 우스꽝스러운 것이 결합하는 그로테스크한 양상을 엿볼 수 있는데, 이는 역겨운 것의 강도를 완화시키는 가운데 그 비판적 의미에 대해서는 강도 높게 환기하고 있다.

56 Burkhard Meyer-Sickendiek, Ekelkunst in Österreich. Zu den Ab- und Hintergründen eines Phantasmas der 80er, aus: http://parapluie.de/archiv/epoche/ekel/

# 4 분노와 회화

## 1 분노의 다툼과 죄악

앞서 '질투'에 관한 글에서도 히에로니무스 보슈(Hieronymus Bosch, 1450~1516)의 「일곱 가지 죄악과 네 가지 궁극적인 것들(Die Sieben Todsünden und Die vier letzten Dinge)」을 분석한 바 있다. 분노 또한 일곱 가지 죄악에 속하기 때문에 당연히 보슈의 그림에서 일부를 차지하고 있다.

분노의 중세 독일어는 'Ira'로서 그 사전적 의미를 살펴보면 "갑작스럽게 발생한 불쾌감, 성급함, 노여움, 분노"를 나타낼 뿐만 아니라 "무엇에 대해 격분해하는 동시에 다툼, 싸움"[57]을 뜻한다. 보슈의 그림에서 정중앙 하단에 자리하고 있는 분노의 장면은 두 사람이 무엇인가에 불쾌한 나머지 갑작스럽게 격분하여 싸움을 벌이고 있다는 점에서 정확히 "Ira"를 형상화하고 있다.

57 Matthias Lexer, Mittelhochdeutsches Taschenwörterbuch. Mit den Nachtragen von Ulrich Pretzel, 38. Aufl. Stuttgart 1992, p. 338.

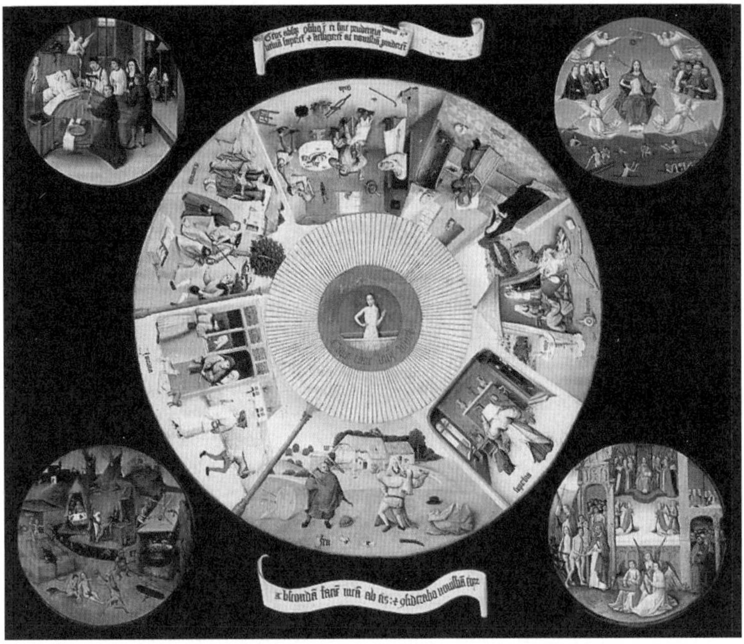

보슈, 「일곱 가지 죄악과 네 가지 궁극적인 것들」(1480)

확대된 그림을 자세히 보면, 저 멀리 작은 숲을 뒤로한 한 가옥의 평화로운 풍경이 배경으로 되어 있지만, 전면에는 분노에 사

로잡힌 두 남자가 그 가옥(여인숙 혹은 농가) 앞에서 심하게 다투고 있다. 오른쪽 사람은 한 손에 칼을, 다른 손에 항아리를 들고 있으며, 왼쪽 사람은 한 손에 흉기를, 다른 손으로 작은 의자를 머리 위에 들고 방어하는 듯이 보인다. 두 사람의 싸움을 말리기 위해 한 여성이 중재하려 든다. 특히 오른쪽 사람을 붙잡으려 하는 듯하다. 두 남자의 주변에는 칼집, 망토, 모자, 작은 탁자, 신발 등 각종 물건이 무질서하게 흩어져 있다. 특히 둘 사이에는 뼈로 만든 한 쌍의 신발이 놓여 있는데, 이는 일종의 상징물이다. 중세유럽에서는 뼈로 만든 신발을 신은 사람은 상징적 차원에서 사악한 인간을 가리키는데, 싸우고 있는 두 사람은 각자 자신의 신발을 신고 있기에 이들 사이에 있는 뼈로 만든 신발—오른쪽, 왼쪽 신발이 서로 싸우듯 대치해 있는 모양새로 보아—은 누군가의 신발이 아니라 사악한 이들 간의 다툼을 지시하는 사물기호인 셈이다.

이 그림의 전체 의미는 분노다. 작은 마을에서, 그것도 평화로운 농촌의 가옥 앞에서 개인들 간의 분노가 싸움과 살인 등을 야기하는 극단적인 행위로 전환할 수 있는 순간을 보여준다. 즉 분노가 개인을 넘어서 더욱 거대한 차원에서 공동체들 간에, 국가들 간에, 민족들 간에 전쟁과 살육을 야기하는 감정일 수 있음을 암시하고 있다. 수녀처럼 보이는 여성이 분노에 사로잡힌 이들의 싸움을 만류해보지만 쉽지 않은 형국이다.

보슈가 죽은 후에 태어난 피터르 브뤼겔(Pieter Brügel, 1525/30~1569)은 네덜란드 출신의 르네상스 화가다. 작품의 왼쪽 하단에 '브뤼겔 1557'이라는 서명을 통해 작품의 생산 연도를 짐작할 수 있다. 여기서 인용한 부분은 일곱 가지 죄악을 동판화에 제작한 것 가운데 그 배경과 풍경을 전혀 이해할 수 없는 「IRA(분노)」라고 쓰

피터르 브뤼겔, 「분노」(1557)

인 부분이다.

도무지 이해할 수 없는 환상적이고 기이한 형상들로 가득하다. 기이한 형태의 동물들이 사람을 물어뜯거나 죽이고 있다. 중앙에 기이한 모자를 쓴, 새 모양의 얼굴을 한 거대한 늙은이는 오른손에 호리병을 들고 다친 왼손을 붕대로 고정시킨 채 커다란 통을 굴리고 있는지 혹은 그 위에 앉아 있는 것인지 애매하다. 그 형상의 아래 왼편에는 커다란 천막이 쳐져 있고, 바로 그 천막에서 칼과 방패를 든 병사들이 쏟아져 나오고 있다. 천막 앞에서 커다란 군인이 칼과 채찍을 들고서 명령을 내리고 있는 듯하다. 두 명의 군인은 커다란 칼을 들고서 몇 사람을 베면서 앞으로 나아가고 있다. 천막 위에는 커다란 그릇이 끓고 있는데, 그 그릇 안에는 두 남녀가 들어앉아 있으며 커다란 새가 그들을 감시하고 있다. 하단 왼편에는 기이한 일군의 형상들이 한가운데 톱니 모양의 칼이 나와 있는 거대한 방패문—혹은 그 방패문에 의해 깔려 있는 것인지 사실 애매한데—뒤에 숨어 있으며, 방패문 옆으로 살짝 나와 있는 기이한 형상은 기다란 꼬챙이로 방패 앞의 군인과 싸우고 있는 듯하다. 아래 하단에 적힌 라틴어 글귀는 “분노는 입을 부풀리고 의식을 화나게 만든다. 화난 의식은 정신을 뒤집어놓고 피를 검게 만든다”라는 뜻이다. 파편적인 조각들의 모자이크식 조합으로 인해 전체 내용을 일관성 있게 파악하기가 쉽지 않지만 분노가 개인적·집단적 차원에서 다툼이나 전쟁을 야기한다는 점만은 분명하다.

브뤼겔의 작품은 주제적 측면에서 히에로니무스 보슈의 일곱 가지 죄악 시리즈를 연상시키지만, 모티프나 구성 측면에서는 보슈와 완전히 다르다. 보슈의 경우 개인적 차원에서 분노가 그려져 있다면, 브뤼겔의 경우 사회적이고 집단적인 분노가 팽배되어 전쟁과 살육이 행해지는 것으로 추정된다. 또한 보슈의 경우 일곱 가지 죄악은 정중앙에 있는 예수를 담은 눈동자에 의해 통제되고 있으며, 궁극적으로 일곱 가지 죄악으로부터 영혼이 치유될 가능성도 암시되고 있다. 그러나 브뤼겔의 경우 그러한 희망과 구원의 가능성은 철저히 배제되어 있다. 일곱 가지 죄악에 사로잡힐 경우 파국적 상황, 즉 끔찍스럽고 잔인한 사회적·집단적 상황이 초래될 수 있다는 것만 보여주고 있다.

## 2 분노와 철학적 사색

『건강 일람서(Tacuinum Sanitatis)』는 유럽의 중세 시기에 만들어진 건강 의학서다. 이 책은 본래 이라크 바그다드 출신의 아랍 의사 이븐 보틀란(Ibn Botlan, 출생연도는 알 수 없고 1064년에 사망한 것으로 추정됨)이 지은, 그림과 간단한 처방이 적혀 있는 『건강 유지법』이라는 책을 라틴어로 번역한 것이다.

다음 그림은 마음의 상태를 논하는 내용 가운데 '분노'와 관련된 삽화와 텍스트다. 오른쪽에 나이 많은 이가 화가 난 듯 입에 수건을 물고서 자신의 분노를 표출하고 있으며, 왼쪽의 붉은색 옷을 입은 두 명이 그를 향해 다가오고 있다. 삽화 밑에 라틴어로 적힌 텍스트는 대략 다음과 같은 내용이다.

분노. 이것의 본질은 복수심으로 인해 마음의 피가 끓는 것이다. 피를 바깥으로 내보내고 정맥을 채우고 부풀리게 하며 잃어버린 생기를 다시 회복시킨다. 분노는 고통과 마비에 도움이 되지만, 자신에게 허용되지 않는 자신의 의지를 과도하게 허용하는 이들의 경우 분노는 레몬색의 피부색, 떨림, 열, 압박감을 야기하는 단점을 지닌다. 이러한 단점에 치료가 되는 것은 철학적 교양과 명언들이다. 분노는 겨울 날씨와 차가운 지역에 사는 나이 많은 이들과 차가운 기질을 위해서는 오히려 적절하다.

(Ira. Ira natura eius est ebulitio sanguinis circa cor propter appetitum uindicte Electio que sanguinem ad exteriora transmittit replet uenas et impinguat et colorem perditum restaurat Iuuamentum torture et paralisi Nocumentum consencientibus illicite uoluntati multiplicata enim inducit colorem citrinum tremorem febrem anxietate Remotio nocumenti cum curialitate philosophica et moribus Conuenit magius frigidis decrepitis yeme frigidis regionibus.)

무엇인가에 대해 불만과 고통을 갖고 있을 경우 그것을 마음 속으로 삭히는 것보다는 외부를 향해 표현하는 것이 어쩌면 건강에 이로울 수 있다. 또한 "분노는 고통과 마비에 도움이 되지만"이라고 언급되어 있다. 분노를 적절하게 표출하는 것이 건강에 도움을 줄 수 있지만, 자신에게 허용된 적절한 의지를 넘어서 분노의 의지를 과도하게 표출할 경우 오히려 혈압 상승이나 심장 압박증을 야기할 수도 있다는 것이다. 이러한 분노의 단점을 극복할 수 있는 방안으로 『건강 일람서』는 철학적 사색("철학적 교양과 명언")을 들고 있는 것이 흥미롭다. 철학적 교양과 명언은 곧 일종의 사색과 명상을 권하는 것이기도 한데, 멜랑콜리 장에서 다뤘듯이 사색과 명상이 과도해지면 그것 또한 우울증과 무기력증을 야기할 수 있다. 매우 짧게 분노를 다룬 건강 지침서의 내용이지만, 분노의 양면성 또는 장단점을 간결하고 핵심적으로 제시해주고 있다. 개인과 집단 차원에서 분노는 현대의 철학자, 사회학자, 심리학자들 사이에서도 항상 정당성과 위험성이라는 양면적 측면에서 논의되고 있기 때문이다.

## 3 분노와 여성의 가슴

지오토 디 본도네(Giotto di Bondone, 1267~1337)의 작품에는 일곱 가지 죄악 중 「질투」뿐만 아니라 「분노(Ira)」라는 작품도 있는데, 1306년에 그려진 것으로 추정된다. 「질투」에서와 마찬가지로 분노 또한 여성의 알레고리컬한 형상을 통해 제시되고 있다. 질투와 분노는 기독교의 일곱 가지 죄악에 속해 있으며, 중세 및 르네상스 기독교 전통에서는 모두 여성을 통해 형상화되어 있음은 더 이상 언급할 필요가 없다. 삶의 비도덕적인 행위를 야기할 수 있는 분노라는 부정적 감정을 여성을 통해 표현하는 방식에는 여성 비하 또는 여성 폄훼 이데올로기가 작동하고 있는 셈이다.

이 그림에서 특이한 점은 분노의 행위에 있다. 즉, 무엇인가에 대노한 듯 여성은 머리카락을 뒤로 풀어 헤치고 자신의 옷을 찢을 기세로 양쪽으로 제치면서 가슴을 드러내고 있다. 여성이 가슴을

지오토 디 본도네, 「분노」(1306)

드러내는 모습은 성적 노출과 신성함 사이에서 부유한다. 열어젖힌 가슴은 가령 모유 수유 같은 숭고한 의미를 지닌 육체적 부분이며, 나아가 근대 회화의 경우 루벤스(Rubens), 들라크루아(Delacroix) 등의 그림에서도 정의와 자유를 쟁취하는 결정적인 순간은 항상 가슴을 드러낸 여성을 통해 그려지고 있다.[58] 그러나 남성 화가들이 여성의 가슴이라는 성적 부위를 상상적으로 형상화하는

58 Heiko Hiltmann, Von nackten Brüsten und blanken Schwerstern, in: Stefan Biessenecker(Hg.), "Und sie erkannten, dass sie nackt waren." Nacktheit im Mittelalter, Bamberg 2008, pp. 413-436.

것은 어쨌든 페미니즘적 시각에서 비판의 대상이 될 수밖에 없다. 특히 본도네의 작품에서처럼 '분노'라는 죄악과 여성의 가슴을 서로 연결할 경우 더더욱 그렇다.

## 4 근대의 집단적 분노와 민주주의

특정 개인이 아니라 집단 전체의 분노가 표출될 때 그것은—긍정적이든 부정적이든 간에—사회 전체의 변혁을 가져오기 마련이다. 대표적인 세계사적 예로는 시민, 노동자, 농민 등 소위 억압된 집단의 분노가 총체적으로 표출된 프랑스 혁명을 들 수 있다. 그러나 프랑스 혁명에 의해 수세에 몰렸던 유럽 각 나라의 왕과 귀족계급은 나폴레옹이 패전하자 1814~15년 빈회의를 통해 권력을 되찾고는 1848년까지 각종 정치적 통제 장치로 민중을 억압했다. 그에 맞서 프랑스에서는 두 차례의 거대한 정치적·사회적 차원에서 집단적 분노가 폭발했는데, 프랑스 민중은 1832년 6월 봉기, 1848년 2월 혁명 등을 통해 군주제의 완전 폐지를 실현하고자 했다. 초기에 낭만적 성향을 지녔던 하이네는 프랑스에서의 집단적 분노와 사회의 변화과정을 관찰하는 가운데 참담하고 어두운 독일 현실을 의식하면서 소위 "시대시(Zeitgedicht)"를 쓴 바 있는데, 그 대표적인 예로는 1842년에 발표된 「경향(Tendenz)」이라는 시다.

독일의 시인이여! 독일의 자유를
노래하고 찬미하시오. 당신의 노래가
우리의 영혼을 사로잡을 수 있도록,

우리가 열광되어 행동할 수 있도록
마르세유 찬가 식으로 노래하시오.

더 이상 베르테르처럼 하소연하거나 읊지는 마시오,
그 자는 오로지 로테만을 향해 타올랐지요—
종이 울리는 의미를
당신 나라 백성에게 말해야 하오,
단검을, 칼을 말하시오!

더 이상 연약한 피리나
목가적 정조가 되지 마시오—
조국의 나팔이 되시오,
대포가 되시오, 카르타우네포가 되시오,
나팔 불고 꽝꽝대며 천둥치고 죽이시오!

나팔 불고 꽝꽝대며 천둥치시오, 날마다.
마지막 압제자가 달아날 때까지—
오로지 이 방향으로 노래하시오,
그러나 당신의 시를 가능한 한
보편적으로 유지하시오.[59]

절대 군주를 향한 시적 화자의 분노는 4연의 "마지막 압제자가 달아날 때까지"라는 표현에서 쉽게 읽을 수 있다. 화자는 시인

59 하이네, 『신시집』, 김수용 옮김, 문학과지성사, 1989년 참조.

들로 하여금 더 이상 괴테처럼 개인적 사랑으로 울거나 화를 내는 베르테르 같은 인물을 그리지 말고 민중을 혁명의 행동으로 이끌 수 있는 시를 쓰도록 요구하고 있다. 또한 시의 사회적 기능은 더 이상 "연약한 피리", "목가적 정조" 등이 아니라 나팔, 대포 등이 되어야 한다고 역설한다. 이상과 같이 집단적 분노와 실천 행동을 표방함에도 불구하고 시적 화자는 매우 조심스러운 어투로 일종의 자기성찰 및 자기절제를 제시하고 있다. 즉 4연의 마지막 두 행에는 "그러나 당신의 시를 가능한 한 / 보편적으로 유지하시오"라고 제시되어 있는데, 이는 지금까지 전개된 시의 특별한 기능과 의미를 완전히 뒤집는 것이다. 즉, 특정 시점에서 민중의 분노를 담아내고 또한 사회적 실천 행동을 이끄는 특별한 정치적 기능을 수행할지라도 예술은 예술 자체의 보편적 특성("예술성")을 결코 잃지 말아야 한다는 것이다.

위 그림은 프랑스 혁명과 같은 집단적 분노가 표출된 순간을 담은 작품이다. 프랑스의 영향을 받아 1848년 3월 18일 베를린에서

도 독일의 공화국 수립과 통일을 향한 민중의 집단적 분노가 폭발했는데, 익명의 작가가 남긴 이 작품은 시민과 노동자들이 바리케이드를 쳐놓고 왕의 군대를 물리친 승리의 순간을 담고 있다.

어두운 밤 아수라장의 상황 속에서 대중의 집단적 분노와 행동이 결국 승리를 거뒀음을 보여주고 있다. 왕정(혹은 군주제)에 저항하는 시민 대중이 승리를 거두어 환호에 젖어 있지만, 그림을 자세히 들여다보면 그 집단은 사실 두 갈래로 나뉘어 있다. 그 점은 매우 기발한 방식으로 제시되고 있는데, 다름 아닌 깃발 모양의 차이를 통해서다. 그림 정중앙의 커다란 깃발과 하단에 살짝 드러낸 깃발에는 검정-빨강-노랑의 삼색이 수평으로 놓여 있지만, 이와 달리 그림 오른편 중앙과 건물 위에 있는 깃발에는 삼색이 수직으로 놓여 있다. 검정-빨강-노랑의 삼색이 수평으로 그려진 깃발은 군주제를 인정하는 가운데 새로운 개혁과 독일 통일을 외쳤던 혁명가들의 이념을 대변하며, 검정-빨강-노랑의 삼색이 수직으로 그려진 깃발은—프랑스 국기의 파랑-하양-빨강의 삼색도 수직으로 나열되어 있듯이—프랑스 혁명의 이념, 즉 군주제를 완전히 폐지하고 공화국 수립을 원했던 이념을 표방한 급진적 혁명가들을 대변한다. 기존의 부당한 세력에 저항하여 집단적 분노를 표출한 순간을 담아내고 있는 작품이지만, 각 집단의 미묘한 차이를 깃발을 통해 살며시 드러내주고 있다.

그렇지만 집단적 분노와 봉기가 실패로 돌아가는 경우, 그 분노의 자리에는 허무적·냉소적 감정이 들어서게 된다. 프랑스 시인 랭보의 자유시 가운데 「내 마음이여!(Qu'est-ce pour nous, mon coeur)」는 프랑스 파리 코뮌(Paris Commune)의 저항과 좌절을 읊고 있다.

내 마음이여, 우리에게 저것들은 무엇이냐,
피와 잉걸불의 뒤덮임, 수천의 살육, 분노의 절규
모든 질서를 뒤집는 지옥의 오열
아직도 폐허에 부는 북풍,

그리고 저 온갖 복수는? 아무것도 아닌가! …… — 아니다, 아직도,
우리는 복수를 갈망한다! 실업가들아, 왕자들아, 상원의원들아,
뒈져라! 권력을, 정의를, 역사를, 타도하라!
우리에게 빚졌도다. 피! 피! 황금의 불길!

모든 것을 전쟁으로, 복수로, 공포로 몰아라,
내 정신이여! 상처 속에서 뒹굴어보자. 아! 꺼져라,
이 세상의 공화국들아! 황제들도,
군대도, 소작인들도, 민중도, 이젠 지겹다!

우리와 우리가 형제라고 생각하는 사람들이 아니라면,
누가 격노할 불길의 소용돌이를 선동하겠는가!
우리의 몫이다! 공상적인 친구들. 우리는 기꺼이 나서리라.
우리는 결코 노동하지 않으리라. 오, 불의 파도여!

유럽이여, 아시아여, 아메리카여, 사라져라.
우리 복수의 행진이 모두 점령했다.
도시와 시골을!—우리는 짓밟히리라!

화산들이 폭발하리라! 그리고 휘몰린 대양이 ……

오! 나의 친구들—내 마음이여, 확실하다. 그들은 형제들이다.
미지의 흑인들이여, 우리가 간다면! 가자! 가자!
오, 불행이여! 내 몸이 전율한다, 낡은 대지가,
나를 향해 서서히 그대들에게! 대지가 녹아내린다.

아무것도 아니다! 난 여기 있노라! 항상 여기에 있노라.[60]

잘 알려져 있듯이, 독불전쟁에서 패배한 프랑스는 프로이센과 평화협정을 맺게 되고 국민의회에서 왕당파가 다수파를 차지하게 된다. 왕당파에 의해 왕정이 복고되는 흐름에 대항하기 위해 프루동파, 블랑키파를 중심으로 파리 시민의 코뮌 정부가 수립되고 저항 운동을 전개했다. 이에 국민정부의 행정 수반이었던 아돌프 티에르는 파리의 질서를 유지한다는 명목으로 국민방위군을 동원하고 일주일 동안의 내전 끝에 파리 코뮌을 와해시키고 만다. 1871년 5월에 있었던 피의 항전과 이후에 죽은 이들의 숫자는 5~6만 명에 달했다고 하며, 또한 많은 이들이 추방당했다고 한다.

위에 인용한 「내 마음이여!」는 파리 코뮌을 붕괴시킨 부르주아(왕당파를 중심으로 한 지배자들)를 향한 한편으로 파괴적이고 혁명적인 아나키즘의 비판적 외침으로 가득하지만, 다른 한편으로

---

60 아르튀르 랭보, 『나의 방랑』, 한대균 역, 문학과지성사, 2014년, 143-144쪽. (Arthur Rimbaud, Sämtliche Dichtungen, Zweisprachige Ausgabe, Aus dem Französischen übersetzt und mit Anmerkungen und einem Nachwort, herausgegeben von Thomas Eichhorn, München 1997, p. 161).

패배와 절망을 받아들이는 냉소적이고 우울하고 아이러니컬한 시인의 마음이 곳곳에 은밀히 드러나고 있다. 1연부터 살육에 대한 "분노의 절규"와 "지옥의 오열"을 느낄 수 있으며, 모든 지배 질서를 파괴하기 위해 시적 화자를 포함한 우리는 "격노할 불길의 소용돌이", "복수의 행진"을 부르짖고 있다. 그렇지만 그 급진적 진보의 외침 속에서도 파국으로 치닫게 되는 역사에 대한 우울한 전조처럼 "오, 불행이여! 내 몸이 전율한다"라는 목소리를 들을 수 있다. 모든 지배자를 파멸시키고 싶은 충동, 그러나 어쩌면 시적 화자를 포함한 피지배자들이 파멸될 수밖에 없는 저 불길한 운명, 즉 '점령하면서도 짓밟히는' 변증법적 역사의 운명 속에서 화자는 "아무것도 아니다! 난 여기 있노라! 항상 여기에 있노라"라고 말할 수밖에 없다. 분노, 저항, 파괴를 외치고 있는 시는 결국 굴복될 수밖에 없는 아이러니를 내포하고 있는 듯한데, 이는 블랑키의 책 속에서 벤야민이 발견한 아이러니와 너무나 비슷하다. 『별을 통해서 본 영원성』이라는 블랑키의 저서를 두고서 벤야민은 다음과 같이 언급한 바 있다.

> 블랑키가 이 책에서 전개하고 있는 우주 개념은 기계론적인 자연과학의 자료들을 차용해서 만들어낸 것으로 그것은 지옥의 비전임이 밝혀진다. 더욱이 그 지옥의 비전은 블랑키가 삶의 최후에 이르러 자신을 패배시킨 승리자로 인정할 수밖에 없었던 바로 그 사회를 보완하는 것이었다. 여기서 이렇게 구축된 사상은 아이러니, 즉 저자 자신에게도 분명히 감추어져 있던 아이러니를 보여주는데, 그것은 사회를 향해 토해내는 블랑키의 무서운 비난이 오히려 그 사회가 이룬 성과들에 전적으로

굴복하는 형식을 취하고 있다는 점이다.[61]

## 5 집단적 분노와 좌절

케테 콜비츠(Käthe Kollwitz, 1867~1945)는 독일의 화가, 조각가, 삽화가로서 리얼리즘, 자연주의, 표현주의 등 다양한 예술사조에 몸담은 작가다. 많은 작품 가운데 그녀의 초기 대표작으로는 직조공들의 봉기를 담은 여섯 개의 연작을 꼽을 수 있다. 처음 세 개의 작품은 석판화로, 나중의 세 개의 작품은 에칭으로 작업했는데, 여기서는 4~6번 작품을 인용해보자.

여섯 개 연작의 제목은 「직조공의 봉기(Weberaufstand)」인데, 자연주의 문학의 대가인 게르하르트 하우프트만(G. Hauptmann)의 대표작 『직조공들』(1893~97)의 연극 초연을 관람한 것이 연작 생산의 결정적인 계기로 작용했다고 전해진다. 하우프트만의 『직조공들』은 실제 사건을 배경으로 한 작품이다. 1844년 6월 4일 슐레지엔 지방의 페터스발타우라는 작은 마을에서는 직조공들이 임금을 매우 적게 지불했던 공장소유주 츠반치거의 집을 습격하는 사건이 발생했다. 당시 전통적인 수공업에 의존한 직조공들은 산업화와 기계화에 밀려서 점차 일자리를 잃게 되거나 극히 적은 임금을 받고서 노동해오고 있었는데, 사악한 자본가가 그런 상황을 악용한 것이다. 공장소유주 츠반치거가 이미 도피한 상태에서 직조공들은 며칠 동안 그의 집을 점거했으나, 결국 경찰의 무력으로

61 발터 벤야민, '19세기 수도 파리', 실린 곳: 『벤야민 선집』 5, 최성만 옮김, 도서출판 길, 2008년, 248쪽.

제압당하고 만다. 이 사건은 독일 내에서 일어난 최초의 사회적·집단적 반란이었고 사건은 독일 전역에 전파되었으며 마르크스, 하우프트만 등 많은 독일 지성인들은 그 사건에 지대한 관심과 반응을 보였다.

4

5

6

콜비츠의 여섯 개 연작은 집단적 분노를 표출한 그 사건과 관련된 일련의 주요 흐름을 재구성하고 있다. 「궁핍」이라는 제목의 첫 번째 작품은 침대 위에 죽은 듯 누워 있는 어린 아이를 바라보면서 절망적인 마음으로 자신의 머리를 감싸고 있는 한 직조공 아내의 모습을 보여주고 있으며, 「죽음」이라는 제목의 두 번째 작품

하우프트만의 『직조공들』 연극 포스트

은 죽음이 아내와 아이를 데리고 갔는지 슬픔에 젖어 있는 남편의 모습을 보여주며, 「모의」라는 제목의 세 번째 작품은 두 남자가 머리를 맞대고 반란을 도모하는 장면을 담고 있다. 위에 제시된 네 번째, 다섯 번째, 여섯 번째 작품은 분노에 젖은 직조공들이 일으킨 반란의 행동 과정을 보여준다. 「직조공들의 행렬」이라는 제목의 네 번째 작품은 죽은 아이를 업은 이와 함께 한 무리의 직조공들이 곡괭이, 도끼 등 각종 무기를 들고서 몰려가는 모습을 보여준다. 말없이 움직이는 이들의 무거운 분위기는 그 자체로 무언의 분노와 항의를 직설적으로 표현하고 있는 듯하다. 다섯 번째 작품은 지주의 대문 앞에 모여든 직조공들의 모습으로서 「폭동」이라는 제목을 갖고 있으며, 마지막 여섯 번째 「끝」이라는 제목의 작품은 지주의 집 안에서 벌어진 사건의 결말인 듯하다. 죽어 있는 두 사람을 놓고서 한 여인이 울고 있으며 젊은 목사가 지켜보는 가운데 부상당한 이는 다른 사람들에 의해 옮겨지고 있는데, 아마도 군대 혹은 경찰이 들어와 직조공들의 봉기를 무력화한 이후의 장면인 듯하다.

생계를 위한 소규모 직조공들의 집단적 봉기였지만 끝내 참혹한 죽음을 맞이하게 된 슬픈 현실을 담고 있다. 19세기 중반 이후 기계화가 도입되면서 전통적인 수공업 직조공들이 겪은 어려운 경제적 상황을 보여주고 있지만, 콜비츠의 작품은 역사적인 시공간에 얽매이기보다는 언제나 도처에서 일어날 수 있는 상황, 즉 가난, 질병, 봉기, 죽음 같은 보편적인 상황을 지시하고 있다. 또한 직조공들이 취한 집단적 분노와 봉기, 그리고 무력에 의해 제압되어 주검으로 내던져지는 형상화는 지배층의 폭력적 야만성과 사회적 약자의 비극적 종말을 말해주고 있다.

## 6 현대사회에서의 익명적 분노와 배타성

아래 그림은 2014년 6월 8일 자 독일의 저명한 신문 「프랑크푸르트 알게마이네 차이퉁」에 실린 여류 문예학자 율리아 엥케(Julia Encke)의 「르상티망의 호황: 감정의 승리 행진」이라는 제목의 글과 함께 제시된 삽화인데, 카트 멘쉬크(Kat Menschik, 1968~ )라는 독일 여류 삽화가의 작품이다. "감정의 승리 행진"이라는 제목에 부합하는 차원에서 이성보다는 분노의 표정, 폭력을 상징하는 주먹 등을 부각하고 있다. 즉, 눈을 크게 뜨고 양미간이 찡그려져 있으며 이빨이 보일 정도로 입을 크게 벌리면서 누군가를 향해 주먹을 날

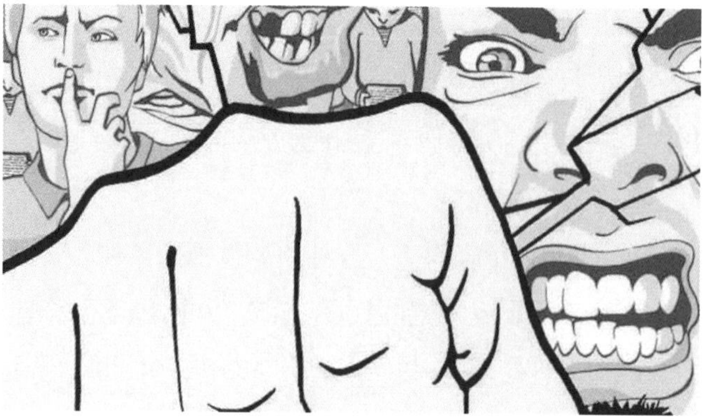

리는 분노한 자를 그려내고 있다. 이러한 형상화는 다른 감정들보다 분노에 젖으면 "화의 강력한 인상을 전달하기 위해 최소한의 표정"[62]을 짓는다는 심리학자들의 분석을 입증해주고 있다.

그림에서 흥미로운 점은 커다란 주먹 뒤에 또 다른 이의 입 모양이 있고, 어떤 이는 입에 손을 대고 생각하는 듯한 표정을 짓고 있으며, 또 다른 이는 무엇인가를 읽고 있는 등 다양한 현상을 보여주고 있다. 누군가의 분노를 둘러싼 동조, 놀람, 무관심 등 다채로운 주변 반응을 제시한 것일까? 어쨌든 전체적으로 주먹을 표현하는 굵은 선이 전체를 압도하고 있다. 무조건적 감정 발산, 특히 분노와 증오의 감정 발산은 이성적인 대화를 거부하는 배타적인 르상티망과 연결되며, 이것은 폭력으로 발전하게 된다. 폭력으로 이어지는 르상티망은 반복적 감정으로서, 심리학적으로 "비통한

---

62 Paul Ekman, Gefühle lesen, München 2004. 에크먼에 의하면, 인간은 3,000가지 표정을 지을 수 있다고 하지만, 대체로 여섯 개의 감정 표현이 표정의 주를 이룬다. 가령 화가 날 경우 입술을 깨물거나 이빨을 내보이며, 슬플 때는 머리를 떨구며, 혐오스러울 때는 얼굴을 찡그리며, 불안할 때는 눈을 크게 뜨며, 기쁠 때는 팔을 벌리며, 놀라울 때는 입을 벌린다.

잔류 감정의 내분적(內紛的) 반복"으로 정의된다.

각종 인터넷 매체가 발달한 현대사회에서 트위터, 페이스북 등 각종 소셜 네트워크 서비스(SNS)를 통해 상호 소통을 즐기지만, 때로는 실제 검증 없이 단지 매체를 통해 얻은 정보를 바탕으로 다른 이들을 증오하고 분노하는 무차별적인 심리가 확산되고 있다. 직접적인 대면에 의한 비판과 공격이 아니라 간접적인 소통 특성 때문에 누군가(혹은 상황)에 대해 숨어서 공격하고 때로는 과도한 분노 표출로 이어지는 현상은 자칫 '르상티망'으로 번질 수 있는데, 이러한 개인적·집단적 차원에서 행해지는 "불명료한 공격성(diffuse Agressivität)"으로서의 르상티망의 문제점은 다음과 같이 분석될 수 있다.

> 르상티망은 감정의 반복이다. 그것은 한 번 시달린 상처, 패배, 멸시를 반복적으로 체험하는 것이다. 르상티망을 지닌 자는 자발적으로 행동하는 것이 아니라 뒤늦게 행동한다. 이러한 뒤늦음은 추이(推移)와 한 짝을 이룬다. 르상티망을 느낀 자가 무엇인가에 대해 반응할 경우, 그것은 그가 관련 있다고 생각한 어떤 대상이나 상황과는 실제로 아무 관계도 없다. 오히려 대상은 일종의 구실일 뿐이며, 외부에서 온 모욕의 근원은 더 이상 인식될 수 없다. 르상티망을 경멸했던 프리드리히 니체는 『도덕의 계보학』에서 "르상티망을 지닌 사람은 숨김없는 순진한 사람이 아니며, 또한 자기 자신에게 정직하고 솔직한 사람이 아니다"라고 적고 있다. "그의 마음은 곁눈질하며, 그의 정신은 피신처, 샛길, 뒷문을 즐긴다. 그는 침묵, 미련, 기다림, 잠정적인

자기위축, 자기굴욕에 정통해 있다."[63]

숨어 있는 르상티망을 지닌 자에 대한 니체의 마지막 문구, 즉 "그의 마음은 곁눈질하며, 그의 정신은 피신처, 샛길, 뒷문을 즐긴다. 그는 침묵, 미련, 기다림, 잠정적인 자기위축, 자기굴욕에 정통해 있다"는 언술은 바로 오늘날의 매체사회 내에 숨어 있는 이들의 모습, 즉 검증되지 않은 정보를 근거로 타자에게 무차별적으로 증오와 분노를 가하는 익명의 집단 모습에 정확히 해당된다.

매체 뒤에 숨어 있는 분노의 감정뿐만 아니라 실제의 행동을 통해 분노를 표출하는 극단적인 현상이 세계 도처에서 일어나고 있으며, 어쩌면 맹목적이고 무차별적인 분노와 광기에 사로잡힌 고대의 신들이 다시 현대사회에서 유령처럼 떠돌고 있다 해도 과언은 아닐 듯싶다. 옐리네크(E. Jelinek)의 신작 산문소설 『분노』는 바로 그 점을 신랄하게 그려내고 있다.[64] 『분노』의 집필 계기는 2015년 1월에 발생한 파리 풍자 전문 주간지 「샤를리 엡도」 잡지사의 직원과 경찰을 무차별적으로 살해한 이슬람 근본주의자들의 광기어린 사건에 기인한다고 한다. 그러나 옐리네크는 그 사건에만 머물지 않고 지금 여기에 숨어 있는 다양한 형태, 다양한 소리의 분노를 읽어내고 있다. 옐리네크는 이슬람 근본주의자들, 유럽 도처에 있는 반유태주의자들, 세계 시민성과 다문화를 외치면서도 결정적

---

63 http://www.faz.net/aktuell/feuilleton/konjunktur-des-ressentiments-der-siegeszug-eines-gefuehls-12978404-p2.html

64 잘 알려져 있듯이 옐리네크는 모든 작품을 자신의 홈페이지에 개방해놓고 있다. 『분노』뿐만 아니라 다른 작품들도 언제나, 누구나 가져와서 읽을 수 있는 홈페이지 주소는 다음과 같다(http://www.elfriedejelinek.com/).

인 순간에는 자민족주의와 순수 문화를 고집하는 이들, 이들의 다채로운 광기와 분노가 매 순간 우리를 위협하고 있다고 말한다. 이 밖에도 그런 분노를 하나의 물건처럼 취급하면서 장사하려는 이들, 즉 출판업자와 선동가들에 대해서도 분노하며, 동시에 그러한 광기어린 분노, 상업성의 분노 등에 대항하여 아무것도 할 수 없는 무기력한 자신의 글쓰기에 대한 분노도 제시되고 있다. "『분노』는 매우 오래전에 시작한 작지만 거대한 서사시이며, 서술할 수 없는 것을 오늘 서술해보려는 시도, 무엇이 이해할 수 없는지를 되짚어 보려는 시도다."[65]

65 http://www.rowohlt-theaterverlag.de/stueck/Wut.3274147.html

# 5 분노와 문학

## 1 주관적 분노와 객관적 질서의 대립(Ⅰ)

독일 문학은 바로크 시기를 거쳐 18세기에 비로소 본격적인 근대 문학의 흐름을 형성하게 된다. 18세기는 전통과 현대, 관습과 도덕, 권위와 혁신 등이 충돌하는 계몽주의가 싹튼 시기였고, 계몽주의는 유럽의 정신적·현실적 지형을 바꾸어놓은 프랑스 혁명의 발발에 크게 기여했다. 전통과 현대, 관습과 도덕이 충돌하는 세계사적 현장에서 "거의 보편적인 지진", "정치적 세계에서 측량하기 어려운 홍수의 범람"[66]과도 같았던 프랑스 혁명은 개인적 분노보다는 집단적 분노를 표출하여 사회 시스템을 실질적으로 변화시키는 힘이었지만, 이후 서서히 시간이 흐르면서 프랑스 혁명은 점차 하나의 이념으로 승화되고 만다. 즉, 사회 전체가 변혁되기를 바라는 집단적 분노에 대한 이념적 상징성을 띠게 된다.

66 F. Schlegel, Kritische Ausgabe, München/Wien 1958ff, Bd. 2, pp. 247-248.

그런데 18세기 독일 문학을 살펴보면 흥미로운 현상을 엿볼 수 있다. 그것은 개인적 분노가 집단적 분노로 전환하는 가운데 개인이 사회를 변혁하는 동인으로 작용하기보다는 다시금 사회 질서 속에 재편되고 마는 현상이다. 즉 개인은 자신에게 가해진 부당함을 극복하고 자신의 명예를 회복하기 위해 파괴적·전복적 행동을 취하지만, 이내 사회적 법질서를 훼손한 자기 행동에 대해 책임을 진다. 개인이 사적 차원에서 사회와 무한히 대립할 수 없다는 현실 인식이 발전하며, 이는 개인과 사회 간의 '강요된 통일성'을 강조하는 18~19세기 관념론적 철학과 이념에 부합하는 현상이기도 하다. 혹은 어쩌면 계몽에 대한 뛰어난 개념적 정의와 현실순응적인 모습 간의 부조화에서 고민했던 칸트에게서 싹튼 현상이기도 하다. 칸트는 계몽을 "마땅히 스스로 책임져야 할 미성년 상태로부터 벗어나는 것"으로 정의하면서 이를 위해 "자신의 지성을 사용할 줄 아는 용기를 가져라!(Sapere audi!)"고 외쳤지만, 계몽을 위한 "이성의 공적 사용"보다는 결국 "이성의 사적 사용"에 충실할 수밖에 없는 현실적인 한계를 드러낸다. 그 점은 "너희들이 하고자 하는 일에 관해 너희들이 원하는 만큼 따져보라. 그러나 복종하라!"[67]라는 마지막 대목에서 '그러나 복종하라!'가 바로 현실에의 순응, 이성의 사적 사용을 받아들이라는 소리처럼 울리기 때문이다.

이러한 맥락을 가진 대표적인 예로는 실러의 작품을 들 수 있다. 1790년 이후에 형성된 독일 고전주의를 주도하기 직전 괴테와 실러는 감성을 앞세운 질풍노도기를 경험한다. 「프로메테우스」, 『젊은 베르테르의 슬픔』 등이 질풍노도기 괴테의 대표작이라면,

---

67 Immanuel Kant, Beantwortung der Frage: Was ist Aufklärung?, in: Berlinische Monatsschrift, 1784, H. 12, pp. 481-494.

1781년에 쓰인 희곡 작품 『군도(Die Räuber)』는 마찬가지로 질풍노도기 실러의 대표적인 작품이다. 그러나 엄밀히 말하면 1781년이라는 시점은 후기 계몽주의와 질풍노도 시기가 겹치는 단계인데, 『군도』는 합리적 이성이 점차 도구적 이성으로 전환되는 후기 계몽주의적 흐름과 주관적 감성을 중시한 질풍노도기의 흐름을 동시에 간직하고 있는 작품이다. 이는 『군도』의 주인공인 두 형제의 모습, 즉 열정적인 행동으로 자신의 정당성을 회복하고자 하는 정의롭고 따뜻한 마음의 소유자인 형 카를 모어(Karl Moor)와 차갑고 계산적인 이성으로 권력을 찬탈하고 간직하려는 동생 프란츠 모어(Franz Moor) 간의 서로 대비적인 모습을 통해 암시되고 있다. 물론 그와 같은 두 인물이 각기 질풍노도기와 후기 계몽주의를 대변한다고 볼 경우 지극히 이분법적인 사유다. 왜냐하면 카를 모어라는 한 개인의 모습에서도 그 대립적인 양상을 충분히 읽어낼 수 있기 때문이다. 즉 카를 모어는 한편으로 주관적 자유를 향한 질풍노도기의 감정을 내세우면서 사회 질서를 변혁하고자 하지만, 다른 한편으로 사회의 객관적 법질서에 순응할 수밖에 없는 계몽주의적 지성의 한계를 여전히 간직하고 있다. 어쨌든 한 개인에게서든지, 혹은 두 개인에 의해서든지 질풍노도기 양상과 후기 계몽주의 양상이 작품 내에서 대립을 이루고 있는 셈이다.

아버지의 무한한 사랑과 신뢰를 차지하고 있던 카를 모어는 동생 프란츠 모어의 계략에 의해 집에서 쫓겨나게 되고, 결국 도적단 두목이 되어 세상의 질서에 저항하게 된다. 분노에 젖은 모어는 스스로의 정당함을 주장하면서 불의와 부조리로 가득한 세상을 개혁하려 하며, 이를 위한 수단으로 폭력적 행위를 취한다. 도적단 두목이 되는 순간 카를 모어의 독백에는 인간과 세상을 향한 분노의 목소리로 가득하다.

> 카를(극도로 흥분하여 거칠게 들어와서 방 안을 이리저리 거닐면서 혼잣말을 한다): 인간, 인간! 인간이란 위선적인 악어족과 같다. 너희들의 눈은 물과 같고 너희들의 가슴은 돌과 같다. 입술에 키스를 하며 가슴에는 단도를 감추고 있는 것이 인간인 모양이다. 사자나 표범도 그 자식을 먹여살리고 까마귀조차 시체 위에서 새끼를 길러준다. 그런데 그 사람은, 그 사람은……, 나는 악의에 대하여 인내하는 공부도 해왔다. 악의 있는 적이 나의 심장의 피를 들이마시려고 할 때에도 나는 미소를 가지고 그것을 대할 수 있다. 그러나 나의 골육의 사랑이 배반이 되고, 어버이의 사랑이 복수의 귀신이 될 때, 남자의 도량도, 오, 불이 되어 타올라라! 유순한 양도, 거칠게 날뛰는 호랑이가 되어라! 전신의 근육은 모조리 분노와 멸망의 화신이 되어 거꾸로 서라.[68]

겉으로는 친절하고 따뜻해 보이지만 마음은 음흉하고 불량한 인간, 겉과 속이 다른 표리부동의 존재, 눈물과 돌, 키스와 단도를 동시에 갖고 있는 위선적인 인간을 비판하면서 카를 모어는 동생 프란츠 모어의 계략으로 인해 가족으로부터 버림받은 자신을 스스로 "분노와 멸망의 화신"이라고 선언한다. 화, 노여움을 넘어서서 도적단과 함께 집단적 분노에 사로잡힌 그는 더욱 노골적으로 폭력적인 언술을 던진다.

---

68 실러, 『군도』, 박찬기 옮김, 서문당, 1996, 62-63쪽.

> 보라, 내 눈앞에 걸린 안개가 벗겨진 것 같다. 예전 새장 안으로 되돌아가려고 생각하다니, 나도 어지간히 어리석은 놈이었지. 나의 정신은 목마르게 행동을 바라고 있다. 나의 호흡은 간절하게 자유를 바라고 있다. 살인! 강도! 이 말과 더불어 법률은 벌써 내 발길에 굴러가버렸다. 내가 인간성에 호소하였을 때, 인간은 인간성을 나에게 감추었다. 동정이라든지, 인간의 아낌이라든지, 그런 기분은 나에게 이제 아무 소용없다. 나는 이제 아버지도 없으며, 사랑도 없다. 이제까지 나에게 소중했던 모든 것을 피와 죽음이 나로 하여금 잊어버리게 해줄 것이다. 자, 어서 가자. 어서 가자. 내가 무서운 분풀이를 한 번 해주겠다. 이제 모든 것은 결정되었다. 나는 너희들의 두목이다. 너희들 가운데 가장 난폭하게 불을 지르고, 가장 참혹하게 사람을 죽이는 자에게 나는 행복을 빌겠다.[69]

인간성에 대한 단호한 부정, 그리고 진실을 가려줄 법률보다는 살인, 강도 등의 행위, 즉 "피와 죽음"을 부르는 급진적이고 파괴적인 행동만을 우선시하겠다는 언술이 카를 모어의 주관적 감정과 분노를 적나라하게 드러내주고 있다. 그의 분노는 오로지 폭력적인 행동을 통해 자신의 정의와 자유를 되찾을 수 있다는 믿음과 연결된다.

그러나 도적단 두목으로 활동하는 가운데 카를 모어는 서서히 부하들의 잔인한 행위에서 이상과 현실 간의 괴리를 경험하게 되고, 또한 이야기 결말 부분에서는 그간의 부당함이 동생의 계략

---

69 같은 책, 65-66쪽.

때문에 일어난 것임을 알게 된다. 그는 아버지와 연인 아말리아를 다시 만나게 되지만, 이내 사랑하는 두 사람의 죽음을 경험하게 된다. 실수로 자신의 연인을 죽이게 된 카를 모어는 지금까지의 모든 행동에 대해 후회하는 마음으로 자수를 결심하는데, 그것은 곧 자신이 그동안 부정했던 현실 사회 및 법으로 귀환하는 것을 뜻한다.

> 아, 나는 어리석은 사람이었다. 나는 이 세상을 폭력으로 아름답게 할 수 있고, 국법을 유린함으로써 국법을 바로잡을 수 있다고 생각한 것이 아닌가! 나는 그런 행동을 복수라고, 또는 정의라고 이름 붙이고 있었다. 오, 그 얼마나 어리석은 계획인가! (……) 나 같은 놈이 이 세상에 두 사람만 있으면, 이 도덕 세계의 모든 질서가 멸망하고 말 것이라는 것을. 하느님이시여! 이 어리석은 아이를 용서해주시옵소서. 복수라는 것은 당신 한 분만이 할 수 있는 것이옵니다. 인간의 손으로는 할 수 없는 것입니다. 오, 물론 지금에 와서는 지나간 일을 도로 찾을 힘은 나에게 없다. 이미 멸망한 것은 멸망한 것이요, 내가 쓰러뜨린 사람은 영원히 일어서지 못한다. 그러나 아직도 내 손에 남아 있는 것은 더럽혀진 국법을 다시 보상하고, 어지럽혀진 질서를 다시 회복하는 힘이다. 이를 위하여 희생이 필요하다. 그것은 이 질서가 침범될 수 없는 존엄한 것이라는 사실을, 모든 인간 앞에 전개해 보여주는 것이다. 그 희생이 될 사람이 바로 나 자신이다. 나는 그 질서를 위하여 죽지 않으면 안 된다![70]

---

70 같은 책, 282-283쪽.

폭력을 통해 세상의 질서를 바로잡기 위해 많은 사람들을 죽음에 이르게 했던 자신의 행위를 반성하면서 그는 신정론적 합리화를 취하게 되는데, 즉 분노와 복수를 행할 수 있는 유일자는 자신이 아니라 바로 신임을 인정함으로써 카를 모어는 신적 질서에 다시 복귀한다. 이 지점에서 역사철학, 계몽주의, 신정론(Theodizee)은 하나가 되는 셈이다.[71]

또한 이를 위해서는 자기 자신을 희생하는 것 외에는 다른 방도가 없음을 스스로 인정하고 나선다. 신에 의해 주도되는(혹은 국법과 질서가 중시되는) 객관적인 현실을 위해 주관적인 자아는 스스로 자신의 존재적 권리를 포기하고자 한다. 그렇다고 해서 베르테르처럼 스스로 목숨을 끊는 자살의 길을 택하는 것이 아니라 카를 모어가 사직 당국에 자수할 결심을 밝히는 방식으로 드라마는 끝을 맺는다. 마치 '돌아온 탕자'라는 기독교적 비유처럼 개인의 극단적인 주관적 자유가 방황을 거친 후 객관적인 신적 질서로 다시 복귀하는 방식과도 같다. 이를 문예사조의 흐름 선상에서 해석하자면, 반항, 분노 같은 주관적 감정을 내세운 질풍노도기가 기꺼이 고전주의(이성적·도덕적 질서)로 전환하는 것, 즉 일종의 분노 길들이기 과정을 수용하는 것과도 같다. 자신의 주관적 분노에 사로잡힌 개인은 현실 개혁이라는 외침을 내걸고 스스로 폭력적 행위를 일삼지만, 지극히 개인적인 자신의 복수가 성취된 이후에는 다시금—여전히 다른 억압과 통제가 기다리고 있는—사회적 현실 속으로 복귀한다.

---

71 Odo Marquard, Schwierigkeiten mit der Geschichtsphilosophie, Frankfurt am Main 1973. Odo Marquard, Abschied vom Prinzipiellen, Stuttgart 1981. Odo Marquard, Apologie des Zufälligen, Stuttgart 1986.

## 2 주관적 분노와 객관적 질서의 대립(II)

하인리히 폰 클라이스트(Heinrich von Kleist, 1777~1811)는 살아 있을 때는 고전주의와 낭만주의의 그늘에 가려져 있었지만, 제2차 세계대전 이후 횔덜린, 장 파울 등과 함께 재평가된 뛰어난 작가다. 1808~1810년에 집필되고 발표된 클라이스트의 소설 『미하엘 콜하스(Michael Kohlhaas)』는 16세기를 배경으로 브란덴부르크의 말장수 미하엘 콜하스가 당한 부당함과 분노의 이야기를 다루고 있는데, 사실 18세기 계몽주의의 맥락 속에서 실러의 『군도』와 비슷하게 개인의 시민적 도덕성과 사회적 정당성이라는 주제를 다루고 있다.

트롱카의 지주 벤첼의 성을 지나가려 했던 콜하스는 지금까지 실시된 바 없던 통행증 지참 여부를 갑작스럽게 요구당하는데, 이에 콜하스는 통행증 대신에 자신의 말 두 마리를 맡겨둔다. 나중에 지주 벤첼의 부당한 요구였음을 알게 된 콜하스는 자신의 말을 되찾고자 하지만, 그동안 지주의 밭일에 동원되어 혹사당해 뼈만 앙상하게 남은 말을 돌려받게 된다. 이러한 부당함에 대해 화를 넘어 노여움에 사로잡힌 콜하스의 심정은 다음과 같이 서술되어 있다.

> 말장수의 심장은 흥분하여 저고리에 표가 날 정도로 세게 뛰었다. 그는 이 시시한 뚱보녀석을 진흙 속으로 던져 넣고 발로 그의 구릿빛 얼굴을 짓밟고 싶었다. 그러나 순금저울과 같은 그의 정의감은 여전히 흔들거리고 있었다. 그는 자신의 양심에 비추어 보아 이 녀석에게 진정으로 잘못이 있는지 없는지를 확신하지 못했다. 그리고 그는 저주의 말을 참으면서 말들이 있는

곳으로 가서 조용히 상황을 고려하고 말갈기를 풀면서 목소리를 낮추어서 물었다.[72]

이 대목까지는 콜하스가 약간의 화와 노여움에 젖어 있는 상태라고 할 수 있다. 통행증 대신에 맡긴 자신의 말 두 마리가 비쩍 여위었다는 것은 어쩌면 사소한 일일 수도 있기에 자신의 사적인 부당함을 회복하기 위해 콜하스는 정식으로 지주를 고소하여 해결하려 하지만 결국 기각되고 만다. 고소장이 기각되고 그 와중에 아내를 잃게 되면서 콜하스의 마음은 마침내 평정심을 완전히 잃게 되고 화와 노여움을 넘어서 분노와 증오로 치닫게 된다. 그는 지주에게 대항하는 사람들을 끌어 모아 스스로를 '법의 수호자', '정의의 집행자'로 자처하면서 변란을 일으키고자 한다. 그는 하인들을 무장하여 트롱카 성을 습격하고 방화·살인을 저지르는 범죄자가 된다. 도망친 지주 벤첼을 추적하는 도중에 콜하스는 마르틴 루터를 만나게 되며, 루터와의 대화에서는 그의 분노가 다음과 같이 언어적으로 표명되고 있다.

"누가 너에게 자의적인 판결에 따라 융커 폰 트롱카를 습격하고, 성에서 그를 찾지 못하자 그를 숨겨준 모든 구역을 불과 칼로써 침범할 권리를 주었느냐?" 이에 콜하스는 대답하였다. "존귀하신 분이시여! 아무도 없습니다. 지금부터! 제가 드레스덴

72 클라이스트, 『미하엘 콜하스(외)』, 배중환 옮김, 서문당, 1999년, 25쪽. 본래 클라이스트의 텍스트는 간접화법을 사용함으로써 난해한 독서를 야기하는데, 여기서 필자는 따옴표 형태의 직접화법으로 표시하면서 대화의 주체를 선명하게 했다.

에서 받은 소식이 저를 속였고 나쁜 길로 이끌었습니다! 제가 인간사회를 상대로 하여 싸우는 이 전쟁은 당신이 제게 확신을 주신 것처럼 제가 그곳으로부터 추방되지 않는 한 악행입니다!" 루터는 그를 쳐다보면서 외쳤다. "추방! 그대는 정말이지 광포한 생각을 갖고 있구나. 그대가 살고 있는 국가 공동체로부터 누가 과연 그대를 추방한다는 말인가? 국가가 존재하는 한 누가 국가로부터 추방당하는 경우가 어디 있겠는가?" 콜하스는 주먹을 쥐면서 대답하였다. "추방당한 자란 법의 보호를 받을 수 없는 자를 말합니다. 왜냐하면 평화로운 제 생업의 번창을 위해 저는 법의 보호를 필요로 합니다. 예, 바로 그 법의 보호를 받기 위해 저는 제 가족과 함께 제가 모은 모든 재산을 가지고 이 무리 속으로 피신합니다. 그리고 저에게 법의 보호를 부정하는 사람은 누구나 저를 황량한 들판으로 몰아냅니다. 바로 그가 저 자신을 방어할 곤봉을 제 손에 쥐어줍니다. 당신은 어떻게 이를 부정하겠습니까?"[73]

부당함으로부터 모든 이를 막아주는 것이 사회의 객관적 질서이고 이를 위해 사회의 "법의 보호"가 모든 이를 위해 작동되어야 하지만, 콜하스는 자신이 그런 법의 보호를 받지 못한, 마치 추방당한 자와 같다고 강조한다. 그렇기 때문에 완전히 다른 "법의 보호"를 스스로 정당화하는데, 이는 바로 스스로 자신을 지키고자 하는 행위, 즉 비합법적인 '자기심판(Selbstjustiz)'으로서의 물리적인 행위를 말한다. 즉, 현실의 법적 보호를 받지 못한 나머지 "자신

73 같은 책, 71-72쪽.

을 방어할 곤봉"으로서의 물리적·폭력적 행위 말이다. 이처럼 개인과 사회 간의 괴리가 발생할 때, 즉 사적으로 겪은 부당함이 공적인 방식을 통해 회복되지 않을 경우 개인은 자신의 정당성을 되찾기 위해 극단적인 행동을 정당화한다.

대화를 통해 루터는 콜하스를 위해 드레스덴의 법원에 다시 고소장을 제출하겠노라고 약속하며, 루터의 제안을 받아들인 콜하스는 자신의 무리를 해산시킨다. 그러나 선제후의 약속은 지켜지지 않았고, 부하들이 자신을 구하러 오겠다는 편지가 검열당함으로써 콜하스는 감금되고 만다. 다행히 선제후의 선처로 콜하스는 사형에 처해지지 않으며, 또한 지주 벤첼에게는 콜하스의 말을 원상복귀하고 손해를 배상하라는 판결이 내려지면서 마침내 콜하스의 공적인 법적 승리가 확정된다. 그러나 콜하스는 지금까지 자신이 행한 극단적인 행동, 즉 사적인 법 집행(물리적인 행위)을 통해 많은 이를 죽인 행동으로 인해 사형선고를 받게 된다. 선제후의 운명이 담긴 쪽지를 전해주면 사형을 면해주겠다는 제안을 받지만, 콜하스는 쪽지를 삼켜버림으로써 스스로 죽음을 택하게 된다.

소설의 발단 단계에서 콜하스는 통행증 대신 맡겨놓은 자신의 말이 여위었다는 매우 사소한 일로 인해 화와 노여움을 갖게 되는데, 이와 같은 화와 노여움은 계층적·계급적 차이 같은 사회적 부당함보다는 자신의 재산을 회복하고 싶은 단순한 마음에 기인한다. 비록 16세기를 배경으로 말장수가 겪은 부당함과 그의 격분을 다루고 있지만, 이야기는 18~19세의 상황, 즉 시민사회와 개인의 재산 보호라는 맥락에서 읽힌다. 지극히 사소한 부당함에 대한 화와 노여움일지라도 그것이 사회적 차원에서 객관적으로 회복되지 못한다면 분노와 복수의 감정으로 치닫고 나아가 집단적 행동을 취하게 된다. 소설은 법의 보호라는 사회적 장치가 정상적으로 작동하지 않을 경우 개인이 스스로 상대방을 단죄하고자 하는 "자기심판"이라는 극단적 방식을 취할 수 있지만, 그와 같은 개인의 극단적 행동은 공동체 내에서 처벌될 수밖에 없음을 보여주고 있다. 『미하엘 콜하스』는 저 유명한 "Fiat iustitia et pereat mundus"[74]라는 라틴어 명제, 즉 "세계가 파멸될지라도 정의는 지배하노라"라는 명제를 구체적으로 그려내고 있다. 그러나 정의의 지배는 궁극적으로 많은 이의 희생과 비용을 대가로 얻어지는 '피로스의 승리(Pyrrhic victory)'와도 같다.

## 3 예술가의 탄생과 분노

질풍노도기의 대표작으로는 무엇보다 괴테의 「프로메테우스」가 손꼽힌다. 계몽주의가 이성과 합리성을 강조한다면, 질풍노도기는 이성적으로 제어될 수 없는 감정과 마음 등을 내세운다. 질풍노도기의 대표적인 소설 『젊은 베르테르의 슬픔』에서처럼 사회적 제약에서 벗어난 무조건적인 사랑이 대표적인 감정 발산으로 간주되는데, 사실 사랑의 감정 이외에도 기존 질서, 관습, 전통, 권위 등에 저항하는 분노의 감정 표출도 질풍노도기의 전형적인 특징으로

74 이 라틴어 명언은 약간 뉘앙스의 차이를 띠면서 번역되는데, 루터의 경우 "저쪽에서 세상이 멸망할지라도 정의로운 것은 일어난다(Es geschieht, was recht ist, und solt die welt drob vergehen. Predigt vom 10. Mai 1535)", 칸트의 경우 "세상의 악한 자들이 모두 멸망할지라도 정의가 지배한다(Es herrsche Gerechtigkeit, die Schelme in der Welt mögen auch insgesamt daran zugrunde gehen)"라고 번역된다.

간주된다. 젊은 괴테가 1774년에 쓴 「프로메테우스」는 바로 그와 같은 과격한 분노의 감정을 그려낸 대표적인 작품으로 손꼽힌다.

시에서 신화적 인물 제우스와 프로메테우스는 각기 환유적 수법인 바, 즉 제우스는 신, 권위, 전통, 지배자 등을 대변하고 프로메테우스는 그런 지배에 저항하는 개인의 목소리다. 총 7연으로 구성된 시 중에서 1연은 다음과 같이 프로메테우스의 분노를 그려내고 있다.

> 제우스여 그대의 하늘을
> 잿빛 구름의 안개로 덮어라!
> 엉겅퀴 머리를 자르는
> 어린이와 같이
> 떡갈나무나 산꼭대기에 덤벼 보아라!
> 그러나 나의 이 대지는
> 내게만 맡겨야 한다.
> 그대의 힘을 빌리지 않고 세운 내 오두막
> 그리고 내 아궁이와
> 그 불을
> 그대는 시샘하고 있는 것이다.[75]

1연의 내용에서는 하늘과 대지의 지배권이 각기 제우스와 프로메테우스에게 주어져 있음이 강조되고 있으며, 특히 인간에게 불을 가져다줌으로써 "그대의 힘을 빌리지 않고 세운 내 오두막",

75 Johann Wolfgang von Goethe, Prometheus, Hamburger Ausgabe, Bd. 1, pp. 44-46.

즉 인간과 대지를 스스로 지키고자 하는 프로메테우스의 항의 섞인 목소리를 읽을 수 있다. 신들의 시샘과 간섭에 저항하는 프로메테우스의 분노 섞인 목소리는 2연에 더욱 강렬하게 제시된다.

신들이여 태양 아래서 너희들보다
가련한 존재는 없으리라
너희는 쩨쩨하게
희생물로 바친 제물이나
기도의 한숨으로
너희 위엄을 키우고 있을 뿐이다.
어린이나 거지같은 인간이
어리석은 소원을 아뢰지 않으면
너희는 굶어 죽을 수밖에 없으리라.

"희생물로 바친 제물이나 기도의 한숨"으로 살아가는 "가련한 존재"로서 신들은 인간의 소망이나 소원이 없을 경우 "굶어 죽을 수밖에" 없는 존재로 비아냥되고 있는데, 이는 인간의 후견인과 보호자 역할을 자청하면서 제물을 요구하는 교회와 성직자 등에 대한 비판의 목소리로 읽힌다. 18세기 말의 상황에서 해석하자면, 프로메테우스의 저항은 전통적인 종교적 지배(신과 교회 등의 권위)에서 벗어나 자율적 인간을 내세운 계몽주의적 사유 선상에 놓여 있다. 그러나 자율과 자유를 내세우는 점에서만 합리적이고 이성적인 계몽을 따르고 있을 뿐 사실 프로메테우스가 더욱 강조하는 것은 "마음(Herz)"으로 표현되는 자기감정의 중요성이다. 프로메테우스는 구질서의 모든 것(권위, 전통, 위계, 무조건적 순종 등)에 대향하여 궁극적으로 순수한 "나의 마음"을 부르짖는다.

누가 거인족의 폭력으로부터
나를 구해주었는가?
누가 죽음과 노예 상태로부터
나를 구해주었는가?
그 일을 한 것은 성스럽게 불타는
나의 마음이 아니었던가?
그런데도 젊고 순진하기만 했던 내 마음은
잘못 생각하여 구원의 감사를
천상에서 잠자는 이들에게 표하지 않았던가?

사실은 자신의 "젊고 순진하기만 했던 마음"이 모든 죽음과 폭력 등의 위협으로부터 벗어나기 위해 모든 일을 스스로 행했음에도 불구하고 그 모든 일의 성사를 신들에게 감사해왔다는 과거의 어리석음이 비판되고 있다. 프로메테우스는 이제 그러한 구태와 어리석음에서 벗어나 자신과 닮은 인간의 탄생을 선언한다. 프로메테우스뿐만 아니라 그가 창조한 인간은 지배와 통제를 받아들이는 타율적인 인간이 아니라 자율성을 지키면서 동시에 희로애락의 감정("괴로워하고 울고 / 즐거워하고 기뻐하며")에 충실한 인간에 다름 아니다.

나는 여기에 앉아서
내 모습 그대로의 인간을 만든다.
나를 닮은 종족을 만드는 것이다.

괴로워하고 울고
즐거워하고 기뻐하며
그리고 그대 따위는 숭상하지 않는
나와 같은 인간을 만든다.

모든 전통과 구속에 저항과 분노를 내던지면서 프로메테우스가 "내 모습 그대로의 인간", "나를 닮은 종족"의 탄생을 외칠 때, 프로메테우스적 인간은 넓은 의미에서 더 이상 종교적 권위 등에 복종하지 않는 자율적 인간을 뜻하지만, 동시에 더욱 구체적인 의미에서는 "만들다(formen)"라는 동사에서 연상되듯 바로 "예술적 인간"을 뜻하기도 한다. 요컨대, 괴테의 「프로메테우스」는 구질서 및 전통에 분노하며 자신의 자율적 사유와 감정을 절대시하는 천재로서의 예술가의 탄생을 알리는 시이며, 그런 점에서 '천재시대'라고도 명명되는 질풍노도기를 대표하는 시로 간주된다.

## 4 충격요법으로서의 분노

독일 문학의 예들보다 가장 뛰어나게 분노를 형상화한 문학적 예로서 예외적으로 보들레르의 작품을 간단히 살펴보기로 하자. 산문시집 『파리의 우울』에 실려 있는 여러 단편 가운데 「가난뱅이를 때려라」라는 제목의 짧은 산문은 증오, 분노, 폭력의 미학 차원에서 매우 흥미로운 예가 아닐 수 없다. 글자 그대로 읽을 경우 그 산문은, 우리가 흔히 사용하는 개념을 빌리자면, 마치 코믹한 조폭드라마의 한 장면처럼 여겨질지도 모른다. 더욱이 인륜성이나 연민 같은 인간학적 사유와 관점에서 보면 가난뱅이는 구타 대상이 아닌 보호 대상으로 산문시의 제목 자체는 매우 파격적이고 글자 그대로 반인륜적이다.

그 산문시 내용은 매우 간단하다. 보름 동안 집에 틀어박혀 책(주로 인류의 행복 등을 다룬 교양서)만 읽던 화자는 어느 날 독서를 그만두고 밖으로 나간다. 어느 음식점에 들어가려는 순간 육순의 늙은 가난뱅이가 그에게 다가와 동냥을 구한다. 이때 그는 기이한 분노에 젖게 되고 자신의 내면에서 우러나오는 악마의 속삭임을 듣고서 자신의 의지를 행동으로 옮기고 만다. 다름 아닌 자신 앞에 있는 늙은 가난뱅이를 때려눕힌다. 그 장면은 다음과 같이 대단히 폭력적으로 서술되어 있다.

> 단 한 번의 주먹질로 나는 그의 한 눈을 갈겼다. 눈은 순식간에 공처럼 커졌다. 그의 두 이를 부러뜨리는 데 나는 내 손톱 하나를 부러뜨렸다. (……) 나는 이 노인을 재빨리 때리기 위해 한손으로는 그의 옷깃을 붙들고 다른 한손으로는 목을 움켜쥐고 벽에다 그의 머리를 힘차게 부딪치기 시작했다.[76]

몸 전체를 마구 때렸다는 단순 묘사가 아니라 이빨, 손톱, 목, 머리 등 신체의 요소요소를 구체적으로 묘사하는 구타 장면이며, 구타 행위에는 특별한 이유가 있는 것도 아니다. 그런데 이러한 장면으로 끝나는 것이 아니라 예기치 않게 상황이 역전된다. 그렇게 잔인하게 얻어맞은 늙은 가난뱅이가 놀랍게도 "갑자기" 일어나더

---

76 Ch. Baudelaire: Die Tänzerin Fanfarlo und Der Spleen von Paris. Zürich 1977, pp. 207-208(보들레르, 『파리의 우울』, 윤영애 역, 민음사, 1996년 참조).

니 “증오에 타는 시선을 보내며 나에게 달려들어 내 눈을 멍들게 하고 이를 네 개나 부러뜨리고, 내가 사용했던 같은 나뭇가지로 나를 석고처럼 사정없이 때렸다”[77]는 장면이 뒤따른다. 구체적인 원인 없이 서로 분노에 젖어 화자와 늙은 가난뱅이가 격렬한 싸움을 벌인 것인데, 그 서술 언어의 강도(Intensität) 차원에서 보면 다른 산문시 「과자」에 나오는 두 소년의 처절한 격투 장면과도 유사하다. 「과자」의 경우 빵(과자)을 둘러싼 격렬한 싸움 장면은 다음과 같이 전율과 놀람의 언어로 서술되고 있다.

> 그들은 빵을 서로 빼앗으려고 땅 위에서 서로 구르고 있었다. 그 누구도 빵의 반을 상대방에게 주고 싶지 않았던 것이다. 앞의 꼬마 녀석은 분통이 터져 상대의 머리카락을 움켜쥐고 있었고, 두 번째 꼬마 녀석은 상대의 귀를 이로 물어뜯고는 알아들을 수 없을 방언이 섞인 욕설과 함께 그 피가 나는 조그만 살조각을 내뱉었다. 과자의 정당한 소유자인 전자는 약탈자의 눈에 자신의 발톱을 박으려 했으며, 약탈하려는 후자는 손으로 적의 목을 비틀려고 있는 힘을 다했다.[78]

「가난뱅이를 때려라」와 「과자」에서처럼 서로 살벌하게 격투하는 장면의 묘사는 허구적이면서도 매우 처절하고 충격과 전율을 불러일으키는 악한 서술을 띠고 있다. 서술된 것을 글자 그대로 읽는다면 매우 반도덕적이고 반인륜적인 텍스트라고 비판될 수 있겠지만, 그런 식의 독서는 보들레르의 전문적인 미학적 글쓰기의 의

77 Ibid., p. 208.

78 Ibid. pp. 104-105.

미를 놓치고 있다. 화자와 가난뱅이의 격투 장면이나 빵을 차지하려는 두 소년의 격투 장면의 서술을 자세히 살펴보면, 사실 잔인함보다는 웃음을 불러일으키는 과장된 서술의 강도가 눈에 띈다. 다시 말하면, 서술 방식은 한편으로 마치 일상의 싸움 장면을 상세하게 그려낸 것처럼 보이지만, 다른 한편으로 터무니없는 듯한 과장을 통해 웃음을 자아냄으로써 슬며시 비일상적인 장면으로 넘어가고 있다. 그리고 위와 같은 서술은 쓰인 그대로의 의미가 아닌 다른 의미를 향해 있다는 점에서 벤야민이 말한 것처럼 "알레고리컬한 글쓰기"에 다름 아니다. 즉 노인에 대한 구타, 배고픈 어린아이들의 싸움 같은 장면은 모두 일상적인 것이 아니라 집단적 분노에 대한 알레고리다. 즉 배고픈 노인과 아이는 1848년 시민계급과 함께 혁명을 이뤘지만 곧 그 시민계급에 의해 억압된 이들, 즉 정치적·계급적 의식 없이 떠돌이생활을 연명하고 있는 무력한 노동자나 부랑자 같은 룸펜프롤레타리아트(Lumpenproletariate)를 가리키며, 그들에 대한 구타는 곧 그들이 자신의 자존심과 삶을 되찾을 것을 환기하는 문학적 알레고리다. 이유 없는 분노에서 나온 구타 행위는 말하자면 문학적 충격요법의 색채가 덧칠해진 알레고리에 다름 아니다.[79]

---

79 보들레르의 웃음의 미학에 대한 상세한 분석은 다음을 참조할 것. 최문규, '전복과 유치 사이에서의 웃음의 미학', 실린 곳: 「문학판」, 2003년(겨울호), 150-168쪽.

## 5 사회적 환경과 개인의 분노

자연주의를 대표하는 게르하르트 하우프트만(Gerhart Hauptmann, 1862~1946)은 노벨문학상 작가로서 『직조공』 등을 비롯한 매우 뛰어난 다수의 희곡 작품을 남겼으며, 소설의 경우 「선로지기 틸」(1887/1888)이라는 단편소설이 자연주의 문학의 수작으로 손꼽힌다. 좀 더 정확히 말하면, 이 소설은 자연주의와 상징주의가 교차하는 대단히 뛰어난 작품이다.

선로지기 틸은 가냘프고 아름다운 여인 민나와 첫 번째 결혼을 하지만, 아들 토비아스를 낳고서 민나는 세상을 뜨고 만다. 그녀가 세상을 떠난 후 1년이 지나자 틸은 사랑스런 아들 토비아스의 교육을 위해 건강하고 억척스러운 여인 레네와 재혼한다. 그렇지만 그는 여전히 마음속으로 민나를 그리워하면서 선로지기 생활을 해나간다. 그런 상황에서 레네 또한 자신의 아이를 출생하게 되고, 이후 틸 몰래 어린 토비아스를 학대하기 시작한다. 어느 날 그런 학대 장면을 목격한 틸은 아내에게 아무 말도 하지 못하는데, 이는 그가 정신적·경제적으로 삶을 지배하고 있는 레네에 이미 복종되어 있음을 암시해주고 있다.

어느 날 틸은 자신의 근무지 근처에 무상으로 얻은 철둑 옆의 감자밭으로 레네와 아이들과 함께 나가게 된다. 각종 열차 사고 위험으로 인해 틸은 가족과 함께 자기 근무지로 향하는 행위를 우려했지만, 생계 걱정으로 레네가 아이들을 데리고 나가 철둑 옆의 감자밭을 매고 싶다고 우겼기에 적극적으로 막을 수 없었다. 밭을 매고 있던 레네는 어린 토비아스를 전혀 돌보지 못했으며, 결국 부주의로 인해 철로에서 놀고 있던 어린 토비아스는 급행열차에 치이고 만다. 네다섯 살 정도로 추정되는 어린 토비아스는 늦게 말을 배우고 몸이 약한 아이로 그려지는데, 사랑하는 민나가 낳은 나약한 아들의 사고 소식을 전해들은 틸의 모습과 사고를 당한 아들의 모습은 다음과 같이 묘사되고 있다.

> 그의 눈앞에는 개똥벌레와도 같이 노란 점들이 서로 뒤엉켜 무수히 어른거린다. 그는 흠칫 놀라며 멈춰 선다. 춤추는 개똥벌레들 속에서 창백하고 축 늘어진 피투성이 모습이 나타난다. 이마는 이리저리 부딪혀 갈색과 청색으로 멍들고, 파란 입술에는 **검은 핏방울이** 떨어진다. 그것은 아이다.[80]

> 정신을 차린 선로지기는 반죽음 상태의 아이를 들것 위에 눕힌다. 거기에서 아이는 엉망진창이 되어 누워 있으며, 이따금 그르렁거리며 긴 호흡을 하는 동안 찢어진 셔츠 아래로 보이는 부러진 갈비뼈가 들썩인다. 조그만 팔과 다리는 관절이 부러졌을 뿐만 아니라 지극히 기형적인 자세를 취하고 있다. 작은 발의 뒤꿈치는 앞쪽으로 뒤틀려 있다. 두 팔은 들것 가장자리로 뻗쳐 나와 헐렁하게 흔들거리고 있다.[81]

치명적인 상처를 입은 사망 직전의 어린아이의 모습이 사진의 한 장면처럼, 아니 실제 일어난 그대로 정확히 묘사된 자연주의적 소설의 전형적인 서술 대목이다. 숨소리, 갈비뼈, 팔과 다리, 뒤꿈

---

80 하우프트만, 「선로지기 틸」, 실린 곳: 『붉은 고양이 외』, 이관우 옮김, 우물이 있는 집, 2005년, 166쪽.

81 같은 책, 167쪽.

치에 입은 상처로 인해 아이가 곧 죽을 것임을 쉽게 떠올릴 수 있을 정도로 자세하게 묘사되어 있다. 레네는 사람들과 함께 토비아스를 다음 역에 있는 병원으로 옮기지만, 틸은 선로를 지켜야 하는 책무로 인해 함께 가지 못한다. 틸은 레네에 대한 분노와 광기에 사로잡힌 나머지 레네가 낳은 자신의 둘째아이까지도 목을 졸라 죽이려다가 이내 다시 현실로 돌아온다. 죽은 토비아스가 역으로 옮겨지자 틸은 완전히 실신하고 만다. 그렇게 실신한 틸, 피곤에 지친 레네, 둘째아이는 잠시 집에 머물게 되는데, 얼마 후 어린 토비아스의 시체를 틸의 집안으로 옮겨놓기 위해 들어온 마을 사람들은 순간 충격적인 장면과 마주하게 된다.

> 그들은 여러 차례 부인의 이름을 불렀지만 대답을 듣지 못했다. 마침내 그들은 벽에 있는 성냥으로 불을 켰고, 번쩍 하는 불빛이 끔찍스런 파괴의 모습을 드러내주었다.
>
> "살인이다! 살인!"
>
> 레네가 피투성이로 누워 있었는데, 두개골이 파괴되어 얼굴을 알아볼 수 없을 정도였다.
>
> "그가 자기 부인을 살해했어, 그가 자기 부인을 살해했어!"
>
> 그들은 정신없이 이리저리 헤매고 다녔다. 이웃사람들이 왔고, 한 사람이 요람을 밀쳤다.
>
> "이럴 수가!"
>
> 그리고 그는 창백하게 질린 채 놀라 얼어붙은 시선으로 뒤로 물러섰다. 거기에는 아기가 목이 잘린 채 누워 있었다.
>
> 선로지기는 사라지고 없었고, 사람들이 그날 밤 동안 벌인 수색작업은 성과가 없었다. 다음날 아침에 근무 중이던 또 다

른 선로지기는 토비아스가 열차에 치인 선로에 앉아 있는 틸을 발견했다.[82]

사람들의 시선에 의해 처리되고 있는 레네와 어린아이가 죽어 있는 장면은 서술자의 주관적인 감정적 평가나 개입 없이 차갑고 냉정하게 서술되어 있을 뿐이다. 거의 영화의 끔찍스런 한 장면과도 같다. 이후 틸이 베를린의 정신병동으로 후송되었다는 짧은 멘트만이 소설의 결말로 제시된다. 삶 자체가 비극적이라고 할 때, 그 비극적 삶의 끝에는 잔인한 죽음 이외에 아무것도 없다. 「선로지기 틸」은 규칙적이고 판에 박힌 삶을 살아가던 소시민이 갑작스럽게 혼돈, 분노, 광기 등에 빠지게 되고 결국 이성적으로 제어되지 않은 분노의 끔찍한 결과를 낳게 되는 과정을 보여주고 있다.

그런데 틸은 도대체 어떤 연유로 분노에 사로잡혔던 것일까? 언뜻 보기에 전처에 대한 사랑, 그녀가 낳은 아들 토비아스에 대한 애정, 그 아이를 제대로 보살피지 못하고 죽음으로 내몬 레네에 대한 개인적 분노처럼 보인다. 그러나 좀 더 자세히 들여다볼 경우, 틸의 분노와 광기어린 행동을 통해 소설은 동시대 사회적 환경에 대한 강력한 비판적 의미를 내던지고 있다. 즉, 가정과 사회 간의 이상적인 조화가 불가능한 사회적 환경에 대한 비판 말이다. 선로를 지켜야 하는 공적인 근무 수행과 그 근처 밭에서 생계를 위해 감자를 키우려는 사적인 행위는 19세기 말 열악하고 핍박한 사회적 환경에 처해 있는 '선로지기'라는 직업을 가진 소시민에게는 결코 이상적으로 공존할 수 없는 것이다. 전통적으로 흔히 가정과 직

82 같은 책, 177쪽.

장, 아이를 키우는 사적인 일과 직업을 수행하는 공적인 일 사이의 조화가 이상주의적 사유 내에서 항상 강조되어왔지만, 어렵게 살아갈 수밖에 없는 소시민의 현실적 환경에서는 그 양자가 결코 조화롭게 양립할 수 없으며 궁극적으로 비극적 결과가 초래될 수밖에 없다. 「선로지기 틸」은 그러한 조화 혹은 이상의 불가능성을 말해주고 있으며, 소설은 갑작스럽게 벌어지는 사고와 비극적 결과만이 개개인을 기다리고 있음을 말해준다.

틸의 분노를 사회적으로 살펴볼 경우, 또 다른 사회적 환경이 분노의 원인으로 자리하고 있음을 추측해볼 수 있다. 그것은 다름 아닌 산업화·기계화 같은 사회적 환경의 내면화다. 산업화와 기계화로 인한 노동의 단조로움 등은 소설에서 '기차'의 상징성을 통해 자주 암시되고 있다. 가령 규칙적으로 시간에 맞추어 빠르게 지나가는 거대한 기차의 움직임, 그러한 기차에 움직임을 내면화한 듯이 규칙적이고 질서 있게 살아가고 있는 틸의 모습은 서로 유사하다고 해도 과언이 아니다. 그런데 그런 기차의 움직임은 각종 사고를 유발해왔으며, 아이러니컬하게도 그런 기차와 닮은 삶을 살아가는 틸은 이미 몇 차례 사고에 노출된 바 있다. 가령 틸은 기차에서 내던져진 석탄덩이나 포도주병에 의해 상처를 입었다고 하며, 틸 이외에도 철로를 건너던 수노루가 순식간에 치어 죽은 일이 일어났다고 하며, 마침내는 아들 토비아스까지도 기차 사고로 죽게 되는 사고가 그려진다. 이처럼 기차에 의해 야기된 각종 사고는 다가오는 틸의 비극적 결말에 대한 복선과도 같다. 즉 스스로 열차 같은, 열차에 의존한 삶을 살아가는 틸이 맞이하게 되는 결정적인 열차 사고(토비아스의 죽음)와 그 결과(레네와 아들을 살해하는 행위)를 암시한다. 따라서 틸의 분노를 단순히 개인의 비이성적인 사적 분노로만 간주한다면 이는 매우 단순한 해석이 아닐 수 없다. 그의 분노와 광기는 18세기 이후 근대의 산업화·기계화 같은 사회적 환경, 즉 예기치 않은 충격적이고 폭력적인 행동을 유발하는 사회적 환경에 대한 알레고리다. 그와 같은 사회적 환경은 다음과 같이 '광기에 젖어 달려오는 듯한 기차의 폭력성'을 통해 암시되고 있다.

> 거대한 괴물이 부릅뜬 눈과도 같이 동그랗고 붉은 두 개의 불빛이 어둠을 뚫고 들어왔다. 그 불빛 앞으로 핏빛의 광선이 내뻗쳤고, 그것은 빛 속에서 빗방울들을 핏방울로 변화시켰다. 마치 하늘에서 피로 된 비가 내리는 듯했다.[83]

틸은 어쩌면 맹목적 분노에 사로잡힌 헤라클레스의 현대판 신화적 인물처럼 비친다. 헤라클레스는 제우스와 알크메네 사이에서 태어난 아들이다. 본래 알크메네는 암피트리온의 아내였지만, 암피트리온으로 변신한 제우스와 잠자리를 한 후 헤라클레스를 낳았다. 헤라클레스는 제우스의 본처 헤라의 질투로 인해 수많은 고통을 겪어야 했는데, 그중 헤라의 질투심으로 분노와 광기에 사로잡혀 자신의 가족을 모두 살해하는 비극적 행위를 저지르게 된다. 헤라의 질투심은 전처를 사랑하는 틸, 그녀의 아들 토비아스를 미워하는 레네의 모습으로 귀환하고 있다. 헤라가 신화에서 원시적 폭력성을 대변하고 있다면, 레네는 폭력적이고 강압적인 근대를 대변하는 알레고리로 읽힌다. "가혹하고 지배욕에 찬 기질, 호전

---

83 같은 책, 157쪽.

성, 무자비한 격정"[84]을 지닌 레네(즉, 근대)는 따뜻한 배려와 사랑을 간직한 개인의 존재에 대해 질투하고 시기하며, 사랑스런 이들을 잃은 한 개인이 그러한 폭력적인 근대의 환경에 저항해보지만 결국 스스로 분노의 폭력적인 행위를 저지르고 광기에 젖게 되는 비극을 맞이하고 만다.

## 6 파시즘에 대한 급진적 거부와 분노

노벨상 수상작가 귄터 그라스(1927~2015)의 『양철북(Die Blechtrommel)』(1959)은 교양 이념, 즉 성장과 발전을 거부하는 '반교양'을 주제로 삼고 있는 제2차 세계대전 이후에 발표된 교양소설이다. 비록 소설 말미에 주인공 오스카 마체라트(Oskar Matzerath)가 부친의 장례를 치른 후 양철북을 땅에 묻고 동시에 머리에 돌을 맞은 후 다시 성장하려고 하지만, 어린 시절 그가 성장을 거부하고 양철북을 두드린 행위는 다름 아닌 시민적 삶의 세계에 대한 강력한 분노와 거부를 뜻한다.

세 살 때의 키로 스물한 살 때까지 멈추어 있는 작은 거인 오스카가 양철북을 두들겨 내는 소리는 한편으로 가정과 학교 등에서 사적으로 겪는 부조리한 상황에 분노하는 내면의 소리이지만, 다른 한편으로 공적인 차원에서 동시대의 부조리한 정치사회적 상황(파시즘)을 거부하는 저항의 목소리이기도 하다. 양철북 이외에도 오스카는 소리를 질러 유리를 깨뜨리는 능력을 갖고 있는데, 양

84 같은 책, 136-137쪽.

철북 소리와 고음의 소리에 대해 오스카는 스스로 다음과 같이 서술하고 있다.

> 어린이의 양철북을 쳐서 나와 어른들 사이에 필요한 거리를 만들어내는 능력은 지하실 층계에서의 추락 직후에 생겨났다. 하지만 이와 거의 동시에 소리를 고음으로 유지하고 진동시키면서 노래하고, 혹은 외치면서 노래 부를 수 있는 커다란 목소리도 가지게 되었다. 그래서 고막을 멍하게 하는 나의 북을 감히 아무도 빼앗으려 하지 않았다. 만일 북을 빼앗기기라도 하면 나는 소리를 질렀고, 내가 소리를 지르면 값비싼 것들이 박살났기 때문이다. 나는 노래로 유리를 부술 수 있었다. 나의 고함은 꽃병을 깨뜨렸다. 나의 노래는 유리창을 부수어 바람이 제멋대로 드나들게 했다. 나의 목소리는 순결하면서도 단단한 다이아몬드와 같아서 유리 찬장을 잘랐고, 순진함을 잃지 않으면서 유리 찬장 깊숙이 들어가 사랑하는 사람으로부터 선사받은, 엷게 먼지를 뒤집어쓴 채 고상하면서도 조화를 보이는 유리 술잔에 폭력을 가했다.[85]

오스카는 북소리와 고함을 내는 자신의 행동에 대해 주변 사람들이 광적인 착란, 혐오감, 파괴욕 등으로 치부할 수 있음을 간파하면서 그 점을 적극 부정하는 가운데 자신의 행동이 결코 단순한 장난이나 무책임한 파괴가 아님을 강조한다. 분노의 소리로써 북을 지키려는 행동은 곧 부당한 사회 현상의 인식과 그에 대한 저

---

85 귄터 그라스, 『양철북』 1, 장희창 역, 민음사, 2006년, 90쪽.

항을 관철하기 위한 계산된 사유에 다름 아니다.

> 사실 이웃 사람들도 나를 부당하게 대했던 것이다. 이따금 광적인 착란에 빠져 어둡고도 분별없는 혐오감을 과시하는 아이들처럼, 내가 유리나 유리 제품만 보면 이상야릇한 방식으로 증오를 드러내는 유치한 파괴욕에 사로잡혀 있다고 취급되는 것은 당시로서는 천부당만부당한 것이었다. 장난질이나 일삼는 자만이 함부로 파괴하는 법이다. 나는 결코 장난치지 않았다. 나는 북을 공부했던 것이다. 그리고 나의 소리로 말할 것 같으면, 소리를 내는 것은 오직 정당방위 때문이었다. 나의 북 공부의 존립 여부가 위협받을 때만, 나의 성대를 목적 달성을 위해 사용했던 것이다.[86]

입학식 날 소리를 질러 교사의 안경을 깨뜨리거나, 어머니 아그네스와 삼촌 얀의 부정한 간통 행위에 분노하여 시계탑에 올라가 소리를 지름으로써 모든 창문을 부수는 행동 등 이후 다양한 사건이 일어나는데, 이처럼 비정상적인 성적 열정과 정치적 상황이 서로 맞물리면서 비극적으로 희화화된다. 오스카가 내는 양철북과 괴성의 소리는 모두 시민사회에 대한 강력한 분노와 저항의 의미를 지닌다. 분노를 가장 뛰어나게 형상적으로 제시하는 서술은 '폴란드 우체국' 장에서 찾을 수 있는데, 총탄이 쏟아지는 순간 엎드려 있던 오스카는 마치 보들레르의 시적 서술을 연상하는 듯한 방식으로 자신의 분노를 다음과 같이 서술하고 있다.

---

86 『양철북』 1, 92쪽.

> 오스카가 눈물 따위를 흘릴 리는 없었다! 하지만 내 속에서 분노가 끓어올랐다. 퉁실퉁실 살이 찌고 눈도 없으며 푸른 기가 도는 흰색의 구더기들이 우글거리면서 먹음직한 시체를 찾고 있었던 것이다.[87]

심리학적으로 '유치증(Infantilismus)'이라고 명명되는 성장의 정지 증세, 즉 세 살 때 스스로 외적인 성장을 멈춘 오스카는 작은 키에 양철북을 두드리면서 성인들의 세계를 거부한다. 그러나 오스카의 눈에는, 나아가 독자의 눈에는 역설적이게도 제2차 세계대전 발발 전후 시민사회의 대중이 바로 유치증에 걸린 것처럼 비친다. 그것은 시민사회의 대중이 파시즘 같은 정치적 이데올로기에 자신을 내맡김으로써 스스로의 성장(민주적이고 자유로운 사회)을 거부하고 있기 때문이다. 이에 대해 정신분석학적 분석은 다음과 같은 의미를 제시한다.

> 유리컵을 깨는 오스카의 능력은 우선 자신을 공격하는 이들에 대한 나르시시즘적 분노이며, 또한 나중에는 시민사회의 제도에 대항하는 나르시시즘적 분노이기도 하다. 그 이면에는 퇴행에 대한 소망, 즉 어머니 배 속으로 되돌아가고 싶은 소망이 놓여 있다. (……) 어머니는 여기서 무성(無性)의 순수함을 뜻한다. (……) 소시민계급은 자신의 무기력을 사물과 인물 속으로 투영해놓는데, 이때 사물과 인물은 저 도달될 수 없는 이상(理想)의 대체로서 작동한다. 프로이트가 말한 '심리적 유치증

87 『양철북』 1, 361쪽.

(幼稚症, Infantilismus)'은 오스카의 어머니와 가톨릭교회 간의 관계에서 명확히 드러난다. 프로이트와 라이히에 의하면 종교와 대중 형성은 근대에 매우 밀접한 관계를 맺는다. 『양철북』은 바로 그 점을 구체적으로 드러내주고 있다. 반면에 오스카는 모든 권위와 이데올로기에 대해 근본적으로 회의하고 있으며, 대중의 광기와 자기파괴로 귀착하는 유치증을 거부하고 나선다. 오스카는 여기서 비사회적인 행동, 소통의 무능력, 냉소주의, 가치척도의 비방을 내보인다.[88]

오스카와 대중 간의 역설적 관계를 잘 설명해주고 있다. 오스카는 외적으로는 유치증처럼 보일지라도 사실은 내적으로 유치증에 사로잡힌 대중의 비정상적인 상태를 거부하고 있다. 또한 소설 후반부에 오스카가 자신의 과거의 모습과 현재적 모습을 비교하는 점도 흥미롭다. 즉 한편으로 "유리를 파괴하는 고슴도치"와도 같았던 자신의 한때 모습, 다른 한편으로는 유리 조각들을 쓸어 담기라도 하듯 "쓰레받기와 비를 잡는" 다른 모습의 오스카 말이다.

유리를 파괴하는 이 고슴도치에게서 오스카가 자신의 모습, 즉 오랫동안 노래로 유리를 파괴해온 오스카 자신의 모습을 보는 것이라고 독자 여러분은 생각할 수도 있으리라. 하지만 나는 독자 여러분의 그러한 생각을 조금도 부당하다고 여기지 않는다. 정말이지 나도 한때는 분노를 유리 파편으로 변화시키기를 좋

88 Klaus Müller-Dyes, Oskar Matzerath psychoanalytisch interpretiert, aus: http://webdatenbank.grass- medienarchiv.de/receive/ggrass_mods_00001995

아했다. 하지만 내가 쓰레받기와 비를 잡는 것을 본 사람은 지금껏 그 누구도 없었던 것이다![89]

양면적 모습, 즉 한편으로 분노·저항·파괴 등에 대한 열정적 추구와 다른 한편으로 "쓰레받기와 비"에 암시된 거리감, 차가움 등에 대한 냉정한 요청, 이러한 오스카의 양면적인 모습은 어쩌면 작가 그라스가 점차 취하게 되는 현실적 모습과도 연결될 수 있다.

그라스는 파시즘적 사회에 대한 분노를 그려낸 초기의 상황과 달리 1960년대에 새로운 정치적 상황과 마주한다. 냉전 시대의 군비 확장, 베트남 전쟁 등을 강력히 반대하는 입장에서 그는 정치적 현실에 진정성 있게 마주하는 '정치시'를 강조했지만, 그런 정치시가 자칫 상업성과 결부되는 현상에 대해서는 경계를 취하기도 했다. 그것은 사회 현실에 대한 강력한 분노를 담은 저항시가 단지 제스처로 남거나 혹은 자칫 수익을 꾀하기 위한 상업적 생산물로 전락할 수 있는 위험성을 보았기 때문이다. 저항시에 대한 저항시, 정치시에 대한 정치시라고 할 수 있는 『꼬치꼬치 캐묻다(Ausgefragt)』(1967)라는 시집에 실린 「뭔가를 만들어라(Irgendwas machen)」 같은 시는 다음과 같이 말하고 있다.

나는 정치시의 나무칼과 이빨 빠진 상태를 언급하겠다.
철이 호황을 누리듯, 서정시가 호황을 맞이하고 있다.
군비확장은 전쟁 반대의 시를 위해 시장을 열어준다.
생산 단가는 낮다.

---

89 『양철북』 2, 303쪽.

1/8의 정당한 분노, 2/8의 일상적 화,
더 강한 맛을 내기 위한 3/5 정도의 노여움 .
전쟁을 반대하는 중간 정도의 감정은
값싸게 지닐 수 있지.
(……)
시가 무기인가?
지나치게 무장한 이들은 될 수 없다.
그들은 상황에 대한 불편함을
매개로 이용할 수밖에 없다:
(……)
정당한 분노는 불행과 테러를 나열한다.
일상의 화는 빵의 결핍으로 각운을 만든다.
무기력한 노여움은 숨 가쁘게 자신에 대해 말하도록 한다.[90]

경제적 언어와 예술적 언어가 서로 맞물린 정치시 유형이 비판되고 있는데, 가령 사회적 상황에 대한 감정(화, 노여움, 분노 등)을 값싼 재료나 양념 등으로 남용하는 정치시 유형에 대한 비판적 암시다. 사회적으로 냉전과 군비 증강에 분노하는 감정을 담은 '정치시'가 자칫 시대적 상황에 편승하여 상품화 과정을 통해 손쉽게 이득을 축적하려는 '기회시'로 변질된다. 또한 진정성과 솔직성 없는 분노가 횡행할 경우 "분노가 무기력에 빠짐으로써 무기력한 분노(Die Wut fiel in Ohnmacht: ohnmächtige Wut)"가 형성되는 모순

90 Günter Grass, Ausgefragt. Gedichte und Zeichnungen. Neuwied/Berlin, 1967, p. 183.

적 상황이 초래될 수 있다.[91] 무엇이 잘못되고 있는지, 분노의 근원이 무엇인지를 알지도 못한 채 무조건 분노 경향에 편승하여 분노하는, 일종의 '분노를 위한 분노'를 표출하는 경향에 그라스는 회의적이었던 것이다. 현실에 대한 무조건적 분노 대신에 "쓰레받기와 비를 잡는" 시인의 자세를 요청하는 것처럼 보인다.[92]

---

91 Peter Härtling über Günter Grass:"Ausgefragt", aus: http://www.spiegel.de/spiegel/print/d-46214186.html

92 cf. Heinz Ludwig Arnold, "Zorn Ärger Wut". Anmerkungen zu den politischen Gedichten in »Ausgefragt«, in: Manfred Jurgensen(Hg.), Grass. Kritik Thesen Analyse, Bern 1973, pp. 103-106.

# VI

# 나가는 말

현재의 문화학적·문예학적 사유 지평에서 감정 연구는 매우 중요한 과제로 인식되고 있다. 이러한 새로운 동향은 과거 철학, 사회학, 심리학에서처럼 감정의 부정적인 의미론을 구성하려는 목적을 지니진 않는다. 오히려 다양한 감정이 삶과 문화를 구성하는 새로운 동인으로 재평가되고 있는데, 특히 기술적 매체 시대로 접어들면서 감정에 대한 새로운 시각이 요청되고 있다. 기술적 매체의 급격한 변화는 전통적인 경계를 부수면서 모든 것이 열려 있다는 자유로운 시공간적 의식을 불러오고 있음에도 불구하고 그 이면에는 멜랑콜리, 질투와 시기, 불안, 혐오, 분노 같은 감정을 더욱 배가하고 있다. 다시 말하면, 매체를 통해 정보와 영상이 무한하고 자유롭게 교환되고 있는 동시에 그러한 교환 과정 속에서 새로운 형태의 불안, 공포, 혐오, 분노 같은 감정이 자리하고 있음을 누구나 감지하고 있다.

이런 맥락에서 감정에 대한 전통적인 부정적 평가와는 달리 새로운 시각 하에 인간 감정의 의미론을 구성해야 하는 일종의 '새로운 인간학' 및 감수성(Aisthesis)에 대한 접근이 요구되고 있다. 또 다른 맥락에서 감정 연구는 문화학적 사유에 정향된 독일 사회학자들이 주장하는 "몸의 복귀(Wiederkehr des Körpers)"라는 요청에서부터 다채로운 주제와 방향으로 진행되고 있다.[1]

---

1 독일에서 발행된 몸과 감정 연구에 관한 몇 가지 중요한 연구서들은 다음과 같다.

Dietmar Kamper, Christoph Wulf (Hg.), Die Wiederkehr des Körpers, Frankfurt am Main 1982.

Jean Starobinski, Kleine Geschichte des Körpergefühls, Konstanz 1987.

Annette Barkhaus/Anne Fleig (Hg.), Grenzverläufe. Der Körper als Schnitt-

역사학에서 일상사 연구와 맥을 같이하는 다양한 새로운 경향은 사회적 현상이 더 이상 계급, 계층, 직업, 종교, 전통, 성 같은 전통적인 범주에 의해 구조화될 수 없다는 인식에서 출발하는데, 이는 곧 초개인적인 집단적 의미가 정당성을 상실하고 그 대신 감정 동요와 육체적 현상 같은 개개인의 감수성에 의해서만 사회적 현상이 설명될 수 있음을 뜻한다.

자연이 빛과 어두움을 간직하고 있듯이, 인간이 사회적 삶을 살아가면서 갖게 되는 다양한 감정 또한 넓은 차원에서 기쁜 감정

---

Stelle, München 2002.

Barbara Becker/Irmela Schneider (Hg.), Was vom Körper übrig bleibt. Körperlichkeit – Identität – Medien. Frankfurt/M., New York 2000.

Erika Fischer-Lichte/Anne Fleig (Hg.), Körper-Inszenierungen. Präsenz und kultureller Wandel, Tübingen 2000.

Claudia Benthien/Anne Fleig/Ingrid Kasten (Hg.), Emotionalität. Zur Geschichte der Gefühle, Köln u.a. 2000.

Silvia Bovenschen, Über-Empfindlichkeit. Spielformen der Idiosynkrasie, Frankfurt/M. 2000.

Gerhard Hoffmann (Hg.), Emotion in Postmodernism, Heidelberg 1997 (American Studies 74).

Martina Kessel, Langeweile. Zum Umgang mit der Zeit und Gefühlen in Deutschland vom 18. bis zum 20. Jahrhundert, Göttingen 2002.

Rolf Kühn/Michael Raub/Michael Titze (Hg.), Scham – ein menschliches Gefühl. Kulturelle, psychologische und philosophische Perspektiven, Wiesbaden 1997.

Matthias Luserke, Die Bändigung der wilden Seele. Literatur und Leidenschaft in der Aufklärung, Stuttgart, Weimar 1995.

Tom Lutz, Crying. The Natural and Cultural History of Tears, New York 1999.

Winfried Menninghaus, Ekel. Theorie und Geschichte einer starken Empfindung, Frankfurt/M. 1999.

Marianne Streisand, Intimität. Begriffsgeschichte und Entdeckung der Intimität auf dem Theater um 1900, München 2001.

과 슬픈 감정으로 나뉘거나 혹은 긍정적 감정과 부정적 감정으로 분류된다. 그런데 긍정적이든 부정적이든 감정 자체가 표현되지 않은 채 인간 내면에 놓여 있을 경우 감정은 대단히 신비로운 수수께끼처럼 여겨진다. 반면에 기호화(언어적·회화적 표현) 과정을 거칠 경우 감정은 일정 정도 밝고 명확한 의미 세계로 나오는 것처럼 보인다.

그러나 기호화 과정을 거친 감정이라고 해서 모두 명확한 의미를 갖는 것은 결코 아니다. 또한 이 연구서에서 다룬 네 가지 감정은 흔히 부정적 뉘앙스를 가진 감정으로 분류되지만, 물질적인 기호화(즉, 언어와 색상)를 통해 표현됨으로써 구체적인 형상화를 획득한 감정은 전혀 부정적 의미에서만 파악될 수 없다. 개개 감정은 각별한 의미를 지니는 가운데 매우 복잡하고 다양한 의미 스펙트럼을 구성한다. 보이지 않는 감정뿐만 아니라 보이는 감정 분석도 전혀 단순한 작업이 아님을 알 수 있다.

생산자로서의 작가는 자신이 처해 있는 사회적 환경과 마주하면서 다양한 개개 감정을 미묘한 언어, 색, 선 등을 통해 표현한다. 그 감정은 역사적·종교적 맥락에서 보편적인 의미(예를 들면 일곱 가지 죄악)와 연관되어 재현된 것일 수 있으며, 혹은 작가의 극히 사적인 맥락에서만 파악될 수 있는 것이기도 한다. 물론 심리적·정신분석학 의미가 강한 불안, 혐오 같은 감정이 문학적·회화적 형상화를 통해 구체적으로 제시되는 사례가 있다. 집단적 분노의 문학적·회화적 형상화의 경우, 부분을 통해 전체를 제시하는 수사법처럼 극히 개별적이고 부분적인 경우가 일반적이고 전체적인 경우를 성찰해보는 사례로 작용하기도 한다. 물론 여기서 제시한 문학적·회화적 사례의 의미가 반드시 그 작품의 최종적이고 확실한 의미는 결코 아니며, 개개 작품이 다양한 의미 하에 조명될 수 있음은 새삼 강조할 필요가 없을 것이다. 이 연구서는 감정 조명이라는 차원에서 문학과 회화를 동시에 분석한 시도인데, 어쩌면 진부한 해석일 수도 있다는 불안감과 함께 새로운 해석의 계기가 될 것이라는 기대감도 뒤따른다.

# 찾아보기